Über den Verfasser

Hilary Putnam, geb. 1926, Promotion 1951 bei Hans Reichenbach. Professor in Princeton und am MIT, Boston. Seit 1965 Lehrstuhl an der Universität Harvard. Zahlreiche Gastprofessuren, so in Stanford, Berkeley, Oxford und Frankfurt/Main. Präsident verschiedener philosophischer Gesellschaften. Drei Monographien sowie rund 200 Aufsatzveröffentlichungen zur Wissenschaftstheorie, Logik, Philosophie des Geistes, Sprachphilosophie und Erkenntnistheorie (s. Bibliographie).

Hilary Putnam

Von einem realistischen Standpunkt

Schriften zu Sprache und Wirklichkeit

Herausgegeben,
eingeleitet und übersetzt
von Vincent C. Müller

rororo

rowohlts enzyklopädie

rowohlts enzyklopädie

Herausgegeben von Burghard König

Deutsche Erstausgabe
Veröffentlicht im Rowohlt Taschenbuch Verlag GmbH,
Reinbek bei Hamburg, Dezember 1993

Umschlaggestaltung Jens Kreitmeier
Satz Garamond (Linotronic 500)
Gesamtherstellung Clausen & Bosse, Leck
Printed in Germany
2690-ISBN 3 499 55539 5

Inhalt

Auf des Messers Schneide
Interner Realismus und Relativismus

Einleitung

Hilary Putnams Biographie und philosophische Entwicklung spiegeln die Geschichte der angelsächsischen Philosophie in den letzten 40 Jahren. Beinahe ebenso lange hat Putnam diese Geschichte wesentlich beeinflußt, und so kann John Passmore über Putnam schreiben: «Er ist die Geschichte der gegenwärtigen Philosophie im Umriß»[1].

In der vorliegenden Einleitung soll vor allem der Kontext dargestellt werden, in dem Putnam steht und aus dem heraus verständlich wird, was er philosophisch zu sagen hat. Dieser Kontext ist sicherlich ein Grund dafür, daß Putnam hierzulande noch relativ wenig bekannt ist, während er in den USA häufig für den bedeutendsten aktiven Philosophen gehalten wird. Im Rahmen einer Skizze von Putnams philosophischer Entwicklung soll zudem eine vorläufige philosophiehistorische Einordnung versucht werden, auch wenn hier nicht der Ort für e ne umfassende Kritik oder Darstellung sein kann: Die Einleitung muß auf recht elementarem Niveau bleiben und kann eine Lektüre der Texte natürlich nicht ersetzen. Da Putnams Werk sicherlich Teil einer Annäherung von ‹analytischer› und ‹kontinentaler› Philosophie ist, soll bei der Einführung in die hier übersetzten Texte schließlich deutlich werden, was Putnam nicht analytisch orientierten Lesern zu bieten hat. (Diesen sei empfohlen, mit der Lektüre bei Text 8 zu beginnen, sofern keine speziellen thematischen Präferenzen vorhanden sind.)

I

Zunächst zur Vorgeschichte der hier übersetzten Texte: Die Philosophie im Amerika der Nachkriegszeit wurde nicht unwesentlich von Denkern geprägt, die vor dem Nationalsozialismus geflüchtet und nicht wieder in ihre Heimatländer zurückgekehrt waren. Zu diesen gehörte auch Hans Reichenbach, der in Berlin eine dem Wiener Kreis nahestehende Gruppe geleitet hatte und 1938 nach einigen Jahren in Istanbul an die *University of California at Los Angeles* (UCLA) wechselte. Reichenbach befaßte sich mit Grundlagenproblemen der Naturwissenschaften, insbesondere mit den Begriffen von Raum und Zeit sowie der philosophischen Bedeutung der neuen Quantenphysik. Putnam wurde nach einem BA an der *University of Pennsylvania* sein Schüler und verfaßte 1951 eine Dissertation über *The Meaning of the*

Concept of Probability in Application to Finite Sequences (1990, I-13[2]). Damit hatte er sich in die beiden zentralen Themen der analytischen Philosophie jener Zeit eingearbeitet: Mathematische Logik und das Problem der Bestätigung wissenschaftlicher Theorien, welches eng mit dem Begriff der Wahrscheinlichkeit verbunden ist.

Schon 1953 konnte Putnam eine Stelle als *Assistant Professor* an der renommierten Universität Princeton antreten. Dort traf er einen weiteren wichtigen Mentor: Rudolf Carnap. Dieser Philosoph lehrte seit 1936 in den USA und galt inzwischen als einer der führenden Köpfe im Lande. In den folgenden beiden Jahren führte Putnam zahlreiche Gespräche mit Carnap in dessen Haus. Neben den Klassikern des Pragmatismus (Peirce, Dewey, James) hat Putnam später immer wieder auf die Bedeutung dieser beiden Lehrer hingewiesen. In Princeton begann er seine Publikationstätigkeit (wie in der Bibliographie in diesem Band nachzulesen) mit Aufsätzen zu sprachphilosophischen Themen, zum Problem der Analytizität und zur Philosophie der Mathematik; außerdem griff er mit der Frage, ob die Quantenmechanik eine neue, nicht-klassische Logik erfordert (eine ‹Quantenlogik›), ein Thema Reichenbachs auf.

Mit dieser Fragestellung reihte sich Putnam bereits in eine Entwicklung gegen den beherrschenden Logischen Empirismus ein; denn dessen Positivismus zufolge war Logik ja analytisch, und also konnte kein Ergebnis irgendeiner empirischen Wissenschaft für Logik relevant sein. Nach dem Logischen Empirismus war alle Erkenntnis auf Empfindungen der Sinne (‹Sinnesdaten›) zurückzuführen, und was darauf nicht zurückzuführen war, mußte entweder analytisch sein (Mathematik und Logik) oder als sinnlos gelten (‹Metaphysik›). Putnam hingegen meint inzwischen, es gebe auch in der Mathematik empirische Elemente. Damit beginnt er, einen ‹realistischen› Standpunkt einzunehmen, was hier zunächst einmal bedeutet, die Wissenschaften nicht als bloße Instrumente für erfolgreiche Empfindungsvoraussagen anzusehen.

Von Princeton ging Putnam 1961 an das *Massachusetts Institute of Technology* (MIT) in Boston. Sein wesentlicher praktischer Beitrag bestand in jener Zeit darin, den philosophischen Fachbereich am MIT um einen Graduiertenstudiengang zu erweitern, aus dem im Laufe der Jahre einige der bedeutendsten amerikanischen Philosophen hervorgegangen sind. Putnams Interesse galt dort neben der Mathematik der allgemeinen Wissenschaftstheorie und vor allem der Philosophie des Geistes. Auch letztere stellte ja eine Schwachstelle im positivistischen System dar, insofern man sich gezwungen sah, Aussagen über den Verstand, die Psyche, den Geist (engl. *the mind*) anderer Menschen auf beobachtbares Verhalten (engl. *behaviour*) zurückzuführen. Nur so schienen sie auf ‹öffentlich› zugängliche Anhaltspunkte reduzierbar und damit verifizierbar.

1965 verlegte Putnam seinen Schreibtisch einige Meilen flußaufwärts: Er erhielt einen Ruf auf den Lehrstuhl des *Walter Beverly Pearson Professor of Modern Mathematics and Mathematical Logic* an der Harvard Universität, wo er bis heute lehrt. In Harvard hat vor allem der um etwa 20 Jahre ältere Kollege Willard van Orman Quine wesentlichen Einfluß auf die Entwicklung der angelsächsischen Philosophie ausgeübt. Auch seine Philosophie kann als Reaktion auf den ‹importierten› Positivismus gedeutet werden, allerdings weniger als Abwendung, sondern eher als eine Fortentwicklung (bis zum bitteren Ende). In Harvard hat Putnam einen stetigen Strom von Aufsätzen publiziert, die gemeinsam einen fortwährenden Angriff auf den Positivismus bilden und seine idealistische Grundlage angreifen. Erst 1975 allerdings wurden die ersten beiden Bände *Philosophical Papers* zusammengestellt (1975, I-3 & 4).

Putnam selbst sieht sich als einen der ‹Überwinder› des Positivismus. Worin diese Überwindung besteht, sollte aus den hier übersetzten Texten deutlich werden. Es zeigt sich aber bereits an dieser Stelle ein wesentlicher Grund für die relative Unbekanntheit Putnams in Deutschland: Er hat sich mit der Kritik einer Philosophie befaßt, die hierzulande nie so recht Fuß fassen konnte (wohlgemerkt des Positivismus, nicht der ‹analytischen Philosophie› allgemein). Bestünde darin seine einzige Leistung, dann könnte man seine Schriften beruhigt unübersetzt lassen. Es werden in dieser Kritik aber beileibe nicht nur Dinge entwickelt, die für (Ex-)Positivisten von Interesse sind. Es wird eine ganze Bedeutungstheorie entfaltet, und die Kritik ist wesentlich konstruktiv, sie baut eine alternative philosophische Richtung auf: Realismus. Die Verteidigung und Weiterentwicklung dieser Alternative nimmt den wesentlichen Teil des vorliegenden Bandes ein (und in dieser Ausarbeitung wird eine Reihe von ‹großen Fragen› behandelt). Eine weitere, eher praktische Schwierigkeit, ist das Fehlen eines ‹Hauptwerks› oder überhaupt einer Darstellung in Buchlänge. Das gesamte Schaffen besteht aus kürzeren Texten, auch wenn sich diese gelegentlich zu einem kohärenten Buch fügen.[3] Putnam übt seinen Einfluß vor allem durch Aufsatzpublikationen aus.

Es mußte also eine Auswahl getroffen werden, die einen Zugang gestattet und nichts Wesentliches ausläßt, was auch machbar erschien. In einem Band von zehn Texten (d.h. weniger als fünf Prozent der Veröffentlichungen) war allerdings eine gewisse thematische Einschränkung nicht zu vermeiden, und hier soll zumindest kurz erwähnt werden, welche Themen im vorliegenden Band nicht repräsentiert sind:

Da wären zunächst die zum Großteil in Band I der *Philosophical Papers* (1975, I-3) abgedruckten Arbeiten zur Philosophie der Mathematik, zur Quantenlogik und Wissenschaftstheorie im engeren Sinn.[4] Hiervon wäre die Quantenlogik (nicht Quantorenlogik!) als Vorschlag zur Behandlung der Quantenphysik noch am ehesten von Interesse; sie eignet sich aber wenig zur Einführung in Putnams Denken, auch wenn sich in ihr, wie oben angedeutet, bereits ein realistischer Zug findet.[5] Gedanken zur Deutung der Quantenphysik allgemein ziehen sich durch das gesamte Werk Putnams und sind auch hier in Text 9, ‹Realismus mit menschlichem Antlitz›, Abschnitt ‹Realismus›, sowie in Text 10, ‹Irrealismus und Dekonstruktion›, Abschnitt ‹Die Bedeutung der begrifflichen Relativität›, zu finden. Die Schriften aus Band I der *Philosophical Papers* seien aber denjenigen ans Herz gelegt, die sich für die Rolle von Konvention und Logik in der Wissenschaft und umgekehrt für die Rolle von Konvention und Wissenschaft in der Logik interessieren.

Bis heute spielt die Philosophie des Geistes eine Rolle in Putnams Denken. Er hatte Anfang der 60er Jahre an Gedanken von Alan Turing angeknüpft und vorgeschlagen, das Gehirn als ‹Turingmaschine› zu betrachten, als einen Gegenstand, der weder durch physikalische noch durch ‹seelische› Zustandsbeschreibungen noch durch Verhaltensbeschreibungen richtig zu erfassen ist (Physikalismus, Dualismus bzw. Behaviorismus). Es kann nur abstrakt durch seine *funktionalen* Zustände charakterisiert werden. Ganz verschieden gebaute Apparate können funktional identisch sein (die gleiche ‹Turingmaschine› sein). So könnte auch ein Computer mit einem Gehirn funktional identisch sein, selbst wenn ihre ‹Hardware› ganz verschieden ist. Es ergibt sich dann die Frage, ob funktionale Zustände mit physikalischen Zuständen identifiziert werden können – eine Frage, die Putnam zunächst bejaht und später verneint hat. Thesen wie diese haben sich unter dem Namen ‹Funktionalismus› zur zeitgenössischen Orthodoxie entwickelt und wurden auch von ‹materialistischen› Philosophen des Geistes in Beschlag genommen. Putnam selbst lehnt den Funktionalismus inzwischen ab (1988, I-11). Die Texte zu diesem Themenkreis wurden für einen in Vorbereitung befindlichen Band mit Putnams Philosophie des Geistes reserviert. Für die Zwischenzeit sei auf bereits vorhandene Übersetzungen verwiesen (III-2, 4 und 9).

Alle Schriften zu diesen Themen und zu einer ganzen Reihe von weiteren Fragen finden sich in der Bibliographie.

2

Wie im Inhaltsverzeichnis angedeutet, lassen sich die Texte dieses Bandes grob in drei Teile gliedern, wobei die inhaltliche mit der chronologischen Ordnung zusammenfällt. Der erste Teil befaßt sich mit der Kritik des Positivismus und der Kritik anderer Reaktionen auf den Positivismus, wie sie etwa mit den Namen Thomas Kuhn und Paul Feyerabend verbunden sind. Es handelt sich um Schriften aus den 70er Jahren, vor Putnams ‹Wende› vom Realismus zum ‹internen› Realismus, die sich allerdings in Text 3, «Was ist ‹Realismus›?» bereits andeutet.

Eine Schwierigkeit beim Zugang zu Putnams Texten von einer ‹kontinentaleuropäischen› Perspektive bereitet die ungewohnte Methodik. Es soll etwa um erkenntnistheoretische Probleme gehen, die Rede ist aber nur von ‹Bedeutung› oder ‹Referenz›. Das hängt zunächst mit einer Sichtweise zusammen, die in der angelsächsischen Philosophie seit langem so gängig ist, daß es im allgemeinen müßig erscheint, sie zu thematisieren: Philosophische Auffassungen werden als Theorien der Bedeutung charakterisiert. Wenn wir also zum Beispiel annehmen, die erkenntnistheoretische Position des Positivismus laute, daß alle Erkenntnis nur auf sinnlicher Wahrnehmung beruhen müsse, dann wird das auf ‹angelsächsisch› so formuliert: Ein Satz über einen physikalischen Gegenstand muß auf einen Satz über Sinneseindrücke *reduziert* werden. «Dort ist ein Apfel» *bedeutet* dann eigentlich: «Wenn du dort hinsiehst und die Bedingungen normal sind, dann wirst du den-und-den Sinneseindruck haben» (oder etwas ähnliches; über die Details kann man sich danach trefflich streiten). Ein klassischer *Idealist* wird also unsere gewöhnlichen Sätze irgendwie auf Sätze über Ideen im Geist reduzieren wollen – dem steht in der englischen Terminologie üblicherweise der *Realist* gegenüber, der meint, die Welt besteht unabhängig von einem wahrnehmenden Geist und der unsere Sätze (über Äpfel und dergleichen) ‹für bare Münze› nimmt. Der Realist will ohne Reduktion auskommen. Wer also die ‹verifikationistische Theorie der Bedeutung› des Positivismus kritisiert wie Putnam in den Texten 1 bis 3, versucht damit, der ganzen Lehre den Boden zu entziehen. (Das heißt jedoch nicht, daß sich Realismus in einer Theorie der Bedeutung erschöpfen würde.)

Als weitere Schwierigkeit erweist sich, daß klassisch erkenntnistheoretische Probleme häufig über eine Diskussion von (Natur-) Wissenschaft behandelt werden. Es handelt sich dann nicht im Wissenschaftstheorie (‹philosophy of science›) im eigentlichen Sinn, sondern um eine Betrachtung von Wissen (Erkenntnis), wo es systematisch gewonnen wird. Diese als ‹Epistemologie› bezeichnete Fragestellung setzt lediglich einen anderen Akzent als Erkenntnistheorie, indem sie sich weniger mit dem Problem der Wahrnehmung befaßt.

Nach einigen früheren Anläufen[6] gelingt Putnam in ‹Erklärung und Referenz› (1973), Text 1, eine handfeste Kritik und alternative These. Er stellt realistische und ‹idealistische› (verifikationistische) Theorien der Bedeutung gegenüber und vergleicht ihre Antworten angesichts eines neuen Problems. Anhand verschiedener Beispiele aus der Geschichte der Wissenschaften zeigt er eine Schwierigkeit für solche (‹idealistischen›) Bedeutungstheorien auf, bei denen die Bedeutung unserer Ausdrücke davon abhängt, was wir wissen können. Um sein Lieblingsbeispiel anzuführen: Wenn die Bedeutung des Ausdruckes ‹Elektron› in einer Liste von Merkmalen bestünde, dann müßte diese Liste von uns anhand des vorhandenen Wissens über diese Teilchen erstellt worden sein. Nach der üblicherweise Russell (etwa 1912) und Frege (1892) zugeschriebenen Theorie der Bedeutung würde diese Liste den *Sinn* von ‹Elektron› darstellen und bestimmen, worauf der Ausdruck zutrifft, worauf er ‹referiert› – nämlich auf die Gegenstände, welche die dort aufgelisteten Bedingungen erfüllen. Das führt aber zu einer Schwierigkeit: Wenn Niels Bohr nun 1911 eine bestimmte Theorie jener Teilchen hatte (eine bestimmte Liste) und sich später herausstellt, daß diese Vorstellung fehlerhaft war (was ja wahrscheinlich ist), dann hat Bohr mit ‹Elektron› nicht referiert, denn kein Teilchen erfüllt die Bedingungen auf seiner Liste! Er hatte gar keine Theorie *von Elektronen*! Jede Kontinuität von Wissenschaft oder irgendeiner Erkenntnis scheint unmöglich geworden zu sein. Das ist eine schwere Hypothek für die positivistische Wissenschaftstheorie: Es scheint, sie könne den Erfolg der Wissenschaften nicht erklären – dieser wird zu einem Wunder. Eine weitere Schwierigkeit besteht darin, daß die Einträge auf der ‹Liste› jener Bedeutungstheorie zufolge Teil des Sinns von ‹Elektron› und also bloße Erläuterungen der Bedeutung von ‹Elektron› sind. «Elektronen haben negative Ladung» wäre dieser Ansicht zufolge keine empirische Erkenntnis, sondern ein analytisch wahrer Satz!

Diese Konsequenzen erscheinen unannehmbar, und Putnam versucht, eine ‹realistische› Theorie der Bedeutung zu formulieren, in der gewissermaßen die Elektronen selbst einen Einfluß auf die Bedeutung unseres Ausdrucks ausüben und Referenzkonstanz gewährleisten. «Anstatt Bedeutungen als Entitäten zu sehen, die Referenz bestimmen, sehen sie [die Realisten] Bedeutungen nun als weitgehend von Referenz und Referenz als weitgehend von kausalen Verbindungen bestimmt.»[7] Er ist nicht bereit, Feyerabend zu folgen, der den Zusammenhang von Wissen verschiedener Zeiten und Kulturen aufgibt. Feyerabend bleibt bei einer extremen empiristischen Position und kommt im Endeffekt zu einem vollständigen Relativismus (er überwindet den Positivismus also nicht, sondern führt ihn intern fort – und *ad absurdum*, wie man sagen könnte). Putnam meint nun, zeigen zu können, daß die Bedeutungstheorie nicht von dieser mageren Kost leben muß und also nicht jede Theorie (oder ‹Kultur›) auf ihre eigenen Gegenstände referiert. Hilfreich in diesem Zusammenhang sind die Überlegungen von Saul Kripke (1972), der bei der Untersuchung von Eigennamen auf ähnliche Schwierigkeiten gestoßen ist und vorgeschlagen hat, die Referenz von Eigennamen müsse mit Hilfe einer kausalen Verbindung zwischen Träger und Namen erklärt werden. So hoffen die Realisten auf in der Welt schon vorhandene Arten und Gegenstände, die bei der Bestimmung von Referenz und Bedeutung helfen. Wie Putnam in Text 5 (S. 135) zusammenfaßt: «Multiple Sklerose, Gold, Pferde oder Elektrizität unterliegen *objektiven Gesetzen*, und was vernünftigerweise zu diesen Klassen zu zählen ist, wird davon abhängen, wie diese Gesetze sein werden.»

In ‹Sprache und Wirklichkeit› (1975), Text 2, formuliert Putnam zwei Maximen, denen eine Theorie der Bedeutung genügen soll. Diese sind insofern interessant, als sie weitgehend zum Gemeingut geworden sind und auch implizit schon in ‹Erklärung und Referenz› eine Rolle gespielt hatten. Es handelt sich um das Prinzip Vertrauensvorschuß und die sprachliche Arbeitsteilung. Man sollte Sprechern einen Vertrauensvorschuß gewähren, das heißt annehmen, daß sie selbst dann auf Gegenstände referieren, wenn ihre Beschreibung derselben nicht ganz zutreffend ist. Wenn Bohr im Jahre 1911 also eine nicht ganz richtige Theorie von Elektronen hatte, dann sollte man dennoch annehmen, er referierte auf Elektronen – und nicht auf nichts. Wie kann dieser Vertrauensvorschuß aber gerechtfertigt werden? Die Grundlage hierfür ist, daß Bohrs Gebrauch des Wortes ‹Elektron› kausal mit Situationen verbunden ist, in denen das Wort eingeführt wurde. Diese Einführungssituationen stiften eine Verbindung zwischen Elektronen und ‹Elektron›, die zur Erklärung der Referenz genutzt werden kann.

Sprachliche Arbeitsteilung meint, daß die Referenz eines Ausdrucks nicht allein durch das Wissen eines einzelnen Sprechers bestimmt wird. Man gesteht bestimmten Experten aus der Sprachgemeinschaft eine Autorität zu und läßt sie entscheiden, was etwa als Elektron oder Goldstück zählen soll. Es sind dies nicht Linguisten, sondern Physiker oder Juweliere, Experten in der Sache. Wenn das richtig ist, kann die Bedeutung meiner Worte nicht allein durch meine Sinnesdaten bestimmt sein, sie kann keine Sache von Kriterien sein, über die ich allein die Autorität habe. Bedeutung kann nicht in meinem Kopf sein.

Im verbleibenden Teil des Textes versucht Putnam dann, die philosophische Fruchtbarkeit dieser Maximen zu zeigen, und baut sie zu einer Theorie der Referenz aus.[8]

Im Frühjahr 1976 hielt sich Putnam in England auf, um die *John Locke Lectures* in Oxford zu halten (II-93). Auch bei der Londoner *Aristotelian Society* hielt er bei dieser Gelegenheit einen Vortrag, der, wie dort üblich, schon vorher in deren *Proceedings* veröffentlicht worden war. Sein Titel lautete «Was ist ‹Realismus›?» Dieser dritte Text im vorliegenden Band stellte sich der Frage, was denn eigentlich aus den bedeutungstheoretischen Erwägungen folgen sollte. Hatten sie wirklich den Kern der Debatte ‹Realismus – Idealismus› getroffen? Und ihre Relevanz für den Begriff der Wahrheit? War dieser von Tarski ein-für-allemal definiert worden, oder hatte Tarskis Arbeit[9] das eigentliche Problem nur gestreift, wie Hartry Field (1972) meinte?

Zunächst wehrt Putnam sich gegen die Annahme, Realismus sei durch die Akzeptanz von Tarskischen Schemata ausreichend charakterisiert. Wenn eine Korrespondenztheorie der Wahrheit bloß Sätze wie «‹Schnee ist weiß› ist wahr dann und nur dann, wenn Schnee weiß ist» hervorbringt, kann sie allein Realismus nicht unterstützen. Zur Definition muß ein bestimmtes substantielles *Verständnis* der Referenz und Wahrheit kommen, in dem beide nicht von menschlichen Erkenntnismöglichkeiten abhängig gemacht werden. Das wäre etwa der Fall, wenn ein Idealist oder Instrumentalist (der Theorien nur als nützliche Instrumente für Voraussagen ansieht) meint, ein Satz *muß* wahr sein, wenn bestimmte uns zugängliche Kriterien erfüllt sind (‹die-und-die Sinneseindrücke sind vorhanden›, etwa) – seine Wahrheit besteht schließlich im Bestehen dieser Kriterien. Diesen Wahrheitsbegriff lehnt der Realist als bloßes empiristisches Surrogat ab. Seiner Ansicht nach geht Wahrheit über prinzipielle Erkennbarkeit hinaus.

Weiter muß ein Realist die oben angedeuteten Konsequenzen idealistisch-positivistischer Bedeutungstheorien – radikaler Referenzwechsel bei aufeinander folgenden Theorien, keine Konvergenz des wissenschaftlichen Wissens – als unannehmbar ansehen, was etwa Kuhn oder Feyerabend nicht ohne weiteres tun würden.[10]

3

Die Lehre des Realismus schien zu diesem Zeitpunkt ausreichend charakterisiert zu sein, und so wurde auch ihre dezidierte Kritik erst möglich. Die Texte dieses Bandes können als Einführung in die Debatte ‹Realismus – Antirealismus› gelesen werden. Michael Dummett hatte bis Mitte der 70er Jahre eine Unterscheidung von Realismus und Antirealismus präzisiert, die auf semantischen Charakteristika beruhte. Der Antirealist für einen bestimmten Bereich des Diskurses (etwa über physikalische Gegenstände) behauptet, daß die Sätze dieses Bereichs auf Sätze reduziert werden müssen, die verifizierbare Bedingungen ergeben (etwa das Vorliegen bestimmter Sinnesdaten), welche die Behauptung des Satzes rechtfertigen. Putnam wurde in diesen Jahren deutlich von Dummett beeinflußt und begann, seinen ursprünglichen Realismus zu modifizieren, was schließlich zu einer ‹Wende› führte. Seine Versuche in dieser Richtung werden hier nur in ihrer reiferen Form berücksichtigt.[11] Es sei noch betont, daß eine Reihe von Anhängern des frühen Putnam dieser Wende nicht gefolgt sind und ihn für einen Abtrünnigen halten – ganz wie es ja auch bei anderen Philosophen der Fall gewesen ist.

Wichtig ist hier zunächst das modelltheoretische Argument aus ‹Modelle und Wirklichkeit› (1980), Text 4. Putnam prüft die Frage, ob Realismus tatsächlich in der Lage ist, eine bestimmte Referenzrelation für einen Ausdruck als die richtige auszuzeichnen – und er kommt zu einem negativen Ergebnis. Wie kann man sicherstellen, daß ‹Gold› nur auf einen bestimmten Stoff in der Welt referiert, wie kann man zwischen dem Wort und dem Stoff jene scheinbar magische Verbindung der ‹Referenz› herstellen? Putnam bietet den ganzen Apparat der Modelltheorie auf, um zu zeigen, daß immer viele Interpretationen möglich sind. Ob dieser Apparat wesentlich zum Argument beiträgt, ist in der Literatur strittig und kann hier nicht diskutiert werden.[12] Die Schwierigkeit für den Realisten besteht darin, daß es mehrere ‹wahre› Theorien über die Welt geben kann und keine Entscheidung zwischen diesen möglich oder nötig ist.

Er zeigt, daß es zu jeder Theorie eine andere gibt, die gegenüber der ersten keinen epistemischen Unterschied macht (beide Theorien führen unter allen Umständen zu genau denselben Voraussagen), aber etwas anderes sagt. Man könnte die zweite Theorie auch bloß als eine andere ‹Interpretation› der ersten ansehen. Nun, wäre es nicht möglich, eine Theorie aufzustellen, welche festlegt, welche Interpretation ‹gemeint› war? Putnam behauptet, das ist nicht möglich, denn auch diese Theorie hätte wiederum mehrere ‹Interpretationen› und so fort, *ad infinitum*. Man würde so lediglich mehr Theorie produzieren, aber das Problem nicht lösen. Der Realist kann nur noch einen ‹metaphysischen Klebstoff› postulieren, der Referenz auf magische Weise festlegt.

Putnam allerdings will sich nicht einfach auf die Seite der Antirealisten schlagen, denn er hält Realismus *innerhalb* einer Theorie nach wie vor für angemessen. Innerhalb der Theorie sind Gebrauch und Referenz verknüpft; es ist festgelegt, was als Gegenstand gelten kann und was nicht, und also kann das modelltheoretische Argument nicht angewendet werden. Putnams neue Position heißt *interner Realismus*, und die verworfene Variante des Realismus wird als *metaphysischer Realismus* gebrandmarkt. In der Literatur wird der ‹neue› Putnam allerdings sehr häufig als Antirealist bezeichnet, denn er wendet sich ja gegen die ursprüngliche Orthodoxie des Realismus. Außerdem bestreitet er, daß eine epistemisch ideale Theorie noch sinnvoll als falsch bezeichnet werden kann – und das wird häufig als Kennzeichen des Antirealisten gesehen.

In ‹Referenz und Wahrheit› (Text 5), einem Artikel für eine italienische Enzyklopädie, hat Putnam die Entwicklung seines Denkens bis 1980 noch einmal zusammengefaßt. Er beschreibt sowohl die frühere Referenztheorie und ihre Bedeutung als auch die Wende und sein Verhältnis zu Tarski, Davidson und Dummett. Dieser Text ist trotz seiner thematischen Dichte sicherlich zugänglicher als die vorhergehenden vier, und er bietet zudem eine konzise Darstellung von Tarskis Wahrheitstheorie. Er könnte als Einleitung zu den Texten 1 bis 4 gelesen werden und widerlegt zugleich die Auffassung, mit der Wende zum internen Realismus habe Putnam auch die Einsichten seiner früheren ‹kausalen› Referenztheorie aufgegeben.

Putnam distanziert sich hier von Dummett und betont, daß er Bedeutung nicht mit einer Liste von verifizierbaren Bedingungen identifiziert wissen will, welche die Behauptung eines Satzes rechtfertigen würden. Wahrheit würde dann zu Berechtigung, sie sollte aber *idealisierte* Berechtigung sein.[13] Bedeutung (und damit Wahrheit) kann nicht vollkommen unabhängig von menschlichen epistemischen Möglichkeiten sein, sollte aber nicht auf gegenwärtig für uns verfügbare Anhaltspunkte eingeschränkt werden. Ohnehin will Putnam nicht wieder von einem Reduktionismus eingefangen werden, wie er eigentlich für Non-Realisten typisch ist.

Der interne Realismus bedarf zu diesem Zeitpunkt noch einiger Präzisierungen, und zu diesem Zweck greift Putnam auf klassische Literatur der Erkenntnistheorie zurück (Locke, Berkeley, Kant). In ‹Wie man zugleich interner Realist und transzendentaler Realist sein kann› (1980, Text 6) versucht er, die Ähnlichkeit von internem Realismus und Kants transzendentalem Idealismus zu ergründen. Dazu formuliert er noch einmal die Thesen, die für metaphysischen Realismus charakteristisch sein sollen, um sich von ihm abzugrenzen: «Die Welt besteht aus einer feststehenden Gesamtheit geistunabhängiger Gegenstände. Es gibt genau eine wahre und vollständige Beschreibung davon, ‹wie die Welt ist›; Wahrheit beinhaltet eine Art von Entsprechungsbeziehung zwischen Wörtern oder Gedankenzeichen und äußeren Dingen sowie Mengen von Dingen.» (Man könnte hinzufügen: Die Gegenstände, die wahre Beschreibung und die Entsprechungsbeziehung sind unabhängig von den menschlichen Erkenntnismöglichkeiten zu rekonstruieren.) Dem so definierten metaphysischen Realisten ist vor allem vorzuwerfen, daß er seine eigene epistemische Position ignoriert und so tut, als könne er die Welt und das Erkennen der Welt quasi von außen, aus der Perspektive eines Gottes betrachten. Der interne Realist hält mit Kant dagegen, daß wir nur von einer Welt für uns reden können, nicht von den Dingen an sich – auf die Dinge an sich können wir nicht referieren. In diesem Text (der auf einem Kongreß in Österreich vorgetragen wurde) wird der Versuch sehr deutlich, an ‹kontinentale› Traditionen anzuknüpfen und internen Realismus als eine klassisch erkenntnistheoretische Position zu formulieren.

In ‹Warum es keine Fertigwelt gibt› (1982, Text 7) holt Putnam zum großen Schlag gegen die beherrschende metaphysische Auffassung aus, die zum Teil ein Kind seiner eigenen früheren Philosophie ist: den Materialismus. Man hatte die ‹kausale Theorie der Referenz› des frühen Putnam und Kripke (1972) zu einer ‹physikalistischen› oder ‹naturalistischen› Theorie (so die modernen, ‹wissenschaftlichen› Bezeichnungen für Materialismus) ausgebaut und meinte, die Kausalbeziehung zwischen Gegenstand und Ausdruck werde eine Referenzbeziehung auf quasi natürliche Weise auszeichnen. Der Ausdruck referiere auf das, wozu er in einer Kausalbeziehung der richtigen Art steht. Referenz wird auf Kausalität reduziert. Diese ‹Metaphysik innerhalb der Grenzen der bloßen Wissenschaft› versucht, ganz ohne intentionale Begriffe auszukommen.

Putnam will vor allem zeigen, daß der Begriff der Kausalität selbst kein physikalischer Begriff ist – zumindest gelte das für jenen Begriff der ‹erklärenden› Kausalität, den der Materialist benötigt. Kausalität kann also nicht das leisten, was ihr von kausalen Referenztheoretikern aufgebürdet wird. Allgemein verwirft er den metaphysischen Versuch, von den ‹in der Welt da draußen› vorhandenen Gegenständen zu sprechen, von der Welt, die schon fertig vorliegt, bevor wir sie erkennen. Der Materialismus ist der letzte große Entwurf dieser Art, der noch eine nennenswerte Zahl von Anhängern besitzt.

4

Der interne Realismus scheint nun genügend vom metaphysischen Realismus abgegrenzt zu sein, und Putnam hat sich ‹kontinentalen› Auffassungen genähert, welche die Frage, «Was kann ich wissen?»[14] mit dem Hinweis auf die Grenzen von Erkenntnis beantworten. Ist Putnam damit aber nicht einem Relativismus verfallen? Gestattet interner Realismus nicht beliebige Wahrheiten, je intern zu einem begrifflichen Schema, das ich mir aussuche? Fällt nicht so alles der Beliebigkeit anheim? Putnam will aus dem Scheitern des metaphysischen Realismus keineswegs diese relativistische Konsequenz ziehen, sondern versucht, auf des Messers Schneide zu wandeln: interner Realismus, aber nicht Relativismus.

Der für eine französische Enzyklopädie geschriebene Text 8 ‹Wozu die Philosophen?› (1986) bietet vor allem eine philosophiehistorische Einordnung von Putnam durch Putnam und eine Rekapitulation der Argumente gegen metaphysischen Realismus. Putnam betont, daß er den Positivismus als eine Spielart des Idealismus ansieht, die im Endeffekt auf Relativismus hinausläuft (seine alten Gegner sind also auch nicht ohne diese Schwierigkeit), was sich an Quines Lehre von der ontologischen Relativität (1969) illustrieren läßt. Er lehnt weiterhin die mißliche Alternative zwischen Reduktionismus (wie dem Positivismus) und metaphysischen Positionen (wie dem Materialismus) ab, sieht aber keinen Grund, daraus zu schließen, es gebe keine besseren und schlechteren Kontexte, innerhalb deren dann Realismus ‹intern› sein kann. Es gibt da vernünftige und weniger vernünftige Entscheidungen.

Außerdem findet sich eine konzise Darstellung seiner berühmten Widerlegung des skeptischen Arguments, daß wir alle uns ständig irren könnten, weil wir etwa ‹Gehirne im Tank› sind. Putnam meint, ein Gehirn im Tank kann nicht auf ein Gehirn im Tank referieren. Bedeutungen sind nicht im Kopf.

Die Frage von verschiedenen gleich guten Beschreibungen wird in der zentralen Lehre von der ‹begrifflichen Relativität› deutlicher, wie sie vor allem in Text 9 ‹Realismus mit menschlichem Antlitz› (1987/90) entfaltet wird. Es kann durchaus mehrere Arten und Weisen geben, über einen Sachverhalt zu reden, zwischen denen es nichts zu wählen gibt (man erinnere sich an ‹Modelle und Wirklichkeit›). Hierfür werden mehrere Beispiele gegeben, wobei Putnam auf seinen reichen Fundus an wissenschaftlichen Kenntnissen zurückgreift. Er diskutiert die Deutung der Quantenmechanik sowie die Lügnerparadoxie und interpretiert diese als Hinweise auf die Vergeblichkeit der Suche nach der einen wahren Wissenschaft, zu der alles Wissen konvergiert. Es wird immer mehrere Theorien geben, aber das schadet auch gar nichts, solange diese mit verschiedenen Begriffen arbeiten. Solange man sich vor Augen hält, daß Wissenschaft nicht von den Kantischen Dingen *an sich* handelt, sondern von Dingen *für uns*, wird man sich nicht wundern, daß wir verschiedene Theorien haben können, die empirisch äquivalent sind, für uns keinen Unterschied machen – und das heißt eben, es *gibt* keinen relevanten Unterschied zwischen ihnen (was ein metaphysischer Realist bestreiten würde).

Im zweiten Teil des Essays setzt Putnam sich mit Richard Rorty auseinander, einem Philosophen, der aus der analytischen Schule stammt, aber inzwischen das Ende der analytischen Philosophie verkündet (1979) und das ganze Problem der ‹Repräsentation› oder ‹Darstellung› von Welt für fehlgeleitet hält – was bedeutet, er betrachtet den Streit zwischen Antirealisten und Realisten als Scheindebatte. Genau das hält Putnam aber für den Versuch, vom Standpunkt eines Gottes aus zu sagen, es gebe keinen Standpunkt eines Gottes; für den Versuch, metaphysisch zu sagen, es gebe keine Metaphysik. Das Scheitern des Projekts ‹Metaphysik› hat allerdings nach Putnam nicht die große kulturelle Bedeutung, welche Rorty ihr im Anschluß an französische Philosophen zuschreibt.

Auffällig ist, daß sich Putnam in den letzten drei Texten dieses Bandes mit französischer Philosophie beschäftigt. Zumindest wenn er an Relativismus denkt, fallen ihm offensichtlich Namen wie Derrida oder Foucault ein. Die französische Gegenwartsphilosophie gibt noch am ehesten einen Widerpart zur analytischen Philosophie ab, an dem zu reiben sich lohnt.

Ein weiterer Versuch der Näherung stellt Text 10 dar, ‹Irrealismus und Dekonstruktion› (1992). Putnam befaßt sich hier mit der Philosophie seines älteren Kollegen in Harvard, Nelson Goodman, und zugleich mit Jacques Derrida. Als Reaktionen auf Physikalismus und Szientismus sind ihm diese Positionen sympathisch, er meint jedoch, sie schütten das Kind mit dem Bade aus. Zur Bewertung von Goodmans Philosophie diskutiert Putnam die Fragen «Haben wir die Sterne gemacht?» und «Haben wir den Großen Wagen gemacht?», wobei noch einmal das Problem der begrifflichen Relativität verdeutlicht wird. Putnam bleibt Realist, insofern er weiterhin einen wesentlichen Unterschied zwischen Fragen der Konvention (Was gehört zum Großen Wagen?) und Fragen der Fakten in der Welt (Ist das ein Stern?) sieht, der sich wiederum als Unterschied in der jeweils angemessenen Theorie der Bedeutung formulieren läßt. Die Bedeutung von ‹Stern› muß anders rekonstruiert werden als die von ‹Großer Wagen›.

Die Näherung an Derridas ‹Dekonstruktion› fällt sichtlich schwer, aber allein die ernsthafte Auseinandersetzung bezeugt eine für einen führenden analytischen Philosophen noch vor kurzem schwer vorstellbare Wertschätzung. Derrida wird allerdings gleich eines alten Fehlers bezichtigt: Relativisten definieren ‹Wissen› typischerweise mit extrem hohen Standards, um dann zu dem Schluß zu kommen, diese könnten nicht erreicht werden. Auch Derridas Kritik am ‹Logozentrismus› hält Putnam nicht nur für verfehlt, sondern sogar für gefährlich; denn sie laufe Gefahr, ethisch verwerfliche Handlungsweisen unkritisiert zu lassen. Sein Resümee lautet: «Dekonstruktion ohne Rekonstruktion ist Unverantwortlichkeit.»

In Putnams Denken zeigt sich die allgemeine Annäherung der analytischen Philosophie an ‹kontinentale›, traditionelle Fragestellungen und Autoren. Die führenden Namen in den angloamerikanischen Ländern sind nicht mehr dieselben wie noch von 20 Jahren. Leute wie Putnam und Rorty, Williams, Dennett, Nagel, Kripke und Davidson oder auch Kuhn und Feyerabend haben je auf ihre Weise Annäherung versucht. Der vorliegende Band soll dazu beitragen, daß die Annäherung eine gegenseitige bleibt.

5

Wie viele andere angelsächsische Autoren schreibt Putnam (vor allem in seinen früheren Schriften) für ein Publikum, das ‹schon weiß, was gemeint ist›, wenn er einen Namen erwähnt. Die lästige Pflicht, genauere Literaturhinweise zu machen, wurde hier vom Herausgeber nachgeholt. Alles, was nicht von Putnam stammt, ist zur Warnung in eckige Klammern eingeschlossen. Es finden sich dort auch einige Verweise auf andere Stellen bei Putnam, innerhalb und außerhalb dieses Bandes. Erklärende Ausführungen und Erläuterungen zur Übersetzung wird man allerdings vergeblich suchen.

Wie in den jeweiligen Fußnoten mit Sternchen* zu erkennen, geben die Übersetzungen den jeweils letzten autorisierten Text wieder. Das führt teilweise dazu, daß anachronistisch erscheinende, von Putnam später hinzugefügte Verweise auf später erschienene Texte auftauchen. Es wurde versucht, einen deutschen Text so zu schreiben, wie er wohl lauten würde, wenn Putnam zum betreffenden Zeitpunkt als Muttersprachler auf deutsch geschrieben hätte. Das heißt, weder auf deutsch so zu schreiben, wie Putnam auf englisch geschrieben hat, noch das, was er sagen wollte, so zu schreiben, wie es der Übersetzer auf deutsch geschrieben hätte. Im Register findet sich bei einer Reihe von Einträgen der englische Ausdruck in Klammern. Man kann dort also nachsehen, wie ein deutscher Ausdruck im Englischen lautet.[15]

Hilary Putnam bin ich für Hilfe bei der Bibliographie ab 1992 und vor allem für die Beantwortung zahlreicher Fragen zur Übersetzung verpflichtet. Der vorliegende Text enthält eine Reihe von daraus resultierenden Korrekturen gegenüber den Originalen. Für vielfältige Unterstützung danke ich besonders Sophia Voulgari, Mark Sainsbury, David Papineau und Stathis Psillos, King's College London; Rom Harré und Peter M. S. Hacker, Oxford; Burghard König und Wolfgang Künne, Hamburg, sowie Frank Mathwig, Marburg.

Hamburg, im August 1993
V. C. M.

Anmerkungen

1 John Passmore, *Recent Philosophers. A Supplement to A Hundred Years of Philosophy*, Duckworth, London 1985, 97. Passmores sehr lesenswerte Darstellung behandelt die analytische Philosophie zwischen 1965 und 1985.

2 Bezüge auf Putnams Schriften stets durch den Titel (auf deutsch, falls Übersetzungen vorhanden sind) und einen Verweis auf die Stelle in der Bibliographie: Jahreszahl der Erstpublikation (1990), Art des Textes (I) und laufende Nummer (13). Auf Literatur anderer Autoren mit Nachname, Jahreszahl. Die relevante Literatur wurde bei den jeweiligen Texten in Anmerkungen nachgeliefert, also bleiben die Verweise in dieser Einleitung spärlich. Echte Sekundärliteratur gibt es ohnehin kaum; man konsultiere aber die Zeitschriftenbände mit Repliken Putnams (*Erkenntnis* 34, 1991 und *Philosophical Topics* 20, 1992) sowie den Band: George Boolos (Hg.): *Meaning and Method: Essays in Honor of Hilary Putnam*, Cambridge University Press, Cambridge 1990. Im Erscheinen sind: Bob Hale / Peter Clarke (Hg.): *Reading Putnam. Proceedings of the 1990 Gifford Conference at St. Andrews*, Basil Blackwell, Oxford 1993; und auch John Haldane / Crispin Wright (Hg.): *Reality: Representation and Projection*, Oxford University Press, Oxford 1993.

3 Wie etwa bei *Vernunft, Wahrheit und Geschichte* (1981, I-6) und *Realität und Repräsentation* (1988, I-11).

4 Der nicht dort abgedruckte Aufsatz von Putnam und Paul Oppenheim über die Einheit der Wissenschaft (1958, II-11) ist 1970 in deutscher Übersetzung erschienen (III-1).

5 Putnams Schriften zu diesem Thema sind in Anmerkung 21 zu Text 3 aufgelistet.

6 Siehe etwa ‹The Analytic and the Synthetic› (1962, II-23), ‹How Not to Talk about Meaning. Comments on J. C. C. Smart› (1965, II-38) oder ‹Is Semantics Possible?› (1970, II-57).

7 Putnam, ‹Introduction: Philosophy of Language and the Rest of Philosophy› (1975, II-77), X.

8 Eine ausführlichere Fassung der früheren realistischen Theorie der Bedeutung einschließlich einer Auseinandersetzung mit zeitgenössischen Alternativen findet sich in «Die Bedeutung von ‹Bedeutung›?» (1975, II-86), dessen deutsche Übersetzung als Monographie erschienen ist.

9 Tarski hatte vor allem ein Adäquatheitskriterium für eine Wahrheitsdefinition aufgestellt: Sie sollte alle Äquivalenzen der Form «‹*p*› ist wahr dann und nur dann, wenn *p*» implizieren. Genaueres und Literatur siehe Text 5, Abschnitt ‹Tarskis Wahrheitstheorie›.

10 Eine ausführliche Darstellung von Putnams Philosophie zur Bedeutung und Erkenntnis bis 1978 (dem Erscheinen von *Meaning and the Moral Sciences*,

1978, I-5) bietet Wolfgang Stegmüller in Band II, seiner *Hauptströmungen der Gegenwartsphilosophie*, Kröner, Stuttgart, 7. erw. Aufl. 1987, 345–467.

11 Insbesondere wird die zeitlich frühere und darum bekanntere Präsentation in ‹Realism and Reason› (1977, II-92) ignoriert, weil sich deren Argumente in späteren Texten prägnanter ausgedrückt finden.

12 Siehe etwa Peirce/Rantala: ‹Realism and Reference›, in: *Synthese* 52 (1982), 439–448, und David Lewis: ‹Putnam's Paradox›, in: *Australasian Journal of Philosophy* 62, 1984, 221–236.

13 Putnams Auffassung sollte also nicht ohne weiteres mit Konsensustheorien à la Habermas verwechselt werden. Dennoch fällt die Nähe von Habermas zu Diskussionen zwischen Dummett, Putnam und vielen anderen ins Auge. (J. Habermas: ‹Wahrheitstheorien›, in: H. Fahrenbach (Hg.): *Wirklichkeit und Reflexion*, Pfullingen, Neske 1978.)

14 Kant in der *Logik* (Jäsche), A 26 bringt Philosophie auf die Fragen: «Was kann ich wissen? Was soll ich tun? Was darf ich hoffen? Was ist der Mensch?» (*Werke*, Bd. VI, hg. v. W. Weischedel, Suhrkamp, Frankfurt/Main 1968.)

15 Eine gewisse Kontinuität zu den Übersetzungen von W. Spohn und J. Schulte ist dabei gewahrt. Allerdings wurde ‹reference› hier mit dem üblichen Fachausdruck ‹Referenz› übersetzt, während Schulte von ‹Bezug› spricht. ‹Referenz› scheint sich im Deutschen fest etabliert zu haben und es gibt keinen zwingenden Grund, hier sprachpädagogisch tätig zu werden, auch wenn ‹Bezug› sicher glatter klingt. Der Ausdruck ‹Bezug› hat daneben den Nachteil, die *Handlung* des Sich-Beziehens zu betonen – was dann manche Referenztheorien merkwürdiger aussehen läßt, als sie sind. Es steht zu hoffen, daß Putnam-Lektüre dabei hilft, folgenden Fehlschluß zu vermeiden: «Wäre ‹reference› ein Terminus technicus, könnte ihn jeder nach Belieben und gemäß dem zu erwartenden Nutzen definieren, ohne daß eine inhaltliche Auseinandersetzung über den Begriff möglich wäre. Es gäbe also gar keine philosophische Problematik der Bezugnahme!» (J. Schulte: ‹Peter Frederick Strawson›, in: A. Hügli/P. Lübke (Hg.): *Philosophie im 20. Jahrhundert*, Band 2, *Wissenschaftstheorie und Analytische Philosophie*, Rowohlt, Reinbek 1993, S. 446, Anm. 1.)

Kritik des Positivismus: Realismus «Was kann ich wissen?»

I
Erklärung und Referenz*

Bedeutung des Themas

In diesem Vortrag versuche ich, realistische Theorien der Bedeutung dem gegenüberzustellen, was man ‹idealistische› Theorien der Bedeutung nennen könnte. Ein Wort der Erklärung ist hier aber sicherlich angebracht.

Es gibt keine marxistische ‹Theorie der Bedeutung›, aber in den Schriften von Friedrich Engels (vgl. Engels 1878) finden sich eine Reihe von Bemerkungen über die Entsprechung von Begriffen und Dingen, zu Begriffen und zur Unmöglichkeit von Erkenntnis *a priori*, die sicherlich für Probleme der Bedeutung und Referenz relevant sind. Insbesondere gibt es eine Passage[1], in der Engels feststellt, daß ein Begriff Elemente enthalten kann, die nicht richtig sind. Eine heutige wissenschaftliche Charakterisierung des Fisches würde, Engels zufolge, Eigenschaften wie Leben unter Wasser und Atmung durch Kiemen einschließen; und dennoch werden Lungenfische und andere anormale Spezies, denen diese Eigenschaften fehlen, für wissenschaftliche Zwecke als Fische klassifiziert. Und Engels meint – zu Recht, wie mir scheint –, daß es schlechte Wissenschaft wäre, bei der Anwendung des Begriffes *Fisch* am Wortlaut der ‹Definition› zu kleben. Kurz, Engels behauptet:

(1) Unsere wissenschaftliche Auffassung (ich würde sagen, das ‹Stereotyp›) eines Fisches schließt die Eigenschaft ‹atmet durch Kiemen› ein, aber

(2) «Alle Fische atmen durch Kiemen» ist nicht wahr (und *a fortiori* nicht analytisch)!

Ich möchte Engels keine anachronistische Differenziertheit gegenüber heutigen logischen Fragestellungen unterstellen; aber auch ohne dies zu tun, ist es auf der Grundlage dieses Arguments angemessen zu sagen, daß Engels jenes Modell *ablehnt*, demzufolge ein Begriff wie *Fisch* so etwas wie analytisch notwendige und hinreichende Bedingungen für Zugehörigkeit zu einer natürlichen Art bereitstellt. Zwei weitere Punkte sind von Bedeutung: (1) Die Tatsache, daß der Begriff ‹natürliche Art, dessen *sämtliche* Angehörige unter Wasser leben, durch Kiemen atmen etc.› nicht genau auf die natürliche Art *Fisch* paßt, bedeutet nicht, daß der Begriff nicht der natürlichen Art *Fisch* entspricht. Der Begriff ist, wie Engels es formuliert, nicht ganz richtig (als eine Beschreibung der entsprechenden natürlichen Art), aber das macht ihn nicht zu einer *Fiktion*. (2) Der Begriff verändert sich zwar ständig unter dem Einfluß wissenschaftlicher Entdeckungen; aber das bedeutet nicht, er würde aufhören, derselben natürlichen Art zu entsprechen (die sich selbst natürlich auch verändert). Nochmals, ohne Engels eine differenzierte Theorie der Bedeutung und Referenz zu unterstellen, ist es angemessen, so denke ich, den wesentlichen Kern der beiden Punkte wie folgt zu reformulieren: Begriffe, die nicht genau auf irgend etwas zutreffen, können dennoch auf etwas referieren; und Begriffe in verschiedenen Theorien können auf dasselbe referieren. Von diesen beiden Punkten liegt der zweite für die meisten Realisten auf der Hand. Abgesehen von einigen wenigen möglichen Ausnahmen (z. B. Paul Feyerabend[2]) haben Realisten vertreten, daß es aufeinander folgende Theorien über *dieselben* Dinge gibt: über Wärme, über Elektrizität, über Elektronen und so fort; und das schließt ein, Ausdrücke wie ‹Elektrizität› als *trans-theoretische* Termini zu behandeln, wie Dudley Shapere sie genannt hat (vgl. Shapere 1969), das heißt als Termini, die in verschiedenen Theorien dieselbe Referenz haben. Der erste Punkt ist umstrittener: Die Vorstellung, daß Begriffe notwendige und hinreichende Bedingungen für die Zugehörigkeit in einer Klasse bereitstellen, ist oft angegriffen worden, aber trotzdem taucht sie ständig wieder auf. Ohne diese aber ist der andere Punkt zweifelhaft. Bohr nahm 1911 an, daß es (zu jedem Zeitpunkt) Zahlen p und q gibt, wobei die (eindimensionale) Position eines Teilchens p ist und der (eindimensionale) Impuls q. Wenn dies für Bohr Teil der Bedeutung von ‹Teilchen› war und ‹Teil der Bedeutung› außerdem heißt: ‹notwendige Bedingung für die Zugehörigkeit zur Extension des Terminus›, dann sind Elektronen *keine* Teilchen im Bohrschen Sinn, und es gibt tatsächlich *keine* Teilchen ‹im Bohrschen Sinn› (und keine ‹Elektronen› im Sinn Bohrs). Keiner der

Termini in Bohrs Theorie von 1911 referierte! Aus dieser Auffassung folgt, daß wir nicht sagen können, die gegenwärtige Theorie der Elektronen sei eine bessere Theorie derselben Teilchen, auf die Bohr referierte. Ich nehme an, dies ist die Denkweise, für die Paul Feyerabend steht. Einer Lehre wie der von Shapere zufolge jedoch hätte Bohr auf Elektronen referiert, als er das Wort ‹Elektron› benutzte, ungeachtet der Tatsache, daß einige seiner Überzeugungen über Elektronen falsch waren; und *wir* referieren auf eben jene Teilchen, ungeachtet der Tatsache, daß einige unserer Überzeugungen – sogar Überzeugungen, die in unserer wissenschaftlichen Definition des Terminus ‹Elektron› vorkommen – sich sehr wahrscheinlich als ebenso verfehlt herausstellen werden. Das scheint mir richtig zu sein. Der wesentliche technische Beitrag dieses Vortrags wird die Skizzierung einer Theorie der Bedeutung sein, die Shaperes Einsichten unterstützt.

Eine ‹idealistische› Theorie der Bedeutung, so wie ich den Terminus verwende, könnte (in ihrer einfachsten Form) wie folgt aussehen: Die Bedeutung eines Satzes wie «Elektronen existieren» ist eine Funktion gewisser *Voraussagen*, die von ihm abgeleitet werden können (in einer rein idealistischen Theorie müßten dies Voraussagen über *Empfindungen* sein); diese Voraussagen sind eindeutig eine Funktion der *Theorie*, in welcher der Satz vorkommt; also hat «Elektronen existieren» außerhalb dieser oder jener Theorie keine Bedeutung und in verschiedenen Theorien verschiedene Bedeutung.

Die Frage der ‹Referenz› ist für einen Idealisten schwieriger: Der Kern des Idealismus besteht darin, wissenschaftliche Theorien und Begriffe als Instrumente zur Voraussage von Empfindungen anzusehen und nicht als Darstellungen von wirklichen Dingen und Größen. Ein differenzierter Idealist wird aber wohl sagen, daß die Frage der Referenz ‹trivial› ist[3]: Wenn man eine wissenschaftliche Sprache S hat, die den Terminus ‹Elektron› enthält, dann kann man sicherlich über diese eine Metasprache MS à la Tarski konstruieren und ‹Referenz› so definieren, daß «‹Elektron› referiert auf Elektronen» ein triviales Theorem ist. Wenn aber verschiedene wissenschaftliche Theorien T_1 und T_2 mit verschiedenen formalen Sprachen S_1 und S_2 verbunden werden (wie notwendig, wenn die Worte in T_1 und T_2 verschiedene Bedeutungen haben), dann werden sie mit verschiedenen *Meta*-Sprachen MS_1 und MS_2 verbunden. In MS_1 können wir sagen, «‹Elektron› referiert auf Elektronen», und meinen, daß ‹Elektron› im Sinn von T_1 auf Elektronen *im Sinn von* T_1 referiert; und in MS_2 können wir sagen, «‹Elektron› referiert auf Elektronen», und meinen, daß ‹Elektron› im Sinn von T_2

auf Elektronen *im Sinn von* T_2 referiert; aber es gibt keine *MS*, in der wir die Aussage auch nur ausdrücken könnten, daß ‹Elektron› in T_1 und in T_2 auf dieselben Entitäten referiert – oder zumindest haben positivistische Wissenschaftstheoretiker keine Vorschrift zur Konstruktion einer solchen *MS* bereitgestellt. Kurz, ebenso wie der Idealist ‹Elektron› als *theorieabhängig* ansieht, so betrachtet er auch die semantischen Begriffe Referenz und Wahrheit als theorieabhängig; ebenso wie der Realist ‹Elektron› als *trans-theoretisch* ansieht, so betrachtet er auch Wahrheit und Referenz als trans-theoretisch.

Die Bedeutung von Termini für physikalische Größen

Eine kausale Auffassung der Bedeutung

Es ist hier mein Ziel, eine Auffassung der Bedeutung von Termini für physikalische Größen (z. B. ‹Temperatur›, ‹elektrische Ladung›) zu skizzieren – keine Auffassung von Bedeutung im allgemeinen, auch wenn ich versuchen werde, auf Ähnlichkeiten zwischen dem hinzuweisen, was hier über diese Termini gesagt wird, und dem, was Kripke über Eigennamen ausgeführt hat, sowie dem, was ich andernorts über Worte für natürliche Arten vorgetragen habe. (Kripkes Arbeit ist mir aus zweiter Hand zugänglich geworden; dennoch bin ich ihm für seine Anregung der Idee von Kausalketten als den Mechanismen der Referenz sehr verpflichtet.[4])

Einer traditionellen Ansicht zufolge hat jeder Terminus eine Intension und eine Extension. ‹Die Bedeutung kennen› heißt, die Intension zu kennen; was es heißt, eine Intension (meist als irgendeine abstrakte Entität konstruiert) zu ‹kennen›, wird nie erklärt. Die Extension des Farbausdruckes ‹rot› zum Beispiel, ist die Klasse der roten Dinge; nach Carnap ist die Intension die Eigenschaft *rot*.[5] Carnap sprach vom ‹Erfassen› der Intension von Termini; was es heißen würde, die Eigenschaft *rot* zu ‹erfassen›, wurde aber nie erklärt; Carnap hätte es wohl damit gleichgesetzt, zu wissen, wie Sätze der Form «*x* ist *rot*» verifiziert werden können, aber das stammt aus seiner Theorie des Wissens, nicht aus seinen Schriften über Semantik.[6] In jedem Fall ist das Verstehen von Worten eine Frage von Wissen. Volle sprachliche Kompetenz in Verbindung mit einem Wort mag mehr Wissen als bloß das der Intension verlangen, zum Beispiel syntaktisches Wissen, Wissen um regelmäßiges gemeinsames Vorkommen etc.; aber sprachliche Kompetenz ist, ebenso wie Verstehen, eine Frage von *Wissen* – nicht notwendigerweise von explizitem Wissen –, Wissen im weiteren Sinn, implizit wie explizit, ‹wissen wie› ebenso wie ‹wissen, daß›, Fertigkeiten und Fähigkeiten ebenso wie Tatsachen, aber dennoch alles *Wissen*.

Der Theorie zufolge, die ich vorstellen werde, ist das grundfalsch. Sprachliche Kompetenz und Verstehen sind nicht bloß *Wissen*. Um sprachliche Kompetenz in Verbindung mit einem Terminus zu besitzen, reicht es im allgemeinen nicht, den vollen Satz von üblichem sprachlichem Wissen und Fähigkeiten zu haben; man muß sich zusätzlich in der richtigen Beziehung zu bestimmten ausgezeichneten Situationen befinden (normalerweise, wenn auch nicht notwendigerweise, Situationen, in denen das präsent ist, worauf der Terminus referiert). Das ist der Grund, warum diese Art von Theorie ‹kausale Theorie› der Bedeutung genannt wird.

Um zu den Termini für physikalische Größen zu kommen: Jeder, der den Ausdruck ‹Elektrizität› verwendet, weiß, daß Elektrizität irgendeine Größe ist – und tatsächlich noch nicht einmal das: Früher dachte man, Elektrizität ist vielleicht eine Art von Substanz, desgleichen die Wärme. Jedenfalls wissen Sprecher, daß ‹Elektrizität› und ‹Wärme› physikalische *Quantitäten* sein sollen – daß sie ein mehr oder weniger erlauben und lokalisierbar sind. (Ich glaube selbst von diesen Aussagen nicht, daß sie *analytisch* sind, aber ich denke, sie haben eine Art von *sprachlicher* Assoziation mit den fraglichen Termini.) In einer entwikkelten semantischen Theorie könnte man eine spezielle semantische Markierung für diese Art von Termini einführen, zum Beispiel ‹physikalische Größe›. Mir fällt aber nichts ein, was *jeder* wissen muß, der den Terminus ‹Elektrizität› verwendet, außer daß Elektrizität irgendeine physikalische Größe ist (mit der Vorstellung einer solchen verknüpft wird) und vielleicht noch, daß ‹Elektrizität› (oder elektrische Ladung) fließen oder sich bewegen kann. Benjamin Franklin wußte, daß ‹Elektrizität› sich in Form von Funken oder Blitzen manifestiert; jemand anders mag von Strömen und Elektromagneten wissen, ein weiterer von Atomen, die aus negativ und positiv geladenen Teilchen bestehen. Sie könnten alle den Terminus ‹Elektrizität› verwenden, ohne daß es eine erkennbare ‹Intension› gäbe, die sie teilen würden. Ich möchte vorschlagen, daß sie folgendes gemeinsam haben: Jeder von ihnen ist durch eine gewisse Art von Kausalkette mit einer Situation verbunden, in der eine *Beschreibung* der Elektrizität gegeben wird, und zwar im allgemeinen eine *kausale* Beschreibung – das heißt eine, die Elektrizität als *die* physikalische Größe auszeichnet, welche für bestimmte Effekte auf gewisse Weise *verantwortlich* ist.

Angenommen also, ich stünde neben Ben Franklin, während er sein berühmtes Experiment durchführt. Angenommen, er sagt mir, ‹Elektrizität› ist eine physikalische Quantität, die sich in gewisser Hinsicht wie eine Flüssigkeit verhalte (wäre er ein Mathematiker, dann würde er vielleicht sagen, sie ‹unterliegt einer stetigen Gleichung›); sie sammele sich in Wolken an, und dann, wenn ein gewisser kritischer Punkt erreicht ist, fließe eine große Menge in Form eines Blitzes von der Wolke zur Erde; sie laufe entlang seiner metallischen Drachenschnur (oder vielleicht ‹durch› dieselbe) etc. Er hätte mir eine *annähernd richtige Kennzeichnung* einer physikalischen Größe gegeben. Ich wäre nun selbst in der Lage, den Terminus ‹Elektrizität› zu verwenden. Nennen wir dieses Ereignis – meinen Erwerb der Fähigkeit, den Terminus ‹Elektrizität› so zu gebrauchen – ein *Einführungsereignis*. Es ist klar, daß jede einzelne meiner späteren Verwendungen mit diesem Einführungsereignis kausal verbunden sein wird, solange diese Verwendungen jene Fähigkeit exemplifizieren, die ich bei dem Einführungsereignis erworben habe. Selbst wenn ich den Terminus so oft gebrauche, daß ich vergesse, wann ich ihn erlernt habe, bleibt meine gegenwärtige Verwendung doch mit diesen früheren Verwendungen durch die Intention verbunden, auf dieselbe Größe zu referieren, auf die ich mich in der Vergangenheit mit dem Gebrauch dieses Wortes bezogen habe. Und wirklich ist die Zugehörigkeit des Wortes zu meinem gegenwärtigen Wortschatz ein kausales Produkt von früheren Ereignissen – letztendlich des Einführungsereignisses. Wenn ich einem anderen das Wort beibringe, indem ich ihm sage, daß das Wort ‹Elektrizität› der Name einer physikalischen Größe ist, und ihm gewisse Tatsachen über diese mitteile, die keine kausale Beschreibung ausmachen (ich könnte ihm z. B. sagen, daß sich gleiche Ladungen abstoßen und ungleiche anziehen und daß Atome aus einem Kern mit einer Art von Ladung bestehen, umgeben von Elektronen-Trabanten mit der entgegengesetzen Ladung) – ja selbst wenn die Tatsachen, die ich ihm mitteile, keinerlei Kennzeichung irgendeiner Art, geschweige denn eine kausale Beschreibung ausmachen –, so wird doch die Anwesenheit des Wortes in seinem Wortschatz kausal mit meinem Wortschatz und also letztendlich mit einem Einführungsereignis verbunden sein.

Ich hatte oben gesagt, daß verschiedene Sprecher das Wort ‹Elektrizität› verwenden, ohne daß es eine erkennbare ‹Intension› gäbe, die sie teilen. Wenn ‹Intension› so etwas wie eine notwendige und hinreichende Bedingung darstellt, dann denke ich, daß dies richtig ist. Daraus folgt aber nicht, es gäbe keine Vorstellungen über Elektrizität, die irgendwie sprachlich mit dem Wort assoziiert werden. Ebenso wie die Vorstellung, daß Tiger gestreift sind, sprachlich mit dem Wort ‹Tiger› assoziiert wird, scheint auch eine gewisse Vorstellung, Elektrizität (d.h. elektrische Ladung oder Ladungen) könne fließen oder sich bewegen, sprachlich mit ‹Elektrizität› assoziiert zu werden. Und vielleicht ist das alles – außer, daß sie im oben beschriebenen Sinn eine physikalische Größe oder Quantität ist –, was mit dem Wort sprachlich assoziert wird.

Wenn nun jemand weiß, daß ‹Elektrizität› der Name einer physikalischen Quantität ist und sein Gebrauch des Wortes durch die oben beschriebene Art von Kausalkette mit einem Einführungsereignis verbunden ist, bei dem die gegebene kausale Beschreibung tatsächlich eine kausale Beschreibung von Elektrizität war, dann haben wir eine gute Grundlage dafür zu sagen, er gebrauche das Wort, um auf Elektrizität zu referieren. Selbst wenn die kausale Beschreibung Elektrizität nicht getroffen hat, wenn es gute Gründe gibt, sie als Fehlbeschreibung von *Elektrizität* zu behandeln (anstatt als Beschreibung von gar nichts) – wenn Elektrizität zum Beispiel als die physikalische Größe mit den und den Eigenschaften beschrieben wurde, die für die und die Effekte verantwortlich ist; wobei Elektrizität wirklich für diese Effekte verantwortlich ist und der Sprecher auf die für die Effekte verantwortliche Größe referieren wollte, jedoch die fehlerhafte Information hinzufügte, «Elektrizität hat die und die Eigenschaften», weil er irrtümlicherweise dachte, die für diese Effekte verantwortliche Größe habe diese weiteren Eigenschaften –, dann haben wir nach wie vor eine Grundlage dafür zu sagen, daß sowohl der ursprüngliche Sprecher als auch die Personen, denen er den Gebrauch des Wortes beibringt, das Wort dazu verwenden, um auf Elektrizität zu referieren.

Wenn eine Reihe von Sprechern das Wort ‹Elektrizität› dazu verwenden, auf Elektrizität zu referieren, und sie zudem die üblichen Assoziationen mit dem Wort haben – daß es sich auf eine Größe bezieht, die sich bewegen oder fließen kann –, dann, so schlage ich vor, stellt sich die Frage ganz einfach nicht, ob es in ihren diversen Idiolekten ‹dieselbe Bedeutung› hat. Wenn ein Wort derart mit einer notwendigen und hinreichenden Bedingung sprachlich assoziiert wird, wie das bei ‹Junggeselle› der Fall ist, dann *kann* sich diese Art von Frage stellen; aber sie stellt sich zum Beispiel im Fall von Eigennamen nicht, und aus einem ähnlichen Grund stellt sie sich bei Termini für physikalische Größen ebensowenig. Wenn Sie also wissen, daß ‹Quine› ein Name ist, und ich es weiß, und wir zudem beide auf dieselbe Person referieren, wenn wir das Wort verwenden (selbst wenn die Kausalketten, die uns mit dem Referierten verbinden, ganz andere sind), dann stellt sich die Frage nicht, ob ‹Quine› in meinem und in Ihrem Idiolekt dieselbe Bedeutung hat. Genauer: Wenn der Referierte derselbe ist und wir beide dieselbe minimale sprachliche Information mit dem Wort ‹Quine› verbinden, nämlich daß es der Name einer Person ist, dann wird das Wort als dasselbe behandelt, gleichgültig, ob es in Ihrem Idiolekt auftaucht oder in meinem. Ebenso ist ‹Elektrizität› in Ben Franklins Idiolekt und in meinem dasselbe Wort. Wenn Sie allerdings falsche sprachliche Vorstellungen über den Namen ‹Quine› hätten – wenn Sie zum Beispiel denken, ‹Quine› sei ein weiblicher Name (nicht bloß, daß Quine eine Frau ist, sondern daß der Name auf weibliche Wesen beschränkt ist) –, dann gäbe es natürlich einen Bedeutungsunterschied.

Diese Auffassung betont kausale Beschreibungen, weil physikalische Größen stets durch ihre Effekte entdeckt werden und es also zunächst natürlich ist, eine physikalische Größe als diejenige auszuzeichnen, welche für gewisse Effekte verantwortlich ist. Natürlich müssen die Worte ‹verantwortlich›, ‹verursacht› etc. nicht wörtlich in der Beschreibung auftauchen: *Spin* zum Beispiel wurde eingeführt, indem man es als eine physikalische Größe beschrieb, die für gewisse Elementarteilchen charakteristische halbzahlige Werte hat und ein *Gesetz* formulierte, das ihn mit vorher eingeführten Größen in Verbindung brachte. Dieser Fall soll unter den Begriff der kausalen Beschreibung fallen. Ebenso ist es keine ‹notwendige Wahrheit›, daß die Beschreibung, welche eine neue physikalische Größe einführt, den Begriff der Ursache oder des Gesetzes beinhalten muß; aber ich versuche in diesem Vortrag ohnehin nicht, ‹notwendige Wahrheiten› aufzustellen.

Wurde der Terminus ‹Elektrizität› in den Wortschatz einer Person (oder in ihren ‹Idiolekt›, wie man den Dialekt eines einzelnen Sprechers nennt) eingeführt – ob durch ein Einführungsereignis oder durch Lernen von jemandem, der ihn aus einem Einführungsereignis gelernt hat, oder durch Lernen von jemandem, der durch eine Kette von solchen Übertragungen mit einem Einführungsereignis verbunden ist –, dann ist das, worauf referiert wird, auch im Idiolekt dieser Person festgelegt, selbst wenn es durch das Wissen dieser Person nicht bestimmt wird. Und sobald festgelegt ist, worauf referiert wird, kann man das Wort verwenden, um beliebig viele Theorien darüber zu formulieren (und sogar um theoretische Definitionen von ihm zu formulieren, die richtige oder unrichtige wissenschaftliche Charakterisierungen enthalten können), ohne daß das Wort in irgendeinem Sinn in verschiedenen Theorien ein verschiedenes Wort wäre. Die soeben formulierte Lehre erfüllt also das Desiderat, mit dem wir begonnen haben: Sie macht Termini wie ‹Elektrizität› transtheoretisch. Die ‹operationalen Kriterien›, die man für die Gegenwart von Elektrizität geben kann, werden stark von der Theorie abhängen, die man akzeptiert; aber ohne die unzulässige Identifizierung von Bedeutung mit operationalen Kriterien folgt überhaupt nicht, daß *Bedeutung* von der Theorie abhängt, die man akzeptiert.

Die Möglichkeit, Kennzeichnungen (oder sogar falsche Kennzeichnungen) von physikalischen Größen zu formulieren, hängt von der Verfügbarkeit von ‹Breitbandbegriffen› wie *physikalische Größe* und *Ursache* in unserer Sprache ab; daß diese eine entscheidende Rolle bei der Einführung von Termini für physikalische Größen spielen, habe ich in ‹What Theories are Not› [1962, II-24] vertreten. In jenem Aufsatz unterschied ich allerdings nicht zwischen der *Definition* dessen, was ich damals einen theoretischen Terminus nannte, und seiner *Einführung*. Sicher, wenn wir eine Sprache zur Verfügung haben, in der wir Beschreibungen dessen formulieren können, auf das unsere diversen Termini für physikalische Größen referieren, dann können wir die diversen Theorien, welche jene Termini enthalten, als ebensoviele Satzsysteme in dieser einen Sprache betrachten. Soweit wir das tun können, können wir die jener Sprache angemessenen Begriffe von Referenz und Wahrheit auch als transtheoretische Begriffe ansehen.

Kripkes Theorie der Eigennamen

Ich habe bereits eine große Dankesschuld gegenüber Kripkes (unveröffentlichter) Arbeit zu Eigennamen anerkannt. Da ich über diese Arbeit im wesentlichen Berichte aus zweiter Hand gehört habe, werde ich nicht versuchen, sie hier detaillierter darzustellen. So allerdings, wie zu sie mir gedrungen ist, besteht die zentrale Vorstellung darin, daß eine Person einen Eigennamen dazu verwenden kann, auf eine Person oder ein Ding *X* zu referieren, *ohne* wahre Überzeugungen bezüglich *X* zu haben. Angenommen, jemand fragt mich, wer Quine ist, und ich sage ihm irreführenderweise, Quine ist ein römischer Kaiser. Wenn er mir glaubt und das Wort ‹Quine› im weiteren mit der Absicht verwendet, auf die Person zu referieren, auf die *ich* mit ‹Quine› referiere, dann wird er Dinge sagen wie «Quine war ein römischer Kaiser» – und dabei auf einen zeitgenössischen Logiker referieren. Natürlich hat er immer noch einige wahre Überzeugungen, Quine betreffend (über die Überzeugung hinaus, daß Quine eine Person ist); zum Beispiel, daß Quine der Name ‹Quine› gegeben wurde oder wird; aber Kripke hat raffiniertere Beispiele, um zu zeigen, daß dies nicht immer der Fall ist. Kripkes Ansicht zufolge ist folgendes wesentlich: Der Gebrauch eines Eigennamens zur Referenz schließt die Existenz einer Kausalkette bestimmter Art ein, die denjenigen, der Namen verwendet (und das bestimmte Ereignis der Verwendung des Namens) mit dem Träger des Namens verbindet.

Mir scheint, man sollte bezüglich der Kausalketten, die man gestattet, nicht ganz so großzügig sein wie Kripke. Ich sehe zum Beispiel wenig Sinn darin zu sagen, jemand referiert auf Quine, indem er den Namen ‹Quine› verwendet, wenn er denkt, Quine sei ein römischer Kaiser, und das alles ist, was er über Quine ‹weiß›. Solange man nicht *einige*, den Träger des Namens betreffende Überzeugungen hat, die wahr oder annähernd wahr sind, ist es bestenfalls müßig, zu meinen, daß der Name in seinem Idiolekt auf diesen Träger referiert. Was aber an Kripkes Auffassung richtig zu sein scheint, ist, daß das Wissen eines individuellen Sprechers einer Sprache die Referenz der Eigennamen im Idiolekt dieses Sprechers überhaupt nicht festlegen muß; die Referenz wird durch die Tatsache festgelegt, daß dieses Individuum mit anderen Individuen kausal verbunden ist, die in der Lage sind, den Träger des Namens (oder gewisser Namen, von denen der Name abstammt) auszuzeichnen. Das Wichtige an Kripkes Theorie ist in der Tat nicht, daß der Gebrauch von Eigennamen ‹kausal› ist – was wäre das nicht? –, sondern daß der Gebrauch von Eigennamen *gemeinschaftlich* ist. Jeder, der einen Eigennamen zur Referenz gebraucht, gehört in gewissem Sinn zu einer Gemeinschaft, die mit dem Träger des Namens ‹Kontakt› hatte: Wenn es überraschend ist, daß ein bestimmtes Mitglied der Gemeinschaft diesen Kontakt nicht gehabt haben muß und nicht einmal eine gute Vorstellung vom Träger des Namens zu haben braucht, dann nur deswegen, weil wir uns Sprache als Privatbesitz vorstellen.

Die Verbindung dieser Theorie Kripkes zur obigen Theorie der Termini für physikalische Größen sollte offensichtlich sein. Ja, man könnte sagen, daß Termini für physikalische Größen Eigennamen *sind*: Sie sind Eigennamen von *Größen*, nicht von *Dingen* – das wäre aber verfehlt, denke ich, denn einige Termini für physikalische Größen (z. B. ‹Wärme›) sind sprachlich mit ziemlich reicher Information über das assoziiert, worauf referiert wird. Das Wichtige an den Eigennamen ist, daß es in ihrem Fall lächerlich wäre zu denken, der Besitz von sprachlicher Kompetenz könne mit der Kenntnis einer notwendigen und hinreichenden Bedingung gleichgesetzt werden – man wird also dazu gebracht, nach etwas anderem als dem Wissen des Sprechers zu suchen, was in ihrem Fall festlegen könnte, worauf referiert wird.

Es wird dem Leser nicht entgangen sein, daß ich eine Kausalkette vom Gebrauch des Terminus für eine physikalische Größe zurück zu einem Einführungsereignis verlangt habe – und nicht zurück zu einem Ereignis, in dem die physikalische Größe eine signifikante Rolle gespielt hat. Der Grund dafür ist: Auch wenn de facto niemand in der Lage sein wird, eine kennzeichnende Beschreibung für eine physikalischen Größe zu formulieren, solange er nicht mit einem solchen Ereignis kausal verbunden ist, so scheint doch die Natur *dieser* Kausalkette nicht relevant zu sein. Solange man in der Lage ist, eine Kennzeichnung (oder sogar eine falsche Kennzeichnung) zu geben, ist man auch in der Lage, den Terminus einzuführen; und über die Kette von da an können sehr viel bestimmtere Aussagen gemacht werden. (Meiner Ansicht nach wäre es gut, eine ähnliche Modifikation an Kripkes Theorie der Eigennamen vorzunehmen.)

Worte für natürliche Arten

In ‹Is Semantics Possible?› [1970, II-57] habe ich eine Auffassung der Worte für natürliche Arten vorgestellt, die eine gewisse Verbindung zu der obigen Auffassung der Termini physikalischer Größen aufweist. Ich schlug vor, daß jeder, der bezüglich ‹Zitrone› sprachliche Kompetenz besitzt, drei Bedingungen erfüllt: (1) Er hat ein implizites Wissen von solchen Tatsachen, wie daß ‹Zitrone› ein konkretes Substantiv ist, daß es der ‹Name einer Frucht› ist etc. – Informationen, die durch die Klassifizierung des Wortes unter gewissen natürlichen syntaktischen und semantischen ‹Markierungen› gegeben werden. Ich hatte Jerrold Katz'[7] Ansicht kritisiert, daß natürliche Systeme semantischer Markierungen uns befähigen können, die exakte Bedeutung jedes einzelnen Terminus anzugeben (oder jedes Terminus für eine natürliche Art); *ein wenig* der Information, die mit einem Wort verbunden wird, kann aber natürlich dargestellt werden, indem das Wort unter so vertrauten Überschriften wie ‹Substantiv›, ‹konkret› etc. klassifiziert wird. (2) Er assoziiert das Wort mit einem gewissen ‹Stereotyp› – gelbe Farbe, saurer Geschmack, dicke Schale etc. (3) Er gebraucht das Wort, um auf eine bestimmte natürliche Art zu *referieren* – etwa eine natürliche Art von

Frucht, dessen wesentlicher Zug, vom Standpunkt eines Biologen, eine bestimmte Art von DNS sein könnte.

Zwei Punkte waren in der Argumentation dieses Aufsatzes wesentlich. Erstens können die im Stereotyp erwähnten Eigenschaften (und, wie ich hinzufügen würde, die von den semantischen Markierungen angezeigten Eigenschaften) nicht von jedem Angehörigen der Extension oder überhaupt von irgendeinem Angehörigen der Extension analytisch prädiziert werden. Es ist weder analytisch, daß alle Tiger Streifen haben, noch, daß einige Tiger Streifen haben; es ist weder analytisch, daß alle Zitronen gelb sind, noch, daß einige Zitronen gelb sind; ja, es ist noch nicht einmal analytisch, daß Tiger Tiere oder Zitronen Früchte sind. Das Stereotyp wird mit dem Wort *assoziiert*; es ist keine notwendige und hinreichende Bedingung für die Zugehörigkeit zur entsprechenden Klasse, nicht einmal dafür, ein normaler Angehöriger der entsprechenden Klasse zu sein. Engels' Beispiel des Wortes ‹Fisch› paßt hier genau: Was Engels gezeigt hatte, war eben, daß jenes mit ‹Fisch› sogar im wissenschaftlichen (unterschieden vom alltäglichen) Gebrauch assoziierte Stereotyp keine notwendige und hinreichende Bedingung darstellt. Der zweite Punkt war, daß Sprecher auf eine bestimmte natürliche Art referieren müssen, damit wir sie so behandeln, als würden sie dasselbe Wort ‹Zitrone›, ‹Aluminium› oder was auch immer gebrauchen. Die Schwäche jenes Aufsatzes, abgesehen von der sehr dürftigen Strukturierung und Darstellung, ist, daß nichts Bestimmtes über die Bedingungen gesagt wird, unter denen ein Sprecher, der ein Wort gebraucht (etwa ‹Aluminium› oder ‹Ulme›), auf diese Menge von Dingen und nicht auf jene referiert. Sicherlich muß der Sprecher, der das Wort ‹Aluminium› gebraucht, nicht dazu in der Lage sein, Aluminium von Molybdän zu unterscheiden, und der Sprecher, der den Terminus ‹Ulme› gebraucht, kann Ulmen nicht von Buchen unterscheiden, wenn er zufällig Hilary Putnam ist. Was aber bestimmt dann die Referenz der Termini ‹Aluminium› und ‹Molybdän› in meinem Idiolekt? In den bisherigen Aufsätzen[8] hatte ich vorgeschlagen, daß Referenz durch einen Test festgelegt wird, den Experten kennen; mir scheint nun, daß dies lediglich ein spezieller Fall der kausalen Verbindung meines Gebrauchs mit einem Einführungsereignis darstellt. Auch für natürliche Arten ist sprachliche Kompetenz dann eine Frage von Wissen plus kausaler Verbindung zu Einführungsereignissen (und letztendlich zu Angehörigen der natürlichen Art selbst). Und dies ist derselbe Grund wie im Fall der Termini für natürliche Arten, nämlich daß der Gebrauch eines Wortes für eine natürliche Art in vielen Fällen

Zugehörigkeit zu einer ‹Gemeinschaft› einschließt, die mit der natürlichen Art Kontakt hat, die Tests für die Zugehörigkeit zur natürlichen Art kennt etc. – nur als eine Gemeinschaft. Mir scheint, die Vorstellung, daß sprachliche Kompetenz bezüglich eines Wortes für eine natürliche Art mehr beinhaltet, als bloß die richtige Extension oder Referenz zu haben (wobei diese nun über eine kausale Auffassung erklärt wird), nämlich auch die Assoziation des richtigen Stereotyps, überträgt sich auf Worte für physikalische Größen. Worte für natürliche Arten können mit ‹starken› Stereotypen assoziiert sein (Stereotypen, die ein deutliches Bild eines stereotypischen Angehörigen geben – sogar bis dahin, daß sie einem in den meisten Fällen zu entscheiden erlauben, ob etwas zu der natürlichen Art gehört), wie im Fall von ‹Zitrone› oder ‹Tiger›, oder mit ‹schwachen› Stereotypen (Stereotypen, die keine Vorstellung vermitteln, was eine hinreichende Bedingung für Zugehörigkeit in der Klasse sein könnte), wie im Fall von ‹Molybdän› oder (es sei denn, ich bin ein sehr untypischer Sprecher) von ‹Ulme›. Ebenso scheint mir, daß der Terminus für die physikalische Größe ‹Temperatur› mit einem sehr starken Stereotyp assoziiert ist und ‹Elektrizität› mit einem schwachen.

Einwände und Fragen

Es liegt auf der Hand, daß sich die hier vorgestellte Auffassung einer Reihe von Fragen stellen muß. Ohne zu versuchen, sie mir alle selbst einfallen zu lassen, möchte ich gern einige aufzählen, die helfen mögen, eine Diskussion in Gang zu bringen.

1. Eine Frage, der sich alle kausalen Theorien der Bedeutung stellen müssen, lautet, wie der Begriff einer Kausalkette von der richtigen Art präzisiert werden kann. Wie genau können wir die Arten von Kausalketten beschreiben, die von einer Verwendung des Wortes zu einer späteren Verwendung desselben Wortes bestehen müssen, wenn wir sagen wollen, daß das, worauf referiert wird, in beiden Fällen dasselbe ist? Und wie groß ist der Schaden für diese Art von Theorien, wenn man an diesem Punkt nicht präziser sein kann?

2. Es mag wenig einsichtig erscheinen, daß ein Wort für eine natürliche Art wie ‹Pferd› von einem Terminus für eine fiktive oder nicht-existente natürliche Art wie ‹Einhorn› scharf unterschieden wird und daß ein Terminus für eine physikalische Größe wie ‹Elektrizität› von einem Terminus für eine fiktive oder nicht-existente physikalische Größe oder Substanz wie ‹Phlogiston› scharf unterschieden wird. Tatsächlich glaube ich persönlich, wenn sich herausstellt, daß es Einhörner

gibt und Leute beginnen würden, Tatsachen über sie herauszufinden, nicht auf der Hand liegende Kennzeichnungen oder annähernd korrekte Beschreibungen der Klasse der Einhörner zu formulieren etc., dann würde sich der sprachliche Charakter des Wortes ‹Einhorn› ändern; und dasselbe gilt für ‹Phlogiston›; aber das ist sicherlich umstritten.

3. Einige Leute werden behaupten, daß Definitionen solcher Termini wie ‹Elektron› (oder, genauer, ‹Ladung›) in den exakten Wissenschaften entscheidend sind, und weiter, daß solche Definitionen als *Bedeutungsfestsetzungen* betrachtet werden sollten. Ich stimme dem ersten Teil zu – daß Definitionen in den Wissenschaften wichtig sind, vorausgesetzt, man behält im Auge, was Quine dargelegt hat[9], nämlich daß ‹Definition› relativ zu einem bestimmten Text oder einer Darstellung ist und daß es allgemein nicht so etwas gibt wie die Definition eines Terminus ‹in der Physik› oder ‹in der Biologie›, sondern nur die Definition in der Darstellung oder Axiomatisierung von Person *A*, *B* oder *C*. Den zweiten Teil lehne ich ab – daß ‹Definitionen› in der Wissenschaft Bedeutungsfestsetzungen seien; aber das ist sicherlich wieder umstritten.

4. Schließlich wird es gegen meinen Gebrauch kausaler Begriffe Einwände von Hume-Freunden geben, die erwarten, sie hinwegreduziert zu sehen, und außerdem Einwände von Extensionalisten und Nominalisten gegen meinen Gebrauch des Terminus ‹physikalische Größe›. Hier kann ich mich nur der Überzeugung für schuldig bekennen, daß die Rede von Was-verursacht-was?, oder Was sind die Naturgesetze?, oder Was würde passieren, wenn dies oder das passierte? *keine* höchst abgeleitete Rede über bloße Regelmäßigkeiten ist, und ebenso der Überzeugung, daß die wirkliche Welt zu ihrer Beschreibung nicht bloß der Referenz auf Dinge, sondern auch der Referenz auf physikalische Größen bedarf (vgl. mein ‹On Properties› [1970, II-59]) – und zwar in einem Sinn von ‹physikalische Größe›, in dem physikalische Größen kontingent existieren, nicht aus logischer Notwendigkeit, und in denen Größen synthetisch identisch sein können (so ist Temperatur z. B. dieselbe Größe wie molekulare kinetische Energie).

Warum positivistische Wissenschaftstheorie verfehlt ist

In diesem Vortrag behaupte ich nicht, daß an der positivistischen Wissenschaftstheorie die positivistische Theorie der Bedeutung falsch wäre. Der Fehler an der positivistischen Wissenschaftstheorie liegt darin, daß sie auf einer idealistischen oder tendenziell idealistischen Weltsicht beruht, die nicht der Wirklichkeit entspricht. Durch eben jene Theorie der Bedeutung kommt jedoch das idealistische Element im gegenwärtigen Positivismus zustande; also muß ein Teil jeder realistischen Kritik am Positivismus zumindest die Skizze einer rivalisierenden Theorie beinhalten. Im gegenwärtigen Abschnitt möchte ich nach der soeben beendeten Aufgabe, eine solche Theorie zu skizzieren, zeigen, daß eine positivistische Theorie der Erklärung im weiteren Sinn – das heißt positivistische Theorie wissenschaftlicher Theorie – der Wirklichkeit nicht besser entspricht als die älteren und weniger anspruchsvollen idealistischen Theorien, deren historischer Nachfolger sie ist.

Blicken wir für eine Weile auf einige der älteren Theorien zurück. Die älteste Theorie ist die von Bischof Berkeley.[10] Hier trifft man bereits auf das, was man *Adäquatheitsbehauptung* nennen könnte: die Behauptung nämlich, ein überzeugter Berkeleyaner sei *berechtigt*, die üblichen wissenschaftlichen Theorien und Praktiken zu akzeptieren, Berkeley könne eine Erklärung der wissenschaftlichen Methode geben, die das rechtfertigen würde. Ja, ich habe schon Philosophen argumentieren gehört, die Annahme von Berkeleys Metaphysik mache keinen Unterschied für die wissenschaftlichen Theorien, die man akzeptiere. Hier trifft man bereits auf eine wichtige Zweideutigkeit. Man kann behaupten, ein Berkeleyaner könne die Taktik einschlagen, wissenschaftliche Theorie in einem anderen Sinn ‹anzunehmen› denn als wahr oder annähernd wahr: etwa als sinnvolle Heuristik für Voraussagen. Wenn es das ist, was man meint, dann ist die Behauptung trivial. Sicher kann Berkeley Newtonsche Physik ‹annehmen›, im idiosynkratischen Sinn von ‹annehmen› als einem nützlichen Schema, um Voraussagen zu machen. Berkeley, um ihm gerecht zu werden, wollte jedoch viel mehr als das: Er behauptete, daß ein Idealist den Begriff des Objekts so *reinterpretieren* kann (nur daß er es nicht als *Re*-interpretation sondern vielmehr als *richtige* Interpretation betrachten würde), daß sich die Rede von Objekten bei Laien wie bei Wissenschaftlern mit der Behauptung des Idealisten vereinbaren läßt, die Wirklichkeit bestehe aus Verstand und Empfindung (‹Geist› und ‹Vorstellung›).[11] Der Unterschied zwischen den beiden Behauptungen besteht im Unterschied zwischen Akzeptanz der Vorstellung, daß gesellschaftliche Praxis der Test für Wahrheit ist, und ihrer Ablehnung – zwischen Akzeptanz der Vorstellung, daß der überwältigende Erfolg wissenschaftlicher Theorie einen Grund dafür gibt, diese Theorie als wahr oder annähernd wahr anzunehmen, und der Behauptung, praktischer Erfolg sei *kein* Zeichen der Wahrheit. Machscher Positivismus scheitert aus demselben Grund wie auch Berkeleyscher Idealismus: Auch wenn Mach behauptet, seine Konstruktion der Welt aus ‹Empfindungen›[12] sei mit laienhafter und wissenschaftlicher Rede von Objekten vereinbar, so wird doch überhaupt kein Nachweis dafür geboten, daß dem so ist. Der erste Philosoph, der die Aufgabe, Ding-Sprache in phänomenalistische Sprache zu *übersetzen*, präzise formuliert wie auch in Angriff genommen hat, war Carnap (in seinem Buch *Der logische Aufbau der Welt* [1928]). Was aber tut Carnap? Das gesamte Buch widmet er *Präliminarien*, ‹Rekonstruktionen› *innerhalb* von Empfindungs-Sprache (d.h. Reduktionen von einigen Empfindungsbegriffen auf andere, nicht von Dingbegriffen auf Empfindungsbegriffe), und dann, im letzten Kapitel, gibt er eine Skizze des Verhältnisses von Dingsprache zu Empfindungs-Sprache, die *keine* Übersetzung darstellt und die eigentlich auf nichts anderes als die alte Behauptung hinausläuft, wir würden uns die Dingtheorie heraussuchen, die ‹am einfachsten› und am nützlichsten ist. Kurz, es wird überhaupt kein Nachweis geboten, daß der Positivist berechtigt ist, über materielle Dinge zu quantifizieren (oder auf sie zu referieren).

Mit dem Scheitern des Unternehmens der phänomenalistischen Übersetzung, das heißt mit dem Scheitern der Suche nach *irgendeiner* Interpretation von Objektbegriffen, bei der die prima facie Unvereinbarkeit ganz einfach *verschwindet*, zwischen einer idealistischen Weltsicht und einer materialistischen Weltsicht, zwischen einer Welt, die aus ‹Geist und Vorstellung›, aus ‹Empfindungen›[13] oder aus ganzen ‹Erfahrungsscheiben› in einer ‹trügerischen Gegenwart› besteht und einer Welt, aus Feldern und Teilchen – mit diesem Scheitern beginnt die gegenwärtige positivistische Wissenschaftstheorie. Nach dem Fehlschlag der phänomenalistischen Übersetzung haben die Positivisten im wesentlichen zwei Maßnahmen getroffen. Die erste bestand darin, die Auffassung von wissenschaftlichen Theorien als Systemen von Aussagen, von denen jede eine verständliche Interpretation haben muß (verständlich vom Standpunkt dessen, was ‹vollkommen verstanden› oder ‹vollkommen interpretiert› ist), aufzugeben und sie vielmehr als bloße

Kalküle aufzufassen, deren Ziel darin besteht, erfolgreiche Voraussagen zu machen und sonst so ‹einfach› wie möglich zu sein. «Wissenschaftliche Theorien sind teilweise interpretierte Kalküle» (vgl. ‹What Theories are Not› [1962, II-24). Die zweite Maßnahme bestand darin, von der phänomenalistischen Sprache zur ‹Sprache beobachtbarer Dinge› als der Basis von Reduktion überzugehen – das heißt, zu sagen, man suche eine Interpretation oder eine ‹Teilinterpretation› der physikalischen Theorie in der ‹Sprache beobachtbarer Dinge›, nicht in der Empfindungssprache.

Die zweite Maßnahme mag es fragwürdig erscheinen lassen, ob Positivismus als eine ‹idealistische› Tendenz nach wie vor richtig charakterisiert ist – das heißt als eine Tendenz, welche die ‹harten Tatsachen› bloß als Tatsachen über aktuelle und potentielle *Erfahrungen* betrachtet oder zu betrachten geneigt ist und alle andere Rede lediglich als im höchsten Maß von aktuellen und potentiellen Erfahrungen abgeleitete ansieht. Ich selbst denke, diese Charakterisierung *ist*, trotz des Übergangs zu ‹Prädikaten über beobachtbare Dinge›, aus zwei Gründen nach wie vor grundsätzlich richtig: (1) Der Schnitt zwischen beobachtbaren Dingen und ‹theoretischen Entitäten› ist historisch als Ersatz für die Dichotomie von Ding und Empfindung eingeführt worden. Ja, die Reduktion von ‹theoretischen Entitäten› auf ‹beobachtbare Dinge und Qualitäten› würde kaum jemandem selbstverständlich als ein Problem erscheinen, der nicht das ältere Problem der Reduktion auf *Empfindungen* im Hinterkopf hätte. Die Reduktion von Dingen auf Empfindungen ist sowohl ein historisch motiviertes Problem als auch eines, daß ebenso auf der angenommenen ‹Gewißheit› beruht, die man bezüglich seiner eigenen Empfindungen besitzt, wie auf der Schärfe der Unterscheidung zwischen materiellem Ding und Empfindung (natürlich ist selbst diese Schärfe, einer materialistischen Ansicht zufolge, teilweise eine Illusion – man setze ‹materieller Prozeß› für ‹materielles Ding›!). Die Reduktion von Elektronen auf Tische und Stühle jedoch oder, allgemeiner, von ‹unbeobachtbaren› Dingen auf ‹beobachtbare› Dinge ist nicht historisch motiviert, die Unterscheidung ist nicht scharf (Grover Maxwell hat schon vor Jahren gefragt, ob ein Staubkörnchen etwas ‹Gegebenes› ist, wenn es gerade groß genug ist, um gesehen werden zu können, und ein ‹Konstrukt›, wenn es gerade zu klein ist, um gesehen werden zu können – kann der Unterschied zwischen Daten und Konstrukten eine Frage der Größe sein?[14]), und es wird nicht erwartet, daß man bezüglich beobachtbarer Dinge Gewißheit besitzt. (2) Die Positivisten selbst sagen häufig, man könne ihre Analyse bis zur Ebene der

Empfindungen bringen, und es sei eine Sache der *Bequemlichkeit*, bei ‹Prädikaten für beobachtbare Dinge› stehenzubleiben.[15]

Im verbleibenden Teil dieses Abschnitts möchte ich zeigen, daß die erste Maßnahme – wissenschaftliche Theorien als teilweise interpretierte Kalküle aufzufassen – das Adäquatheitsproblem überhaupt nicht löst. Der Positivist ist heute nicht eher berechtigt, wissenschaftliche Theorie und Praxis zu akzeptieren, als es Berkeley gewesen war – das heißt, seine eigene Erläuterung gibt keinen Anlaß zu denken, wissenschaftliche Theorie sei wahr oder wissenschaftliche Praxis tendiere dazu, Wahrheit zu entdecken. In gewissem Sinn ist dies unmittelbar so. Der Positivist behauptet nicht in einem transtheoretischen Sinn von ‹wahr›, daß wissenschaftliche Theorie ‹wahr› sei; die einzigen transtheoretischen Begriffe, die er besitzt, befinden sich auf der Ebene von ‹führt zu erfolgreicher Voraussage› und ‹ist einfach›. Er muß, ganz wie der Berkeleyaner, auf die Position zurückfallen, daß wissenschaftliche Theorie *nützlich* ist, anstatt wahr oder annähernd wahr zu sein. Er versucht jedoch, eine Verständnis der Annehmbarkeit wissenschaftlicher Theorien zu bieten, ja sogar eine Lehre ihrer ‹Interpretation›. Und er möchte jenes Prinzip, auf dem die realistische Wissenschaftstheorie beruht, als in gewissem Sinn richtig aufrechterhalten – daß gesellschaftliche Praxis die Probe für Wahrheit darstellt, daß der Erfolg von wissenschaftlichen Theorien einen Grund dafür abgibt, sie für wahr oder annähernd wahr zu halten. Was ich zeigen will, ist, daß der Begriff von ‹Wahrheit›, den uns der Positivist bieten kann, nicht jener ist, auf dem die wissenschaftliche Praxis beruht.

Wahrheit

Wenn ein realistisch orientierter Wissenschaftler – das heißt ein Wissenschaftler, *dessen Praxis* und nicht dessen offizielle ‹Wissenschaftstheorie› realistisch ist – eine Theorie akzeptiert, dann akzeptiert er sie als wahr (oder wahrscheinlich wahr, annähernd wahr oder wahrscheinlich annähernd wahr). Da er auch die *Logik*[16] akzeptiert, weiß er, daß gewisse Maßnahmen *Wahrheit bewahren*. Wenn er zum Beispiel eine Theorie T_1 und eine Theorie T_2 als wahr akzeptiert, dann weiß er, aus der Logik, daß T_1 & T_2 – die Konjunktion von T_1 und T_2 – ebenfalls wahr ist, und also akzeptiert er T_1 & T_2. Reden wir über Wahrscheinlichkeit, dann müssen wir sagen, wenn T_1 und T_2 sehr wahrscheinlich wahr sind, dann ist auch die Konjunktion T_1 & T_2 sehr wahrscheinlich (wenn auch nicht *so* sehr wie die Glieder der Konjunktion für sich), vorausgesetzt, T_1 ist nicht negativ relevant für T_2 – das heißt vorausgesetzt, daß T_2 nicht nur bei den vorhandenen Anhaltspunkten sehr wahrscheinlich ist, sondern auch unter der Annahme, daß T_1 nicht weniger wahrscheinlich wird (dies ist natürlich ein Urteil, das auf der Grundlage dessen gefällt werden muß, was T_1 *sagt*, und natürlich von Hintergrundwissen). Reden wir über annähernde Wahrheit, dann müssen wir sagen, daß die wahrscheinlich in T_1 und T_2 enthaltenen Annäherungen für uns vereinbar sein müssen, um von der annähernden Wahrheit von T_1 und T_2 zur annähernden Wahrheit ihrer Konjunktion überzugehen. Keine dieser Fragen ist von einem realistischen Standpunkt allzu tiefschürfend. Aber selbst wenn wir uns auf den einfachsten Fall beschränken, den Fall, in dem wir Möglichkeiten des Irrtums und die Gegenwart von Annäherungen vernachlässigen, und die Akzeptanz von T_1 und T_2 einfach als Akzeptanz als wahr behandeln können, möchte ich nahelegen, daß wir nach der positivistischen Wissenschaftstheorie nicht berechtigt sind, den Schritt von dieser Annahme zur Annahme der Konjunktion zu vollziehen. Einer der einfachsten Schritte, den Wissenschaftler tagtäglich tun, ein Schritt, den sie als eine Sache der Aussagenlogik machen, ein Schritt, der zentral ist, wenn wissenschaftliche Forschung überhaupt irgendeinen *kumulativen* Charakter haben soll, wäre vollkommen *willkürlich*, wenn die positivistische Wissenschaftstheorie recht hätte.

Das Problem ist sehr einfach. Akzeptanz von T_1 bedeutet für einen Positivisten Akzeptanz des Kalküls T_1 als zu erfolgreichen Voraussagen führend (d.h. alle *Beobachtungssätze*, die Theoreme von T_1 sind, sind wahr; nicht, alle *Sätze*, die Theoreme von T_1 sind, wären in irgendeinem bestimmten transtheoretischen Sinn ‹wahr›). Ebenso bedeutet die Akzeptanz von T_2 die Akzeptanz von T_2 als etwas, das zu erfolgreichen Voraussagen führt. Aber aus der Tatsache, daß T_1 und T_2 jeweils zu erfolgreichen Voraussagen führen, folgt überhaupt nicht, daß die Konjunktion T_1 & T_2 zu erfolgreichen Voraussagen führt. Die Schwierigkeit besteht, kurz gesagt, darin, daß das Prädikat, welches die *Rolle* von Wahrheit spielt – das Prädikat ‹führt zu erfolgreichen Voraussagen› –, nicht die *Eigenschaften* von Wahrheit besitzt. Der Positivist mag in seinem Philosophieseminar lehren, Akzeptanz einer wissenschaftlichen Theorie sei ihre Akzeptanz als ‹einfach und zu wahren Voraussagen führend›, und dann hinausgehen und Wissenschaft treiben (oder seine Studenten mögen hinausgehen und Wissenschaft treiben), indem er die Theorien T_1 und T_2 verifiziert und vorher verifizierte Theorien zusammenführt etc. – aber dann gibt es eine ebenso große Diskrepanz zwischen dem, was er in seinem Philosophieseminar lehrt, und seiner *Praxis* wie zwischen Berkeleys Lehre, wonach die Welt aus Geist und Vorstellung besteht, und seiner Praxis, sich weiterhin täglich auf das Begriffssystem der materiellen Objekte zu verlassen.

Ebensowenig hilft es, ‹Einfachheit› ins Spiel zu bringen. Es liegt nicht auf der Hand, daß die Konjunktion von einfachen Theorien einfach ist; und selbst wenn Einfachheit bewahrt bleiben sollte, kann doch die Konjunktion von einfachen Theorien, die je für sich nicht zu falschen Voraussagen führen, sogar *inkonsistent* sein (Beispiele sind leicht zu konstruieren). Es sind sogar noch raffiniertere Schritte versucht worden. Für Carnap ist die Wahrheit einer Theorie dasselbe wie die Wahrheit ihres ‹Ramsey-Satzes›[17] (zu Einzelheiten siehe Hempel 1965). Hier greift aber genau derselbe Einwand: ‹Wahrheit des Ramsey-Satzes› hat nicht dieselben Eigenschaften wie Wahrheit; wenn T_1 einen wahren Ramsey-Satz hat und T_2 einen wahren Ramsey-Satz hat, dann folgt daraus überhaupt nicht, daß die Konjunktion einen hat.

(Für Leser, die mit Carnaps Gebrauch des Hilbertschen Epsilon-Symbols vertraut sind, mag gezeigt werden, daß die Schwierigkeit in Carnaps Formalisierung seiner Interpretationen von individuellen theoretischen Termini sehr deutlich zu Tage tritt. $T_1(P)$, $T_2(P)$ seien also zwei Theorien, die genau einen theoretischen Terminus P enthalten. Was P in T_1 bedeutet, ist nach Carnaps eigener Formalisierung seiner Ansicht $\varepsilon P T_1(P)$; was P in T_2 bedeutet, ist $\varepsilon P T_2(P)$; und was P in T_1 & T_2 bedeutet, ist $\varepsilon P[T_1(P) \& T_2(P)]$; dies macht explizit, daß P in T_1 und in T_2 verschiedene Bedeutungen hat und *noch eine dritte Bedeutung* in ihrer Konjunktion.)

Einfachheit

Es ist leicht, eine ‹Theorie› im positivistischen Sinn zu konstruieren (ein Kalkül, das einige Beobachtungsausdrücke enthält), die nicht zu falschen Voraussagen führt, bei der aber kein Wissenschaftler im Traum daran denken würde, sie zu akzeptieren. Dem wird üblicherweise begegnet, indem man sagt, Wissenschaftler würden nur ‹einfache› Theorien wählen. Nun kann eine einfache Theorie die Wissenschaft als Ganzes durcheinanderbringen; also wird gesagt, daß Wissenschaftler versuchen, die Einfachheit der ‹gesamten Wissenschaft› zu maximieren. ‹Theorie› bedeutet dann ‹Formalisierung der gesamten Wissenschaft oder eines Teils, der vom übrigen der gesamten Wissenschaft unabhängig ist›. Leider hat nie jemand eine ‹Theorie› in diesem Sinn niedergeschrieben, und es wird auch nie jemand tun. De facto hängt positivistische Wissenschaftstheorie von einem ständigen Schwanken ab: Man erweckt den Eindruck, es sei von ‹Theorien› im üblichen Sinn die Rede – Newtons Theorie, Maxwells Theorie, Darwins Theorie, Mendels Theorie –, und an kritischen schwierigen Punkten wie dem eben angesprochenen sagt man, daß *in Wirklichkeit* von einer ‹Formalisierung der gesamten Wissenschaft› oder dergleichen die Rede sei.

Das Problem an der Regel, «Wähle die einfachste Theorie, die mit den verfügbaren Erkenntnissen vereinbar ist», besteht darin, daß sie wahrscheinlich nicht *richtig* ist oder wahrscheinlich selbst dann nicht richtig wäre, wenn man die ‹gesamte Wissenschaft› (zu einem Zeitpunkt) formalisieren *könnte*. Wissenschaftler versuchen nicht, irgendeine formale Eigenschaft der ‹Einfachheit› zu maximieren; sie versuchen, *Wahrheit* zu maximieren (oder ihre Annäherung an die Wahrheit zu erhöhen, ihr Wissen annähernder Wahrheiten zu vermehren, ohne dabei die Güte der Annäherung zu vermindern, und so fort).

Natürlich könnte ein Realist die Regel «Wähle die einfachste Hypothese» akzeptieren, wenn gezeigt werden könnte, daß die einfachste Hypothese stets auf der Grundlage seines übrigen Wissens die *wahrscheinlichste* ist. Das aber ist bei keiner der üblichen Bemessungen von Einfachheit der Fall. Angenommen, zum Beispiel, ich kenne nur drei Punkte auf dem *Interstate Highway* 40, und diese drei Punkte liegen auf einer geraden Linie. Des weiteren sei angenommen, die Aussage «*IS* 40 ist gerade» ist mit meinem gesamten Wissen logisch konsistent. Bei der üblichen Bemessung von Einfachheit würde Akzeptanz der Aussage «*IS* 40 ist gerade» dann bedeuten, die einfachste Hypothese zu akzeptieren. Dennoch würde ich «*IS* 40 ist gerade» in Wirklichkeit nicht akzeptieren, und ebensowenig würde das überhaupt irgend jemand mit unserem Hintergrundwissen tun. In Anbetracht der Tatsache, daß jede andere *Interstate* Kurven hat, der gewaltigen Länge von *IS* 40 sowie der enormen praktischen Probleme, eine gerade Autobahn quer durch die gesamten Vereinigten Staaten zu bauen, ist es überwältigend wahrscheinlich, daß *IS* 40 *nicht* gerade ist.

Können wir nicht sagen, mein *gesamtes* ‹Wissen›ist weniger einfach, wenn ich «*IS* 40 ist gerade» akzeptieren würde? Nicht auf der Grundlage irgendeines mir bekannten Kriteriums der Einfachheit, wie mir scheint. Es geht es hier offensichtlich nicht um Einfachheit, sondern um Plausibilität: Die Einführung des Terminus ‹Einfachheit› hat die Funktion, die Berechnung der Wahrscheinlichkeit eines Sachverhalts so aussehen zu lassen, als sei sie in Wirklichkeit die Berechnung einer formalen Eigenschaft (etwa Anzahl der Argumentstellen, Anzahl der primitiven Zeichen, Länge und Anzahl der Axiome, eventuell die Form der erwähnten Kurven) eines uninterpretierten oder halb-interpretierten *Kalküls*. Selbst wenn die Eigenschaft, aufgrund des Hintergrundwissens die wahrscheinlichste Hypothese zu sein, syntaktisch *dargestellt* werden könnte, gilt: so zu tun, als ob die darstellende Eigenschaft eine *nur* formale wäre (wie die, einfache Axiome zu haben), und nicht zu erwähnen, daß sie vielmehr die syntaktische Darstellung eines Maßes von Wahrscheinlichkeit ist, verschleiert, was hier vonstatten geht, anstatt es zu erhellen.

Bestätigung

Positivistische Wissenschaftstheoretiker haben tatsächlich Versuche unternommen, die Logik der Bestätigung zu formalisieren. Diese (wenn auch bisher erfolglosen) Versuche stellen für *jede* Wissenschaftstheorie interessante Forschung dar. Sie haben aber nicht nur nichts mit der positivistischen Theorie der Bedeutung zu tun, sie sind tatsächlich mit ihr *unvereinbar*. Wenn sie also über Bedeutung schreiben, dann sagen uns die Positivisten, daß ‹theoretische Termini› in verschiedenen Theorien verschiedene Bedeutung haben; wenn sie die Theorie der Bestätigung formalisieren, dann behandeln sie Theorien stets als Satzsysteme in *einer* Sprache und setzen voraus, daß alle semantischen Begriffe *trans*-theoretisch sind. Die Positivisten sind also damit beschäftigt, *realistische* Theorie der Bestätigung zu formalisieren; nicht die Theorie der Bestätigung (sollte es denn eine geben!), zu der ihre eigene Theorie der Bedeutung führen soll.

Was hier vorgeht, sollte aus Carnaps Schriften zu den Grundlagen der Mathematik deutlich sein.[18] Carnap hat eine ständige Tendenz, Begriffe mit ihren syntaktischen Darstellungen zu identifizieren, also mathematische Wahrheit mit der Eigenschaft, ein Theorem zu sein (nach der Entdeckung von Gödels Satz[19] hat er entweder ‹nicht-konstruktive Beweisregeln› zugelassen oder die Mengenlehre ganz einfach vorausgesetzt und ‹logische Folge› anstelle von Ableitbarkeit als Grundbegriff genommen, auch wenn das die ‹Analyse› der mathematischen Wahrheit trivial werden ließ). Auf dieselbe Weise hätte er gern einen Sachverhalt, der etwa eine Wahrscheinlichkeit von 0,9 besitzt, damit identifiziert, daß der entsprechende Satz einen *c*-Wert von 0,9 besitzt (wobei ‹*c*› das syntaktisch definierte Maß über Sätze in einer formalisierten Sprache wäre). Selbst wenn Carnap eine erfolgreiche ‹*c*-Funktion› gefunden hätte, dann wäre sie deshalb erfolgreich gewesen, weil sie einem vernünftigen Maß der Wahrscheinlichkeit über eine Menge von Sachverhalten entsprochen hätte – gerade das ist es aber, was Carnaps Positivismus ihn nicht zu sagen erlaubte.

Zusatzhypothesen

Wie erwähnt, sagen die Positivisten manchmal ganz offen, daß die ‹Theorien›, auf welche ihre Wissenschaftstheorie sich bezieht, ‹Formalisierungen der gesamten Wissenschaft› sind, und nicht Theorien im üblichen Sinn. Bei den Lesern jedoch bleibt der Eindruck, so denke ich, ihr Modell *sei* ein Modell einer wissenschaftlichen Theorie im üblichen Sinn, insbesondere einer physikalischen Theorie. Dies zu glauben heißt zu glauben, daß eine physikalische Theorie ein Kalkül ist oder leicht als ein Kalkül formalisiert werden könnte und daß ihre Voraussagen in ihr *enthalten* sind – daß sie von den explizit angegebenen Voraussetzungen der Theorie deduziert werden können. Dies führt zu einem Vergleich mit den Sozialwissenschaften, der für diese abwertend ist – denn die klassischen Theorien der Sozialwissenschaften enthalten sicherlich ihre Voraussagen nicht in diesem Sinn. Kurz, die positivistische Haltung ist tendenziell diejenige, daß Sozialwissenschaft nur dann Wissenschaft ist, wenn sie die *Physik* nachäfft. Und aus diesem Grund denkt man, das von den Positivisten gebotene mathematische Modell einer wissenschaftlichen Theorie passe ganz deutlich auf *physikalische* Theorien.

In Wirklichkeit paßt es aber sehr schlecht auf physikalische Theorien, und das ist auch der Grund, warum Theorien im üblichen Sinn – zum Beispiel Newtons Gravitationstheorie oder Maxwells Theorie – ohne eine ganze Reihe von Zusatzhypothesen überhaupt nicht zu Voraussagen führen, von Zusatzhypothesen die zudem gar keinen Gesetzescharakter haben, sondern in Wirklichkeit Annahmen über Randbedingungen und Anfangsbedingungen im Fall bestimmter Systeme sind. Wenn also die Behauptung wahr wäre, daß zum Beispiel der Ausdruck ‹Gravitation› eine Bedeutung hat, die von der Theorie abhängt, und die Theorie Zusatzhypothesen wie «Raum ist ein festes Vakuum» und «Es gibt keinen zehnten Planeten im Sonnensystem» enthält, dann würde daraus folgen, daß die Entdeckung, der Raum sei *kein* festes Vakuum, oder sogar die, es gebe einen zehnten Planeten, die Bedeutung des Ausdrucks ‹Gravitation› verändert. Ich denke, man muß recht idealistische Intuitionen haben, um all das plausibel zu finden. Es ist nicht so abwegig, daß die Kenntnis der Bedeutung des Ausdruckes ‹Gravitation›, ein wenig Wissen von der Theorie beinhaltet (auch wenn ich denke, daß das falsch ist: Das mit ‹Gravitation› assoziierte Stereotyp ist nicht annähernd so stark wie irgendeine Theorie der Gravitation), und das ist es wahrscheinlich, was die meisten Leser denken, wenn sie der Behauptung begegnen, Termini für physikalische Größen (meist ‹theoretische Termini› genannt, was ein Vorurteil zu ebenden in diesem Vortrag behandelten Fragen darstellt) seien ‹theoriebeladen›; aber die von der positivistischen Bedeutungstheorie verlangte Abhängigkeit der Bedeutung wäre nicht nur eine Abhängigkeit von den *Gesetzen* der Theorie, sondern auch von den jeweiligen zusätzlichen Annahmen – denn, wenn diese nicht als Teil der Theorie zählen, bricht das ganze Schema von Theorie und Voraussage von vornherein zusammen.

Schließlich würde eine Vernachlässigung der Rolle, die Zusatzhypothesen in der Wissenschaft wirklich spielen, zu einer vollkommen verfehlten Vorstellung darüber führen, wie eine wissenschaftliche Theorie bestätigt wird. Newtons Gravitationstheorie wurde nicht bestätigt, indem man Voraussagen prüfte, die aus der Theorie, plus einer Anzahl von im voraus festgelegten zusätzlichen Aussagen abgeleitet wurden; vielmehr mußten die zusätzlichen Annahmen in der Geschichte der Himmelsmechanik ständig modifiziert und erweitert werden. In der Wissenschaftstheorie ist zu sehr vernachlässigt worden, daß wissenschaftliche Probleme ebensooft die Form haben, zusätzliche Hypothesen zu finden, wie die, Voraussagen zu machen.[20] Diese Vernachlässigung beruht größtenteils auf einer Akzeptanz des positivistischen Modells und seiner unkritischen Anwendung auf konkrete physikalische Theorien.

Anmerkungen

* ‹Explanation and Reference›, Vortrag auf der Konferenz über *Conceptual Change*, University of Western Ontario, 30.10.–1.11.1970, erschienen in: G. Pearce/P. Maynard (Hg.) Conceptual Change, D. Reidel, Dordrecht 1973, 199–221. Abgedruckt in: Hilary Putnam: *Mind, Language and Reality. Philosophical Papers, Volume II,* Cambridge University Press, Cambridge 1975, 196–214.

1 In einem Brief an Conrad Schmidt von 1895 [12.3.1895. Zitat aus Engels 1895, 433]. Meine Übereinstimmung bezieht sich auf Engels' Realismus, nicht seinen ‹dialektischen Materialismus›.

2 [Denn Feyerabend vertritt die ‹Inkommensurabilität› von Begriffen aus verschiedenen Theorien. Vgl. Feyerabend 1962, 1965 a und 1970. Explizit gegen Putnam: Feyerabend 1965 b, 113–118.]

3 Siehe zum Beispiel die Behandlung in Hempel 1965, 217f. Eine dem entgegengesetzte Ansicht wird in ‹What Theories are Not› [1962, II-24] skizziert.

4[Zum Zeitpunkt des Vortrages unveröffentlicht. Kripke hatte die Ergebnisse seiner Überlegungen allerdings im Januar 1970 in Vorlesungen an der Universität Princeton präsentiert – veröffentlicht als Kripke 1972. Vgl. auch Kripke 1971 und evtl. 1979 (zu intensionalen Kontexten).]

5 [Vgl. Carnap 1934 oder 1947.]

6 [Etwa Carnap 1950 und 1966.]

7 [Vgl. etwa Katz/Fodor 1963 und Katz 1966, Kap. 4.4.]

8 [Etwa ‹What Theories are Not› (1962, II-24), ‹How not to Talk about Meaning. Comments on J.J.C. Smart› (1965, II-38) oder ‹Is Semantics Possible?› (1970, II-57).]

9 [Etwa in Quine 1951.]

10 [Siehe Berkeley 1710 und 1713, bes. 1. Dialog.]

11 [‹Spirits and their ideas›, vgl. Berkeley 1710, bes. §§ 3ff, 27ff, sowie Berkeley 1713, 3. Dialog.]

12 [Im Original deutsch. Mach 1866 war für den als «Verein Ernst Mach» firmierenden Wiener Kreis wegbereitend.]

13 [Im Original deutsch. Die aus ‹Erfahrungsscheiben› konstituierte Welt ist die in Carnap 1928.]

14 [Siehe Maxwell 1962.]

15 Carnap sagt dies in Carnap 1956, 63.

16 Die Rolle der Logik in der empirischen Wissenschaft wird in *Philosophy of Logic* [1971, I-2] und in ‹The Logic of Quantum Mechanics› [1968, II-52] behandelt.

17 [Ramsey-Satz im Anschluß an Ramsey 1929.]

18 [Insbes. Carnap 1939 und auch 1947.]

19 [Der sogenannte Unvollständigkeitssatz wurde in Gödel 1931 veröffentlicht.]

20 Ich behandle dies in «The ‹Corroboration› of Theories» [1974, II-73].

2
Sprache und Wirklichkeit*

Verifikationismus vs. realistische Auffassung der Bedeutung[1]

Vor etwa einem Jahrhundert sagte Charles Sanders Peirce, daß die Bedeutung einer ‹geistigen Auffassung› mit der ‹Summe› ihrer ‹praktischen Konsequenzen› identisch ist (vgl. Peirce 1958 a[2]). Und er hielt diese Vorstellung für so wichtig, daß er sie zur ersten Maxime jener Philosophie gemacht hat, die er Pragmatismus nannte. Dies ist nichts anderes als eine frühe Formulierung der Verifizierbarkeitstheorie der Bedeutung. Und der Pragmatismus war die erste Philosophie, welche der Aussage verpflichtet war, daß die Theorie der Bedeutung traditionelle Probleme der Philosophie lösen oder auflösen kann.

Heute hat man die Verifizierbarkeitstheorie der Bedeutung so ziemlich aufgegeben, nicht (leider!) weil man allgemein eingeräumt hätte, daß die dahinter stehende grundlegende Intuition verfehlt ist, sondern ganz einfach weil es gewaltige *technische* Einwände gegen diese Lehre gibt. Die hinter ihr stehende grundlegende Intuition hat zwei eng zusammenhängende Komponenten. Die eine ist das *Argument der offenen Frage*: Was bedeutet ein Ausdruck denn noch, wenn er mehr bedeutet, als daß wir gewisse Erfahrungen haben werden? Die andere Komponente ist das Argument, was man in der Literatur des 19. Jahrhunderts häufig findet (und auch heute noch gelegentlich antrifft), daß an Dinge zu glauben, die keine *Begriffe* sind (oder zumindest geistige Entitäten), an Dinge zu glauben heißt, die unbegreiflich sind.[3]

Die Erwiderung auf das Argument der offenen Frage lautet, daß der Verifikationist hier so redet, *als ob* er bei der Unternehmung, unsere alltägliche Rede von Dingen in eine sensualistische Spezialsprache zu übersetzen, Erfolg gehabt hätte. Wir sollten nicht von ihm verlangen, *Bedeutung* zu bewahren, wenn er jeden Satz der Dingrede in einen Satz der Empfindungsrede übersetzt; denn das hieße, lediglich die Frage zu stellen, um die es geht. Er muß aber zumindest deduktive und induktive Beziehungen bewahren. Wenn die Verifikationisten Dingrede übersetzen[4] und dabei deduktive und induktive Beziehungen bewahren könnten, dann befänden sie sich in einer beeindruckenden Position. Und sie könnten durchaus für jeden bestimmten Satz der Dingsprache fragen: Worin besteht seine angebliche ‹zusätzliche Bedeutung› (verglichen mit der sensualistischen Übersetzung), und warum sollten wir uns um diese angebliche ‹zusätzliche Bedeutung› kümmern? Sie können uns aber nur dann so begegnen oder uns beirren, wenn sie ihre Übersetzung bei der Hand haben. Es ist leere Rhetorik, in Ermangelung einer erfolgreichen Übersetzung zu fragen, was denn ein Dingsatz *noch* bedeute außer seiner (nicht bestimmten und, soweit wir wissen, nicht existenten) phänomenalistischen Übersetzung.

Die Erwiderung auf das zweite Argument lautet, daß etwas dann begreifbar ist, wenn es durch einen Begriff *repräsentiert* wird; es muß kein Begriff *sein*, um begriffen werden zu können. Es folgt kein Widerspruch, wenn man glaubt, daß einige Dinge keine Begriffe sind, und weiterhin über sie redet. Man gibt dabei nicht vor, das Unbegreifliche zu begreifen, sondern nur das Nicht-Geistige begrifflich zu fassen. Der Ursprung dieses Arguments scheint in Berkeleys Annahme zu liegen, daß nur *Gleiches* auch *Gleiches* repräsentieren kann, wobei Gleichheit mit phänomenaler Ähnlichkeit identifiziert wird.[5] In diesen Tagen der Gewöhnung an abstrakte Struktur und an viele neue und unerwartete Methoden, Daten zu repräsentieren, fehlt es Berkeleys Annahme an Glaubwürdigkeit. Das Argument jedoch, so seltsam, wie es ist, beschert uns ein großes ungelöstes Problem: etwas Konkretes darüber zu sagen, wie Begriffe Entitäten repräsentieren, die keine Begriffe sind. Daß dies letzten Endes ein fachwissenschaftliches Problem sein könnte, darf für Philosophen kein Grund sein, es zu vernachlässigen; schließlich ist es die Hauptaufgabe der Philosophie, zumindest einige der *möglichen* Antworten auf Probleme zu bestimmen, die für unsere *Weltanschauung*[6] von Bedeutung sind.

Gegen die grundlegende Intuition von Verifikationismus und Phänomenalismus (denn jeder Verifikationismus ist im Herzen ein Phänomenalismus) gibt es die entgegengesetzte Intuition des Realismus: Menschliche Erfahrung ist nur ein Teil der Wirklichkeit, Wirklichkeit ist nicht Teil oder Ganzes der menschlichen Erfahrung. Ich werde diese Intuition hier nicht verteidigen oder mich auf sie stützen, aber was ich sage, wird sie sicherlich widerspiegeln.

Da die Verifizierbarkeitstheorie der Bedeutung verfehlt war, gilt das auch für Peirces zweite Behauptung. Sprachphilosophie kann die traditionellen Probleme der Philosophie nicht lösen, indem sie dieselben als Scheinprobleme entlarvt. Hierin war Wittgenstein nicht erfolgreicher als Carnap und Carnap nicht erfolgreicher als Peirce, ungeachtet der gewaltigen Unterschiede zwischen diesen Philosophen.[7]

Dies bedeutet nicht, daß Sprachphilosophie oder, allgemeiner, Metaphilosophie zur Verbesserung der philosophischen Praxis nichts beizutragen hätte. Während großartige Maximen, welche Bedeutung mit ‹Wirkungen, die praktische Relevanz haben›, verknüpfen oder mit ‹Methode der Verifikation› oder mit ‹Gebrauch›, in der Philosophie wenig bringen, können Maximen geringerer Reichweite viel erreichen, wenn sie wohlüberlegt angewendet werden. Hier wären zwei Beispiele.

Das Prinzip Vertrauensvorschuß und sprachliche Arbeitsteilung[8]

Meine erste Maxime ist das *Prinzip Vertrauensvorschuß* (ich würde es *Prinzip der Nachsicht* nennen, aber dieser Name wurde von N. L. Wilson für ein Prinzip vorweggenommen, das mit der hier vorgestellten Ansicht unvereinbar ist.[9]) Um es zu erklären, benötige ich ein wenig an Hintergrund.

Viele Ausdrücke werden in eine Sprache zunächst mit der Hilfe von Beschreibungen eingeführt, oder zumindest sind Beschreibungen im Kontext implizit. Ein Wissenschaftler könnte also sagen, «Ich glaube, es gibt ein Teilchen, das für die und die Effekte verantwortlich ist. Ich werde es *Quark* nennen». Oder ein Maler könnte sagen, «Ich nenne *diese* Schattierung Cadmiumgelb», wobei er die Farbe eines bestimmten Punkts meint. Oder ein Elternteil könnte ‹dieses Kind› Mary Jane nennen. Ich stimme mit Kripke überein, daß solche ‹Taufzeremonien› keine *Synonymien* stiften. ‹Quark› ist nicht synonym mit ‹Teilchen, das für die und die Effekte verantwortlich ist› (und ‹Mary Jane› ist sicherlich nicht synonym mit ‹dieses Kind›). Vielmehr pickt die Beschreibung das heraus, worauf der Taufende sich beziehen will, das Teilchen, die Farbe, das Kind, oder was immer es sei. Solche Aussagen aber wie «Wären die Umstände andere gewesen, dann könnten Quarks für diese Effekte nicht verantwortlich gewesen sein», «Der Punkt auf den ich zeige, könnte eine andere Farbe als Cadmiumgelb gehabt haben» und «Das in der Situation, in der die Geburtsurkunde ausgefüllt wurde, kontextuell bestimmte Kind könnte nicht Mary Jane gewesen sein» machen alle Sinn und sind sogar wahr – was nicht der Fall wäre, wenn die Taufe eines der Beschreibung *B* entsprechenden Dinges mit einem Terminus *T* dasselbe wäre wie die Festsetzung, daß *B* und *T* synonym sind (vgl. «Die Bedeutung von ‹Bedeutung›» [1975, II-86] und Kripke 1972).

Zweitens gibt es im Zusammenhang mit vielen Ausdrücken eine

sprachliche Arbeitsteilung. Worauf ich mit ‹Ulme› referiere, ist (mit meiner Zustimmung und der meiner sprachlichen Gemeinschaft) das, worauf Leute als Ulme referieren, die Ulmen von anderen Bäumen unterscheiden können. Dieser Punkt unterstützt den vorhergehenden: Der ‹Experte›, dessen Gebrauch bestimmt, worauf viele andere Leute referieren, wenn sie einen Terminus *T* verwenden, könnte die Person sein (muß es aber nicht), die den Terminus ursprünglich eingeführt hat. In einem solchen Fall befindet sich eine Person genau dann in der Extension von ‹Mary Jane›, so wie ich es gebrauche, wenn sie sich in der Extension von ‹Mary Jane› befindet, so wie der Taufende es gebraucht *und* ich mit dem Taufenden durch eine Kette von Übertragungen der richtigen Art verbunden bin.

Die ‹historische› Theorie der Denotation ist heutzutage beliebt, und es sind in diesem Zusammenhang viele Verfeinerungen vorgeschlagen worden. Das wichtige, so scheint mir jedenfalls, ist *nicht*, daß der ursprünglich ‹Taufende› *notwendigerweise* ein Experte sein muß (wir könnten aufhören, uns um den ursprünglichen Gebrauch des Terminus zu kümmern), sondern daß das, was ich denotiere, nach allgemeiner Übereinstimmung von Leuten bestimmt werden kann, die von mir in Raum und Zeit entfernt und dennoch durch Beziehungen der Zusammenarbeit verbunden sind. Dadurch, daß ich aufgebe, die Autorität über die Denotation meiner eigenen Worte zu sein, gebe ich des weiteren auch oft noch die Fähigkeit auf, *irgendeine* befriedigende Beschreibung meiner eigenen Denotate zu geben. Ich kann auf Ulmen ebensogut wie jeder andere referieren; aber ich könnte wahrscheinlich eine Ulme nicht von einer Buche unterscheiden, selbst wenn mein Leben davon abhinge.

Um den Hintergrund zu komplettieren, stellen Sie sich nun vor, es gebe etwas, das der ursprüngliche Taufende oder der betreffende Experte mit seinem Terminus *T* taufen will; aber aus Unwissenheit oder Unachtsamkeit zeichnet er es durch eine falsche Beschreibung aus. Dies wird im Fall einer Person kaum passieren, im Fall von Termini der theoretischen Wissenschaften jedoch ist es höchst wahrscheinlich. Wenn ich ein Quark als ‹das für die und die Effekte verantwortliche Teilchen› beschreibe, dann wird es sich fast sicher herausstellen, daß *kein* Teilchen für *genau* die von mir angegebenen Effekte verantwortlich ist. Das bedeutet aber nicht, daß es keine Quarks gibt.

Das Prinzip Vertrauensvorschuß ist ganz einfach das Prinzip, wonach wir dem, der tauft, oder dem betreffenden Experten (falls die Person am anderen Ende der Kette von Übertragungen oder der Zusammenarbeit nicht diejenige ist, die ursprünglich getauft hatte) in solchen Fällen einen Vertrauensvorschuß geben und annehmen sollten, er würde vernünftige Modifikationen seiner Beschreibung akzeptieren. Wie alle methodologischen Prinzipien, ist auch dieses ein teilweise deskriptives Prinzip. Ich nehme an, daß wir alle den Vertrauensvorschuß für uns reklamieren, wenn *wir* die Taufenden und die Experten sind – also beschreibt das Prinzip Intentionen, die wirklich existieren und die von der sprachlichen Gemeinschaft meist berücksichtigt werden –, und es ist ein *normatives* Prinzip, wir *sollten* sie berücksichtigen; denn andernfalls wäre eine stabile Referenz auf theoretische Entitäten wohl unmöglich.

Um ein Beispiel zu geben: Es gibt nichts in der Welt, was Bohrs Beschreibung eines Elektrons *genau* entspräche. Aber es gibt Teilchen, auf die Bohrs Beschreibung *annähernd* paßt: Sie haben die richtige Ladung, die richtige Masse, und, was am wichtigsten ist, sie sind für die wesentlichen *Effekte* verantwortlich, von denen Bohr dachte, ‹Elektronen› seien für sie verantwortlich. So ist zum Beispiel elektrischer Strom (in einem Draht) ein Fluß dieser Teilchen. Das Prinzip Vertrauensvorschuß bestimmt, daß wir Bohr und andere Experten so behandeln, als würden sie bei der Einführung und ihrem jetzigen Gebrauch von ‹Elektron› auf *diese* Teilchen referieren.

Dies ist natürlich keine absolute Regel. Die Experten könnten etwas ganz anderes beabsichtigen, aber dann wäre ihr vernünftiger Vertrauensvorschuß aufgebraucht.

N. L. Wilsons Prinzip der Nachsicht lautet, daß wir als das Bezeichnete ansehen sollten, was die größtmögliche Menge von Überzeugungen des Sprechers wahr macht. Während Nachsicht im Fall von Bohr zu demselben Ergebnis führt wie Vertrauensvorschuß, so befinden sich die beiden Prinzipien doch erheblich in Konflikt miteinander, was die Grundlagen betrifft. Zunächst einmal wendet Wilson sein Prinzip auch auf kontrafaktische Bezeichnung an (Bezeichnung in anderen möglichen Welten). Angenommen also, die Verhältnisse wären andere, Elektronen verlieren ihre Ladung, werden zweimal so schwer und bilden nicht mehr die gewöhnlichen elektrischen Ströme, und andere Teilchen würden die meisten der Eigenschaften übernehmen, die Elektronen haben. Diese anderen Teilchen *wären* dann Elektronen, nach Wilsons Auffassung. Das scheint mir ganz einfach falsch zu sein. Angenommen, Ursprungsidentität bliebe bewahrt (das heißt, die Möglichkeit, Weltlinien zu ziehen), dann wären Elektronen immer noch Elektronen, selbst wenn die Bedingungen derart sind, daß fast alle ihrer ‹charakteristischen› Eigenschaften andere wären. Um ein von Wilson selbst verwendetes Beispiel zu variieren: Angenommen, Julius Cäsar war ursprünglich eine Romanfigur (die Historiker haben einen fürchterlichen Fehler gemacht), Pompejus jedoch gründete das Römische Reich, überschritt den Rubikon und erfand den ‹Julianischen› Kalender. Smith sei jemand, der lediglich ‹weiß›, daß Pompejus das Römische Reich gründete, den Rubikon überschritt und den ‹Julianischen› Kalender erfand. Dann werden die meisten von Smiths Überzeugungen über ‹Cäsar› wahr, wenn wir ihnen Pompejus als das Bezeichnete zuordnen. Also referiert Smith nach Wilsons Auffassung immer auf Pompejus, wenn er ‹Cäsar› sagt.

Einer ‹historischen› Auffassung von Eigennamen zufolge ist das natürlich falsch. Smith referiert auf keine wirkliche Person, wenn er den Namen ‹Cäsar› gebraucht; so wie wir alle glaubt er irrigerweise, daß das andere Ende der Kette von Übertragungen des Namens ‹Cäsar› Eigenschaften hat, die es in Wirklichkeit nicht hat. Deskriptiv ist Wilsons Theorie falsch. Wir würden über jemanden, der von einem Quine gehört hat (einem anderen als Willard van Orman Quine) und irrigerweise glaubt, *jener* Quine sei ein Logiker, nicht sagen, er referiere auf Willard van Orman Quine, nur weil eine solche Bezeichnungszuordnung am nachsichtigsten wäre. Außerdem scheint sie mir normativ schlecht zu sein, weil sie eine große Menge von *intratheoretisch sinnvoller* kontrafaktischer Rede ausschließt. (Es ist nicht überraschend, daß Wilson aus seinem Prinzip eine Form von Verifikationismus ableitet – er nennt sie ‹eine Art von absolutem Idealismus›.)

Das Prinzip Vertrauensvorschuß hingegen betrifft nur wirkliche Situationen. Es auf kontrafaktische Situationen anzuwenden, hieße die Unterscheidung nicht zu erfassen, zwischen dem, was *wir* mit unseren Ausdrücken meinen (selbst dann, wenn wir von nicht-wirklichen Situationen sprechen), und dem, was wir *meinen würden*, wenn dies die wirklichen Situationen wären. Es würde das verfehlen, was Kripke ‹Starrheit› einiger der Ausdrücke nennt, die wir verwenden, um von nicht wirklichen Situationen zu reden.[10]

Der zweite Mangel des Prinzips der Nachsicht besteht darin, daß es zu egalitär ist. Was *meine* Überzeugungen über Ulmen wahr macht, ist für die Bestimmung der Denotation von ‹Ulme› unwichtig, weil ich ein Ulmen-Ignorant bin; und was die Überzeugungen eines Laien über Elektronen wahr macht, könnte für die Bestimmung der Denotation von ‹Elektron› unwichtig sein, *sogar für die in seinem Idiolekt*, falls er ein Elektronen-Ignorant sein sollte (vgl. «Die Bedeutung von ‹Bedeutung›» [1975, II-86]).

Der dritte Mangel des Prinzips der Nachsicht ist einer, der auch einen

Seitenblick auf unser Prinzip Vertrauensvorschuß erfordert, wenn es nicht an dem gleichen Mangel leiden soll. Er besteht darin, daß das Prinzip zu *numerisch* ist. Wahrheiten reichen von wichtig zu äußerst trivial, und es gibt viele Dimensionen von Wichtigkeit, je nach Kontext. Es kann niemals ein gutes Verfahren sein, die Überzeugungen bloß zu *zählen*, welche von einer Bestimmung der Bezeichnung wahr oder falsch gemacht werden, ohne sie nach ihrer Wichtigkeit zu *gewichten*.

Betrachten wir wieder den Fall Bohr. Angenommen, es gibt Teilchen, die praktisch alle Eigenschaften besitzen, von denen Bohr dachte, daß Elektronen sie haben – nennen wir sie ‹Selektronen›. Es sei aber angenommen, ‹Selektronen› existieren nur in der anderen Hälfte des Universums. Selektronen erfüllen die Gesetze, von denen Bohr dachte, daß Elektronen sie erfüllen würden; Elektronen und Elektrizität tun das nicht. Selektronen sind sogar für Ströme verantwortlich – selektrische Ströme; diese können dazu verwendet werden, selektrisches Licht zu erzeugen, selektrische Toaster zu betreiben etc. Selektrizität, so nehmen wir an, gehorcht Maxwells Gesetzen etc. Dennoch gibt es *hier* keine Selektronen; jene Phänomene, an denen Bohr interessiert war, werden durch das Verhalten von *Elektronen*, nicht von *Selektronen* erklärt (das unterstellen wir).

In diesem Fall könnten wir Bohrs Beschreibung (von Elektronen) so modifizieren, daß sie Selektronen korrekt beschreiben würde. Würden wir Wilsons Prinzip der Nachsicht anwenden, dann wären wir verpflichtet, dies zu tun. Das wäre aber ein Fehler. Bohr referierte nicht auf Selektronen, er referierte auf Elektronen. Und dies zeigt auf den Vorrang von Phänomenen; Bohrs Atomtheorie sollte gewisse Phänomene erklären, die er und andere Wissenschaftler beobachtet hatten, *Phänomene für uns*. Und jede Modifikation von Bohrs Beschreibung, die bei diesen Intentionen vernünftig sein soll, muß zumindest ein wenig von der Struktur dieser Erklärungen bewahren.

Meine zweite Maxime benötigt weniger Hintergrund. Ich habe schon von der sprachlichen Arbeitsteilung gesprochen. Es gibt bei vielen Ausdrücken auch einen *Beitrag der Umwelt*. Dies ist im Fall des offensichtlich indexikalischen sehr deutlich; ‹du› hat eine Referenz, die von der Umwelt des Sprechers abhängt – verschiedene ‹dus› in verschiedener Umwelt. Es gibt aber im Fall von Worten für natürliche Arten einen subtileren Beitrag der Umwelt. Wasser ist das Zeug, was dieselbe Mikrostruktur hat wie das meiste paradigmatische Wasser; und paradigmatisches Wasser ist *für uns paradigmatisch*, ist Wasser in *unserer* Umwelt. In einer anderen möglichen Welt oder auf einem anderen Planeten könnte Wasser mit nahezu dem gleichen Stereotyp und den gleichen Kriterien assoziiert sein wie unser Terminus ‹Wasser›, aber XYZ bezeichnen und nicht H_2O; zumindest könnte dies in einer vorwissenschaftlichen Zeit passieren. Und daraus würde nicht folgen, daß XYZ Wasser *ist*; es würde bloß folgen, daß XYZ eventuell wie Wasser *aussieht*, wie Wasser *schmeckt* etc. Worauf ‹Wasser› referiert, hängt von der *wirklichen Beschaffenheit der Paradigmen* ab, nicht bloß davon, was in unseren Köpfen ist.

Das *Prinzip der vernünftigen Unwissenheit* besagt ganz einfach, daß ein Sprecher ein Wort ‹besitzen› kann im Sinn der gewöhnlichen Fähigkeit, es im Gespräch zu gebrauchen, ohne den Mechanismus der Referenz dieses Terminus explizit oder auch nur implizit zu kennen. Die ‹Bedeutung eines Wortes kennen› in dem Sinn, daß man es gebrauchen kann, heißt durchaus, *etwas* implizit zu wissen; aber es heißt nicht annähernd so viel zu wissen, wie Philosophen anzunehmen pflegen. Ich kann die Bedeutung von ‹Gold› kennen, ohne implizit oder explizit die Kriterien dafür zu kennen, daß etwas Gold ist (im Widerspruch zu Locke[11]), und ohne überhaupt irgendeine klare Vorstellung davon zu haben, *wie* das Wort ‹Gold› mit etwas verbunden ist, was immer das dann sein mag. Unsere zwei Prinzipien ergänzen sich sehr schön. Das Prinzip Vertrauensvorschuß verbietet uns anzunehmen, daß Taufende oder andere Experten allwissend sind; das Prinzip der vernünftigen Unwissenheit verbietet uns anzunehmen, daß irgendwelche Sprecher philosophisch allwissend sind (selbst ohne sich dessen bewußt zu sein).

Anwendungen

Das zweite Prinzip scheint in der Philosophie des Geistes besonders oft verletzt zu werden. Ich werde einige Beispiele diskutieren.

Meiner Ansicht nach entsprechen psychologische Prädikate *funktionalen* Eigenschaften von Menschen und anderen empfindenden Wesen.[12] Die Gegenwart dieser Eigenschaften *erklärt* die Zusammenballung von dem, was manche Leute ‹Symptome› und ‹Kriterien› der diversen psychologischen Zustände und Befindlichkeiten nennen. Wie dem auch sei, das Prinzip der vernünftigen Unwissenheit sagt uns jedenfalls, daß wir nicht postulieren müssen, Sprecher *wüßten* (implizit oder explizit), daß psychologische Prädikate funktionalen Zuständen entsprechen; ebensowenig müssen sie (implizit oder explizit) eine funktionale Charakterisierung des jeweiligen Zustandes *kennen*, dem das Prädikat entspricht.

Dies hängt mit dem ‹Beitrag der Umwelt› zusammen – die ‹Umwelt› ist in diesem Fall (unschönerweise) die eigene innere Natur des Sprechers. Der Sprecher hat eine gewisse Beschaffenheit. Diese ist ihm nicht gut bekannt. Er ist in der Lage, berichtenden Gebrauch von Worten wie ‹Schmerz› zu machen. Er gebraucht ‹Schmerz›, um den Zustand zu denotieren, welcher immer das sein mag, der *in Wirklichkeit* jener ist, von dem seine Schmerzberichte handeln. Er muß aber nicht wissen, *was* das für ein Zustand ist in dem Sinn, daß er ihn charakterisieren könnte. Wenn er über den berichtenden Gebrauch von ‹Schmerz› verfügt, über die Fähigkeit, andere als Schmerz empfindend wahrzunehmen, und über die Fähigkeit, Sätze zum Ausdruck dessen zu gebrauchen, was er wahrnimmt, dann ist das sicherlich *hinreichend*, um zu sagen, er habe den Begriff des Schmerzes erworben – dennoch muß der Sprecher absolut nichts über die metaphysische Natur des Schmerzes wissen (vgl. ‹Logical Positivism and the Philosophy of Mind› [1969, II-54]).

Wenn das richtig ist, muß ein Großteil der heutigen Philosophie des Geistes falsch sein. Man hat zum Beispiel vorgeschlagen, «Ich sehe einen gelben Fleck» bedeute, als Bericht über Empfindung geäußert (d. h. in dem Sinn, daß ich den visuellen Eindruck eines gelben Fleckes habe): «Was in mir vorgeht, ist der gleiche Prozeß wie jener, der dann vorgeht, wenn ich einen gelben Fleck sehe», wobei das letzte ‹sehen› ‹tatsächlich wahrnehmen› bedeutet.[13] Eine solche Theorie macht alle Berichte über Empfindungen zu *Hypothesen* (und zwar zu recht gewagten) – vorausgesetzt, der Begriff von ‹der gleiche Prozeß› ist, ohne nähere Angaben verwendet, klar genug, um überhaupt etwas zu bedeuten. Wenn sich insbesondere herausstellen würde, daß ‹einen gelben Fleck sehen› im Sinn von den visuellen Eindruck eines gelben Flecks haben und ‹einen gelben Fleck sehen› im Sinn von tatsächlich einen gelben Fleck wahrnehmen, physiologisch vollkommen *verschiedene* Prozesse sind, dann müßte ein Materialist zu dem Schluß kommen, daß *wir nie wirklich gelbe Flecken sehen* (im Sinn des visuellen Eindrucks) – daß also alle Berichte über visuelle Wahrnehmungen *falsch* sind. Das erscheint absurd. Wie konnten ansonsten hellsichtige Philosophen zu einem so merkwürdigen Schluß gebracht werden?

Zunächst kamen diese Philosophen zu der extrem brauchbaren Idee, man stelle sich psychologische Termini (und auch viele andere) am besten so vor, daß sie *Bedingungen* oder *Ursachen* denotieren, welche die bekannten Symptome und ‹Kriterien› erklären, nicht die Gegenwart von Symptomen oder Kriterien. Zweitens haben sie, als Materialisten, diese Bedingungen oder Ursachen für *physikalische Zustände* gehalten – für neurologische Zustände oder jedenfalls physiologische Zustände des Körpers. Das war ein Fehler, wie ich glaube. Wie Aristoteles gesehen hat, beschreiben psychologische Prädikate unsere *Form*, nicht unseren *Stoff*.[14] Das ist aber hier nicht mein Thema. Nachdem sie schließlich ihre Auffassung dessen präsentiert hatten, was visuelle Eindrücke *sind*, fühlten sie sich verpflichtet, zu sagen, was Berichte über visuelle Eindrücke *bedeuten* – und da sind sie gescheitert. Aber ihr Scheitern ist lehrreich; denn diese Philosophen meinten, der Mechanismus der Referenz müsse den Sprechern der Sprache implizit bekannt sein. Das ist eben jene Annahme, von der uns das Prinzip der vernünftigen Unwissenheit abrät.

Noch andere Philosophen des Geistes, wieder aus dem materialistischen Lager, haben vorgeschlagen, «Ich habe Schmerzen» oder «Ich sehe einen gelben Fleck» seien synonym mit Sätzen der Form «Ich bin in dem physikalischen Zustand, der den und den funktionalistischen Charakterisierungen entspricht»[15]. Wieder gilt: Wenn diese Philosophen recht haben, dann stellt jemand, der über einen Schmerz oder das Sehen von einem gelben Fleck berichtet, ganz klar eine *Hypothese* auf (und zwar wiederum eine gewagte). Selbst wenn es zutrifft, daß Schmerz oder ein bestimmter visueller Eindruck mit einem physikalischen Zustand identisch sind – und nicht, wie ich glaube, mit einem funktionalen Zustand –, so gibt es doch außer fragwürdiger Sprachphilosophie keinen Grund anzunehmen, ein Sprecher kenne implizit die funktionale Charakterisierung des fraglichen Zustandes. Wieder hätte es das Prinzip der vernünftigen Unwissenheit dem Philosophen gestattet, seinen Fehler zu vermeiden.

Schließlich gibt es Philosophen aus dem Lager des logischen Behaviorismus[16], die meinen, «Du hast einen Schmerz» oder «Du siehst einen gelben Punkt» sei mit Aussagen über eine Disposition zu Verhalten identisch oder beinhalte diese zumindest (manchmal in einem speziellen Sinn von ‹beinhalten›). Um nicht sagen zu müssen, daß die entsprechenden Berichte in der ersten Person Hypothesen sind, behandeln sie diese im Endeffekt manchmal als *unartikulierte Laute*[17] – als bloße Symptome der Zustände, von denen sie handeln, anstatt als Aussagen mit der offensichtlichen referentiellen Semantik. Dennoch bleibt ihnen der Zwang, sagen zu müssen, daß jeder, der den Begriff Schmerz oder den Begriff einer gelben fleckenartigen Empfindung hat, *notwendigerweise* eine ganze Menge über Dispositionen zu Verhalten wissen muß, zumindest implizit. Das scheint ganz einfach falsch zu sein. Angenommen, jemand, der vollkommen gelähmt ist, wird großgezogen, ohne jemals eine Person zu sehen, die Schmerzen hat. Ihm wird das Wort beigebracht, indem man ihm Schmerzen zufügt («Jetzt schmerzt dein Finger», «Nun werde ich dir Schmerzen am linken Ohr zufügen») durch die direkte Kontrolle seines Nervensystems. Gibt es irgendeinen Zweifel, daß er die Worte ‹schmerzt›, ‹Schmerz› etc. lernen und gebrauchen könnte? Wird er jedoch gefragt: «Was tun Leute normalerweise, wenn sie Schmerz empfinden?», «Was verursacht normalerweise Schmerz bei Leuten?», dann könnte er wahrheitsgemäß antworten, «Ich habe keine Ahnung». Sicherlich könnte ein störrischer logischer Behaviorist leugnen, daß eine solche Person *wirklich* den Begriff Schmerz besitzt, aber das heißt bloß, die Theorie zu retten, indem man die Daten hinauswirft. Oder er könnte verfechten, daß die betreffenden Dispositionen *sprachliche* sind. Was aber ist dann mit dem Kind, das Schmerz-Rede gerade erst gelernt hat? *Kennt* es, selbst implizit, *allgemeine* Tatsachen über das sprachliche Verhalten von Sprechern? Oder weiß es nur dann *wirklich*, was ‹Schmerz› bedeutet, wenn es lernt, wie Leute im allgemeinen *reden*? Wieder benötigt man keines dieser Manöver, sobald wir das Prinzip der vernünftigen Unwissenheit akzeptieren. Man mag von diesen psychologischen Prädikaten annehmen, was man will: Sie stehen für funktionale Zustände, Seelenzustände, Dispositionen zu Verhalten – aber man tue nicht so, als ob irgend etwas davon das sei, was Sprecher *meinen*. Die Moral lautet: Man glaubt gar nicht, wie *wenig* Sprecher ‹meinen›.

Während alle meine Beispiele aus der Philosophie des Geistes gewählt waren, läßt sich das Prinzip der vernünftigen Unwissenheit auch auf andere Bereiche der Philosophie anwenden. Auf die Ethik natürlich (wie Platon gesehen hat, ist das Problem die Einheit der Tugenden – was gut sein *ist*, nicht was ‹gut› bedeutet) und auf die Philosophie der Naturwissenschaften. Die Annahme, daß jeder, der den Terminus ‹Wasser› oder ‹elektrische Spannung› erworben hat, eine notwendige und hinreichende Bedingung dafür kennt, Wasser zu sein oder eine bestimmte elektrische Spannung zu haben, hat einen gewaltigen und verderblichen Einfluß auf die Wissenschaftstheorie gehabt.[18]

Ich werde zwei Beispiele für die philosophische Anwendung des Prinzips Vertrauensvorschuß geben. Es sollte beachtet werden, daß das Prinzip Vertrauensvorschuß mit seinem Hintergrund stets in Verbindung mit dem Prinzip der vernünftigen Unwissenheit arbeitet.

Das erste Beispiel betrifft die Frage der ‹Kommensurabilität› von

Theorien. Zunächst einmal benötigen Theorien keine gemeinsamen ‹Bedeutungen›, um vergleichbar zu sein, wie Scheffler gezeigt hat (Scheffler 1967); es genügt, daß es ausreichend viele Termini mit derselben *Referenz* gibt (die Standardsemantik der Referenz vorausgesetzt). Da das Prinzip Vertrauensvorschuß eben genau ein Verfahren *zur Bewahrung von Referenz durch Theoriewechsel hindurch* darstellt, gestattet es uns zu sagen, daß auch radikal verschiedene Theorien im Rahmen der deduktiven Logik und referentiellen Semantik verglichen werden können. Wir müssen nicht mit Sir Karl Popper oder Paul Feyerabend darin übereinstimmen, daß es unvereinbar sei, die Existenz von radikalem Paradigmenwechsel in den Wissenschaften und die Vorstellung vom Wachstum des objektiven Wissens zu akzeptieren (während sich Popper und Feyerabend bezüglich der Unvereinbarkeit einig sind, unterscheiden sie sich natürlich darin, ob sie radikalen Paradigmenwechsel oder Wachstum von objektivem Wissen verwerfen).[19] Wir können unsere Paradigmenwechsel *und* auch unser objektives Wissen behalten.

Mein letztes Beispiel macht eine Korrektur der Auffassung nötig, die ich in ‹The Analytic and the Synthetic› [1962, II-23] vorstellte. In jenem Aufsatz hatte ich Ausdrücke wie ‹Mensch› und ‹Schwan› als *Bündelbegriffe* bezeichnet, das heißt, ‹Mensch› sollte synonym sein mit ‹Entität, die eine ausreichende Menge der folgenden Eigenschaften: – – – (Liste) besitzt›; und ich hatte ‹kinetische Energie› als einen *Gesetzesbündelbegriff* charakterisiert, das heißt als synonym mit ‹Größe, die einer ausreichenden Menge der folgenden Gesetze mit genügender Annäherung unterliegt: – – – (Liste)›. Diese Auffassungen scheinen mit nun beide unrichtig zu sein. In «Die Bedeutung von ‹Bedeutung›» [1975, II-86] habe ich eine andere Auffassung von Worten für natürliche Arten wie ‹Mensch› und ‹Wasser› vorgestellt, die mit der oben skizzierten kausalen/gesellschaftlichen Ansicht vereinbar ist. Die Anfänge einer ähnlichen Auffassung für Termini theoretischer Größen sind in einem anderen Text skizziert (‹Erklärung und Referenz› [Text 1, 1973, II-62]). Zwei Aspekte jener Auffassung sollten aus dem hier Gesagten deutlich werden: Individuellen Sprechern, welche die Ausdrücke ‹Energie›, ‹elektrische Spannung› oder ‹Elektron› erworben haben, kann kein Wissen von *Gesetzen* zugesprochen werden. Selbst wenn die ‹Gesetzesbündel›-Theorie als eine Auffassung der *gesellschaftlichen Bestimmung von Referenz* richtig wäre, so kann sie doch als eine Auffassung dessen, was jeder Sprecher implizit ‹meint›, nicht korrekt sein. Meine Theorie hatte das Prinzip der vernünftigen Unwissenheit verletzt. Und zweitens kann ein Terminus für eine theoretische Größe oder ein Terminus für ein Teilchen etc. selbst dann eine feste Denotation behalten, wenn wir unsere Meinung über die Gesetze ändern, denen es unterliegt. Dieser Punkt ist auch in ‹The Analytic and the Synthetic› ausgedrückt (er war für meine Auffassung von ‹Energie› und ‹gerade Linie› entscheidend), aber das Prinzip der vernünftigen Unwissenheit klärt den Grund dafür, das es sich so verhält.

Mein letztes Beispiel ist die verzwickte Frage der Konventionalität bei der Wahl eines Maßes. Adolf Grünbaum und ich haben diese Frage im Laufe vieler Jahre diskutiert und sind durchaus nicht zu einer Einigung gekommen.[20] Es hat allerdings eine gewisse Konvergenz unserer Ansichten gegeben, und ich denke, das erklärt sich aus unserer Akzeptanz der Vorstellung, daß das Maß (für Raum-Zeit) durch *Gesetze* und nicht durch ‹Entsprechungsregeln› festgelegt wird (vgl. Grünbaum 1973a). Natürlich bedeutet ‹durch Gesetze festgelegt› nicht *durch Gesetze implizit definiert* in irgendeinem üblichen Sinn von ‹implizite Definition› aus der formalen Logik. Das Prinzip Vertrauensvorschuß impliziert, daß wir unsere Meinung über die Gesetze ändern können und nicht sagen *müssen*, wir hätten die Denotationen unserer Termini geändert. Wenn es also ein Maß gibt, welches für physikalische Raum-Zeit *optimal* ist, und wir allmählich zu den Gesetzen gelangen, die immer bessere Annäherungen an eine wahre Beschreibung der Mannigfaltigkeit unter dem Maß sind, dann können wir sagen, wir *entdecken* mehr und mehr Tatsachen über das Maß der Raum-Zeit (Grünbaum würde sagen: über das extrinsisch einzige nontriviale Maß von Raum-Zeit, wenn ich seine Position richtig verstehe). Und wir müssen nicht sagen, daß wir ein Maß allmählich *erfinden* oder eine *Folge* von Maßen festsetzen oder irgend etwas von der Art. Natürlich gibt es nach wie vor große Bereiche, in denen Meinungsverschiedenheit herrscht. Grünbaum meint, daß das einzige nontriviale ‹extrinsische› Maß immer noch ‹konventionsbeladen› ist, und ich akzeptiere das nicht. Ebensowenig wie ich Grünbaums Unterscheidung ‹intrinsisch-extrinsisch› akzeptiere. Der Punkt aber ist, daß Grünbaum und ich dadurch in der Lage waren, zu einem großen Maß an Übereinstimmung zu gelangen, daß wir uns einigten, eine gewisse Sprachphilosophie zu verwerfen. Wieder sehen wir, daß die beiden Prinzipien, die ich vorgelegt habe, in vielen verschiedenen Bereichen der Philosophie nützlich sein können, obwohl sie viel weniger großartig sind als die pragmatische Maxime oder die Verifizierbarkeitstheorie der Bedeutung.

Worte und die Welt

Bislang habe ich von Dingen gesprochen, die wir nun dank des Fortschritts in der Sprachphilosophie zu verstehen beginnen, der mit Quines ‹Zwei Dogmen des Empirismus› [1951] angefangen hat. (A propos, mir scheint sowohl das Prinzip Vertrauensvorschuß als auch das Prinzip der vernünftigen Unwissenheit mit Quines allgemeiner Herangehensweise höchst übereinstimmend zu sein. Insbesondere habe ich den Verdacht, daß mein Prinzip Vertrauensvorschuß wohl sein Prinzip der Nachsicht ist, ungeachtet seines Wilson-Zitats.[21]) Lassen Sie mich nun leichtsinnig in ein Territorium eintauchen, das weniger gut kartiert ist.

Unsere beiden Prinzipien setzen den Begriff der Referenz voraus. (Unsere Rede von ‹Bohrs Beschreibung entsprechen› war bloß verschleierte Rede von *Referenz* im Sinn des Logikers: Was einer Beschreibung ‹entspricht›, ist, worauf die Beschreibung ‹referiert›, worauf die Beschreibung zutrifft.) Referenz ist eine Beziehung zwischen Worten und der Welt – das ist bloß eine phantasievolle Weise zu sagen, daß die Extension der Relation ‹referiert auf› eine Klasse geordneter Paare von Ausdrücken und Dingen ist. Das Paar ⟨‹Zitrone›, α⟩ ist genau dann in der Klasse, welche die Extension der Referenzrelation für Deutsch[22] darstellt, wenn a eine Zitrone ist; das Paar ⟨‹wheel›, β⟩ ist genau dann in der Klasse, welche die Extension der Referenzrelation für Englisch darstellt, wenn β ein Rad ist; und so weiter. Jede Relation, die (auf eine bestimmte Sprache beschränkt) Worte auf Dinge abbildet, ist eine *Wort-Welt-Relation*. Referenz ist eine Wort-Welt-Relation; aber ebenso ist es ihr Komplement (oder vielmehr die Beschränkung ihres Komplements auf den Bereich der Worte, da der konverse Bereich unbeschränkt ist); das Paar ⟨‹Zitrone›, der Eiffelturm⟩ liegt im Komplement der Referenzrelation. Und es gibt viele andere Wort-Welt-Relationen. Über Referenz nur zu sagen, sie sei eine Wort-Welt-Relation, heißt also, praktisch nichts über sie zu sagen.

Solange wir aber nichts Informatives über diese Relation sagen können, wohnt unsere gesamte Sprachphilosophie gemütlich im Wolkenkuckucksheim. Das Prinzip Vertrauensvorschuß gehört zu einer Methodologie dafür zu sagen, worauf Sprecher *referieren* – wenn wir nicht wissen, was *auf etwas referieren* ist, dann können wir bejahen, daß Bohr auf Elektronen referierte, als er das Wort ‹Elektron› gebrauchte, oder es verneinen; denn es ist unklar, *welche* Relation zwischen Bohr und den betreffenden Teilchen da bejaht oder verneint wird. Eine Methodologie für solche Bejahungen oder Verneinungen ist Methodologie für eine Wissenschaft, die, wie wertvoll und wichtig sie auch immer sein mag, nach wie vor auf unklaren Begriffen beruht.

Viele Philosophen glauben, daß die Arbeit von Tarski den Begriff der Referenz (und den damit verwandten Begriff der Wahrheit) vollkommen präzisiert. Ich teile diese Ansicht nicht. Hartry Field hat dargelegt, daß die ‹Wahrheitsdefinitionen› und ‹Referenzdefinitionen› von der Art, wie sie in der formalen Logik verwendet werden, die Begriffe der Referenz und Wahrheit *nicht* klären (Field 1972).

Einige Tarskianer behaupten, Tarskis Adäquatheitskriterium (‹Konvention *W*›) (siehe Tarski 1933, 45) kläre die Begriffe der Wahrheit und der Referenz, nicht etwa die formalisierten Wahrheitsdefinitionen selbst. ‹Konvention *W*› verwendet aber die Begriffe der *Benennung* eines Satzes und von *aus etwas folgen*; Begriffe, die mit Wahrheit und Referenz eng verwandt sind und ebensosehr wie diese der Klärung bedürfen.

Ebensowenig hilft uns Sellars' Analyse (1967 und 1962) der ‹Bezeichnung›. Sellars schlägt vor,

(1) ‹wheel› im Englischen bezeichnet Rad.

Das heißt, daß ‹wheel› im Englischen die *Rolle* spielt, die ‹Rad› im Deutschen innehat. Um den Einwand von Church[23] zu umgehen – daß (1) keine Aussage über das deutsche Wort ‹Rad› ist –, führt Sellars ein spezielles Mittel ein, das er ‹Punkt-Anführung› nennt (vgl. Sellars 1963 und 1964b) (gewissermaßen mit Freges ‹ungeradem Sinn› verwandt[24]). Ein Wort in Punkt-Anführungszeichen denotiert seine eigene sprachliche Rolle. ·Rad· und ·wheel· sind also beides Namen für eine gewisse Rolle (dieselbe nämlich). Es ist wichtig, daß ‹·Rad·› nicht mit einer *Beschreibung* dieser Rolle (z. B. «die Rolle von ‹Rad›») synonym ist; es ist vielmehr ein Name dieser Rolle.

In Sellars' Analyse bedeutet (1) also,

(2) ‹wheel› im Englischen hat die Rolle ·Rad·.

Dieser Analyse zufolge ist die Extension von *bezeichnet* eine Klasse von geordneten Paaren mit einem Wort und einer Rolle, nicht eine Klasse von geordneten Paaren mit einem Wort und einem Ding. Sellars' ‹Bezeichnung› ist keine Relation Worte – Welt, sondern eine Relation Worte – Rollen. Das macht Sellars nichts aus, weil er sich ‹Bezeichnung› im Prinzip gar nicht als eine Relation vorstellt (als Nominalist deutet er die Aussage, daß ‹wheel› eine bestimmte Rolle hat, gar nicht so, daß sie die Existenz von ‹Rollen› als abstrakten Entitäten überhaupt voraussetzt). Es bedeutet aber, daß Sellars' Auffassung kein Licht auf das Problem der Referenz wirft.

Primitive Referenz

Man stelle sich eine Spezies von Lebewesen vor – vielleicht höhere Tiere –, die gerade beginnen, vorsprachliches Verhalten zu entwickeln. Sie nehmen mittelgroße materielle Gegenstände diverser Sorten wahr, und gelegentlich haben sie das Bedürfnis, einander auf einige dieser Gegenstände aufmerksam zu machen. Ein besonders schlaues Exemplar entwickelt die Gewohnheit, *mit dem Finger auf einen Gegenstand* zu zeigen und einen Laut von sich zu geben, der wie ‹Schaumldas› klingt. Andere Angehörige der Horde imitieren dies (neueren Beobachtungen des Verhaltens von Schimpansen zufolge, in experimentellen Situationen wie im Freien, ist das so unplausibel nicht); und schon bald entwickeln die Wesen einen vollen Satz dessen, was ich *Gricesche Intentionen* nennen werde (vgl. Grice 1957, 1968, 1969), das heißt Intentionen, mittels Deuten und der Äußerung von ‹Schaumldas› die Aufmerksamkeit auf einen Gegenstand zu lenken; wobei die Intention darin bestehe, dies zum Teil durch Erkennen eben jener Intention zu erreichen. (Einige Leute mögen fragen, ob nicht-sprechende Tiere *bewußt kooperieren* können – und eben darum geht es, wenn man ihnen Gricesche Intentionen zuschreibt. Ich werde den Standpunkt vertreten, daß die Antwort ‹ja› lautet.) Sicherlich haben diese Wesen noch keine *Sprache*, aber sie haben eine primitive Art von *Referenz*. Ich werde ‹Schaumldas› bei diesen Wesen als *demonstrativ* bezeichnen, und wenn eines dieser Wesen auf einen Gegenstand zeigt und mit der Griceschen Intention ‹Schaumldas› sagt, einen anderen Angehörigen der Horde dazu zu bringen, daß er auf diesen Gegenstand aufmerksam wird, dann werde ich sagen, er hat auf den Gegenstand *demonstrativ referiert*.

Man stelle sich vor, wir entfernen uns von der Horde für einige Jahrhunderte und lassen uns derweil einfrieren. Nach unserer Wiederbelebung gehen wir zurück, um zu sehen, was mit der Horde geschehen ist. Wir entdecken, daß ihr sprachliches oder vorsprachliches Verhalten viel komplexer geworden ist. Sie äußern jetzt nicht nur ‹Schaumldas›, sondern merkwürdigerweise auch ‹Eh-ein-das›, ‹Eh-zwo-das›, …, ›Eh-siebzn-das‹. Nach einiger Forschung finden wir heraus, daß folgendes vor sich geht: Es gibt siebzehn Eigenschaften $E_1 \ldots E_{17}$, die von jenen Wesen leicht zu unterscheiden sind. Genauer, es gibt siebzehn

Zustände $Z_1 \ldots Z_{17}$, die Befindlichkeiten der Wesen selbst sind, so daß gilt: Wenn ein Wesen auf einen mittelgroßen Gegenstand blickt, dann wird es normalerweise veranlaßt, in einen Zustand Z_1 oder in einen mit Z_1 unvereinbaren Zustand $\overline{Z}_1$ zu gehen (und ebenso mit $Z_2 \ldots Z_{17}$). Zudem ist es die Gegenwart oder Abwesenheit der Eigenschaft E_i, welche bestimmt, ob es dazu veranlaßt wird, in Zustand Z_i oder $\overline{Z}_i$ zu gehen. Die Kausalkette, welche die Gegenwart der Eigenschaft E_i (oder die Abwesenheit von E_i) mit dem Auftreten des Zustands Z_i (oder $\overline{Z}_i$) bei dem Wesen verbindet, ist derart, daß *wir* mit unserem fortgeschrittenen Wissensstand sie als einen Standardmodus der visuellen Wahrnehmung beschreiben können. (Der Einfachheit halber ignoriere ich allen Sinn außer dem des Sehens. Natürlich könnte die Darstellung komplizierter gestaltet werden, um eine größere Realitätsnähe zu erreichen.)

Schließlich äußert das Wesen ‹Eh-ein-das›, wenn der Gegenstand, auf den es mit ‹das› (eine Kurzform von ‹Schaumldas›) demonstrativ referiert, in ihm den Zustand Z_1 hervorruft (und ebenso bei den weiteren sechzehn Formen). Zudem hat es Gricesche Intentionen bezüglich ‹Eh-ein-das› etc. Es hat die Intention, sein Hörer möge sich zu dem Gegenstand verhalten, auf den es mit einer Äußerung von ‹das› demonstrativ referiert hat, und er möge bezüglich des Gegenstandes Erwartungen haben, die in jener Horde bezüglich Eh-ein-das-artiger Gegenstände angemessen sind. Das ist sicher immer noch keine Sprache oder zumindet keine vollständige, aber es wird einer Sprache *ähnlicher*. Ich werde ‹Eh-ein› etc. als *Prädikate* für diese Wesen bezeichnen und sagen, diese Prädikate referieren jeweils auf das, was die Eigenschaften $E_1, E_2, \ldots, E_{17}$ besitzt.

Man beachte, daß unsere Theorie soweit eine ‹kausale› Theorie der Referenz ist: Jene Wesen referieren demonstrativ auf Gegenstände, mit denen sie durch Kausalketten von gewisser Art verbunden sind (deren Beschreibung, selbst für so einfache Wesen, mindestens die Psychologie der Wahrnehmung, der Aufmerksamkeit und des kooperativen Verhaltens beinhalten würde); und durch Prädikate referieren sie nur auf Gegenstände, die Eigenschaften besitzen, welche sie wahrnehmen können (so daß sie zumindest mit einigen Angehörigen der Extension diese Prädikate kausal verbunden sind). Nebenbei bemerkt, auch wenn ihr sprachliches Verhalten viel komplexer ist als hundert Jahre zuvor, so ist doch nicht klar, daß die psychologische Theorie, die zu seiner Beschreibung benötigt wird, erheblich komplizierter sein müßte als jene, die man braucht, um eine so einfache Angelegenheit wie die Verwendung von ‹Schaumldas› zu beschreiben.

Bisher äußern unsere Sprecher nur dann ‹Eh-ein-das›, wenn sie selbst jenes fragliche ‹das› beobachtet und als E_1 wahrgenommen haben. Das Modell könnte jedoch komplizierter gestaltet werden, indem man sie ‹Eh-ein-das› sagen und damit auf einen Gegenstand demonstrativ referieren läßt, von dem sie selbst aus irgendeinem Grund nicht sagen können, ob er E_1 besitzt, über den ihnen jedoch von einem anderen Sprecher *mitgeteilt* wurde, daß er E_1 besitzt. Wir erweitern also den Begriff der *Kommunikation* in dieser hypothetischen Gemeinschaft. Auch könnten wir das Modell komplizierter gestalten, indem wir Vergangenheits-, Gegenwarts- und Zukunftsformen oder sogar Ausdrücke für Dauer einführen (letztes Jahr, gestern, vor fünf Monaten etc.). Lassen Sie mich betonen, daß ich nicht – ich wiederhole: *nicht* – versuche, *notwendige und hinreichende Bedingungen* für Referenz oder auch nur primitive Referenz zu formulieren. Ich versuche, eine recht verständliche Situation zu beschreiben, in der wir einen primitiven Begriff der Referenz *anwenden* können.

Semantischer Aufstieg

Es gibt nichts, was unsere Horde prinzipiell davon abhalten könnte, eines Tages zur Anwendung eben jenes Begriffs der Referenz zu gelangen (nennen wir ihn ‹Referenz$_1$›), den *wir* verwendet haben, um ihre Beziehungen mit der Welt zu beschreiben. Wenn also Uk-ook sagt «Eh-ein-das» und dabei auf einen Apfel zeigt, könnte Ab-sum bemerken, «Uk-ook refrier das» – dabei auf dasselbe ‹das› zeigend. Und dieser Gebrauch könnte verschiedene Zeitformen haben: «Uk-ook refriert das gestan», zum Beispiel.

Um semantische Paradoxien zu vermeiden, nehmen wir an, daß auf etwas mit Hilfe des semantische Prädikats ‹refrier› zu referieren nicht als ‹refrieren› zählt. Höchstwahrscheinlich würde das Problem aber einfach gar nicht auffallen.

Quantoren

Wenn wir zu unserer Horde nach ein paar tausend Jahren zurückkehren, können wir uns vorstellen, daß sie ihrem Repertoire Quantoren und Wahrheitsfunktionen hinzugefügt haben. An diesem Punkt würden wir nicht zögern, ihr Kommunikationssystem eine *Sprache* zu nennen. Auch ist es offensichtlich, wie man den Begriff der Referenz so erweitern kann, daß er quantifizierende und wahrheitsfunktionale

Idiome umfaßt; zumindest ist es seit Tarski offensichtlich. (Wie Hartry Field dargelegt hat, ist dies eine Errungenschaft Tarskis, die von philosophischem Interesse ist: zu zeigen, wie man Referenz auf etwas reduzieren kann, was mit dem verwandt ist, das ich primitive Referenz genannt habe.[25]) Wir müssen jedoch beachten, daß jede Erweiterung des Referenzbegriffs diesen Begriff verändert zu haben scheint. Demonstrative Ausdrücke, die in Gegenwart des Dings verwendet werden, auf das sie demonstrativ referieren, haben eine Art von kausaler Verbindung mit dem, worauf referiert wird. Prädikate von der einfachen Sorte, wie wir sie bisher ins Auge gefaßt haben, müssen keine kausale Verbindung mit dem haben, worauf referiert wird – das heißt, der Akt der Äußerung einer Instanz des Prädikats muß nicht jeden Angehörigen der Extension kausal einbeziehen –, gewöhnliche Akte der Äußerung einer Instanz des Prädikates in Gegenwarts- oder Zukunftsform und in einem atomaren Satz jedoch werden eine kausale Verbindung mit einem Angehörigen der Extension einschließen, auch wenn die Verbindung keine der Wahrnehmung sein mag (ein Sprecher kann durch eine ‹Kette› von anderen Sprechern anstatt aus eigener Erfahrung gelernt haben, daß etwas eine Eigenschaft hat oder hatte). Sobald wir aber Quantoren einführen, scheint jede *spezifizierbare* Verbindung zwischen ‹auf ein *X* referieren› und ‹mit einem *X* kausal verknüpft sein› verlorenzugehen. Ist das der Fall, so könnten wir uns fragen, warum wir immer noch den Terminus ‹referieren› benutzen, wenn wir den Begriff auf quantifizierte Ausdrücke ausdehnen. Ich werde zu dieser Frage in Kürze zurückkehren.

Eigennamen

Bisher haben wir noch keine Eigennamen in unser Modell eingeführt, auch wenn wir selbst sie verwendet haben, um uns auf die hypothetischen Angehörigen der Horde zu beziehen. Wenn wir die im ersten Teil dieses Vortrags skizzierte ‹historische› Theorie der Eigennamen nachahmen wollten, dann könnten wir das folgendermaßen tun: Bezeichnen wir den bis hierher entwickelten Begriff der Referenz einschließlich Quantoren, aber noch ohne Eigennamen mit ‹Referenz_2›. Nehmen wir an, der von den Sprechern verwendete Begriff von ‹refriern› sei so erweitert worden, daß er ‹referieren_2› bezeichnet. Wenn nun ein Sprecher den Namen ‹Ab-ook› verwendet, dann nehmen wir an, er hat die folgenden Griceschen Intentionen:

1. Wenn der Diskurs ein gewöhnlicher ist (d.h. über das, was wirk-

lich der Fall ist), dann will der Sprecher, der einen Satz *F*(Ab-ook) äußert, die Überzeugung hervorrufen, daß *F(D)*, wobei *D* folgende Beschreibung ist: «das Wesen, auf das jene Beschreibung ‹referiert$_2$›, die der Einführende[26] des Namens ‹Ab-ook› für diesen Zweck verwendet haben wollte» (oder vielmehr, *D* ist die Übersetzung dieser Beschreibung in die Sprache der Horde).

2. Wenn es in der Diskussion darum geht, was in einer hypothetischen Situation der Fall wäre (und man beachte, daß selbst Philosophen, die sich gegen kontrafaktische Sätze wenden, eingestehen, daß wir Sprache manchmal auf diese Weise verwenden und daß auf diese Weise verwendete Sprache nicht explizit kontrafaktische Sätze beinhalten muß), dann kann der Name *Ab-ook* im gegebenen Diskurs durch jede Beschreibung *D'* ersetzt werden, so daß jenes Wesen, auf das der Einführende des Namens als Ab-ook referiert hatte – das Wesen, auf das jene Beschreibung ‹referiert$_2$›, die der Einführende für diesen Zweck und zum Zwecke von (1) verwendet haben wollte –, *D'* in der hypothetischen Situation erfüllen *würde*.

‹Referenz$_3$› soll auf die Sprache ausgedehnte Referenz sein, welche Eigennamen einschließt. Die Erklärung des Gebrauchs von Eigennamen schließt eine Erklärung der Struktur einer ‹Kette von Übertragungen› ein, und dies schließt in der soeben angedeuteten Weise den Gebrauch des Begriffs der ‹Referenz$_2$› ein. Der Gebrauch von ‹Referenz$_3$› selbst wird aber nicht benötigt; also ist der Gebrauch von ‹Intentionen zu referieren› in der Formulierung der kausalen Theorie der Referenz nicht zirkulär.

Eigenschaften

Wenn wir der Sprache Quantoren über Eigenschaften hinzufügen (und uns Eigenschaften als physisch oder metaphysisch reale, nichtgeistige und nicht-sprachliche Entitäten vorstellen wie die Farbe Blau oder Temperatur oder kinetische Energie und nicht als bloße *Begriffe*, wie einige Philosophen unglücklicherweise den Ausdruck gebrauchen – siehe ‹On Properties› [1970, II-59])–, dann können wir Beschreibungen von theoretischen Entitäten in die Sprache einführen. Meiner Ansicht nach stehen theoretische Termini ebenso mit diesen Beschreibungen in Beziehung wie Eigennamen mit gewöhnlichen Beschreibungen von Dingen und Personen. Für unsere gegenwärtigen Zwecke ist das Schlüsselproblem jedoch das, was wir bei der Quantifizierung über Einzeldinge bereits festgestellt haben: Was hat der Begriff der Referenz, der, sagen wir, auf die Sprache mit Quantoren über Eigenschaften ausgeweitet wird, etwa mit ‹Referenz$_3$› gemeinsam? – Soll heißen: Referenz, so wie sie beim Reden über Sprecher einer Sprache mit Zeiten, Eigennamen, Variablen und Quantoren für Einzeldinge, Wahrheitsfunktionen und *relativ beobachtbaren Prädikaten* gebraucht wird (d. h., die *primitiven* Prädikate der Sprache sollten der Wahrnehmung nahe sein; unter Verwendung von Quantoren für Einzeldinge und von Zeiten könnten die Sprecher natürlich auch von vielen unbeobachtbaren Dingen sprechen). Das Problem ist nicht, *wie* man den Begriff der Referenz erweitert, sobald Quantoren über Eigenschaften zugelassen sind (übliche Semantik *zweiter Ordnung* zeigt uns, wie man das macht); das Problem ist wiederum eines der *Motivation*. Haben unsere einander folgenden Begriffe der ‹Referenz› nicht bloß eine ‹Familienähnlichkeit› und keine Kernbedeutung?

‹Referenz› motivieren

Um die Frage zu beantworten, was die allmählichen Ausdehnungen des Begriffs der Referenz *motiviert*, welche wir in unser übermäßig vereinfachtes Modell eingeführt haben (denn alles, was dieses Märchen über vorsprachliche ‹Wesen› tun sollte, war, ein Modell für einige Aspekte von Referenz vorzustellen und nach und nach komplizierter zu gestalten), wäre es gut, innezuhalten und sich zu fragen: Wie haben wir überhaupt einige Ausdrücke als *Quantoren* über Eigenschaften (oder auch über Einzeldinge) identifiziert? Sicherlich könnten uns Muster deduktiver Schlüsse einen Teil des Wegs voranbringen. Aber selbst wenn man $(\exists x)\ E(x)$ aus $E(a)$ schließt und $E(a)$ aus $(\forall x)\ E(x)$ (für beliebige *a*, Termini und – im Fall von Einzeldingen – Demonstrativa), so scheint daraus noch immer nicht zu folgen, daß $(\exists x)$ und $(\forall x)$ die Standardquantoren sein müssen. Sie mögen Quantoren sein, aber über andere Entitäten, als wir denken, oder sie könnten zum Beispiel größere oder kleinere Bereiche haben, als wir denken. Mir scheint, wir können nur dann gute Gründe für die Zuordnung irgendeines Bereichs haben, wenn wir etwas über die *induktiven* Schlüsse wissen (das heißt die nicht-deduktiven Schlüsse), die Sprecher akzeptieren. Der klarste Fall ist jener, in welchem Sprecher die Vorgehensweisen für die Akzeptanz und Ablehnung von Sätzen der Formen $(\exists x)\ E(x)$, $(\exists E)\ F(E)$, $(\forall x)\ E(x)$ und $(\forall E)\ F(E)$ verwenden, die, soweit für uns erkennbar, *gute* Vorgehensweisen sind, *wenn die Variablen über Einzeldinge und Eigenschaften reichen, wie wir sie aufgefaßt haben.*

Davidson hat angemerkt, daß wir bei einer Übersetzung die Übersetzten zu Leuten zu machen suchen, die ‹an die Wahrheit glauben, das Schöne suchen und das Gute lieben›.[27] Das ist natürlich eine rhetorische Übertreibung, aber wir gewähren Individuen und Gemeinschaften tatsächlich einen Vertrauensvorschuß (auch wenn dabei Vorsicht angebracht ist – wie wir gesehen haben, läßt es Wilsons Prinzip Nachsicht an der notwendigen Achtsamkeit fehlen). Auch wenn ich nicht im Traum versuchen würde, notwendige und hinreichende Bedingungen dafür zu formulieren, daß Ausdrücke Quantoren über Eigenschaften oder über Dinge sind, so scheint mir doch der klarste Fall jener der Gemeinschaft zu sein, deren induktive Vorgehensweisen dann einigermaßen brauchbare sind, *wenn* die Ausdrücke Quantoren *sind.* In diesem Sinn kann die induktive Logik einer Gemeinschaft nicht von ihrer sprachlichen Kompetenz getrennt werden (vgl. «Dreaming and ‹Depth Grammar›» [1962, II-21]).

Wenn wir aber Quantoren so *identifizieren*, zumindest im ‹paradigmatischen Fall›, dann ist die Antwort auf die Frage der Motivation leicht bei der Hand. Die von uns konstruierten Begriffe der Referenz und (daraus folgend) der Wahrheit haben folgende Eigenschaft: Referenz und Wahrheit sind so konstruiert, daß, zumindest im ‹paradigmatischen Fall›, zumindest bei wichtigen Klassen von Sätzen, zumindest, wenn alles glattläuft, Sätze dann und nur dann die Tendenz haben, auf lange Sicht akzeptiert zu werden, wenn sie *wahr* sind; und Prädikate werden auf Dinge dann und nur dann angewendet werden, wenn diese Dinge die den Prädikaten *entsprechenden* Eigenschaften besitzen. Es macht keinen Sinn zu sagen, daß Sprache die Welt abbildet [to map], solange wir keine Parametrisierung ‹der Welt› im Auge haben. Was ein Begriff der Referenz zumindest im Idealfall leistet, ist, eine Parametrisierung der Welt zu spezifizieren und sie mit einer Parametrisierung einer Sprache derart zur Entsprechung zu bringen, daß die akzeptierten Sätze auf lange Sicht dazu tendieren, den Sachverhalten (im Sinn der Parametrisierung) zu entsprechen, die wirklich bestehen.

Dies widerspricht in keiner Weise der Wittgensteinschen Einsicht, daß ein bloßer Isomorphismus zwischen einer Menge von Dingen und einer Menge von Sachverhalten diese Dinge nicht zu *Symbolen* macht; etwas ist nur dann ein Symbol, wenn es Teil eines System ist, das die geeigneten Funktionen hat.[28] Funktion zu betonen ist aber nicht unvereinbar damit, *Entsprechung* zu betonen, wie manche gedacht haben, vielleicht den späten Wittgenstein eingeschlossen. Eine Abbildtheorie der Bedeutung ist nicht vollkommen falsch, nur einseitig; ebenso wie eine Gebrauchstheorie der Bedeutung nicht falsch, sondern nur einseitig ist.

Die hier skizzierte Sicht der Referenz steht im Einklang mit Boyds Prinzipien, daß *Termini einer reifen wissenschaftlichen Theorie typischerweise referieren, Gesetze einer reifen wissenschaftlichen Theorie typischerweise annähernd wahr sind* (Boyd 1973).[29] Im Gegenteil, Boyds Prinzipien sind gerade das, was wir brauchen, um unsere Behauptung zu rechtfertigen, daß im paradigmatischen Fall akzeptierte Sätze die Wahrheit konvergierend spiegeln. Natürlich sind Boyds Prinzipien empirische Behauptungen über die Wissenschaft; ebenso wie Boyd scheint auch mir, daß sie den Erfolg der Wissenschaft besser erklären als irgendeine andere Hypothese und daß ihre implizite Annahme durch die Wissenschaftler vieles erklärt, was in der wissenschaftlichen Praxis normativ ist (das ist der Grund dafür, daß die Annahme der ‹Null-Hypothese› des Instrumentalismus keine gute Alternative zum empirischen Realismus ist). Von den Prinzipien im ersten Teil des Vortrags ist das Prinzip Vertrauensvorschuß besonders eng an Boyds Prinzipien gebunden. Ich glaube jedoch nicht, daß die hier vorgestellte Auffassung der Referenz auf die Institution der Wissenschaft beschränkt ist. Ich würde eine allgemein kausale Auffassung der Referenz auch auf moralische Ausdrücke und Ausdrücke aus vielen anderen Bereichen des Lebens anwenden.

Während sich eine Sprache entwickelt, werden die kausalen und nonkausalen Verbindungen zwischen Teilen der Sprache und Aspekten der Welt komplexer und vielfältiger. Nach einer einförmigen Verbindung zwischen Wort oder Gedanke und Objekt des Worts oder Gedankens zu suchen heißt, nach dem Okkulten zu suchen. Unseren sich entwickelnden und sich erweiternden Begriff der Referenz bloß als eine sich vermehrende Familie zu sehen, heißt aber, das Wesentliche der Beziehung zwischen Sprache und Wirklichkeit zu verfehlen. Das Wesentliche an der Beziehung ist, daß Sprache und Denken der Wirklichkeit asymptotisch entsprechen, zumindest in einem gewissen Maß. Eine Theorie der Referenz ist eine Theorie der betreffenden Entsprechung.

Peirce und seine positivistischen und therapeutischen Nachfolger dachten, gute Sprachphilosophie könne alle traditionellen Probleme der Philosophie aufklären. Ich würde ihren Fehler von einem anderen Standpunkt wiederholen, wenn ich behaupte, die realistische Auffassung der Referenz sei der Stein der Weisen (oder das universale Lösungsmittel). Ich behaupte das nicht. Was ich aber behaupte, ist, daß sie Sinn macht und daß eine sinnvolle Theorie der Welt die wirklich beste Therapie darstellt.

Anmerkungen

* ‹Language and Reality›, *Machette Lecture*, Princeton 22.5.1974. Abgedruckt in: Hilary Putnam: *Mind, Language and Reality. Philosophical Papers, Volume II*, Cambridge University Press, Cambridge 1975, 196–214.

1 [Überschrift vom Hg.]

2 [Bd. 5, § 9 – verfaßt 1902.]

3 Peirce sagt z. B.: «Wenn aber gefragt wird, ob einige Realitäten nicht existieren, die vom Denken völlig unabhängig sind, dann würde ich daraufhin fragen, was mit solch einem Ausdruck gemeint ist und was mit ihm gemeint sein kann. Was für eine Vorstellung kann mit dem verbunden werden, von dem es keine Vorstellung gibt? Denn gäbe es eine Vorstellung einer solchen Realität, dann wäre es das Objekt jener Vorstellung, von der wir reden, das nicht vom Denken unabhängig ist.» (Peirce 1958 a, Bd. 7, § 345 – 1873). [Die Form des Arguments der offenen Frage stammt aus Moore 1903.]

4 Oder wenn nicht-phänomenalistische Verifikationisten ‹theoretische› Rede in ‹Beobachtungssprache› übersetzen könnten.

5 [Vgl. Berkeley 1713, 1. Dialog.]

6 [Im Original deutsch.]

7 [Siehe etwa Wittgenstein 1921 und auch noch 1953 sowie Carnaps programmatischen Aufsatz ‹Überwindung der Metaphysik durch logische Analyse der Sprache›, 1931.]

8 [Überschrift vom Hg.]

9 [‹Principle of charity›, siehe Wilson 1959.]

10 [Kripke 1972, S. 48 ff.]

11 [Vgl. Locke 1689, Buch III, bes. Kap. 3/12 und Kap. 6.]

12 [Etwa ‹Geist und Maschine› (1960, II-14), ‹Die Natur mentaler Zustände› (1967, II-46) sowie ‹The Mental Life of Some Machines› (1967, II-48). Kritisch zur früheren Philosophie des Geistes ‹Philosophy and Our Mental Life› (1975, I-83) und vor allem inzwischen *Repräsentation und Realität* (1988, I-11).]

13 [Etwa J. J. C. Smart 1959.]

14 [Vgl. Aristoteles, *De anima*, etwa I, 1 ff oder III, 7 f.]

15 [Siehe David Lewis 1966 und 1972.]

16 [Einflußreiche Wittgensteininterpretation in Malcolm 1954 und 1959. Dazu Cavell 1979, Teil IV. Putnam hält diese Interpretation für verfehlt, siehe

‹Dreaming and Depth Grammar› (1962, II-21) und auch ‹Brains and Behaviour› (1963, II-27).]

17 [Nach Wittgenstein 1953, I, § 261.]

18 Wie in Kuhn 1974 dargelegt. Kuhn sagt z. B.: «Die Unterscheidung zwischen einem theoretischen und einem Basisvokabular ist in seiner gegenwärtigen Form nicht brauchbar, weil man zeigen kann, daß viele theoretische Termini auf dieselbe Weise mit der Welt verbunden sind wie Basistermini – wie auch immer das sein mag. Ich bin jedoch zusätzlich noch zu untersuchen bemüht, wie ‹direkte Verbindung› funktionieren könnte, ob für ein theoretisches oder für ein Basisvokabular. Dabei greife ich die oft implizit gemachte Annahme an, daß jeder, der einen Basisterminus richtig zu gebrauchen weiß, zu einem Satz von Kriterien Zugang hat, bewußt oder unbewußt, die den Terminus definieren oder notwendige und hinreichende Bedingungen zu seiner Anwendung bereitstellen. Für diese Art der Verbindung durch Kriterien gebrauche ich hier auch den Terminus ‹Entsprechungsregel›, und das läuft dem normalen Gebrauch zuwider. Meine Entschuldigung für diese Erweiterung ist die Überzeugung, daß explizites Verlassen auf Korrespondenzregeln und implizites Verlassen auf Kriterien dasselbe Procedere einleiten und die Aufmerksamkeit auf dieselbe Weise in die Irre leiten. Beide lassen die Bildung von Sprache mehr als eine Angelegenheit der Konvention erscheinen als sie es ist. Sie verschleiern deshalb das Ausmaß, zu dem ein Mensch, der eine Alltagssprache oder eine Sprache der Wissenschaft erwirbt, gleichzeitig Dinge über die Natur lernt, die nicht in den sprachlichen Verallgemeinerungen inbegriffen sind.»

19 [Exemplarisch, siehe Popper 1963 und 1975, bzw. Feyerabend 1965 a und 1970. Zur Kontroverse allgemein: Lakatos/Musgrave 1970.]

20 [Vgl. u. a. «Memo on ‹Conventionalism›» (1959, II-12), ‹An Examination of Grünbaum's Philosophy of Space and Time› (1963, II-26), ‹Philosophy of Physics›, 83 ff (1965, II-39) und ‹The Refutation of Conventionalism› (1974, II-74). Grünbaum 1962, 1969, 1973 a und 1973 b.]

21 [Quine 1960, 59 (§ 13).]

22 Genaugenommen ist Referenz eine dreistellige Relation zwischen einem Symbol, einer Entität und einer Sprache; wenn aber das dritte Argument konstant gehalten wird, dann sprechen wir von der ‹Referenzrelation für S›, wobei S die betreffende Sprache ist.

23 [Church 1950, 1951. Hierzu ‹Synonymity and the Analysis of Belief Sentences› (1954, I-1)]

24 [Frege 1892, 28.]

25 [Bei Tarski der Begriff der Erfüllung (einer Aussagefunktion), siehe 1933, 46 ff; 1944, §§ 11 ff.]

26 Meiner Ansicht nach braucht der ‹Einführende› nicht die Person zu sein, welche Ab-ook *zuerst* getauft hat, ebensowenig muß die Kausalkette über die erste Person laufen, von welcher der Hörer den Namen ‹Ab-ook› gehört

hat. Die ‹Kausalkette› ist eine Kette der Zusammenarbeit, die den Hörer mit den betreffenden von der Gesellschaft bestimmten Experten verbindet.

27 [Wohl mündlich. Daß wir dies tun müssen, ist eine zentrale These in Davidsons Theorie der ‹radikalen Interpretation›. Siehe Davidson 1973; 1974, 195 ff und die Aufsätze 10, 11 und 12 in Davidson 1984.]

28 [Vgl. die Kritik in Wittgenstein 1953 an der Abbildtheorie in Wittgenstein 1921.]

29 [Die Veröffentlichung von Boyd 1973 ist seit einiger Zeit bei Cambridge University Press angekündigt. Bis dahin bieten Boyd 1981, sowie 1983, §§ 5 f eine Skizze der o. g. Prinzipien.]

3
Was ist ‹Realismus›?*

Realismus – Idealismus[1]

Es ist zweifellos eine gute Sache, daß ‹-ismen› in der Philosophie außer Mode gekommen sind, aber gleichzeitig bleiben *einige* ‹ismus›-Worte doch bemerkenswert resistent gegen ihre Verbannung. Ein solches Wort ist ‹Realismus›. Mehr und mehr Philosophen sprechen in diesen Tagen über Realismus, aber es wird sehr wenig darüber gesagt, was Realismus ist.

Was immer Realisten sonst noch sagen mögen, typischerweise sagen sie, daß sie an eine ‹Korrespondenztheorie der Wahrheit› glauben.

Wenn sie *für* ihre Position argumentieren, dann argumentieren Realisten typischerweise *gegen* irgendeine Variante des Idealismus – in unserer Zeit wird es der Positivismus oder der Operationalismus sein. (Das ist an sich nicht überraschend – alle Philosophen versuchen, ihren Gegnern die Beweislast aufzubürden. Und wenn der Gegner die Beweislast hat, dann scheint es eine ausreichende Verteidigung der eigenen Position darzustellen, seine Argumente zu verwerfen.) Das typische realistische Argument gegen den Idealismus ist, daß er den Erfolg der Wissenschaft zu einem *Wunder* macht. Berkeley brauchte Gott, bloß um den Erfolg von Überzeugungen über Tische und Stühle (und Bäume im Hof des College) zu erklären[2]; aber der Appell an Gott ist in der Philosophie aus der Mode gekommen, und ohnehin ist Berkeleys Gebrauch von Gott für die meisten Theisten sehr sonderbar. Der moderne Positivist muß es außerdem unerklärt lassen (so der Angriff des Realisten), daß ‹Elektronen-Kalküle›, ‹Raum-Zeit-Kalküle› und ‹DNS-Kalküle› beobachtbare Phänomene richtig vorhersagen, wenn es in Wirklichkeit keine Elektronen, keine gekrümmte Raum-Zeit und keine DNS-Moleküle gibt. Gibt es solche Dinge, dann ist eine natürliche Erklärung des Erfolgs jener Theorien, daß sie *teilweise wahre Auffassungen* davon sind, wie diese sich verhalten. Und es ist eine natürliche Auffassung davon, wie wissenschaftliche Theorien aufeinander folgen (wie etwa Einsteins Relativität auf Newtons universelle Gravitation folgte), daß eine teilweise korrekte, teilweise unkorrekte Auffassung eines theoretischen Gegenstandes (etwa des Gravitationsfeldes oder der metrischen Struktur von Raum-Zeit) durch eine *bessere* Auffassung desselben Gegenstandes oder derselben Gegenstände ersetzt wird. Wenn diese Gegenstände aber überhaupt nicht wirklich existieren, dann ist es ein *Wunder*, daß eine Theorie, die von Anziehungskraft auf Distanz handelt, erfolgreich Phänomene voraussagt; es ist ein *Wunder*, daß eine Theorie, die von gekrümmter Raum-Zeit handelt, erfolgreich Phänomene voraussagt; und die Tatsache, daß die Gesetze der ersten Theorie ‹im Endeffekt› von den Gesetzen der zweiten Theorie ableitbar sind, hat keine methodologische Bedeutung.

Ich behaupte nicht, daß der Positivist (oder wer auch immer) auf diese Art von Argumenten keine *Erwiderung* besitzt. Er hat eine ganze Reihe davon: reduktionistische Theorien der *Bedeutung* von theoretischen Termini, Theorien der Erklärung etc. Im Moment interessiere ich mich vielmehr für folgende Tatsache: Das Argument des Realisten appelliert an den Erfolg der Wissenschaft oder, in früheren Zeiten, den Erfolg der üblichen Theorie von den materiellen Gegenständen. Was aber hat der Erfolg der Wissenschaften mit der Korrespondenztheorie der Wahrheit zu tun? – oder, wo wir dabei sind, überhaupt mit *irgendeiner* Wahrheitstheorie?

Es ist eine unbezweifelte empirische Tatsache, daß die Wissenschaft im Aufstellen vieler wahrer Voraussagen, im Erdenken von besseren Methoden, die Natur zu kontrollieren etc. erfolgreich ist. Wenn Realismus eine *Erklärung* dieser Tatsache ist, dann muß Realismus selbst eine umfassende wissenschaftliche *Hypothese* sein. Realisten haben sich diese Vorstellung häufig zu eigen gemacht und erklärt, Realismus *sei* eine empirische Hypothese.[3] Es bleibt dann aber im dunklen, was Realismus mit der Theorie der *Wahrheit* zu tun hat. In diesem Vortrag werde ich versuchen, die Verbindung zwischen einer Erklärung des Erfolgs von Wissen und der Wahrheitstheorie herauszuarbeiten.

Die ‹Konvergenz› wissenschaftlichen Wissens

Was ich ‹Realismus› nenne, wird von seinen Vertretern oft ‹wissenschaftlicher Realismus› genannt. Wenn ich diesen Ausdruck hier vermeide, dann deswegen, weil ‹wissenschaftlicher Realismus› als Bezeichnung einen gewissen ideologischen *Ton* an sich hat – einen Ton, der nicht wenig an Materialismus des 19. Jahrhunderts erinnert oder, um es offen zu sagen, an provinziellen Atheismus. Denn wenn ein ‹wissenschaftlicher Realist› jemand ist, der unter anderem glaubt, daß *alles* Wissen, das diesen Namen verdient, Teil der ‹Wissenschaft› ist, dann bin ich kein ‹wissenschaftlicher Realist›. Wissenschaftliches Wissen ist aber sicherlich ein beeindruckender Teil unseres Wissens, und mit seiner Natur und seiner Bedeutung haben sich alle großen Philosophen befaßt, soweit sie überhaupt an Epistemologie interessiert waren. Es ist also nicht überraschend, daß sowohl Idealisten als auch Realisten behaupten, sie seien Philosophen von Wissenschaft, in *zwei* Bedeutungen von ‹von›. Und wenn ich mich im folgenden auf wissenschaftliches Wissen konzentriere, dann deshalb, weil sich die Diskussion darauf konzentriert hat, und nicht etwa, weil ich mich persönlich dem Scientismus verpflichtet fühlen würde.

Zunächst einmal denke ich, an der Idee der *Konvergenz* von wissenschaftlichem Wissen *ist* etwas dran. *Was* das ist, wird meiner Ansicht nach in einem unveröffentlichten Aufsatz von Richard Boyd (1976) am besten erklärt.[4] Wie Boyd betont, folgt aus der üblichen (positivistischen) Wissenschaftstheorie lediglich, daß spätere Theorien in einer Wissenschaft viele der *Beobachtungssätze* der früheren Theorien implizieren müssen (insbesondere die von den früheren Theorien implizierten *wahren* Beobachtungssätze), wenn sie *besser* sein sollen als die Theorien, auf die sie folgen. Es folgt nicht aus ihr, daß die späteren Theorien die *annähernde Wahrheit der theoretischen Gesetze der früheren Theorien unter gewissen Umständen* implizieren müssen – was sie typischerweise tun. Tatsächlich ist das, was Wissenschaftler zu tun bemüht sind, nämlich die *Mechanismen* der früheren Theorie so oft wie möglich zu bewahren (oder zu zeigen, daß sie ‹Grenzfälle› der neuen Mechanismen sind), häufig der *schwierigste* Umweg zu einer Theorie zu gelangen, welche die alten Voraussagen über Beobachtung bewahrt, wo sie richtig waren, und gleichzeitig die neuen Beobachtungsdaten einbezieht. Es ist eine Tatsache, daß Wissenschaftler dies zu tun versuchen – zum Beispiel Energieerhaltung möglichst zu *bewahren*, anstatt Verletzungen zu postulieren –, und es ist ebenfalls eine Tatsache, daß diese Strategie zu wichtigen Entdeckungen geführt hat (von der Entdeckung des Planeten Neptun zur Entdeckung des Positrons).

Boyd versucht, den Realismus als umfassende empirische Hypothese mittels zweier Prinzipien genauer zu fassen:

(1) Termini einer reifen Wissenschaft *referieren* typischerweise.
(2) Die Gesetze einer Theorie, die zu einer reifen Wissenschaft gehört, sind typischerweise annähernd *wahr*.

In seinem Aufsatz versucht er zu zeigen, daß Wissenschaftler so handeln, wie sie handeln, weil sie an (1) und (2) *glauben*, und daß ihre Strategie funktioniert, weil (1) und (2) *wahr* sind.

Falls das richtig ist, so ist einer der interessantesten Punkte an diesem Argument, daß die Begriffe der ‹Wahrheit› und der ‹Referenz› eine kausal-erklärende Rolle in der Epistemologie spielen. (1) und (2) sind Prämissen in einer *Erklärung* des Verhaltens von Wissenschaftlern und des Erfolgs der Wissenschaften – und sie enthalten wesentlich Begriffe aus der referentiellen Semantik. Wenn man ‹wahr› in Prämisse (2) (natürlich benötigt Boyds Argument noch viel mehr Prämissen, als *bloß* (1) und (2)) durch irgendein operationalistisches ‹Substitut› ersetzt – zum Beispiel ‹ist einfach und führt zu wahren Voraussagen› –, wird die Erklärung nicht bewahrt bleiben.

Halten wir inne, um zu sehen, warum. Angenommen, T_1 ist die akzeptierte Theorie in einem zentralen Zweig der Physik (wenn überhaupt eine Wissenschaft als ‹reife› Wissenschaft zählt, dann sicherlich die Physik), und ich bin ein Wissenschaftler, der versucht, eine Theorie T_2 als Ersatz für T_1 zu finden. (Vielleicht kenne ich sogar Bereiche, in denen T_1 zu falschen Voraussagen führt.) Wenn ich an die beiden Prinzipien (1) und (2) glaube, dann weiß ich, daß die Gesetze von T_1 (wahrscheinlich) annähernd wahr sind. T_2 muß also eine bestimmte Eigenschaft besitzen – die Eigenschaft, daß die Gesetze von T_1 ‹annähernd wahr› sind, *wenn wir sie vom Standpunkt von T_2 aus beurteilen* – oder T_2 wird (wahrscheinlich) keine Chance haben, wahr zu sein. Da ich Theorien haben will, die nicht *nur* ‹annähernd wahr› sind, sondern Theorien, die eine Chance haben, *wahr* zu sein, werde ich nur diejenigen Theorien als Kandidaten für T_2 in Betracht ziehen, die jene Eigenschaft besitzen – Theorien, welche die Gesetze von T_1 als einen Grenzfall enthalten. Dies ist aber eben jener Zug der wissenschaftlichen Methode, den wir diskutiert haben. (Boyd behandelt auch noch eine ganze Reihe von anderen Aspekten – nicht nur den der ‹Konvergenz› –, aber ich muß mich hier nicht mit diesen anderen Aspekten befassen.) Kurz, mein Wissen um die Wahrheit von (1) und (2) gestattet es mir, die Klasse der Theorie-Kandidaten einzuschränken, die ich in Betracht ziehen muß, und erhöht so meine Chancen auf Erfolg.

Wenn ich nun lediglich weiß, daß T_1 (im wesentlichen) zu wahren Voraussagen in irgendeinem Beobachtungsvokabular führt (eine Vorstellung, die ich andernorts kritisiert habe[5]), dann weiß ich über T_2 lediglich, daß sie die meisten der ‹Beobachtungssätze› implizieren sollte, die T_1 impliziert. Daraus folgt aber *nicht*, daß sie die Wahrheit der *Gesetze* von T_1 als Grenzfall implizieren müsse. Es gibt viele andere Mittel und Wege, T_2 so zu konstruieren, daß sie die Wahrheit der meisten Beobachtungssätze von T_1 impliziert, und es ist oft der *schwierigste*

Weg, T_2 die ‹annähernde Wahrheit› der *Gesetze* von T_1 implizieren zu lassen. Auch gibt es dann keinen Grund, warum T_2 die Eigenschaft haben sollte, daß wir vom Standpunkt von T_2 aus den Termini von T_1 *Referenzobjekte* zuordnen könnten. Dennoch ist es eine Tatsache, daß wir *vom Standpunkt der Relativitätstheorie aus* ‹Gravitationsfeld› aus der Newtonschen Theorie ein Referenzobjekt zuordnen können (jedoch nicht ‹Äther› oder ‹Phlogiston›); ein Referenzobjekt für Mendels ‹Gene› vom Standpunkt der gegenwärtigen Molekularbiologie und ein Referenzobjekt für Daltons ‹Atom› vom Standpunkt der Quantenmechanik. Diese rückwirkenden Referenz-Zuordnungen beruhen auf einem Prinzip, das ‹Prinzip der Nachsicht› oder ‹Prinzip Vertrauensvorschuß› genannt worden ist[6], aber nicht auf *unvernünftiger* ‹Nachsichtigkeit›. Sicherlich ist das ‹Gen›, was in der Molekularbiologie behandelt wird, eben jenes Gen (oder vielmehr jener ‹Faktor›), von dem Mendel sprechen wollte – zweifellos ist es das, wovon zu sprechen er die Absicht gehabt haben sollte! Wenn man glaubt, daß die Termini von T_1 Referenzobjekte haben (und man eine semantische Theorie vertritt, die das Prinzip Vertrauensvorschuß einschließt), dann wird es wiederum eine *Bedingung* für T_2 sein – etwas, das die Klasse der Theorie-Kandidaten einengt –, daß T_2 jene Eigenschaft besitzen muß, die Eigenschaft, daß man *von ihrem Standpunkt aus* den Termini von T_1 Referenzobjekte zuordnen kann. Und wieder gilt, wenn ich die Begriffe der Wahrheit und Referenz in der Wissenschaftstheorie nicht verwende, wenn ich nur die ‹globalen› Eigenschaften von der Sorte wie ‹Einfachheit› oder ‹führt zu wahren Voraussagen› gebrauche, dann werde ich zu dieser Bedingung kein Analogon haben, ich werde die Klasse der Theorie-Kandidaten nicht auf diese Weise einengen können.

Was wäre, wenn es keine ‹Konvergenz› der Wissenschaft geben würde?

Ich werde mich diesen Problemen nun vom anderen Ende her nähern, vom Problem der ‹Wahrheit› aus. Inwiefern wären unsere Begriffe von *Wahrheit* und *Referenz* betroffen, wenn wir entscheiden würden, daß es *keine* Konvergenz des Wissens gibt?

So liegen die Dinge jemandem wie Kuhn zufolge bereits, der Konvergenz gegenüber skeptisch ist und der so schreibt (zumindest in *Die Struktur wissenschaftlicher Revolutionen* [1962]), als ob derselbe Terminus unter verschiedenen Paradigmen nicht dieselbe Referenz haben kann (Theorien, die zu verschiedenen Paradigmen gehören oder diese erzeugen, entsprechen verschiedenen ‹Welten›, wie er sagt), und das gilt mehr noch von Feyerabends Standpunkt aus.[7]

Nehmen wir an, die beiden haben recht, und ‹Elektron› in Bohrs Theorie (der Bohr-Rutherford-Theorie des frühen 20. Jahrhunderts) referiert nicht auf das, was wir *jetzt* Elektronen nennen. Es referiert dann auf *nichts*, was wir in der gegenwärtigen Theorie anerkennen würden, und überdies referiert es *vom Standpunkt der gegenwärtigen Theorie aus auf nichts* (von diesem Standpunkt aus sind die einzigen Dinge, auf die Bohr referiert haben *könnte*, Elektronen, und wenn er nicht auf Elektronen referierte, dann hat er auf nichts referiert). Wenn wir also die gegenwärtige Theorie zur Beantwortung der Frage verwenden «Hat Bohr referiert, als er den Terminus ‹Elektron› gebrauchte?», dann muß die Antwort Kuhn und Feyerabend zufolge ‹nein› lauten. Und welche Theorie können *wir* verwenden, außer unserer gegenwärtigen? (Man könnte das Kants Dilemma nennen, auch wenn Quine es ebenfalls sehr schätzt.) Kuhn redet so, als ob jede Theorie referiert – nämlich auf *ihre eigene* ‹Welt› von Entitäten –, aber das ist *keiner* (wissenschaftlichen) Theorie zufolge wahr.

Feyerabend kommt durch folgenden Gedankengang zu seiner Position (mit dem Kuhn überhaupt nicht übereinstimmt; Ähnlichkeiten ihrer Ansichten zur transtheoretischen Referenz stammen nicht aus einer gemeinsamen Analyse der Wissenschaft): Derjenige, welcher einen wissenschaftlichen Terminus einführt, oder die Experten, die ihn verwenden, akzeptieren gewisse Gesetze als faktisch notwendige Wahrheiten über das, worauf dem Anschein nach referiert wird. Feyerabend behandelt diese Gesetze oder die auf der Basis dieser Gesetze formulierte theoretische Beschreibung des Referenzobjekts letztlich als eine *Definition* des Referenzobjekts (im Endeffekt als eine *analytische* Definition). Wenn wir also irgendwann entscheiden, daß nichts dieser genauen *Beschreibung* entspricht, dann müssen wir sagen, daß es ‹kein solches Ding› gegeben hat. Wenn nichts der exakten Bohr-Rutherford-Beschreibung des Elektrons entspricht, dann referiert ‹Elektron› *in dem Sinn, wie Bohr/Rutherford es gebrauchten*, überhaupt nicht. Wenn die theoretische Beschreibung eines Elektrons in zwei Theorien verschieden ist, dann hat der Terminus ‹Elektron› zudem in den beiden Theorien einen verschiedenen *Sinn* (denn er ist mit verschiedenen Beschreibungen synonym – Feyerabend sagt das nicht explizit[8], aber wenn dies nicht sein Argument ist, dann hat er keines). Allgemein, so schließt Feyerabend, kann ein solcher Terminus weder Referenzobjekt noch Sinn in verschiedenen Theorien gemeinsam haben (die ‹Inkommensurabilität von Theorien›).

Dieser Gedankengang kann blockiert werden, indem man argumentiert (wie ich an diversen Stellen getan habe, und ebenso Saul Kripke), daß wissenschaftliche Termini nicht mit Beschreibungen synonym sind.[9] Es ist zudem ein wesentliches Prinzip der semantischen Methodologie, daß wir annehmen sollten, Sprecher, die ein Referenzobjekt für einen von ihnen gebrauchten Terminus durch eine *Beschreibung* spezifizieren, würden vernünftige Reformulierungen ihrer Beschreibung akzeptieren, wenn diese Beschreibung nicht referiert, weil die Sprecher verfehlte Auffassungen bezüglich der Fakten haben (in Fällen, bei denen es in Anbetracht unseres Wissens klar ist, wie deren Beschreibungen so reformuliert werden sollten, daß sie referieren, und es im praktischen Kontext keine Alternativen gibt, wie dies zu tun ist). (Dies ist im Groben das oben angesprochene Prinzip Vertrauensvorschuß.)

Um ein Beispiel zu geben: Es gibt in der Welt nichts, was der Bohr-Rutherford-Beschreibung eines Elektrons *genau* entspräche. Es gibt aber Teilchen, die Bohrs Beschreibung *annähernd* entsprechen: Sie haben die richtige Ladung, die richtige Masse, und sie sind für bestimmte entscheidende Effekte verantwortlich, die Bohr/Rutherford mit Hilfe von ‹Elektronen› erklärten; so ist zum Beispiel elektrischer Strom in einem Draht ein Fluß dieser Teilchen. Das Prinzip Vertrauensvorschuß bestimmt, daß wir Bohr als jemand behandeln, der auf diese Teilchen referiert.

Wenn Bohr übrigens den Vertrauensvorschuß seinem früheren Selbst (der Bohr-Rutherford-Phase) nicht gewährt hätte, dann wäre er nicht *darin fortgefahren*, den Terminus ‹Elektron› zu verwenden (ohne irgendeine Erläuterung!), als er bei der Erfindung der (1930er) Quantenmechanik beteiligt war.

Um jedoch zu Kuhn zurückzukehren: Wir können auf Kuhn antworten, indem wir sagen, daß es Entitäten *gibt* – nämlich eben jene Entitäten, die wir jetzt ‹Elektronen› nennen –, die sich in vieler Hinsicht wie Bohrs ‹Elektronen› verhalten (eins auf jedes Wasserstoffatom, negative Elementarladung, angemessene Masse etc.). Und das Prinzip Vertrauensvorschuß bestimmt, daß wir unter diesen Umständen Bohr als jemanden ansehen sollten, der auf das referierte, was wir ‹Elektronen› nennen (was natürlich heißt, auf Kuhn ganz genauso zu antworten, wie wir auf Feyerabend geantwortet haben). Wir sollten bloß sagen, daß wir eine andere Theorie *derselben* Entitäten haben, die Bohr damals ‹Elektronen› nannte – sein Terminus referierte.

Wir können uns aber nur deshalb auf diesen Standpunkt stellen, weil die gegenwärtige Theorie die Existenz von Entitäten behauptet, die viele der *Rollen* erfüllen, welche Bohrs ‹Elektronen› erfüllen sollten, auch wenn diese Entitäten andere, sehr merkwürdige Eigenschaften besitzen, welche die Bohr-Rutherford-‹Elektronen› nicht haben sollten, etwa die Komplementarität von Ort und Impuls. Was aber, wenn wir eine Theorie akzeptieren, von deren Standpunkt aus Elektronen so sind wie *Phlogiston*?

Dann müßten wir sagen, daß Elektronen nicht wirklich existieren. Was wäre, wenn das immer weiter passiert? Wie, wenn *alle* theoretischen Entitäten, die von einer Generation postuliert werden (Moleküle, Gene etc. ebenso wie Elektronen) stets vom Standpunkt der späteren Wissenschaft aus ‹nicht existieren›? Dies ist natürlich eine Form des alten skeptischen ‹Irrtumsarguments› – woher weißt du, daß wir uns nicht *jetzt* irren? Es ist allerdings jene Form, in der das Irrtumsargument für viele Leute heutzutage eine *ernste* Sorge darstellt und nicht bloß einen ‹philosophischen Zweifel›.

Ein Grund dafür, daß es eine ernste Sorge darstellt, ist, daß die folgende Meta-Induktion am Ende absolut zwingend wird: *Ebenso, wie kein Terminus referiert hat, der in der Wissenschaft vor mehr als fünfzig Jahren* (oder was immer) *gebraucht wurde, wird sich herausstellen, daß kein jetzt verwendeter Terminus referiert* (ausgenommen vielleicht Beobachtungsausdrücke, falls es solche geben sollte).

Offensichtlich muß es für die Theorie der Referenz ein Desiderat darstellen, diese Meta-Induktion zu blockieren – dies ist *eine* Rechtfertigung für das Prinzip Vertrauensvorschuß. Vertrauen kann aber *unvernünftig* sein; wir gehen nicht so weit zu sagen, *Phlogiston* referiert. Wenn es keine Konvergenz gibt, wenn spätere wissenschaftliche Theorien aufhören, frühere Theorien als ihre ‹Grenzfälle› zu haben; wenn Boyds Prinzipien (1) und (2) vom Gesichtspunkt zukünftiger Wissenschaft eindeutig falsch sind, dann wird sich Vertrauen immer als unvernünftig herausstellen – es wird keine vernünftige *Modifizierung* für die in früheren Theorien formulierten theoretischen Beschreibungen der diversen Entitäten geben, die bewirkt, daß diese Beschreibungen auf Entitäten mit etwa den gleichen Rollen referieren, welche auch vom Standpunkt der späteren Theorie existieren. Referenz wird zusammenbrechen.

Was passiert aber mit dem Begriff der *Wahrheit* in den theoretischen Wissenschaften, wenn keiner der deskriptiven Ausdrücke referiert? Vielleicht sind alle theoretischen Sätze ‹falsch›; oder irgendeine Konvention für die Zuordnung von Wahrheitswerten, falls Prädikate nicht referieren, übernimmt das Kommando. In jedem Fall wird der Begriff ‹Wahrheitswert› für Sätze, die theoretische Termini enthalten, uninteressant. Wahrheit wird also auch zusammenbrechen.

Ich möchte nun dafür argumentieren, daß obiges *nicht* ganz das ist, was passieren würde – dies wird jedoch recht subtiler logischer Überlegungen bedürfen.

Mathematischer Intuitionismus – eine Anwendung auf empirisches Wissen

Unter der Annahme, daß der Leser ‹mathematischen Intuitionismus› (die Schule in der Philosophie der Mathematik, welche von Brouwer, Heyting etc. entwickelt wurde) nicht genauer studiert hat, will ich einige Tatsachen erwähnen, die ich im folgenden verwenden werde.

Es ist eine entscheidende Idee der Intuitionisten, die Junktoren in einem ‹nicht-klassischen› Sinn zu verwenden. (Natürlich tun die Intuitionisten dies, weil sie den ‹klassischen› Sinn bei der Betrachtung von unendlichen oder potentiell unendlichen Bereichen für nicht anwendbar halten.) Sie erklären diesen Sinn – das heißt, sie erklären *ihre* Bedeutungen der Junktoren – mit Hilfe des Begriffs der konstruktiven *Beweisbarkeit*, anstelle von (klassischer) Wahrheit.

Also:

(1) p zu behaupten heißt, *p ist beweisbar* zu behaupten. («$p \wedge \ulcorner p$ ist nicht beweisbar$\urcorner$» stellt für die Intuitionisten einen *Widerspruch* dar.)

(2) «$\neg p$» ($\neg$ ist das intuitionistische Zeichen für Negation) bedeutet, es ist beweisbar, daß ein Beweis von p die Beweisbarkeit von $1 = 0$ implizieren würde (oder die einer anderen offensichtlichen Absurdität). Mit anderen Worten, $\neg p$ besagt die Absurdität der Beweisbarkeit von p (und nicht die klassische ‹Falschheit› von p).

(3) «$p \wedge q$» bedeutet, p ist beweisbar, und q ist beweisbar.

(4) «$p \vee q$» bedeutet, es gibt einen Beweis für p oder einen Beweis für q, und man kann sagen, welchen.

(5) «$p \rightarrow q$» bedeutet, es gibt eine Methode, die, auf jeden Beweis von p angewendet, einen Beweis von q erzeugt (und einen Beweis, daß die Methode dies leistet).

Diese Bedeutungen sind deutlich anders als die klassischen. So ist zum Beispiel $p \vee \neg p$ (was die Entscheidbarkeit jeder Aussage behauptet) kein Theorem des intuitionistischen Aussagenkalküls.

Lassen Sie uns nun die *klassischen* Junktoren wie folgt *reinterpretieren*:

(1) $\neg$ ist identisch mit $\neg$.
(2) $\wedge$ (klassisch) wird mit $\wedge$ (intuitionistisch) identifiziert.
(3) $p \vee q$ (klassisch) wird mit $\neg(\neg p \wedge \neg q)$ identifiziert.
(4) $p \rightarrow q$ (klassisch) wird mit $\neg(p \wedge \neg q)$ identifiziert.

Unter dieser Interpretation werden die Theoreme des *klassischen* Aussagenkalküls zu Theoremen des intuitionistischen Aussagenkalküls![10] Mit anderen Worten, dies ist eine *Übersetzung* des klassischen Aussagenkalküls *in* den intuitionistischen Aussagenkalkül – natürlich nicht in dem Sinn, daß die klassischen *Bedeutungen* der Junktoren mit Hilfe der intuitionistischen Begriffe dargestellt würden, aber in dem Sinn, daß die klassischen Theoreme erzeugt werden. (Es ist übrigens nicht die einzige solche ‹Übersetzung›.) Die Bedeutungen sind nach wie vor nicht klassisch, wenn die klassischen Junktoren so reinterpretiert werden, weil diese Bedeutungen mit Hilfe von *Beweisbarkeit* und nicht von *Wahrheit und Falschheit* erklärt werden.

Zur Illustration: Klassisch besagt $p \vee \neg p$, daß jede Aussage wahr oder falsch ist. Unter der obigen ‹Konjunktions-Negations-Übersetzung› besagt $p \vee \neg p$, $\neg(\neg p \wedge \neg\neg p)$, was heißt, es ist absurd, daß eine Aussage und ihre Negation beide absurd sind – nichts von wahr oder falsch sein!

Man kann all das auf Quantoren ausweiten – ich lasse die Details weg.

Dies zeigt unter anderem, daß solche Ableitungsregeln wie $p \wedge q \therefore p$; $p \wedge q \therefore q$; $p \therefore p \vee q$; $q \therefore p \vee q$; $\neg p, \neg q \therefore \neg(p \vee q)$, im Gegensatz zu dem, was einige Philosophen – unter anderem kürzlich Hacking[11] – gesagt haben, die ‹Bedeutungen› der Junktoren nicht festlegen. Jemand könnte alle diese Regeln akzeptieren (und auch alle klassischen Tautologien) und dennoch die Junktoren im soeben beschriebenen nichtklassischen Sinn verwenden – einem Sinn, der nicht wahrheitsfunktional ist.

Angenommen, wir wenden *diese* Interpretation der Junktoren (die durch die obige ‹Konjunktions-Negations-Übersetzung› gegebene Interpretation) in folgender Weise auf empirische Wissenschaft an (diese Idee kam mir durch die Lektüre von Dummett über Wahrheit[12], auch wenn er in keiner Weise für sie verantwortlich gemacht werden kann): Man ersetze *konstruktive Beweisbarkeit* im Sinn der intuitionistischen Mathematik durch *konstruktive Beweisbarkeit aus* einer passenden konsistenten Rekonstruktion *der Postulate der zur Zeit akzeptierten empirischen Wissenschaft*[13] (oder dieser zusammen mit der Menge von wahren Beobachtungssätzen, wenn man ein Realist in bezug auf ‹Beobachtungssätze› sein möchte). Wenn die zur Zeit akzeptierte empirische Theorie selbst *inkonsistent* mit der Menge der wahren Beobachtungssätze ist – weil sie eine falsche Voraussage impliziert –, dann müßte eine angemessene Untermenge spezifiziert werden; aber ich werde mich hier nicht damit befassen, wie man das tun könnte. Wenn B_1 die zu *einer* Zeit akzeptierte empirische Wissenschaft ist und B_2 die zu einer *anderen* Zeit akzeptierte Wissenschaft, dann würden dieser ‹quasi-intuitionistischen› Interpretation zufolge die *Junktoren* selbst auf ‹Beweisbarkeit in B_1› referieren, wenn sie in B_1 gebraucht werden, und auf ‹Beweisbarkeit in B_2›, wenn sie in B_2 gebraucht werden. Die *Junktoren* würden auf systematische Weise ihre Bedeutung ändern, während sich das empirische Wissen ändert.

Wahrheit

Angenommen, wir formalisieren die empirische Wissenschaft oder einen Teil der empirischen Wissenschaft, das heißt, wir formulieren sie in einer formalisierten Sprache *S* mit passenden logischen Regeln und Axiomen und mit empirischen Postulaten, die dem Korpus der Theorie angemessen sind, welche wir formalisieren. Der heute üblichen logischen Praxis folgend, wird das Prädikat ‹wahr› (auf Sätze von *S* angewendet) selbst kein Prädikat von *S* sein, sondern zu einer reicheren ‹Metasprache› *MS* gehören. (Saul Kripke untersucht gegenwärtig eine Methode zur Vermeidung dieser Aufteilung in Objektsprache und Metasprache[14], aber das würde unsere Diskussion nicht betreffen.) Dieses Prädikat könnte mittels auf Tarski zurückgehender Methoden definiert werden (indem man die logischen Ressourcen von *MS* nutzt, aber kein deskriptives Vokabular außer dem von *S*), oder man könnte es als primitiven (undefinierten) Begriff von *MS* ansehen. In beiden Fällen würden wir wünschen, daß alle Sätze der folgenden berühmten Form Theoreme von *MS* sind:

(W) «Schnee ist weiß» ist wahr dann und nur dann, wenn Schnee weiß ist.

– alle Sätze, welche behaupten, daß ein Satz aus *S* (tun wir so, als ob «Schnee ist weiß» ein Satz aus *S* wäre) mit jenem Satz aus *MS* äquivalent ist, der von dem Satz sagt, daß er wahr ist. (Tarski nannte dies in seinem *Wahrheitsbegriff*[15] ‹Kriterium *W*› – und irgendwie wurde das als ‹*Konvention W*› übersetzt. Ich werde die Forderung, daß alle Sätze der Form (W) Theoreme von *MS* sein sollen, als *Kriterium W* bezeichnen.)

Was passiert mit ‹wahr›, wenn wir die Junktoren auf die soeben beschriebene ‹quasi-intuitionistische› Weise reinterpretieren? *Man kann es präzise à la Tarski definieren*. Nur daß ‹Wahrheit› zu *Beweisbarkeit* wird (oder, um genauer zu sein, zur doppelten Negation der Beweisbarkeit. Ich werde letztere Subtilität ignorieren). Kurz: Die *formale* Eigenschaft der Wahrheit – das Adäquatheitskriterium (Kriterium *W*) – legt die Extension von ‹wahr› nur dann fest, *wenn die Junktoren klassische sind*.

Das bedeutet, daß wir die oben im Abschnitt über Intuitionismus gemachte Bemerkung erweitern können: Selbst wenn von uns beobachtete ‹Eingeborene› das Kriterium W zusätzlich zu allen klassischen Tautologien akzeptieren, folgt daraus nicht, daß ihr ‹wahr› das klassische ‹wahr› ist.

‹Wahrheit› (Tarski folgend auf die übliche rekursive Weise definiert) wird zu *Beweisbarkeit*, wenn die Junktoren entsprechend reinterpretiert werden. Was wird aus ‹Referenz›?

Nach der Tarskischen Definition von Wahrheit und Referenz ist

(a) ‹Elektron› referiert

äquivalent mit

(b) Es gibt Elektronen.

Wenn ‹es gibt› aber intuitionistisch interpretiert wird, besagt (b) nur:

(c) Es gibt eine Beschreibung *D*, so daß ‹*D* ist ein Elektron› in B_1 beweisbar ist.

Und *das* könnte (bei entsprechender B_1) wahr sein, selbst wenn es keine Elektronen gibt! Kurz, der Effekt der intuitionistischen Reinterpretation der Junktoren ist, daß ‹Existenz› *intratheoretisch* wird. Tatsächlich ist der Effekt noch komplizierter als (c), wenn wir zusätzlich zum ‹quasi-intuitionistischen› Verständnis (d.h. intuitionistisch, jedoch mit ‹Beweisbarkeit› auf B_1 relativiert) der Junktoren die Konjunktions-Negations-Übersetzung verwenden, um die ‹klassischen› Junktoren zu interpretieren, so wie hier vorgeschlagen. Diese Komplikation ändert aber nichts an dem soeben betonten Punkt: Wenn die Quantoren, so wie die Junktoren, mit Hilfe des Begriffes der *Beweisbarkeit* interpretiert werden, dann wird Existenz intratheoretisch.

Korrespondenztheorie der Wahrheit

Ich möchte nun vorschlagen (der Leser hat sich wahrscheinlich schon gefragt, worauf das alles hinauslaufen soll!), daß das Resultat einer Aufgabe des Realismus – das heißt einer Aufgabe des Glaubens an irgendeine beschreibbare Welt von unbeobachtbaren Dingen und statt dessen eine Annahme der Überzeugung, daß all die ‹unbeobachtbaren Dinge› (und möglicherweise auch die beobachtbaren), von denen in den wissenschaftlichen Theorien einer Generation die Rede ist, unsere eingeschlossen, *bloße* theoretische Annehmlichkeiten sind, dazu bestimmt, in der Zukunft durch ganz andere und nicht verwandte theoretische Konstruktionen ersetzt und verdrängt zu werden – *kein* totales Ausrangieren der Prädikate *wahr* und *referiert* in ihren formalen Aspekten bedeuten würde. Wie die obige Diskussion andeutet, könnten wir formale Semantik bewahren (einschließlich der Wahrheitsdefinitionen vom ‹Tarski-Typ›), sogar klassische Logik beibehalten und dennoch unseren Begriff der ‹Wahrheit› in Richtung von so etwas wie ‹berechtigter Behauptbarkeit› wechseln. Und ich glaube, dieser Wechsel würde tatsächlich stattfinden. (Natürlich sind die formalen Details nur eine rationale Rekonstruktion und zudem nicht die einzig mögliche.)

Natürlich steht es außer Frage, eine solche Behauptung zu *beweisen*. Sie ist eine Spekulation über das menschliche kognitive Wesen, die in Form einer Voraussage über eine hypothetische Situation formuliert ist. Was sie aber plausibel macht, ist, daß eine ebensolche Ersetzung – eine Ersetzung des realistischen Wahrheitsbegriffs durch ‹Wahrheit innerhalb der Theorie› oder ‹berechtigte Behauptbarkeit› – die Skepsis über den realistischen Begriff *stets* begleitet hat, von Protagoras zu Michael Dummett.[16]

Wenn das richtig ist, wie lautet dann die Antwort auf unsere ursprüngliche Frage: Was ist die Beziehung zwischen realistischen Erklärungen der wissenschaftlichen Methode, ihrem Erfolg, ihrer Konvergenz und der realistischen Sicht der Wahrheit?

Wir hatten zu Beginn bemerkt, daß Realisten an etwas zu glauben vorgeben, was Korrespondenztheorie der Wahrheit genannt wird. Was aber ist das?

Wenn ich recht habe, dann ist es keine andere *Definition* der Wahrheit. Es gibt nur einen bekannten Weg, ‹wahr› zu *definieren*, und das ist Tarskis Weg. (Wie wir oben bemerkt hatten, hat Saul Kripke einen *neuen* Weg – aber der Unterschied zu Tarski ist in unserem Kontext unwesentlich, auch wenn er für die Behandlung der Antinomien wichtig ist.) Ist Tarskis Weg aber ‹realistisch›?

Nun ja, das kommt darauf an. Wenn die Junktoren realistisch verstanden werden (‹klassisch›, wie man sagt), dann ist eine Wahrheitsdefinition vom Tarski-Typ zumindest so weit ‹realistisch›: Erfüllung (von der Wahrheit einen Spezialfall darstellt) ist eine Relation zwischen Worten und Dingen – genauer, zwischen Formeln und endlichen Folgen von Dingen. (‹Erfüllt› ist der Terminus technicus, den Tarski für das benutzt, was ich *Referenz* genannt habe.[17] Anstelle von «‹Elektron› referiert auf Elektronen» würde er zum Beispiel sagen, «Die nur aus *x* bestehende Folge der Länge eins erfüllt die Formel ‹Elektron (*y*)› dann und nur dann, wenn *x* ein Elektron ist.» ‹Erfüllt› hat den technischen Vorteil, auf *n*-stellige Formeln anwendbar zu sein. Man kann zum Beispiel sagen, daß die Folge *Abraham*; *Isaak* die Formel «*x* ist der Vater von *y*» erfüllt, aber es ist nicht üblich, ‹referiert› in Verbindung mit zweistelligen Formeln usw. zu gebrauchen, also zum Beispiel zu sagen, daß ‹Vater von› auf *Abraham*; *Isaak* referiert.) Dies stimmt zweifellos mit einem entscheidenden Teil der Idee der Korrespondenztheorie überein.

Man tendiert dennoch dazu, mit der Tarskischen Theorie als einer Rekonstruktion der ‹Korrespondenztheorie der Wahrheit› unzufrieden zu sein, *selbst wenn* die Junktoren klassisch verstanden werden. Ich meine, es gibt eine Reihe von Quellen für diese Unzufriedenheit, die ich selbst in einigen meiner Schriften ausgedrückt habe[18]; aber mir scheint, daß Hartry Field [1972] seinen Finger auf die wesentliche gelegt hat: Die Tatsache, daß primitive Referenz (d.h. *Erfüllung* im Fall von primitiven Prädikaten der Sprache) durch eine *Liste* ‹erklärt› wird, ist der entscheidende Grund für die Besorgnis.

Die Liste hat aber eine ganz besondere *Struktur*. Man sehe sich die folgenden Sätze aus der Definition von primitiver Referenz an:

(1) ‹Elektron› referiert auf Elektronen.
(2) ‹Gen› referiert auf Gene.
(3) ‹DNS-Molekül› referiert auf DNS-Moleküle.

Sie sind ähnlich dem berühmten

(4) «Schnee ist weiß» ist wahr dann und nur dann, wenn Schnee weiß ist,

und die Ähnlichkeit ist kein Zufall: ‹Wahr› ist der nullstellige Fall von Erfüllung (eine Formel ist wahr, wenn sie keine freien Variablen hat und die Nullfolge sie erfüllt). Das Adäquatheitskriterium (Kriterium *W*) kann wie folgt verallgemeinert werden (nennen wir das Ergebnis ‹Kriterium *E*›, ‹*E*› für Erfüllung):

(E) Eine adäquate Definition von erfüllt-in-*S* muß alle Instanzen des folgenden Schemas als Theoreme erzeugen: $\ulcorner P(x_1, \ldots, x_n) \urcorner$ wird von der Folge $y_1, \ldots, y_n$ dann und nur dann erfüllt, wenn $P(y_1, \ldots, y_n)$.

Wenn wir obiges (1) als

(1′) ‹Elektron (*x*)› wird dann und nur dann von y_1 erfüllt, wenn y_1 ein Elektron ist,

reformulieren – so wie es auf Tarskiesisch von vornherein geschrieben worden wäre –, dann sehen wir, daß die Struktur der Liste, gegen die Field sich wendet, vom Kriterium *E* bestimmt wird. Diese Kriterien – *W* oder seine natürliche Verallgemeinerung auf Formeln mit freien Variablen, *E* – werden aber durch die von uns gewünschten formalen Eigenschaften der Begriffe von Wahrheit und Referenz bestimmt, durch die Tatsache, daß wir für eine Reihe von Zwecken ein Prädikat in unserer Metasprache *brauchen*, das eben jenes Kriterium *E* erfüllt. (Das ist der Grund, warum wir das Kriterium *E* selbst dann *bewahren* würden, wenn wir zu einer intuitionistischen oder quasi-intuitionistischen Bedeutung für die Junktoren übergingen.)

Ich schließe also, daß Fields Einwand scheitert und daß es für den Realisten richtig ist, ‹wahr› à la Tarski zu definieren. Auch wenn der Begriff der Wahrheit sozusagen durch ‹transzendentale Deduktion› abgeleitet ist (das Argument, welches ich letztesmal vorgestellt habe, daß wir einen metasprachlichen Begriff *brauchen*, der Kriterium *W* erfüllt[19]) und das Kriterium *E* ähnlich gerechtfertigt wird, so ist doch Erfüllung oder Referenz, innerhalb unseres realistischen Begriffsschemas betrachtet, nach wie vor eine Beziehung zwischen Worten und Dingen – und zwar eine von erklärendem Wert, wie Boyds Argument zeigt.

Nachdem ich dieses Argument dargelegt habe, lassen Sie mich ein kürzeres und nachlässigeres Argument mit ähnlichem Ausgang vorstellen:

«‹Elektron› referiert auf Elektronen» – *wie sonst* sollten wir *innerhalb* eines begrifflichen Systems, in dem ‹Elektron› ein *primitiver* Terminus ist, sagen, worauf ‹Elektron› referiert?

Sobald wir *Elektronen analysieren* – sagen, «Elektronen sind Teilchen mit der und der Masse und negativer Elementarladung» –, können wir sagen, «‹Elektron› referiert auf Teilchen mit der und der Masse und negativer Elementarladung»; dann wird aber ‹Ladung› (oder was immer die primitiven Begriffe in unserer Theorie sein mögen) ‹trivial› erklärt, das heißt im Einklang mit Kriterium *E*. Ist es in Anbetracht des Quineschen Dilemmas (Kantischen Dilemmas?), daß es eine wirkliche Welt gibt, wir sie aber nur mit Hilfe unseres Begriffssystems beschreiben können (und? Sollten wir das Begriffssystem von jemand anders verwenden?) *überraschend*, daß *primitive* Referenz diesen Charakter der scheinbaren Trivialität hat? Ich denke, Field würde etwa auf folgende Weise antworten: (1) Nichts von alledem zeigt, daß Wahrheit und Referenz à la Tarski definiert werden *müssen* (d. h. für irgendeine bevorzugte Sprache à la Tarski definiert und durch Übersetzung auf andere Sprachen ausgedehnt, so wie wir es letztes mal besprochen hatten). (2) Nichts von alledem zeigt, daß eine ‹physikalistische› Theorie der Referenz (oder doch zumindest der primitiven Referenz, in irgendeinem passenden Sinn) nicht formuliert werden *kann*. Alles, was wir gezeigt haben, ist, daß eine physikalistische Theorie der Referenz nicht *gebraucht* wird. Es könnte aber sein (so würde Field argumentieren), daß eine solche möglich ist und daß sie unser Verständnis des Phänomens Referenz sehr verbessern würde. Schließlich wäre eine physikalistische Theorie mit Tarskischen Wahrheits-/Erfüllungs-Definitionen nicht *unvereinbar*.

Field würde darüber hinaus argumentieren, daß ich ihm durch meine Akzeptanz von Boyds Auffassung des Realismus einige Munition verschafft habe. Es wurde soeben zugegeben, daß Referenz und Wahrheit Begriffe sind, die zumindest in einigen *kausalen* Erklärungen vorkommen. Ein wichtiger Teil des Arguments gegen die Valenzanalogie[20] war aber, daß Wahrheit und Referenz keine kausal erklärenden Begriffe sind. In einem gewissen Sinn sind sie tatsächlich *keine* kausal erklärenden Begriffe; selbst wenn Boyds kausale Erklärungen des Erfolgs der Wissenschaft falsch sind, brauchen wir sie zum Beispiel immer noch, um formale Logik zu treiben, und auch für die anderen das letztemal erwähnten Zwecke. Wenn sie aber überhaupt in kausalen Erklärungen vorkommen, rechtfertigt es ihre kausal-erklärende Rolle dann nicht möglicherweise, nach einer physikalistischen Auffassung dessen zu suchen, was Wahrheit und Referenz *sind*, ebenso wie es die kausal-erklärende Rolle der ‹Valenz› rechtfertigt, nach einer physikalistischen Auffassung dessen zu suchen, was Valenz *ist*?

Wahrheit und Wissen

Wir haben oben eine Unterscheidung zwischen realistischem oder ‹klassischem› Verständnis der Junktoren (d.h. über klassische Wahrheit und Falschheit) und einem quasi-intuitionistischen Verständnis (d.h. über Beweisbarkeit in einer Theorie, etwa B_1) getroffen.

Was bedeutet es, Wahrheit und die Junktoren realistisch zu verstehen? Wir haben gesehen, was es nicht bedeutet: Die Tatsache, daß man die klassische Logik akzeptiert, zeigt nicht, daß man Wahrheit und die Junktoren realistisch versteht. (Ebensowenig zeigt die Tatsache, daß man klassische Logik verwirft, daß man sie idealistisch versteht. Ich habe andernorts vorgeschlagen, die Quantenmechanik mittels einer anderen als der Standardlogik zu interpretieren, mittels einer Logik jedoch, die ebensowenig idealistisch verstanden werden sollte wie die klassische Logik.[21]) Ebensowenig ist es bloß eine Frage der Akzeptanz von Kriterium *W* oder sogar Kriterium *E* oder bloß eine Frage der Akzeptanz einer Wahrheitsdefinition im Tarski-Stil für die Sprache.

Was *zeigt*, daß man den Wahrheitsbegriff realistisch versteht, ist die Akzeptanz von Aussagen wie:

(A) Es könnte sein, daß die Venus kein Kohlendioxyd in ihrer Atmosphäre hat, auch wenn aus unserer Theorie folgt, daß die Venus Kohlendioxyd in ihrer Atmosphäre hat.

und

(B) Eine Aussage kann falsch sein, auch wenn sie aus unserer Theorie folgt (oder unserer Theorie plus der Menge der wahren Beobachtungssätze).

Nun folgt (B) aus jedem Satz der allgemeinen Form (A). Warum also sind wir von (A) überzeugt (und von vielen ähnlichen Sätzen)?

Selbst wenn es ein wissenschaftliches Gesetz gäbe (was natürlich nicht der Fall ist), daß die Venus Kohlendioxyd in ihrer Atmosphäre hat, so sollte dennoch «Die Venus hat Kohlendioxyd in ihrer Atmosphäre» nicht von «Es folgt aus Theorie B_1, daß die Venus Kohlendioxyd in ihrer Atmosphäre hat» impliziert werden (wobei B_1 eine Formalisierung des gegenwärtigen Wissens ist).

Natürlich implizieren «Es folgt aus Theorie B_1, daß die Venus Kohlendioxyd in ihrer Atmosphäre hat» und B_1 *zusammen* «Die Venus hat Kohlendioxyd in ihrer Atmosphäre»; die Schwierigkeit ist jedoch, wenn man das Behaupten von *p* als ein Behaupten von ‹*p* ist in B_1 beweisbar› (oder in B_1 plus der Menge der wahren Beobachtungssätze) rekonstruiert – *wenn* es zwischen den ‹Sprechakten› der Behauptung von *p* und von ‹*p* folgt aus B_1 (plus der Menge der wahren Beobachtungssätze)› *keinen Unterschied gibt* – dann gilt für alle *p*, *p* wird von ‹*p* folgt aus B_1 (plus der Menge der wahren Beobachtungssätze)› *impliziert*. Und da alles, was aus B_1 *allein* folgt, sicherlich aus der Konjunktion von B_1 mit der Menge der wahren Beobachtungssätze folgt, *impliziert* ‹*p* folgt aus B_1› dann *p*, für alle *p* – was offensichtlich Unsinn ist, bei normalen realistischen Vorurteilen.

Die Tatsache, daß wir die Äquivalenz von *p* und ‹*p* folgt aus B_1 (plus der Menge der wahren Beobachtungssätze)› *ablehnen*, zeigt, daß unser gegenwärtiger Wahrheitsbegriff einer ist, bei dem es für eine Aussage *zumindest logisch* möglich ist, aus B_1 (dem Korpus unserer besten gegenwärtigen Theorie) zu folgen und nicht *wahr* zu sein. Wir glauben aber eigentlich, es sei viel mehr als bloß *logisch* möglich, daß die Venus kein Kohlendioxyd in ihrer Atmosphäre hat – selbst wenn wir B_1 akzeptieren, so glauben wir doch in einem stärkeren Sinn als bloß von ‹logischer Möglichkeit› an die Möglichkeit, daß B_1 falsch ist –, ein B_1, dessen ‹Wahrscheinlichkeit nicht gleich null› ist, könnte falsch sein, und *diese* Vermutung wiederum basiert auf unseren faktischen Überzeugungen bezüglich der Welt und darüber, wie wir unser Wissen über dieselbe erwerben. Kurz, wir sehen Wissen selbst als ein Produkt gewisser Arten von kausalen Interaktionen, zumindest in Fällen wie «Die Venus hat Kohlendioxyd in ihrer Atmosphäre». Und es *folgt aus unserer Theorie* jener Interaktion, durch die wir diese Tatsache erfahren haben – zum Beispiel der üblichen kausalen Auffassung von Wahrnehmung und der Theorie des Irrtums –, daß wir aus einer Reihe von Gründen eine Theorie gebildet haben könnten, aus der folgt, die Venus habe Kohlendioxyd in ihrer Atmosphäre, obwohl das nicht der Fall ist. Kurz, (A) selbst ist eine ‹wissenschaftliche› (oder sogar eine *commonsense* –) *Tatsache über die Welt* (wenn auch eine *modale* Tatsache). Angesichts der Offensichtlichkeit von Tatsachen wie (A) und ihrer zentralen Stellung in unserem Verständnis von Wissen, wie konnte da überhaupt irgend jemand Wahrheit und Junktoren *nicht* realistisch verstehen? Wie konnte irgend jemand kein Realist sein?

Historisch war es ein möglicher Weg, (A) zu *akzeptieren*, die ‹realistischen› (klassischen) Junktoren zu *akzeptieren*, aber eine idealistische Auffassung von der Bedeutung der deskriptiven Ausdrücke zu formulieren (d.h. der Prädikate oder zumindest des ‹theoretischen Vokabulars›). Mit dem Scheitern der Reduktionsprogramme des Phänomenalismus und logischen Empirismus aber ist dieser Weg blockiert.

Einige empiristische Philosophen – Peirce und in jüngerer Zeit Sellars[22] – haben versucht, die Vorstellung beizubehalten, daß B_1 falsch sein könnte (ja, daß sie sich zweifellos als falsch herausstellen *wird*), ohne einen realistischen Begriff von Wahrheit und Falschheit zu verwenden; indem sie nämlich Wahrheit nicht mit *gegenwärtiger* ‹berechtigter Behauptbarkeit› (Beweisbarkeit in B_1 oder in B_1 plus der Menge der wahren Beobachtungssätze, nach unserer Rekonstruktion), sondern mit berechtigter Behauptbarkeit *am idealen Limit* der wissenschaftlichen Forschung identifiziert haben. B_1 mag also implizieren «Die Venus hat Kohlendioxyd in ihrer Atmosphäre», aber wir könnten am idealen Limit der wissenschaftlichen Forschung schließlich eine Theorie akzeptieren, die das Gegenteil sagt – und *das* ist es, was Peirce und Sellars für die *Bedeutung* der Behauptung halten, die Venus könne auch kein Kohlendioxyd in ihrer Atmosphäre haben. Dies setzt jedoch voraus, daß wir ohne einen Rahmen von Raum-Zeit-Verortungen, Gegenständen etc. den Begriff des *idealen Limits* der wissenschaftlichen Forschung sinnvoll füllen und die Art und Weise sowie die Bedingungen spezifizieren können, unter denen die wissenschaftliche Forschung zum Limit hin fortschreiten soll, was nicht der Fall ist. Zudem setzt es Konvergenz voraus. Wenn es im allgemeinen keine Konvergenz gibt (wenn die Fälle des Scheiterns von Konvergenz also häufiger und bedeutender sind als die Fälle von Konvergenz), wie Kuhn und Feyerabend glauben, dann ergeht es dieser Theorie der Wahrheit über das ‹ideale Limit› ebenso schlecht wie dem Realismus.

Glaubt man, daß wissenschaftliches Wissen nicht konvergiert, dann wäre es eher ein gangbarer Weg zu argumentieren, das *Phänomen wissenschaftlicher Revolutionen* zeige, daß der realistische Referenzbegriff (und also der Wahrheitsbegriff) zu einem Desaster führt (über die oben besprochene Meta-Induktion) und wir also auf ein intuitionistisches oder quasi-intuitionistisches Verständnis der Junktoren zurückgreifen müssen, welches die große Masse der extensionalen wissenschaftlichen Theorie sowie den formalen Teil unserer Theorien der Referenz und Wahrheit retten würde – auf Kosten der Aufgabe von (A) und (B).

Im Endeffekt argumentiert der Realist, daß die Wissenschaft in Anbetracht des Scheiterns aller ernsthaften Programme von philosophischer Reinterpretation der Wissenschaften ‹für bare Münze› genommen werden sollte – ohne philosophische Reinterpretation – und daß die ‹für bare Münze› genommene Wissenschaft Realismus *impliziert*. (Realismus ist sozusagen ‹wissenschaftliche Wissenschaftstheorie›.) Der Gegner erwidert (unter der Annahme von *fehlender* Konvergenz), daß die Wissenschaft selbst, *diachronisch* gesehen, den Realismus widerlegt. Das Scheitern der Konvergenz ist jedoch für diese Art von antirealistischem Argument entscheidend. Wenn wir mit der Behauptung recht hätten, daß die reifen Wissenschaften ‹konvergieren› (in einem sehr differenzierten Sinn) und daß Konvergenz einen großen erklärenden Wert für die Theorie der Wissenschaften besitzt, dann ist diese Art von ‹kulturell-relativistischem› Antirealismus bankrott.

Um zusammenzufassen: Realismus hängt an einer Art und Weise, Wahrheit zu verstehen, nicht bloß an einer Art und Weise, das Wort ‹wahr› zu *definieren*. Der Wahrheitsbegriff ist *nicht* philosophisch neutral. Der Haken ist, daß die Bedeutung von ‹wahr› und die der Junktoren nicht durch deren *formale Logik* festgelegt wird; dies sind Ausdrücke, die sehr gut in Quines Auffassung der Bedeutung passen, das heißt, es sind Ausdrücke, für welche die Unterscheidung zwischen der ganzen Theorie und der Ausdrucksbedeutung nutzlos ist.[23] Die ‹ganze Theorie›, wie ich argumentiert habe, bedeutet hier aber eben dies: die *ganze* Theorie, nicht bloß die ganze *logische* Theorie, sondern die ganze Theorie des Wissens, und das schließt unsere Theorie der Natur und unserer Interaktionen mit der Natur ein. Es ist Teil einer Auffassung, welche die wissenschaftliche Methode als *abhängig von unseren stärksten empirischen Verallgemeinerungen über Wissen selbst* betrachtet (letztere als Interaktionen mit der Welt aufgefaßt), (B) als einen Teil der Wissenschaft zu zählen und die katastrophale Meta-Induktion – welche schließt: ‹kein theoretischer Terminus referiert jemals› –, durch eine Theorie der Wissenschaften zu blockieren, welche die ‹Grenzfall-Beziehung› zwischen aufeinanderfolgenden Theorien betont. Sowohl unsere Gründe, an eine differenzierte Version der Konvergenz wie die Boyds zu glauben, als auch unsere Gründe, (B) zu akzeptieren, haben mit unserer allgemeinen Sicht von *Wissen als Teil des Gegenstands unseres Wissens* zu tun.

Idealisten haben immer schon vertreten, daß unser Wahrheitsbegriff von unserem Verständnis unserer Theorie und der Aktivität des ‹Entdeckens› *insgesamt* abhängt. Wenn ich recht habe, dann ist dies eine Einsicht der Idealisten, die Realisten akzeptieren müssen – wenn auch natürlich nicht so, wie die Idealisten sie gemeint hatten.

Anmerkungen

* Vortrag am 23.2.1976 vor der Aristotelian Society, London. Ende 1975 erschienen in: *Proceedings of the Aristotelian Society* 76, 1975/76, 177–194. Überarbeitete Fassung in Vorlesung II und dem ersten Abschnitt der Vorlesung III von ‹Meaning and Knowledge› (die *John Locke Lectures*, Oxford, Sommer 1976), in: Hilary Putnam: *Meaning and the Moral Sciences*, Routledge & Kegan Paul, London 1978, 18–38.

1 [Überschrift vom Hg.]

2 [Berkeley 1710, 13f, 45ff; 1713, 3. Dialog.]

3 Wie sich herausstellen wird, ist Realismus meines Erachtens einer empirischen Hypothese *ähnlich*, insofern er (1) falsch sein könnte und (2) Tatsachen zu seiner Unterstützung (oder seiner Kritik) von Bedeutung sind; das bedeutet aber nicht, daß Realismus *wissenschaftlich* ist oder daß Realismus eine *Hypothese* wäre. Der Begriff ‹wissenschaftlich› wird im weiteren Verlauf dieser Vorlesungen besprochen werden [Vorlesung 6, 1978 II-93, 66–77]. In früheren Aufsätzen habe ich diskutiert, warum der Glaube an eine Außenwelt und an andere Menschen mit Geist keine ‹Hypothese› darstellt (siehe ‹Language and Philosophy› [1975, II-79] und ‹Other Minds› [1975, II-82]).

4 [Dessen Veröffentlichung ist seit einiger Zeit bei Cambridge University Press angekündigt. Bis dahin bieten Boyd 1981 sowie 1983, §§5f eine Skizze.]

5 In ‹What Theories are Not› [1962, II-24].

6 In ‹Sprache und Wirklichkeit› [Text 2, 1975, II-80].

7 [Siehe etwa Feyerabend 1962, 1965a und 1970; zu Putnams Kritik, Feyerabend 1965b, 113–118.]

8 [Aber doch beinahe, z. B. Feyerabend 1962, 46ff.]

9 [Siehe besonders ‹Erklärung und Referenz, Text 1, sowie ›Referenz und Wahrheit‹, Text 5. Kripke 1972.]

10 Dies wird in Gödel 1933 gezeigt.

11 [Vgl. Hacking 1963 und 1979.]

12 [Etwa Dummett 1958. Vgl. auch 1975.]

13 Ein Problem bei der intuitionistischen Reformulierung der Physik besteht darin, daß man in der intuitionistischen Mathematik Gesetze wie Newtons Gravitationsgesetz nicht ausdrücken kann, die besagen, daß zwei verschiedene empirisch gegebene reelle Zahlen (die Kraft von *A* auf *B* und der Quotient von *g* mal dem Produkt der Massen und der Distanzen zum Quadrat) genau gleich sind. (Vgl. mein ‹What is Mathematical Truth?› [1975, II-88] für eine Erklärung.) Man *kann* aber sagen, ein solches Gesetz gelte, sagen wir, bis zur dreißigsten Dezimalstelle – und wenn man ohnehin nicht erwartet, daß das Gesetz auf lange Sicht Bestand haben wird, und nicht versucht, durch allmähliche Annäherungen zu etwas zu ‹konvergieren›, was objektiv

wahr ist, dann wird es einem wohl auch nichts ausmachen, physikalische Theorie soweit zu *schwächen*.

14 [Veröffentlicht in Kripke 1975.]

15 [Im Original deutsch; gemeint ist Tarski 1933, 45 f. Tarski formuliert dort eine ‹Konvention W›, in welcher zwei Anforderungen für eine ‹zutreffende Definition der Wahrheit› formuliert werden. Wohl unter dem Einfluß von Tarski 1944, § 4, hat sich im englischen Sprachraum die Bezeichnung ‹*Criterion T*› eingebürgert.]

16 [Protagoras wird (nach Sextus Empiricus) der Satz zugeschrieben: «Der Mensch ist das Maß aller Dinge.» Zu Dummett, siehe v. a. 1958 und inzwischen 1991.]

17 [Siehe etwa Tarski 1933, 46ff und Tarski 1944, §§ 11 f.]

18 [Etwa in ‹Do True Assertions Correspond to Reality?›, 1975, II-76, oder ‹Sprache und Wirklichkeit›, Text 2, Abschnitt über ‹Worte und die Welt›, sowie ‹Referenz und Wahrheit› Text 5, Abschnitt ‹Tarskis Wahrheitstheorie›.]

19 [In Vorlesung I von ‹Meaning and Knowledge›, 1978, II-93. Entspricht inhaltlich ‹Referenz und Wahrheit›, Text 5, Abschnitt ‹Tarskis Wahrheitstheorie›.]

20 [D.h. Putnams Argument gegen Fields Analogie, Tarskis ‹Wahrheitsdefinition› ähnele einer ‹Definition› von chemischer Valenz durch Aufzählung der bekannten Elemente und ihrer Valenz. Daran schließt Fields Behauptung an, diesen ‹Definitionen› fehle die kausale Einbindung in unsere Erklärungen. Siehe Vorlesung I, ‹Truth and Knowledge›, 1978, II-93, 14 f. Vgl. auch ‹Warum es keine Fertigwelt gibt›, Text 7, Abschnitt ‹Referenz›.]

21 ‹The Logic of Quantum Mechanics› [1968, II-52]. [Siehe auch: ‹Three-Valued Logic› (1957, II-9), «Comments on the Paper of David Sharp, ‹The Einstein-Podolsky-Rosen Paradox Re-Examined›» (1961, II-17), ‹Discussion: Comments on Comments on Comments: a Reply to Margenau and Wigner› (1964, II-31), ‹A Philosopher Looks at Quantum Mechanics› (1965, II-36), ‹How to Think Quantum-Logically› (1974, II-69) und ‹Quantum Logic, Conditional Probability and Interference› (1978, II-98) – kritisch dazu inzwischen ‹Quantum Mechanics and the Observer› (1981, II-116), ‹Answer to a Question from Nancy Cartwright› (1981, II-113) und ‹Reichenbach's Metaphysical Picture› (1991, II-187).]

22 [Siehe etwa Peirce 1877, 1878 oder 1958 b, bzw. Sellars 1962 sowie 1964 a.]

23 [Nach der in Quine 1951 skizzierten und 1960 ausgearbeiteten Theorie.]

Der dritte Weg: Interner Realismus statt metaphysischem Realismus oder Positivismus

4
Modelle und Wirklichkeit*

Im Jahre 1922 hielt Skolem einen Vortrag vor dem Fünften Skandinavischen Mathematikerkongreß, in dem er auf eine, wie er es nannte, ‹Relativität der Begriffe der Mengenlehre› hinwies.[1] Diese ‹Relativität› ist häufig als paradox angesehen worden; heutzutage scheint man sie jedoch, auch wenn man gelegentlich den Ausdruck ‹die Löwenheim-Skolem-Paradoxie› hört, für eine nur *scheinbare* Paradoxie zu halten, für etwas, von dem die Wissenden nicht ernsthaft beeindruckt sind. Van Heijenoort schreibt dementsprechend: «Die Existenz einer solchen ‹Relativität› wird manchmal als die Löwenheim-Skolem Paradoxie bezeichnet. Sie ist aber natürlich keine Paradoxie im Sinn einer Antinomie, sondern eine neuer und unerwarteter Zug formaler Systeme.»[2] In diesem Vortrag möchte ich Skolems Argumente aufgreifen – nicht in der Absicht, sie zu widerlegen, sondern in der Absicht, sie etwa in die Richtung zu erweitern, die er anzudeuten schien. Ich behaupte nicht, die ‹Löwenheim-Skolem-Paradoxie› sei eine Antinomie in der *formalen Logik*, sondern ich werde argumentieren, daß sie in der *Sprachphilosophie* eine Antinomie oder etwas ähnliches darstellt. Darüber hinaus werde ich argumentieren, daß die Auflösung der Antinomie – die einzige Auflösung, die mir sinnvoll erscheint – weitreichende Konsequenzen für die große metaphysische Debatte über Realismus hat, welche seit jeher die zentrale Debatte in der Sprachphilosophie gewesen ist.

Die Struktur meiner Argumentation ist wie folgt: Ich werde darlegen, daß es in vielen verschiedenen Gebieten hauptsächlich drei Positionen zu Referenz und Wahrheit gibt: Da wäre die extreme platonistische Position, welche nicht-natürliche geistige Kräfte des direkten ‹Erfassens› von Formen postuliert (es ist für diese Position charakteristisch, daß ‹Verstehen› oder ‹Erfassen› selbst ein unreduzierbarer und unerklärter Begriff ist); da wäre die verifikationistische Position, welche den klassischen Begriff der Wahrheit durch den Begriff der Verifikation oder des Beweises ersetzt – zumindest dann, wenn es darum geht zu beschreiben, wie Sprache verstanden wird; und da wäre die gemäßigt realistische Position, welche die zentrale Stellung der klassischen Begriffe von Wahrheit und Referenz zu bewahren trachtet, ohne nichtnatürliche mentale Kräfte zu postulieren. Ich werde argumentieren, daß es, unglücklicherweise, die *gemäßigt* realistische Position ist, welche durch den Löwenheim-Skolem-Satz und damit zusammenhängende modelltheoretische Resultate in größte Schwierigkeiten gerät. Schließlich werde ich für den Verifikationismus als einem Weg plädieren, die Perspektive des wissenschaftlichen oder empirischen Realismus zu bewahren (die vom Platonismus vollkommen über Bord geworfen wird), auch wenn dies bedeutet, den *metaphysischen* Realismus aufzugeben.

Der Löwenheim-Skolem-Satz besagt, daß eine erfüllbare Theorie erster Stufe (in einer abzählbaren Sprache) ein abzählbares Modell besitzt. Betrachten wir den Satz:

(1) $\neg(\exists R)$ (R ist *eins-zu-eins*. Der Bereich von $R \subset N$. Der Wertebereich von R ist S)

wobei ‹N› ein formaler Term für die Menge aller ganzen Zahlen ist und die drei Teile der Konjunktion in der Matrix die auf der Hand liegenden Definitionen erster Stufe haben.

Ersetzen Sie ‹S› durch den formalen Term für die Menge aller reellen Zahlen in der von Ihnen bevorzugten formalisierten Mengenlehre. Dann wird (1) ein *Theorem* sein (bewiesen durch Cantors berühmtes ‹Diagonalverfahren›). Ihre formalisierte Mengenlehre *sagt* also, daß eine gewisse Menge (nennen wir sie ‹S›) nicht abzählbar ist. S muß daher in allen *Modellen* Ihrer Mengenlehre nicht abzählbar *sein*. Also hat Ihre Mengenlehre – etwa ZF (Zermelo-Fraenkel-Mengenlehre) – nur nichtabzählbare Modelle. Das ist aber unmöglich! Denn nach dem Löwenheim-Skolem Satz kann *keine* Theorie *nur* nicht-abzählbare Modelle besitzen: Wenn sie ein nicht-abzählbares Modell hat, dann muß sie auch abzählbar-unendliche Modelle besitzen. Widerspruch.

Die Auflösung dieses scheinbaren Widerspruchs ist nicht schwer, wie Skolem dargelegt hat (und es ist nicht dieser scheinbare Widerspruch, von dem ich als Antinomie oder einer Antinomie nahe gesprochen habe). Denn (1) ‹sagt› nur dann, daß S nicht abzählbar ist, wenn der Quantor $(\exists R)$ so interpretiert wird, daß er über *alle* Relationen von $N \times S$ reicht. Wenn wir aber ein *abzählbares* Modell für die Sprache der

Mengenlehre wählen, dann reicht ‹$(\exists R)$› nicht über *alle* Relationen; es reicht nur über Relationen *im Modell.* (1) ‹sagt› nur, daß S in einem *relativen* Sinn nicht abzählbar ist: in dem Sinn, daß die Elemente von S nicht von jedem R *im Modell* zu einer Eins-zu-eins-Entsprechung mit einer Untermenge von N gebracht werden können. Eine Menge S kann also in diesem *relativen* Sinn ‹nicht abzählbar› sein und dennoch ‹in Wirklichkeit› abzählbar. Dazu kommt es, wenn es Eins-zu-eins-Entsprechungen zwischen S und N *gibt*, sie aber alle außerhalb des gegebenen Modells liegen. Was vom Standpunkt des einen Modells eine ‹abzählbare› Menge ist, mag vom Standpunkt eines anderen Modells eine nicht abzählbare Menge sein. Wie Skolem es zusammenfaßt, «selbst die Begriffe ‹endlich›, ‹unendlich›, ‹einfach unendliche Folge› usw. erweisen sich als bloß relativ innerhalb einer axiomatischen Mengenlehre.»[3]

Das philosophische Problem

Bis zu einem gewissen Punkt stimmen alle Kommentatoren überein, daß die Existenz von ‹nicht intendierten› Interpretationen bedeutsam ist – etwa von Modellen, in denen das, was nicht-abzählbare Modelle ‹sein sollen›, ‹in Wirklichkeit› abzählbare sind. Alle Kommentatoren sind sich einig, die Existenz solcher Modelle zeige, daß die ‹intendierte Interpretation› (oder, wie manche sich vorzugsweise ausdrücken, der ‹intuitive Begriff der Menge›) von dem formalen System nicht ‹erfaßt› wird. Wenn aber schon *Axiome* den ‹intuitiven Begriff der Menge› nicht erfassen können, wer oder was dann?

Eine technisches Detail ist hier von Bedeutung. Der Satz von Löwenheim-Skolem hat eine starke Form (den sogenannten absteigenden Satz von Löwenheim-Skolem), zu deren Beweis das Auswahlaxiom benötigt wird und welche uns sagt, daß eine erfüllbare Theorie erster Stufe (in einer abzählbaren Sprache) ein abzählbares Modell besitzt, das zu jedem gegebenen Modell ein Teilmodell darstellt. Mit anderen Worten, wenn ein nicht abzählbares Modell M für eine Theorie gegeben ist, dann können wir ein abzählbares Modell M' eben dieser Theorie finden, in welchem die Prädikatssymbole für dieselben Relationen stehen (in der üblichen Weise auf den kleineren Gegenstandsbereich beschränkt) wie im ursprünglichen Modell. Der einzige Unterschied zwischen M und M' besteht darin, daß der ‹Gegenstandsbereich› von M' – das heißt die Gesamtheit, über welche die Variablen der Quantifikation reichen – eine Untermenge des ‹Gegenstandsbereichs› von M ist.

Jenes von Skolem vorgebrachte Argument, wonach ‹der intuitive Begriff der Menge› (sofern es so etwas gibt) von keinem formalen System ‹erfaßt› wird, zeigt, daß selbst eine *Formalisierung der gesamten Wissenschaft* (falls man so etwas konstruieren kann) oder sogar eine *Formalisierung aller unserer Überzeugungen* (ob sie als ‹Wissenschaft› gelten oder nicht) abzählbare Interpretationen nicht ausschließen könnte, und *a fortiori* könnte eine solche Formalisierung *nicht intendierte* Interpretationen jenes Begriffs nicht ausschließen.

Dies zeigt, daß ‹theoretische Bedingungen›, ob sie aus der Mengenlehre selbst stammen oder aus der ‹gesamten Wissenschaft›, die Interpretation des Begriffs *Menge* nicht in der ‹intendierten› Weise festlegen können. Wie steht es mit ‹operationalen Bedingungen›?

Selbst wenn wir zulassen, daß es *abzählbar unendlich viele* meßbare ‹Größen› gibt und daß jede von ihnen bis zu einer *beliebigen rationalen Genauigkeit* gemessen werden könnte (was sicherlich eine utopische Annahme ist), würde uns das nicht helfen. Denn nach dem ‹absteigenden Löwenheim-Skolem-Satz› können wir ein abzählbares Teilmodell des ‹Standardmodells› finden (falls es so etwas gibt), in dem abzählbar viele Prädikate (von denen jedes abzählbar viele Dinge in seiner Extension haben kann) ihre Extensionen beibehalten. Insbesondere können wir die Werte von abzählbar vielen Größen bei allen Raum-Zeit-Stellen festlegen und immer noch ein abzählbares Teilmodell finden, das allen Bedingungen gerecht wird. Kurz, es wird sicherlich ein *abzählbares* Modell unseres *gesamten Korpus von Überzeugungen* geben, das alle operationalen Bedingungen erfüllt.

An eben diesem Punkt taucht das philosophische Problem auf. Wenn uns gesagt wird, «die axiomatische Mengenlehre erfaßt den intuitiven Begriff der Menge nicht», dann liegt es nahe, zu denken, daß *etwas anderes* – unser ‹Verständnis› – ihn erfaßt. Woraus aber besteht unser ‹Verständnis›, zumindest für einen naturalistisch orientierten Philosophen, wenn nicht daraus, *wie wir unsere Sprache verwenden*? Und, wie wir soeben gesehen haben, kann das Argument Skolems so erweitert werden, daß es zeigt: *Der gesamte Gebrauch unserer Sprache* (operationale plus theoretische Bedingungen) legt ebensowenig ‹die› alleinige ‹intendierte Interpretation› fest, wie es die axiomatische Mengenlehre für sich tut.

Diese Beobachtung kann einen Philosophen der Mathematik zu zwei ganz unterschiedlichen Reaktionen veranlassen. Neigt er zum Platonismus, dann wird er sie als Hinweis darauf nehmen, daß der Geist mysteriöse Kräfte zur ‹Erfassung von Begriffen› (oder der ‹Wahrnehmung mathematischer Gegenstände›) besitzt, für die der naturalistisch orientierte Philosoph niemals eine Erklärung finden wird. Ist er jedoch einer Art von Verifikationismus zugeneigt (d.h. der Identifizierung von Wahrheit mit Verifiziert-werden-Können anstelle der klassischen ‹Übereinstimmung mit der Wirklichkeit›), dann wird er sagen: «Unsinn! Alles, was diese ‹Paradoxie› zeigt, ist, daß unser Verständnis von ‹die reellen Zahlen sind nicht abzählbar› darin besteht zu wissen, *was es für diesen Satz bedeutet, bewiesen zu sein*, und nicht in unserem ‹Erfassen› eines ‹Modells›.» Kurz, die *extremen* Positionen – Platonismus und Verifikationismus – scheinen von der Löwenheim-Skolem-Paradoxie Unterstützung zu erhalten; einzig die ‹gemäßigte› Position (welche mysteriöse ‹Wahrnehmungen› ‹mathematischer Gegenstände› zu vermeiden trachtet, während sie den klassischen Wahrheitsbegriff bewahrt) ist in größten Schwierigkeiten.

Eine erkenntnistheoretisch-logische Abschweifung

Das soeben dargelegte Problem ist für jeden Philosophen oder philosophisch orientierten Logiker, der die Mengenlehre als Beschreibung einer bestimmten unabhängig existenten Wirklichkeit ansehen will, ein ernstes Problem. Von einem mathematischen Standpunkt aus jedoch mag es unbedeutend erscheinen: Was macht es schon, daß es viele verschiedene Modelle der Mengenlehre und kein alleiniges ‹intendiertes Modell› gibt, *wenn sie alle dieselben Sätze erfüllen*? Was wir als Mathematiker wissen möchten, ist, welche Sätze der Mengenlehre wahr sind; wir wollen nicht die Mengen selbst in der Hand haben.

Unglücklicherweise kann das Argument erweitert werden. Zunächst können die theoretischen Bedingungen, von denen wir gesprochen haben, einer naturalistischen Sichtweise zufolge nur aus zwei Quellen stammen: Sie können von so etwas wie menschlicher Entscheidung oder Konvention herrühren – was auch immer der Ursprung jener ‹Natürlichkeit› der Entscheidungen oder Konventionen sein mag – oder aus menschlicher Erfahrung, sowohl Erfahrung mit Natur (die zweifellos die Quelle unserer grundlegendsten ‹mathematischen Intuitionen› ist, auch wenn es nicht im Trend liegt, das zu sagen) als auch Erfahrung mit dem ‹Betreiben von Mathematik›. Es fällt schwer zu glauben, daß uns eine dieser Quellen oder beide zusammen eine *vollständige* Menge von Axiomen für die Mengenlehre zur Verfügung stellen werden (denn eine vollständige Menge von Axiomen müßte jedenfalls nicht-rekursiv sein, und es ist schwer vorstellbar, daß es in der Literatur oder in unseren Köpfen zu einer vollständigen nicht-rekursiven Menge von Axiomen kommen sollte, selbst für den unwahrscheinlichen Fall, daß die menschliche Rasse für immer fortfährt, Mengenlehre zu betreiben). Und wenn eine vollständige Menge von Axiomen unmöglich ist und die intendierten Modelle (im Plural) nur durch operationale plus theoretische Bedingungen identifiziert werden, dann haben jene Sätze, welche von den Axiomen unabhängig sind, zu denen wir am Ende der Erforschung der Mengenlehre kommen sollen, eigentlich *keinen* bestimmten Wahrheitswert; sie sind nur in einigen intendierten Modellen wahr und in anderen falsch.

Um zu zeigen, welche Bedeutung diese Tatsache für die tatsächliche Forschung in der Mengenlehre haben könnte, werde ich für einen Moment zur formalen Logik abschweifen. 1938 hat Gödel ein neues Axiom für die Mengenlehre vorgeschlagen: das Axiom ‹*V*=*L*›.[4] *L* ist hier die Klasse aller konstruierbaren Mengen, das heißt die Klasse aller Mengen, die durch ein bestimmtes konstruktives Verfahren definiert werden können, wenn wir so tun, als ob wir für alle Ordinalzahlen Namen zur Verfügung hätten, wie groß sie auch immer sein mögen. (Dieser Sinn von ‹konstruierbar› wäre natürlich Blasphemie für konstruktive Mathematiker.) *V* ist die Gesamtheit aller Mengen. ‹*V* = *L*› besagt also einfach, daß *alle Mengen konstruierbar sind.* Gödel gelang der Beweis der relativen Konsistenz von ZF mit ZF *plus* dem Auswahlaxiom und der verallgemeinerten Kontinuumhypothese, indem er das innere Modell der Mengenlehre betrachtete, in dem ‹*V* = *L*› wahr ist.

‹*V* = *L*› ist sicherlich ein wichtiger Satz, mathematisch gesprochen. Ist er *wahr?*

Gödel hat für kurze Zeit in Betracht gezogen, ‹*V* = *L*› zu den akzeptierten Axiomen der Mengenlehre *hinzuzufügen*, als eine Art von Bedeutungsfestsetzung – er hat seine Meinung aber bald geändert. Seine spätere Ansicht war, daß ‹*V* = *L*› *in Wirklichkeit* falsch ist, wenn auch mit der Mengenlehre konsistent, falls die Mengenlehre selbst konsistent ist.[5]

Gödels Intuition wird von den aktiven Theoretikern der Mengenlehre weithin geteilt. Macht diese ‹Intuition› aber Sinn?

Nennen wir ‹*GRÖ*› eine abzählbare Menge von physikalischen Größen, die alle Größen enthält, welche von empfindenden Wesen in diesem physikalischen Universum tatsächlich gemessen werden können (es erscheint sicherlich plausibel, daß wir nicht hoffen können, mehr als eine abzählbare Menge von physikalischen Größen zu messen). Nennen wir die ‹korrekte› Zuordnung von Werten ‹*OP*›; das ist jene Zuordnung, die jedem einzelnen Element von *GRÖ* jenem Wert zuordnet, welche die Größe tatsächlich bei der einzelnen rationalen Raum-Zeit-Stelle hat. All die Informationen, die uns ‹operationale Bedingungen› geben könnten (und in Wirklichkeit unendlich viel mehr), sind dann in *OP* kodiert.

Ein Terminus technicus: Ein ω-*Modell* für eine Mengenlehre ist ein Modell, in dem die *natürlichen Zahlen* so geordnet sind, ‹wie es sich gehört›, das heißt, die Sequenz von ‹natürlichen Zahlen› des Modells ist eine ω-Sequenz.

Nun zu einem kleinen Theorem.[6]

Theorem: *ZF plus V = L hat ein ω-Modell, das jede gegebene abzählbare Menge von reellen Zahlen enthält.*

Beweis: Da eine abzählbare Menge von reellen Zahlen mittels wohlbekannter Techniken als reelle Zahl kodiert werden kann, ist es ausreichend zu beweisen, daß: *Für jede reelle Zahl s gibt es ein M, so daß M ein ω-Modell für* ZF *plus V = L ist und s in M repräsentiert wird.*

Dem ‹absteigenden Satz von Löwenheim-Skolem› zufolge ist diese Aussage dann und nur dann wahr, wenn es auch die folgende Aussage ist:

Für jede reelle Zahl s gibt es ein abzählbares M, so daß M ein ω-Modell für ZF *plus V = L ist und s in M repräsentiert wird.*

Abzählbare Strukturen mit der Eigenschaft, daß die ‹natürlichen Zahlen› der Struktur eine ω-Sequenz bilden, können mit Hilfe von üblichen Techniken als reelle Zahlen kodiert werden. Wird dies sorgfältig durchgeführt, so wird das Prädikat ‹*M ist ein ω-Modell für* ZF *plus V = L und wird in M repräsentiert*› zu einem zweistelligen *arithmetischen* Prädikat über *reelle Zahlen M, s.* Der obige Satz hat also die logische Form: (*Für jede reelle Zahl s*) (*Es gibt eine reelle Zahl M*) (‹..., *M*, *s*, ...›). Kurz, der Satz ist ein Π_2-Satz.

Nun betrachte man diesen Satz *im inneren Modell V = L.* Für jedes *s im inneren Modell* – also für jedes *s* in *L* – gibt es ein Modell (nämlich *L* selbst), welches ‹*V = L*› erfüllt und *s* enthält. Dem absteigenden Löwenheim-Skolem Satz zufolge gibt es ein abzählbares Teilmodell, das zu *L* elementar äquivalent ist und *s* enthält. (Genaugenommen benötigen wir hier nicht nur den absteigenden Löwenheim-Skolem-Satz, sondern die ‹Skolemsche Rumpf-Konstruktion›, die zum Beweis jenes Theorems verwendet wird.) Der Arbeit von Gödel zufolge liegt dieses abzählbare Teilmodell selbst in *L* und, wie leicht zu verifizieren ist, ebenso die reelle Zahl, die es kodiert. Der obige Π_2-Satz ist also im inneren Modell $V = L$ wahr.

Nun hat Shoenfield aber gezeigt, daß Π_2-Sätze *absolut* sind: Wenn ein Π_2-Satz in L wahr ist, dann muß er auch in V wahr sein.[7] Also ist der obige Satz wahr in V. *(Quod erat demonstrandum.)*

Was dieses Theorem so verblüffend macht, ist folgende Überlegung: Angenommen, Gödel hat recht und ‹$V = L$› ist *falsch* (‹in Wirklichkeit›). Angenommen, es gibt tatsächlich eine *nicht-konstruierbare reelle Zahl* (wie Gödel ebenfalls glaubt). Da das Prädikat ‹ist konstruierbar› in β-*Modellen* absolut ist – das heißt in Modellen, in denen die ‹Wohlordnungen› *relativ zum Modell* auch ‹in Wirklichkeit› Wohlordnungen sind (man erinnere sich an Skolems ‹Relativität der Begriffe der Mengenlehre›!) –, kann kein Modell, das so eine nicht konstruierbare *s* enthält ‹*s* ist konstruierbar› erfüllen und ein β-*Modell* sein. Ein Modell, welches *s* enthält, *kann* jedoch, dem obigen Theorem zufolge, ‹*s* ist konstruierbar› erfüllen (weil es ‹$V = L$› erfüllt und ‹$V = L$› besagt, daß *alles* konstruierbar ist) und ein ω-*Modell* sein.

Angenommen, wir formalisieren *die gesamte Sprache der Wissenschaft* innerhalb der Mengenlehre ZF *plus* $V = L$. Jedes Modell für ZF, das eine abstrakte Menge enthält, die mit *OP* isomorph ist, kann zu einem Modell für diese formalisierte Sprache der Wissenschaft erweitert werden, das *in bezug auf OP Standard ist*. Folglich, selbst wenn *OP* ‹in Wirklichkeit› nicht konstruierbar ist, können wir doch ein Modell *für die gesamte Sprache der Wissenschaft* finden, das ‹alles ist konstruierbar› erfüllt und allen physikalischen Größen in GRÖ in allen rationalen Raum-Zeit-Stellen die richtigen Werte zuordnet.

Gödel behauptet, daß ‹$V = L$› ‹in Wirklichkeit› falsch ist. Was aber kann das wohl bedeuten? Es muß zumindest bedeuten, daß der soeben ins Auge gefaßte Fall – das von uns beschriebene Modell, in dem gilt ‹$V = L$› – nicht das *intendierte Modell* ist. Aber warum nicht? Es erfüllt alle theoretischen Bedingungen, und wir sind sehr weit gegangen, um sicherzustellen, daß es auch alle operationalen Bedingungen erfüllt.

Vielleicht wird irgend jemand sagen, daß ‹$V \neq L$› (oder irgend etwas, was impliziert, daß V nicht gleich L ist) den Axiomen von ZF als ‹theoretische Bedingung› hinzugefügt werden sollte. (Gödel spricht oft davon, daß neue Axiome eines Tages evident werden.) Während dies aber von einem non-realistischen Standpunkt aus annehmbar sein mag, kann es das von einem realistischen Standpunkt aus kaum sein. Für den realistischen Standpunkt gibt es ein *Faktum* – eine von unserer Festlegung unabhängige Tatsache –, ob $V = L$ oder nicht. Ein Realist wie Gödel vertritt, daß wir zu einer ‹intendierten Interpretation› von ZF Zugang haben, wobei der Zugang nicht einfach durch sprachliche Festsetzung stattfindet.

Was das obige Argument zeigt, ist folgendes: Wenn die ‹intendierte Interpretation› nur durch theoretische plus operationale Bedingungen bestimmt wird, dann gibt es für den Fall, daß ‹$V \neq L$› nicht aus diesen theoretischen Bedingungen folgt – falls wir nicht *beschließen*, $V = L$ wahr oder falsch zu machen –, ‹intendierte› Modelle, in denen $V = L$ wahr ist. Wenn ich recht habe, dann weitet sich die ‹Relativität der Begriffe der Mengenlehre› zu einer *Relativität des Wahrheitswerts* von ‹$V = L$› aus (und, mittels ähnlicher Argumente, zu der des Auswahlaxioms und auch der Kontinuumhypothese).

Operationale Bedingungen und kontrafaktische Sätze

Es mag für manche so scheinen, als ob es eine wichtige Zweideutigkeit im Begriff dessen gibt, was gemessen oder beobachtet werden *kann*, welche die anscheinend entscheidende Behauptung gefährdet, die Anhaltspunkte, welche wir haben *könnten*, seien höchstens abzählbar viele Tatsachen. Man stelle sich ein Meßgerät vor, das ganz einfach bei jeder vollen Minute auf seiner Uhr erfaßt, ob sich innerhalb eines endlichen Volumens dv um sein geometrisches Zentrum ein Teilchen befindet. Sicherlich wird es höchstens abzählbar viele Meldungen machen (jeweils *ja* oder *nein*), selbst wenn man es für immer laufenläßt. Wie viele Tatsachen sind es aber, die es melden *könnte*? Nun, wenn das Gerät ein wenig angestoßen würde, sagen wir aus Zufall, dann würde sich sein geometrisches Zentrum um r Zentimeter in eine bestimmte Richtung verschieben. Es würde dann vollkommen andere Tatsachen melden. Da es für jede Zahl r so angestoßen werden könnte, ist die Anzahl der Meldungen, die es produzieren könnte, nicht abzählbar – und es ist dafür unerheblich, daß wir oder das Gerät selbst nicht in der Lage sind, jede reelle Zahl r von jeder anderen zu unterscheiden. Das Problem ist ganz einfach eines der Reichweite des modalen Wortes *können*. In meinem Argument darf ich das, was ich operationale Bedingungen genannt habe, nicht mit der Gesamtheit der Tatsachen identifizieren, die von Beobachtung erfaßt werden könnten – also jene, die entweder registriert werden oder registriert werden würden, wenn gewisse zufällige Störungen einträten –, sondern muß es mit der Gesamtheit der Tatsachen identifizieren, die wirklich erfaßt oder beobachtet werden, welche immer das sein mögen.

Ich möchte darauf entgegnen, daß wir selbst dann, wenn das Meßgerät *r* Zentimeter in eine bestimmte Richtung angestoßen *würde*, die reelle Zahl *r* nur bis zu einer gewissen rationalen Näherung kennen könnten. Wenn nun die betreffenden Intervalle alle rational sind, gibt es nur abzählbar viele Tatsachen der Form: *Wenn Handlung A* (eine Handlung, die bezüglich Ort, Zeit und Eigenschaft bis hin zu einer endlichen ‹Toleranz› beschrieben ist) *ausgeführt wird, dann würde das Ergebnis* $r \pm e$ (ein Ergebnis, das bis zu einer rationalen Toleranz beschrieben ist) *mit Wahrscheinlichkeit* W *im Intervall (a, b) erreicht werden.* Alle Tatsachen dieser Form zu kennen würde bedeuten, die *Wahrscheinlichkeitsverteilung* aller möglichen beobachtbaren Ergebnisse und Handlungen zu kennen. Und unser Argument zeigt, daß ein Modell konstruiert werden kann, welches mit allen diesen Tatsachen übereinstimmt.

Es gibt jedoch noch ein tiefschürfenderes Argument, das zu jenem Einwand anzubringen wäre. Angenommen, wir drücken kontrafaktisches Reden in der Prädikatenlogik erster Stufe aus, etwa indem wir *Ereignisse* in die Ontologie unserer Theorie aufnehmen und ein Prädikat (‹macht Konjunktiv notwendig›) für die kontrafaktische Verbindung zwischen Ereignissen einführen, die an einer gegebenen Raum-Zeit-Stelle nicht eingetreten sind. Unser Argument zeigt dann, daß ein Modell existiert, das zu allen Tatsachen paßt, die *de facto* registriert oder beobachtet werden und das alle unsere theoretischen Bedingungen erfüllt; dieses Modell induziert eine Interpretation der kontrafaktischen Rede (ein ‹Ähnlichkeitsmaß über mögliche Welten› in der Theorie von David Lewis[8]), die genau jene kontrafaktischen Sätze wahr macht, welche einer gewissen Vervollständigung unserer Theorie zufolge wahr sind. Der Appell an kontrafaktische Beobachtungen kann also überhaupt keine Modelle ausschließen, es sei denn, die Interpretation der kontrafaktischen Rede selbst ist *im voraus* durch etwas festgelegt, was über operationale und theoretische Bedingungen hinausgeht.

(Ein hiermit zusammenhängendes Argument bringt Wittgenstein in seinen *Philosophischen Untersuchungen* vor: Die Rede darüber, was eine ideale Maschine – oder Gott – berechnen könnte, ist Rede *innerhalb* der Mathematik – in Verkleidung – und kann nicht dazu dienen, die Interpretation der Mathematik festzulegen. Auch ‹Gott› hat viele Interpretationen.[9])

‹Entscheidung› und ‹Konvention›

Ich habe das Wort ‹Entscheidung› im Zusammenhang mit offenen Fragen der Mengenlehre verwendet, und es ist offensichtlich ein schlechter Ausdruck. Man kann sich nicht einfach in seiner Studierstube hinsetzen und ‹entscheiden›, daß ‹$V = L$› wahr sein soll oder daß das Auswahlaxiom wahr sein soll. Ebensowenig wäre es der mathematischen Gemeinschaft angemessen, eine internationale Tagung einzuberufen und diese Dinge festzulegen. Dennoch scheint mir, wenn wir einer außerirdischen Spezies intelligenter Wesen begegnen würden, die ein hohes Niveau von Mathematik entwickelt hat, und sich herausstellen würde, daß sie das Auswahlaxiom *ablehnen* (vielleicht wegen des Tarski-Barnach-Satzes)[10], daß es dann verfehlt wäre, dies ganz einfach als einen *Fehler* anzusehen. *Das* zu tun, würde meiner Ansicht nach bedeuten zu sagen, daß die Annahme des Auswahlaxioms in unseren Begriff der Rationalität selbst eingebaut ist, und das scheint mir nicht der Fall zu sein. Sicherlich ist unsere Annahme des Auswahlaxioms nicht willkürlich; alle möglichen ‹Intuitionen› (höchstwahrscheinlich auf der Basis von Erfahrung mit dem Endlichen) unterstützen sie, ihre mathematische Fruchtbarkeit unterstützt sie, aber nichts von alldem ist *derart* schwerwiegend, daß wir sagen könnten, eine ebenso erfolgreiche Kultur, die *ihre* Mathematik auf Prinzipen aufbaut, welche mit Auswahl *unvereinbar* sind (z. B. auf dem sogenannten Bestimmtheitsaxiom)[11], sei *irrational.*

Wenn nun aber beide Systeme der Mengenlehre – unseres und das der Außerirdischen – als *rational* gelten, was für einen Sinn macht es dann, das eine *wahr* und das andere *falsch* zu nennen? Vom Standpunkt des Platonisten aus macht die Beantwortung dieser Frage keine Schwierigkeiten. «Das Auswahlaxiom ist wahr – wahr in *dem* Modell», so wird er sagen (sofern er an das Auswahlaxiom glaubt). «Wir haben recht, und die Außerirdischen haben unrecht.» Was aber ist *das* Modell? Wenn das intendierte Modell durch theoretische und operationale Bedingungen ausgezeichnet wird, dann steht erstens ‹das› intendierte Modell im Plural und nicht im Singular (also ist ‹das› unangemessen: unsere theoretischen und operationalen Bedingungen passen auf viele Modelle, nicht nur auf eines, und ebenso verhält es sich mit den Modellen der Außerirdischen, wie wir oben gesehen haben), und zweitens erfüllen die von uns intendierten Modelle das Auswahlaxiom, was die von den Außerirdischen intendierten Modelle nicht tun. Wir reden nicht über dieselben Modelle, also steht ein ‹Fehler› außer Frage.

Der Platonist wird erwidern, was dies wirklich zeigt, ist, daß wir irgendeine mysteriöse Fähigkeit der ‹Erfassung von Begriffen› (oder des ‹intuitiven Erkennens mathematischer Gegenstände›) besitzen, und gerade *dies* ermögliche uns, ein Modell als *das* Modell festzulegen und nicht bloß operationale und theoretische Bedingungen. Diese Berufung auf mysteriöse Fähigkeiten scheint aber als Erkenntnistheorie wenig hilfreich und als Wissenschaft kaum überzeugend. Welcher neurale Prozeß könnte schließlich als die Wahrnehmung eines mathematischen Gegenstands beschrieben werden? Wieso von *einem* mathematischen Gegenstand und nicht von einem anderen? Ich bezweifle nicht, daß *einige* mathematische Axiome in unseren Begriff der Rationalität eingebaut sind (‹jede Zahl hat eine Nachfolgerin›). Wenn es aber das Auswahlaxiom und die Kontinuumhypothese nicht sind, dann – so schlage ich vor – gibt Skolems Argument oder seine obige Erweiterung Anlaß zu Zweifel an der Sichtweise, daß diese Aussagen unabhängig von der Theorie, in die sie eingebettet sind, einen Wahrheitswert haben.

Angenommen dies ist richtig und das Auswahlaxiom wahr, wenn man es in dem Sinn versteht, den es von *unserer* einbettenden Theorie erhält, und falsch, wenn man es in jenem Sinn versteht, den es von der außerirdischen Theorie erhält. Diesem Relativismus Nachdruck zu verleihen heißt nicht, *ungezügelten* Relativismus zu vertreten. Ich bezweifle nicht, daß es einige objektive (wenn auch sich entwickelnde) Kanons von Rationalität gibt. Ich bezweifle ganz einfach, daß wir sie als etwas betrachten würden, was diese Art von Fragen entscheidet oder gar *eine* einzige ‹rational annehmbare Mengenlehre› auszeichnet. Wenn das richtig ist, dann neigen wir dazu zu sagen, daß die Außerirdischen beschlossen haben, das Auswahlaxiom falsch sein zu lassen, und wir beschlossen haben, es wahr sein zu lassen, oder daß wir unterschiedliche ‹Konventionen› haben; natürlich ist aber keiner dieser Ausdrücke genau genommen richtig. Es könnte durchaus sein, daß die Vorstellung, Aussagen hätten ihre Wahrheitswerte, *unabhängig* von einbettender Theorie so tief in unseren Sprachgebrauch verwurzelt ist, daß es ganz einfach keine Worte oder Wendungen der ‹gewöhnlichen Sprache› gibt, die sich auf die Theorieabhängigkeit von Bedeutung und Wahrheit beziehen. Vielleicht ist es das, was Poincaré zu dem Ausruf brachte: «Konvention, ja! Willkürlich, nein!», als er eine ähnliche Idee in einem anderen Kontext ausdrücken wollte.

Ist das Problem ein Problem mit dem Begriff ‹Menge›?

Es wäre naheliegend anzunehmen, das Problem, auf das Skolem hinweist, nämlich das Problem einer überraschenden ‹Relativität› unserer Begriffe, habe mit dem Begriff der ‹Menge› zu tun – in Anbetracht der diversen *bekannten* Probleme, die *diesen* Begriff umgeben – oder doch zumindest mit dem Problem der Referenz auf ‹mathematische Gegenstände›. Das ist aber nicht der Fall.

Um einzusehen, warum dem nicht so ist, werden wir kurz das verzwickte Problem der Referenz auf theoretische Entitäten in der Physik betrachten. Auch wenn dies eher als ein Problem für Wissenschaftstheoretiker oder Sprachphilosophen als für Logiker zu sein scheint, so ist es doch ein Problem, dessen logische Aspekte vielfach für Logiker von Interesse gewesen sind, wie die Ausdrücke ‹Ramsey-Satz›, ‹Craig-Übersetzung› etc. bezeugen. Auch hier möchte der Realist – oder zumindest der harte metaphysische Realist – wieder, daß *Wahrheit* und *rationale Annehmbarkeit* voneinander *unabhängige* Begriffe sind. Er wünscht zum Beispiel, daß das, was Elektronen *sind*, etwas anderes (und eventuell anders) ist als das, was wir glauben, wie sie sind, oder sogar als das, was wir glauben würden, wie sie sind, wenn wir die besten Experimente und die epistemisch beste Theorie zur Verfügung hätten. Wieder behauptet der Realist – oder zumindest der harte metaphysische Realist –, daß unsere Intentionen ‹das› Modell auszeichnen und daß unsere Überzeugungen dann in ‹dem› Modell entweder wahr oder falsch sind, *ob wir ihre Wahrheitswerte herausfinden können oder nicht.*

Um die Relevanz des Löwenheim-Skolem-Satzes (oder des eng verwandten Gödelschen Vollständigkeitssatzes und seiner modelltheoretischen Verallgemeinerungen) für dieses Problem einzusehen, wollen wir noch einmal ein wenig Modellkonstruktion betreiben. Diesesmal müssen die operationalen Bedingungen mit etwas mehr Fingerspitzengefühl gehandhabt werden, da wir operationale Begriffe (Begriffe, die beschreiben, was wir sehen, fühlen, hören etc., während wir diverse Experimente durchführen, und ebenso Begriffe, die unsere Handlungen wie aufheben, schieben, ziehen, verdrehen, ansehen, riechen, zuhören etc. beschreiben) von nicht-operationalen Begriffen unterscheiden müssen.

Wir werden drei Dinge brauchen, um unsere operationalen Bedingungen zu beschreiben. Erstens müssen wir ein ausreichend großes ‹Beobachtungsvokabular› festlegen. Wie bei dem ‹Beobachtungsvokabular› der logischen Empiristen, werden wir in dieser Menge – nennen wir sie die Menge der B-Ausdrücke – Worte wie ‹rot›, ‹berührt›, ‹hart›, ‹schieben›, ‹ansehen› etc. einschließen wollen. Zweitens werden wir annehmen, daß eine Menge *S existiert* (ob wir sie definieren können oder nicht), die als die Menge der makroskopisch beobachtbaren Dinge und Ereignisse angesehen werden kann (soll heißen, beobachtbar mit dem menschlichen Sensorium). Der Begriff eines wahrnehmbaren Dings oder Ereignisses ist sicherlich vage; wir werden also wollen, daß *S* eine großzügige Menge ist, das heißt, Gott soll sich in der Richtung irren, daß er zu viele Dinge und Ereignisse als ‹für Menschen beobachtbar› zählt, während er die Menge *S* definiert (falls es notwendig ist, sich in beide Richtungen zu irren), und nicht etwa, indem er einige Dinge ausläßt, die als Grenzfälle von ‹beobachtbar› gezählt werden könnten. Wenn man ein Realist ist, dann muß eine solche Menge *S* natürlich existieren, selbst wenn unser Wissen über die Welt und das menschliche Sensorium es *uns* gegenwärtig nicht gestattet, sie zu definieren. Der Grund, warum wir gestatten, daß *S* Ereignisse (und nicht bloß Dinge) enthält, ist, daß – wie Richard Boyd dargelegt hat[12] – einige der Entitäten, die wir direkt beobachten können, *Kräfte* sind (wir können Kräfte *fühlen*), und Kräfte sind keine Gegenstände. Ich nehme jedoch an, daß Kräfte entweder als Prädikate von Gegenständen, zum Beispiel unseren Körpern, oder von geeigneten Ereignissen konstruiert werden können.

Das Dritte, was wir annehmen werden, ist eine Wertung (nennen wir sie wieder ‹*OP*›), welche jedem *n*-stelligen B-Ausdruck (für $n = 1, 2, 3, \ldots$) zu jedem *n*-Tupel von Elementen aus *S*, über die er definiert ist, den korrekten Wahrheitswert zuordnet. B-Ausdrücke sind im allgemeinen auch über Dinge definiert, die nicht in *S* sind; so können sich zum Beispiel zwei Moleküle berühren, die zu klein sind, um sie mit dem bloßen Auge zu sehen, ein Staubkorn, das zu klein ist, um es zu sehen, mag schwarz sein etc. *OP* ist also im doppelten Sinn eine *teilweise* Wertung: Sie ist nur für eine Teilmenge der Prädikate der Sprache definiert, nämlich die B-Ausdrücke, und auch bei diesen bestimmt es nur einen Teil der Extension, die Extension von $T \ulcorner S$ (die Beschränkung von *T* auf *S*) für jeden B-Ausdruck *T*.

Es ist also wiederum die Wertung *OP*, welche unsere ‹operationalen Bedingungen› erfaßt. Und sie tut dies ‹von oben herab›, da sie durchaus *mehr* Information enthalten könnte, als wir tatsächlich zu erhalten in der Lage sind, wenn wir unsere Körper und Sinn in der Welt einsetzen.

Was machen wir mit den ‹theoretischen Bedingungen›? Nehmen wir an, es existiert eine mögliche Formalisierung der gegenwärtigen Wissenschaft, und nennen wir sie ‹*T*›, und ebenso, daß eine mögliche Formalisierung der *idealen* wissenschaftlichen Theorie existiert, nennen wir sie ‹T_1›. T_1 soll in dem Sinn ‹ideal› sein, daß sie *epistemisch* ideal *für Menschen* ist. Idealität in diesem Sinn ist ein recht vager Begriff; wir werden aber annehmen, daß Gott, indem er T_1 bildet, eine Theorie konstruiert, die zu akzeptieren für Wissenschaftler vernünftig wäre oder die ein Limit der Theorien darstellt, welche zu akzeptieren vernünftig wäre, wenn sich mehr und mehr Anhaltspunkte sammeln, und außerdem, daß er eine Theorie bildet, die mit der Wertung *OP* vereinbar ist.

Die Theorie *T* ist, wie wir annehmen dürfen, gegenwärtig, bei den Anhaltspunkten, die wir *jetzt* haben, gut bestätigt; es gibt aber ganz klar einen Sinn, in dem sie falsch sein könnte. Tatsächlich könnte sie durchaus zu falschen Voraussagen führen und so mit *OP* in Konflikt geraten. T_1 jedoch führt, gemäß der Hypothese, zu keiner falschen Voraussage. Dennoch behauptet der metaphysische Realist – und es ist eben diese Behauptung, die ihn zu einem *metaphysischen* im Gegensatz zu einem empirischen Realisten macht –, daß T_1 in Wirklichkeit falsch sein könnte. Etwas, dessen Wahrheit nicht erkannt werden kann, kann dennoch wahr sein; woran zu glauben epistemisch höchst gerechtfertigt sein kann, kann dieser Art von realistischer Sichtweise zufolge dennoch falsch sein. Die auffallende Verbindung zwischen Themen und Debatten in der Wissenschaftstheorie und Themen und Debatten in der Philosophie der Mathematik ist, daß diese Art von Realismus in *genau* jene Schwierigkeiten gerät, die wir für den Platonismus gesehen haben. Halten wir einen Moment inne, um dies zu zeigen.

Da die ideale Theorie T_1 die Eigenschaft haben muß, *konsistent* zu sein, was für andere Eigenschaften sie auch immer haben mag, so folgt aus Gödels Vollständigkeitssatz (dessen Beweis, wie alle Logiker wissen, eng mit einem von Skolems Beweisen des Löwenheim-Skolem-Satzes verwandt ist[13]), daß T_1 Modelle besitzt. Wir werden annehmen, daß T_1 primitive oder definierte Ausdrücke enthält, die jedes einzelne Element von *S* bezeichnen (der Menge der ‹beobachtbaren Dinge oder Ereignisse›). Die von uns gemachte Annahme, daß T_1 mit *OP* übereinstimmt, bedeutet, daß alle jene Sätze über Elemente von *S*, die *OP* zufolge wahr werden, Theoreme von T_1 sind. Wenn also *M* irgendein Modell von T_1 ist, dann muß *M* zu jedem Element von *S* ein entsprechendes Element besitzen. Wir können sogar jedes Element von *M*, das einem Element von *S* entspricht, durch dieses Element von *S* ersetzen, die Interpretation der Prädikatsausdrücke entsprechend modifizieren, und wir erhalten ein Modell *M'*, in welchem jeder Ausdruck, der in der ‹intendierten› Interpretation ein Element von *S* bezeichnet, dieses Element von *S* bezeichnet. Die Extension jedes B-Ausdrucks wird dann in diesem Modell teilweise korrekt sein, soweit sie von *OP* bestimmt ist: Alles, von dem *OP* ‹sagt›, es sei in der Extension von *P*, ist also in der Extension von *P*, und alles, von dem *OP* ‹sagt›, es sei in der Extension des Komplements von *P*, ist in der Extension des Komplements von *P* – für jeden B-Ausdruck in jedem solchen Modell. Kurz, ein solches Modell ist für jeden B-Ausdruck ein Standardmodell bezüglich $P \vdash S$ (*P* auf *S* beschränkt).

So ein Modell erfüllt nun alle operationalen Bedingungen, da es mit *OP* übereinstimmt. Und es erfüllt jene theoretischen Bedingungen, die wir ihm am idealen Limit der Forschung auferlegen würden. Es sieht also wieder einmal so aus, als wenn jedes solche Modell ‹intendiert› ist – denn was sonst, wenn nicht dies, könnte ein Modell als ‹intendiert› auszeichnen? Wenn es aber das ist, was es *ausmacht*, ein ‹intendiertes Modell› zu sein, dann muß T_1 *wahr* sein: wahr in allen intendierten Modellen! Die Behauptung des metaphysischen Realisten, selbst die ideale Theorie T_1 könnte ‹in Wirklichkeit› falsch sein, bricht als unverständlich in sich zusammen, wie es scheint.

Es könnte natürlich erwidert werden, ‹wahr› folge nicht aus ‹wahr in allen Modellen›. ‹Wahr› ist jedoch in jeder Ansicht dasselbe wie ‹wahr in der intendierten Interpretation› (oder ‹in *allen* intendierten Interpretationen›, falls es mehr als eine vom Sprecher intendierte – oder gestattete – Interpretation geben darf). Um also diesen Argumentationsstrang weiter zu verfolgen – welcher tatsächlich meiner Ansicht nach der richtige ist –, muß man eine Theorie entwickeln, derzufolge Interpretationen *anders* bestimmt werden als durch die Bestimmung von Modellen.

Wieder berufen sich einige Leute auf mysteriöse Kräfte des Geistes. Chisholm (der Tradition von Brentano folgend) behauptet, der Geist besitze eine Fähigkeit zur *Referenz auf externe Objekte* (oder vielleicht auf externe Eigenschaften), welche er mit dem guten alten Namen ‹Intentionalität› belegt.[14] Und wieder finden die meisten naturalistisch orientierten Philosophen (und natürlich Psychologen), die Postulierung von unerklärten Fähigkeiten des Geistes sei als Erkenntnistheorie wenig hilfreich und sicherlich auch schlechte Wissenschaft.

Die Art und Weise betreffend, wie Referenz von theoretischen Termini festgelegt wird, gibt es zwei wesentliche Tendenzen in der Wissenschaftstheorie (ich zögere, sie ‹Ansichten› zu nennen, weil jede der beiden Tendenzen von vielen unterschiedlichen Ansichten repräsentiert wird). Einer Tendenz zufolge, die wir die Ramsey-Tendenz nennen könnten[15] und deren diverse Varianten für viele Jahre die anerkannte Ansicht bildeten, kommen theoretische Termini in Schüben oder Klumpen. Jeder dieser Klumpen – zum Beispiel der Klumpen, welcher aus den einfachen Ausdrücken der Theorie des Elektromagnetismus besteht – wird in dem Sinn von einer Theorie definiert, daß alle Modelle dieser Theorie, die über die Beobachtungsausdrücke Standard sind, als intendierte Modelle zählen. Die Theorie ist eben dann ‹wahr›, falls sie ein solches Modell hat. (Der ‹Ramsey-Satz› der Theorie ist bloß der Satz zweiter Stufe, der die Existenz eines solchen Modells behauptet.) Eine raffinierte Variante dieser Ansicht, die darauf hinausläuft, den Ramsey-Satz auf eine offene Menge von ‹intendierten Anwendungen› zu relativieren, ist kürzlich von Joseph Sneed vorgeschlagen worden.[16]

Die andere Tendenz ist die realistische. Während sich die Realisten untereinander noch stärker unterscheiden als die Vertreter der (ehemaligen) anerkannten Ansicht, sind sie sich doch darin einig, daß es einer Theorie möglich ist, einen wahren Ramsey-Satz zu haben und (in Wirklichkeit) nicht wahr zu sein.

Die ersten der beiden von mir beschriebenen Tendenzen, die Ramsey-Tendenz, in den Vereinigten Staaten durch die Schule von Rudolf Carnap vertreten[17], hat die ‹Relativität der Begriffe der Mengenlehre› akzeptiert und die realistischen Intuitionen aufgegeben. Die zweite Tendenz ist komplexer. Ihr sozusagen konservativer Flügel, vertreten durch Chisholm, schließt sich Platon und den Alten an, indem er mysteriöse Kräfte postuliert, mit denen der Geist Begriffe ‹erfaßt›, wie wir schon gesagt haben. Wenn wir zur Bestimmung des intendierten Modells mehr als bloß theoretische und operationale Bedingungen zur Verfügung haben, dann verschwindet das Problem. Der radikal pragmatistische Flügel, vertreten vielleicht von Quine[18], ist bereit, die Intuition aufzugeben, daß T_1 ‹in Wirklichkeit› falsch sein könnte. Dieser radikale Flügel ist in dem Sinn ‹realistisch›, daß er gewillt ist zu erklären, die gegenwärtige Wissenschaft – mehr oder minder für bare Münze genommen (d.h. ohne philosophische Reinterpretation) – sei zumindest in groben Zügen wahr; ‹realistisch› in dem Sinn, daß Referenz als transtheoretisch angesehen wird (eine Theorie mit einem wahren Ramsey-Satz kann falsch sein, weil spätere Forschung eine damit unvereinbare Theorie als besser etablieren könnte); aber nicht *metaphysisch* realistisch. Wieder einmal ist es das gemäßigte ‹Zentrum› der realistischen Tendenz, welches am metaphysischen Realismus festhalten möchte, *ohne* mysteriöse Kräfte des Geistes zu postulieren, das sich in größten Schwierigkeiten befindet.

Zurück zum philosophischen Problem: die Skolemisierung von absolut allem

Wir haben gesehen, daß Fragen der Wissenschaftstheorie, bei denen es um die Referenz von theoretischen Termini geht, und Fragen in der Philosophie der Mathematik, bei denen es um das Problem geht, ein einziges ‹intendiertes Modell› für die Mengenlehre auszuzeichnen, beide mit dem Löwenheim-Skolem-Satz und seinem engen Verwandten, dem Gödelschen Vollständigkeitssatz, zu tun haben. Fragen, die mit Referenz zu tun haben, kommen in der Philosophie auch im Zusammenhang mit Sinnesdaten und materiellen Gegenständen vor, und wieder einmal verbinden sich diese mit den modelltheoretischen Fragen, die wir diskutiert haben. (In gewissem Sinn scheint es, als ob die Skolem-Paradoxie den *charakteristischen* Problemen der Philosophie des 20. Jahrhunderts zugrunde liegt.)

Auch wenn sowohl der Philosoph John Austin als auch der Psychologe Fred Skinner versucht haben, Sinnesdaten auszutreiben[19], so scheint mir doch, daß die meisten Philosophen und Psychologen denken, es gebe solche Dinge wie *Empfindungen* oder *Qualia*. Diese mögen nicht die Objekte der Wahrnehmung sein, wie man früher dachte (es kommt immer mehr in Mode, sie als Zustände oder Befindlichkeiten des Subjekts anzusehen, wie Reichenbach schon vor langer Zeit gefordert hat[20]); wir mögen kein unkorrigierbares Wissen besitzen, was sie betrifft; sie mögen eher schlecht definierte Entitäten sein als die vollkommen scharfen Individuen, für die sie einst gehalten wurden; es scheint aber vernünftig zu vertreten, daß sie Teil des legitimen Gegenstandsbereichs der Kognitionspsychologie und Philosophie sind und keine von schlechter Psychologie und Philosophie erfundene bloße Pseudo-Entitäten.

Wenn man dies akzeptiert und nun als operationale Bedingung wünscht, die ideale Theorie möge alle Sinnesdaten richtig vorhersagen, so ist es einfach zu sehen, daß das vorhergehende Argument hier wiederholt werden kann. Dieses Mal, um zu zeigen, daß (wenn die ‹intendierten› Modelle jene sind, welche die operationalen und theoretischen Bedingungen erfüllen, die wir jetzt haben, oder sogar die operationalen und theoretischen Bedingungen, die wir ihnen bei einer gewissen

Grenze auferlegen würden) entweder die gegenwärtige Theorie ‹wahr› ist – im Sinn von ‹wahr in allen intendierten Modellen› –, falls sie zu keinen falschen Voraussagen über Sinnesdaten führt, oder aber die ideale Theorie. Es entspricht der ersten Alternative, die theoretischen Bedingungen als von der gegenwärtigen Theorie verkörpert zu betrachten; der zweiten Alternative entspricht, sie als von der idealen Theorie verkörpert zu betrachten. Dieses Mal wird es jedoch so sein, daß selbst Ausdrücke, die sich auf gewöhnliche materielle Gegenstände beziehen – Ausdrücke wie ‹Katze› und ‹Hund› –, in den verschiedenen ‹intendierten› Modellen verschieden interpretiert werden. Es scheint dieses Mal, als ob wir nicht einmal auf gewöhnliche mittelgroße Gegenstände anders denn als formale Konstrukte referieren können, die in diversen Modellen vielfältig interpretiert werden.

Sind wir mit Wittgenstein darüber hinaus einig, daß die *Ähnlichkeitsbeziehung* zwischen Sinnesdaten, die wir zu verschiedenen Zeiten haben, dem Geist nicht selbst gegenwärtig ist[21] – daß ‹seine Aufmerksamkeit auf ein Sinnesdatum zu richten› und zu denken «Mit ‹rot› meine ich alles, was so ähnlich ist, wie *dies*» nicht wirklich eine Ähnlichkeitsbeziehung auszeichnet –, dann ist es ein natürlicher Schritt zu der Annahme, daß die intendierten Modelle meiner Sprache von operationalen und theoretischen Bedingungen ausgezeichnet werden, wenn ich jetzt oder in der Zukunft über meine Sinnesdaten zu einem vergangenen Zeitpunkt $t_{\bigcirc}$ rede. Es wird sich dann erneut herausstellen, daß meine *vergangenen* Sinnesdaten bloße formale Konstrukte sind, die in diversen Modellen verschieden interpretiert werden. Und wenn wir weiter mit Wittgenstein übereinstimmen, daß der Begriff der Wahrheit eine *öffentliche* Sprache erfordert (oder doch zumindest Zustände des Ich zu mehr als einem Zeitpunkt: daß eine ‹private Sprache für eine trügerische Gegenwart› keinen Sinn macht[22]), dann sitzen sogar meine *gegenwärtigen* Sinnesdaten im selben Boot... Kurz, man kann absolut alles ›skolemisieren‹. Es scheint völlig unmöglich, (ohne Appell an nicht-natürliche mentale Kräfte) eine bestimmte Referenz für *irgendeinen* Ausdruck festzulegen. Und wenn wir das Argument auf eben jene Metasprache anwenden, die wir verwenden, um über die mißliche Lage zu sprechen...?

Dasselbe Problem hat sich kürzlich im Bereich der Kognitionspsychologie gezeigt. Das Standardmodell für Gehirn/Geist in diesem Bereich ist die moderne Rechenmaschine. Man stellt sich vor, daß dieser Computer etwas einer formalen Sprache Analoges besitzt, in der er rechnet. (Diese hypothetische Gehirnsprache hat sogar einen Namen erhalten: ‹Mentalesisch›[23].) Was das Modell der Kognitionspsychologie zu einem *kognitiven* Modell macht, ist, daß man sich ‹Mentalesisch› als ein Mittel vorstellt, mittels dessen das Gehirn eine *interne Repräsentation* der Außenwelt konstruiert. Diese Vorstellung führt direkt zu folgendem Problem: Wenn ‹Mentalesisch› ein Vehikel für die Beschreibung der Außenwelt sein soll, dann müssen die diversen Prädikatsausdrücke Extensionen besitzen, die Mengen von Dingen der Außenwelt sind (oder Mengen von *n*-Tupeln von Dingen der Außenwelt). Wenn aber das ‹Verstehen› des ‹Mentalesisch› durch die tiefen Strukturen im Gehirn, die in dieser Sprache berechnen, aufnehmen etc., *über* das läuft, was die Leute in der künstlichen Intelligenz ‹prozedurale Semantik› nennen – wenn also das *Programm* des Gehirns *für den Gebrauch* von ‹Mentalesisch› das gesamte Verständnis von ‹Mentalesisch› ausmacht, wobei sich das Programm für den Gebrauch von ‹Mentalesisch›, so wie jedes Programm, nur auf das bezieht, was sich *innerhalb* des Computers abspielt –, wie kommen *Extensionen* dann überhaupt ins Bild? In der Terminologie, die ich in diesem Vortrag verwendet habe, ist das Problem folgendes: Wenn die Extension von Prädikaten in ‹Mentalesisch› durch die theoretischen und operationalen Bedingungen festgelegt wird, die im Gehirn ‹fest verdrahtet› sind, oder sogar durch theoretische und operationale Bedingungen, die es im Laufe der Forschung hervorbringt, dann werden diese keine *bestimmte* Extension für irgendein Prädikat festlegen. Wenn das Denken im Endeffekt in ‹Mentalesisch› vonstatten geht, dann *wird keiner unserer Begriffe eine bestimmte Extension haben*. Oder so scheint es zumindest.

Die Relevanz kausaler Theorien der Referenz

Der Ausdruck ‹kausale Theorie der Referenz› wurde ursprünglich auf meine Theorie der Referenz von Ausdrücken für natürliche Arten und auf Kripkes Theorie angewendet.[24] Diese Theorien versuchten nicht, Referenz zu *definieren*, sondern vielmehr, etwas darüber zu sagen, wie Referenz festgelegt wird, wenn das nicht durch die Verbindung von Russellschen Kennzeichnungen mit den fraglichen Ausdrücken und Namen geschieht. Kripke und ich argumentierten, daß es die Absicht, Referenz durch eine historische Kette von Verwendungen hindurch zu bewahren, und die Absicht, bei der Festlegung der Referenz gesellschaftlich zusammenzuarbeiten, ermöglichen, Ausdrücke erfolgreich zur Referenz zu verwenden, auch wenn es keine bestimmte Kennzeichnung gibt, die alle Sprecher, welche einen Ausdruck verwenden, mit diesem Ausdruck verbinden. Diese Theorien nahmen an, daß Individuen zum Zwecke einer ‹Benennungszeremonie› ausgezeichnet werden können und daß Schlüsse auf die Existenz von bestimmten theoretischen Entitäten (die man dann mit Namen versehen kann) mit Erfolg möglich sind. Jene Theorien befaßten sich also nicht mit der Frage, wie irgendein Ausdruck eine bestimmte Referenz erlangen kann (oder irgendeine Geste – die ‹Referenz› von Gesten ist natürlich ebenso problematisch wie die von Ausdrücken, wenn nicht noch mehr). Neuerdings wird jedoch von diversen Autoren vorgeschlagen, daß eine gewisse Erklärung dafür, wie zumindest einige grundlegenden Arten von Ausdrücken referieren, mittels des Begriffs der ‹Kausalkette› gegeben werden kann. In einer Version (Evans 1973), die auffallend an Theorien von Ockham und anderen Logikern des 14. Jahrhunderts erinnert[25], wird vertreten, daß Ausdrücke auf die ‹dominante Quelle› der Überzeugungen referieren, die sie enthalten. Auch wenn wir annehmen, das Problem umgehen zu können, daß die dominante Quelle unserer Überzeugungen über Elektronen durchaus *Lehrbücher* sein mögen[26], ist es doch wichtig, folgendes zur Kenntnis zu nehmen: Selbst wenn eine *richtige* Ansicht dieser Art ausgearbeitet werden kann, würde sie zur Lösung des von uns diskutierten Problems nichts beitragen.

Das Problem ist, daß die Hinzufügung einer Theorie mit dem Titel ‹kausale Theorie der Referenz› zu unserer hypothetischen formalisierten Sprache der Wissenschaft bloß bedeutet, mehr *Theorie* hinzuzufügen. Skolems Argument und unsere Erweiterungen desselben werden aber durch eine Vergrößerung der Theorie nicht berührt. Man kann tatsächlich sogar annehmen, die Theorie bestünde aus *allen wahren Sätzen*, und es wird viele Modelle geben – Modelle, die sich bei der Extension jedes Ausdruck unterscheiden, der nicht durch *OP* festgelegt ist –, welche die gesamte Theorie erfüllen. Falls ‹referiert› mittels eines gewissen kausalen Prädikats oder mit Hilfe von Prädikaten in der Metasprache unserer Theorie definiert werden kann, dann wird sich herausstellen, daß *in jedem Modell M*, $Referenz_M$ mittels $Ursachen_M$ definiert werden kann – da sich jedes Modell der Objektsprache in einer auf der Hand liegender Weise zu einem Modell der Metasprache erweitert. Ist aber das Wort ‹verursacht› (oder was auch immer das kausale Prädikat oder die kausalen Prädikate sein mögen) nicht ohnehin schon mit metaphysischem Klebstoff an eine bestimmte Relation angeklebt, so legt das obige überhaupt keine bestimmte Extension für ‹referiert› fest.

Das heißt nicht, die Konstruktion einer solchen Theorie als Philosophie oder Naturwissenschaft wäre wertlos. Das Programm der Kognitionspsychologie, auf das wir schon angespielt haben, jenes Programm, unsere Gehirne als Computer zu beschreiben, die eine ‹interne Repräsentation der Umgebung konstruieren›, scheint zu verlangen, daß Äußerungen in ‹Mentalesisch› wenigstens in einigen Fällen als das kausale Produkt von Einrichtungen in Gehirn und Nervensystem beschrieben werden, die Information aus der Umgebung ‹überführen›, und es könnte durchaus eine solche Beschreibung sein, nach der die kausalen Theoretiker suchen. Das Programm des Realismus in der Wissenschaftstheorie – des *empirischen*, nicht des metaphysischen Realismus – besteht nun darin zu zeigen, daß wissenschaftliche Theorien als immer bessere Darstellungen einer objektiven Welt gesehen werden können, mit der wir interagieren. Und wenn eine solche Ansicht Teil der Wissenschaft selbst sein soll, wie es empirische Realisten behaupten, dann müssen die Interaktionen mit der Welt, mittels deren diese Darstellung gebildet und modifiziert wird, selbst Teil des Gegenstandsbereichs der Darstellung sein. Das Problem, wie die *gesamte Darstellung*, einschließlich der empirischen Theorie des Wissens, welche ein Teil von ihr ist, wohlbestimmt referieren kann, ist jedoch kein Problem, das durch die Entwicklung von mehr und besserer empirischer Theorie gelöst werden kann.

Ideale Theorien und Wahrheit

Eine mögliche Reaktion auf das von mir aufgeworfene Problem wäre es zu sagen: Es gibt viele ideale Theorien, im Sinn von Theorien, welche die operationalen Bedingungen erfüllen und zusätzlich all jene Tugenden besitzen (Einfachheit, Kohärenz, das Auswahlaxiom enthalten, was auch immer), die Menschen zu verlangen pflegen. Es gibt aber keine ‹Fakten›, die in den Bedingungen idealer Theorien in diesem Sinn nicht reflektiert würden. Was also wirklich wahr ist, ist das, was allen solchen idealen Theorien gemeinsam ist; was wirklich falsch ist, ist, was sie alle verneinen; und alle anderen Aussagen sind weder wahr noch falsch.

Eine solche Reaktion würde allerdings zu allzu wenigen Wahrheiten führen. Es könnte durchaus sein, daß es rationale Wesen gibt – sogar rationale menschliche Arten –, die unsere Farbprädikate nicht verwenden, die das Prädikat ‹Person› oder das Prädikat ‹Erdbeben› nicht verwenden.[27] Ich sehe keinen Grund, daraus zu schließen, *unserem* Reden von roten Dingen, Personen oder Erdbeben fehle ein Wahrheitswert. Wenn es viele ideale Theorien gibt (und ‹ideal› selbst ein leicht interessenrelativer Begriff ist), wenn es viele Theorien gibt, die zu akzeptieren unter bestimmten Umständen vollkommen vernünftig ist, dann scheint es besser zu sagen: Insofern diese Theorien verschiedene (und manchmal anscheinend unvereinbare) Dinge sagen, sind einige Tatsachen ‹weich› – in dem Sinn, daß ihr Wahrheitswert vom Sprecher, den Umständen der Äußerung etc. abhängt. Das ist es, was wir jedenfalls über Fälle von gewöhnlicher Vagheit, über gewöhnliche Rede von Kausalität etc. sagen müssen. Wir sagen dies über anscheinend unvereinbare Aussagen der Gleichzeitigkeit in der speziellen Relativitätstheorie. Zu gestatten, daß es mehr als eine wahre Version der Wirklichkeit gibt, heißt nicht zu bestreiten, daß einige Versionen falsch sind.

Es könnte natürlich sein, daß es einige Wahrheiten *gibt*, die *jede* Art von vernünftigen Forschern schließlich anerkennen würde. (Andererseits könnte die Menge diese Wahrheiten leer oder beinahe leer sein.) Zu sagen, dies seien *per definitionem* alle Wahrheiten, die es gibt, bedeutet jedoch, den Begriff in höchst restriktiver Weise umzudefinieren. (Es setzt auch voraus, daß der Begriff der ‹idealen Theorie› vollkommen klar ist, eine Annahme, die schlicht falsch zu sein scheint.)

Intuitionismus

Es ist eine bemerkenswerte Tatsache, daß dieses ganze Problem für den Standpunkt des mathematischen Intuitionismus *nicht* auftaucht. Das wäre keine Überraschung für Skolem: Es war nämlich genau seine Schlußfolgerung, daß die «meisten Mathematiker wollen, daß sich die Mathematik letzten Endes mit ausführbaren Rechenoperationen befaßt und nicht aus formalen Aussagen über Gegenstände besteht, die so oder anders genannt werden».[28]

Im Intuitionismus besteht das Kennen der Bedeutung eines Satzes oder Prädikats in der Verbindung des Satzes oder Prädikats mit einem Verfahren, was einem zu erkennen gestattet, wann man einen Beweis besitzt, daß der Satz konstruktiv wahr ist (es also möglich ist, die Konstruktionen auszuführen, von denen der Satz sagt, daß sie ausgeführt werden können) oder das Prädikat auf eine gewisse Entität zutrifft (daß also ein gewisser erfüllter Satz des Prädikates konstruktiv wahr ist). Das Bemerkenswerteste an diesem Standpunkt ist, daß *der klassische Wahrheitsbegriff nirgendwo verwendet wird* – die Semantik wird vollständig mittels des Begriffs des ‹konstruktiven Beweises› gegeben, *einschließlich der Semantik von ‹konstruktiver Beweis› selbst.*

Natürlich glauben die Intuitionisten nicht, daß ‹konstruktiver Beweis› formalisiert werden kann oder daß ‹geistige Konstruktionen› mit Vorgängen in unseren *Gehirnen* identifiziert werden können. Allgemein nehmen sie eine stark intentionalistische und *aprioristische* Haltung in der Philosophie ein, das heißt, sie nehmen die Existenz von geistigen Entitäten an, genannt ‹Bedeutungen›, sowie von einer speziellen Fähigkeit zur inutitiven Erkenntnis konstruktiver Relationen zwischen diesen Entitäten. Dies sind nicht die Aspekte des Intuitionismus, die mich beschäftigen werden. Ich möchte den Intuitionismus vielmehr als ein Beispiel dessen betrachten, was Michael Dummett ‹non-realistische Semantik› genannt hat[29]; das heißt als semantische Theorie, die behauptet, *eine Sprache ist vollständig verstanden, wenn ein Verifikationsverfahren angemessen beherrscht wird*, und nicht dann, wenn Wahrheitsbedingungen (im klassischen Sinn) gelernt wurden.

Das Problem mit realistischer Semantik – Semantik über Wahrheitsbedingungen – ist folgendes, wie Dummett betont hat: Wenn wir behaupten, das Verstehen von Sätzen, etwa der Mengenlehre, bestünde im Kennen ihrer ‹Wahrheitsbedingungen›, wie können wir dann jemals sagen, worin *dieses* Wissen wiederum besteht? (Wie wir soeben gesehen haben, kann es nicht im Gebrauch von Sprache oder ‹Mentalesisch› unter der Kontrolle von operationalen plus theoretischen Bedingungen bestehen, seien sie fest oder sich entwickelnd, denn solche Bedingungen sind zu schwach, um eine bestimmte Extension für die Ausdrücke zur Verfügung zu stellen, und das ist es, was der Realist haben will.)

Wenn das Verstehen der Sätze einer mathematischen Theorie jedoch in der Beherrschung von Verifikationsverfahren besteht (die nicht ein für allemal festgelegt sein müssen, wir können ein gewisses Maß an ‹Kreativität› gestatten), dann kann eine mathematische Theorie vollkommen verstanden werden, und dieses Verständnis setzt überhaupt keinen Begriff eines ‹Modells› voraus, ganz zu schweigen von dem eines ‹intendierten Modells›.

Genausowenig muß der Intuitionist (oder, allgemeiner, der ‹non-realistische› Semantiker) *für immer* dem Begriff Modell abschwören. Er muß dem Bezug auf Modelle in seiner Auffassung des *Verstehens* abschwören; sobald er aber ein Verständnis einer Sprache erreicht hat, die reich genug ist, um als Metasprache für eine Theorie *T* zu dienen (die selbst in der bekannten Weise ganz einfach eine Untersprache der Metasprache sein kann), kann er ‹wahr in *T*› à la Tarski definieren, kann er über ‹Modelle› von *T* reden etc. Er kann sogar ‹Referenz› (oder ‹Erfüllung›) genau so definieren, wie es Tarski getan hat.[30]

Steht die ganze ‹Skolem-Paradoxie› an diesem Punkt wieder auf, um ihn zu plagen? Die Antwort ist, sie tut es nicht. Um einzusehen, warum sie es nicht tut, muß man sich klarmachen, was ‹Existenz eines Modells› in der *konstruktiven* Mathematik bedeutet.

‹Gegenstände› sind in der konstruktiven Mathematik *durch Beschreibungen gegeben.* Diese Beschreibungen müssen den Gegenständen nicht auf mysteriöse Weise durch irgendeinen nicht-natürlichen Prozeß (oder ‹metaphysischen Klebstoff›) angeheftet werden. Wenn man sagt, das Modell ‹existiert›, wird vielmehr behauptet, es sei möglich zu *beweisen,* daß eine gewisse Konstruktion (sozusagen der ‹Sinn› der Beschreibung des Modells) gewisse konstruktive Eigenschaften hat. Uns, das ist alles, was behauptet wird. Kurz, *Referenz ist durch Sinn gegeben, und Sinn ist durch Verifikationsverfahren, nicht durch Wahrheitsbedingungen gegeben.* Die ‹Kluft› zwischen unserer Theorie und den ‹Gegenständen› verschwindet ganz einfach – oder vielmehr, sie taucht gar nicht erst auf.

Liberalisierter Intuitionismus

Es ist jedoch nicht mein Ziel, meine Leser zum Intuitionismus zu bekehren. Die Mengenlehre mag nicht das ‹Paradies› sein, für das Cantor sie gehalten hat[31], aber es ist auch keine so miese Gegend, daß ich sie aus eigenem Antrieb verlassen will. Können wir die philosophische Idee hinter dem Intuitionismus, die Idee der ‹non-realistischen› Semantik, von den Beschränkungen und Verboten trennen, welche die ursprünglichen Intuitionisten der Mathematik auferlegen wollten?

Die Antwort ist, wir können. Was erstens die Mengenlehre betrifft, der Vorwurf der *Imprädikativität*[32], welcher für den Intuitionisten den Grund zur Ablehnung der klassischen Mengenlehre gibt, hat wenig oder nichts mit dem Beharren auf dem Verifikationismus selbst zu tun. Tatsächlich ist die intuitionistische Mathematik selbst ‹imprädikativ›, insofern als der intuitionistische Begriff des konstruktiven Beweises konstruktive Beweise voraussetzt, die sich auf die Gesamtheit *aller* konstruktiven Beweise beziehen.

Was zweitens den Aussagenkalkül betrifft[33], so ist es wohlbekannt, daß die klassischen Junktoren durch Reinterpretation wieder in eine intuitionistische Theorie eingeführt werden können. Die wichtige

Frage ist nicht, ob man den ‹klassischen Aussagenkalkül› verwendet oder nicht, sondern wie man die Logik *versteht*, wenn man ihn verwendet. Die klassische Logik so zu verwenden, wie sie ein Intuitionist verstehen würde, hieße zum Beispiel darauf zu achten, wann eine Disjunktion selektiv (d.h., eines ihrer Glieder ist konstruktiv beweisbar) und wann sie nicht selektiv ist, aber das scheint keine so schlechte Idee zu sein.

Kurz, während Intuitionismus mit einem verstärkten Interesse an konstruktiver Mathematik einhergehen mag, muß doch eine liberalisierte Version des intuitionistischen Standpunkts die ‹klassische› Mathematik nicht als illegitim oder unverständlich abtun.

Wie steht es mit der Sprache der empirischen Wissenschaften? Hier gibt es größere Schwierigkeiten. Die intuitionistische Logik wird mit Hilfe des Begriffs *Beweis* gegeben, und der Beweis soll ein *beständiger* Zug von Aussagen sein. Zudem ist der Beweis nicht-holistisch; es gibt so etwas wie den Beweis (im konstruktiven wie im klassischen Sinn) einer isolierten mathematischen Aussage. Verifikation in den empirischen Wissenschaften jedoch ist eine graduelle Angelegenheit, keine Sache von ‹ja oder nein›. Selbst wenn wir es auf irgendeine beliebige Weise zu einer Sache von ‹ja oder nein› machen würden, ist doch Verifikation eine Eigenschaft von empirischen Sätzen, die *verloren* werden kann; und allgemein ist die ‹Einheit der Verifikation› in den empirischen Wissenschaften die Theorie und nicht die isolierte Aussage.

Diese Schwierigkeiten zeigen, daß es eine schlechte Idee wäre, im Kontext der Formalisierung von empirischer Wissenschaft auf dem intuitionistischen Standpunkt zu beharren, wie liberalisiert auch immer. Sie sind aber mit der ‹non-realistischen› Semantik nicht unvereinbar. Die entscheidende Frage ist diese: Stellen wir uns das *Verstehen* einer Sprache als darin bestehend vor, daß Sprecher (kollektiv, wenn nicht individuell) ein sich entwickelndes Netzwerk von Verifikationsverfahren besitzen, oder darin, daß sie im Besitz einer Menge von ‹Wahrheitsbedingungen› sind? Wenn wir die erste Alternative wählen, die Alternative der ‹non-realistischen› Semantik, dann tut sich die ‹Kluft› zwischen Worten und Welt, zwischen unserem *Gebrauch* der Sprache und ihren Gegenständen, gar nicht erst auf.[34] Zudem ist ‹non-realistische› Semantik mit realistischer Semantik nicht *unverträglich*, sie geht ihr ganz einfach voraus in dem Sinn, daß es ‹non-realistische› Semantik ist, die verinnerlicht werden muß, wenn die Sprache verstanden werden soll.

Die Wahl der non-realistischen Semantik (selbst wenn sie mit realistischer Semantik nicht unverträglich ist) als unser Bild, wie Sprache verstanden wird, hat zweifellos einen Einfluß darauf, wie wir Fragen der Wirklichkeit und Wahrheit sehen. Zunächst einmal hängt Verifikation in empirischer Wissenschaft (und in geringerem Maße auch in der Mathematik, vielleicht) manchmal von dem ab, was wir oben ‹Entscheidung› oder ‹Konvention› genannt haben. Tatsachen können also, dieser Sichtweise zufolge, von unseren Interessen, Vorlieben und Entscheidungen abhängen. Es wird viele ‹weiche› Tatsachen geben. (Vielleicht ist es keine ‹weiche› Tatsache, ob $V = L$ oder nicht.) Ich selbst bedaure das nicht. Wenn Erscheinung und Wirklichkeit dann Endpunkte auf einem Kontinuum sind anstelle von zwei Hälften eines monströsen Dedekindschen Schnitts in allem, was wir wahrnehmen und nicht wahrnehmen, so scheint mir, daß die Philosophie viel besser dran sein wird. Die Suche nach der ‹Einrichtung des Universums› wird mit der Entdeckung enden, daß das Universum kein eingerichteter Raum ist.

Wo waren wir in die Irre gegangen? – Die Lösung des Problems

Was Skolem wirklich aufgezeigt hat, ist folgendes: Keine interessante Theorie (im Sinn einer Theorie erster Stufe) kann aus sich selbst heraus ihre eigenen Gegenstände bis hin zur Isomorphie bestimmen. Und wie wir gesehen haben, kann Skolems Argument erweitert werden, um zu zeigen: Wenn theoretische Bedingungen Referenz nicht bestimmen, dann wird es die Hinzufügung von operationalen Bedingungen auch nicht tun. An diesem Punkt beginnt Referenz selbst ‹okkult› zu erscheinen; es fängt an, so auszusehen, als ob man keine Art von Realist sein kann, ohne an nicht-natürliche geistige Kräfte zu glauben. Wie wir oben gezeigt haben, sind als Antwort auf diese mißliche Lage viele Versuche in verschiedene Richtungen unternommen worden. Man hat vorgeschlagen, Formalisierungen in der Prädikatenlogik *zweiter Stufe* seien die Lösung, zumindest für die Mathematik; die ‹intendierte› Interpretation des Formalismus zweiter Stufe ist jedoch durch den Gebrauch des Formalismus nicht festgelegt (der Formalismus selbst gestattet sogenannte ‹Henkin-Modelle›, das heißt Modelle, in denen die Variablen zweiter Stufe nicht über die *ganze* Potenzmenge des Gegenstandsbereichs reichen[35]), und es wird notwendig, dem Geist spezielle

Kräfte zur ‹Erfassung von Begriffen zweiter Stufe› zuzusprechen. Manche haben vorgeschlagen, den Schluß zu akzeptieren, daß die mathematische Sprache nur teilweise interpretiert ist, und ebenso die Sprache, die wir verwenden, um von den ‹theoretischen Entitäten› in den empirischen Wissenschaften zu sprechen. Sind dann aber ‹gewöhnliche materielle Gegenstände› besser dran? Sind Sinnesdaten besser dran? Als Erwiderungen auf diese mißliche Lage haben Platonismus und Phänomenalismus zu verschiedenen Zeiten und an verschiedenen Orten überhandgenommen.

Das Problem jedoch liegt in der mißlichen Lage selbst. Die Lage *ist* nur deswegen mißlich, weil wir zwei Dinge getan haben: Erstens haben wir eine Auffassung vom Verstehen der Sprache mittels Programmen und Verfahren für den *Gebrauch* der Sprache formuliert (was sonst?), und dann, zweitens, haben wir gefragt, was die möglichen ‹Modelle› für die Sprache sind, wobei wir uns die Modelle als etwas vorgestellt haben, was ‹da draußen› existiert, *unabhängig von unserer Beschreibung*. An diesem Punkt war schon etwas sehr Merkwürdiges passiert, und wir hätten innehalten sollen, um darauf zu achten. Das Verstehen einer Sprache muß in jeder Auffassung die Referenz der Ausdrücke oder vielmehr die Referenz in einem Verwendungskontext bestimmen. Wenn der Gebrauch, selbst in einem festgelegten Kontext, Referenz nicht bestimmt, dann ist Gebrauch nicht Verstehen. Der Perspektive zufolge, in die wir uns da hineingeredet haben, hat die Sprache ein vollständiges Programm für den Gebrauch, aber es fehlt ihr immer noch eine *Interpretation*.

Das ist der fatale Schritt. Eine Theorie der Bedeutung anzunehmen, derzufolge einer Sprache, deren gesamter Gebrauch spezifiziert ist, immer noch etwas fehlt – nämlich ihre ‹Interpretation› –, heißt ein Problem zu akzeptieren, das nur verrückte Lösungen haben *kann*. So zu reden, als wäre *dies* mein Problem: «Ich weiß, wie ich meine Sprache zu gebrauchen habe, wie aber soll ich nun eine Interpretation auszeichnen?», heißt Unsinn zu reden. Entweder legt der Gebrauch bereits die ‹Interpretation› fest, oder *nichts* kann es tun.

Ebensowenig helfen ‹kausale Theorien der Referenz›. Im Prinzip bedeutet der Versuch, *so* aus der mißlichen Lage herauszukommen, zu hoffen, die *Welt* werde eine bestimmte Extension für jeden unserer Ausdrücke auszeichnen, auch wenn *wir* es nicht können. Die Welt zeichnet aber keine Modelle aus und interpretiert auch keine Sprachen. Entweder *wir* interpretieren unsere Sprachen, oder nichts tut es.

Wir brauchen also einen Standpunkt, der Gebrauch und Referenz in eben jener Weise verbindet, welcher sich der metaphysisch realistische Standpunkt verweigert. Eben das ist der Standpunkt der ‹non-realistischen Semantik›. Von diesem Standpunkt aus ist es trivial zu sagen, daß ein Modell, in dem etwa die Menge der Katzen mit jener der Hunde vertauscht ist (d.h. ‹Katze› wird die Menge der Hunde als ihre Extension zugeteilt und ‹Hund› die Menge der Katzen), ‹nicht intendiert› ist, selbst wenn entsprechende Anpassungen bei den Extensionen aller anderen Prädikate darauf hinauslaufen, daß die operationalen und theoretischen Bedingungen der gesamten Wissenschaft oder aller Überzeugungen sämtlich ‹bewahrt› bleiben.[36] Ein solches Modell wäre nicht intendiert, *weil wir nicht wünschen, daß das Wort ‹Katze› auf Hunde referiert.* Vom metaphysisch-realistischen Standpunkt aus funktioniert diese Antwort nicht; sie verlagert das Problem lediglich auf die Metasprache. Das Axiom der Metasprache «‹Katze› referiert auf Katzen» kann eine solche nicht intendierte Interpretation der Objektsprache nicht ausschließen, es sei denn, die Metasprache selbst hat bereits *ihre* intendierte Interpretation ausgezeichnet. Wir befinden uns jedoch, diesem Standpunkt zufolge, in derselben mißlichen Lage bezüglich der Metasprache, in der wir bezüglich der Objektsprache sind – es ist also alles umsonst. Vom Gesichtspunkt der ‹non-realistischen› Semantik jedoch ist die Metasprache vollkommen verstanden und ebenso die Objektsprache. Wir können also *sagen und verstehen,* «‹Katze› referiert auf Katzen». Auch wenn das genannte Modell die Theorie etc. erfüllt, so ist es doch ‹nicht intendiert›, und wir erkennen *aus der Beschreibung, durch die es gegeben ist,* daß es nicht intendiert ist (wie im Fall der Intuitionisten). Modelle sind nicht noumenale Findelkinder, die nach jemandem suchen, der sie benennt; sie sind Konstrukte innerhalb unserer Theorie selbst, und sie haben Namen von Geburt an.

Anmerkungen

* ‹Models and Reality›, Vortrag, gehalten als Präsident der *Association for Symbolic Logic* bei deren Treffen in Washington, D.C., am 29.12.1977. Ich möchte Bas van Fraassen für wertvolle Bemerkungen und Kritik an einer früheren Version danken. Erschienen in: *Journal of Symbolic Logic* 45, 1980, 464–482. Abgedruckt in: Hilary Putnam: *Realism and Reason, Philosophical Papers, Volume III,* Cambridge University Press, Cambridge 1983, 1–25.

1 [Skolem 1923. Ausführlicher dargestellt in Skolem 1929.]
2 [Van Heijenoort 1967, S. 290f.]
3 [Skolem 1923, S. 152.]
4 [Gödel 1938. Die klassischen Quellen zum Konstruktivitätsaxiom sind Gödel 1939 und 1940.]
5 [Gödel 1947 mit ‹Supplement› von 1964.]
6 Barwise 1971 hat das viel stärkere Theorem bewiesen, daß jedes abzählbare Modell von ZF eine echte Endextension besitzt, die ein Modell von ZF plus $V = L$ ist. Das Theorem im Text wurde von mir vor 1963 bewiesen. [Unveröffentlicht.]
7 [Vgl. Shoenfield 1967.]
8 [Lewis 1973a. Vgl. auch ‹Warum es keine Fertig-Welt gibt›, Text 7, Abschnitt ‹Kontrafaktische Sätze und Ähnlichkeit›.]
9 [Wittgenstein 1953, bes. in I, § 193f, 352, 426.]
10 Dies ist eine unseren Intuitionen sehr widerstrebende Konsequenz des Auswahlaxioms. Nennen wir zwei Objekte A, B ‹kongruent durch endliche Zerteilung›, wenn sie in endlich viele disjunkte Punktmengen $A_1, \ldots, A_n$, $B_1, \ldots, B_n$ zerlegt werden können, so daß $A = A_1 \cup A_2 \cup \ldots A_n$, $B = B_1 \cup B_2 \cup \ldots B_n$, und (für $i = 1, 2, \ldots, n$) A_i ist kongruent zu B_i. Dann haben Tarski und Barnach gezeigt, daß *alle Sphären durch endliche Zerteilung kongruent sind.* [Tarski/Barnach 1924.]
11 Dieses zuerst von J. Mycielski (1963) betrachtete Axiom besagt, daß unendliche Spiele mit perfekter Information bestimmt sind, d.h., es gibt entweder für den ersten oder für den zweiten Spieler eine Gewinnstrategie. Das Bestimmtheitsaxiom impliziert die Existenz eines nicht-trivialen abzählbaren additiven zweiwertigen Maßes der reellen Zahlen, womit es einer wohlbekannten Konsequenz des Auswahlaxioms widerspricht.
12 [Boyd 1973.]
13 [Siehe Gödel 1930, bzw. Skolem 1923 und 1929.]
14 [Chisholm 1955, inzwischen v. a. 1988.]
15 [Nach der Verwendung von Ramsey-Sätzen. Vgl. Ramsey 1929.]
16 [Sneed 1971.]
17 [Vgl. Carnap 1947 und 1966.]
18 [Siehe v. a. Quine 1968, 1974 und 1975.]
19 [Austin 1962 sowie exemplarisch Skinner 1976.]
20 [Vgl. Reichenbach 1938.]
21 [Wittgenstein 1953, I, §§ 258–265, 377–389.]
22 [Anspielung auf Carnap 1928. Wittgenstein 1953, I, §§ 243ff.]
23 [‹*Mentalese*›, prominent in Fodor 1975.]
24 Für eine Darstellung, siehe ‹Referenz und Wahrheit› [Text 5], Abschnitt ‹Die ›neue Theorie der Referenz‹, Kripke und ich›. [Außerdem Text 1, ‹Erklärung und Referenz›; Text 2, ‹Sprache und Wirklichkeit›. Vgl. Kripke 1972.]

25 [Etwa die Suppositionslehre in Wilhelm von Ockhams *Summa Logicae*, I, bes. 63 f.]

26 Evans handhabt diesen Fall, indem er sagt, es gebe Bedingungen der Angemessenheit für die Art der Kausalkette, die zwischen dem Gegenstand, auf den referiert wird, und dem Korpus von Informationen des Sprechers bestehen muß.

27 Für eine Diskussion eben dieses Punktes siehe David Wiggins 1976.

28 [Skolem 1923, 150.]

29 [Zuerst in Dummett 1958, als Semantik in Dummett 1975 und 1976. Ausführlich entwickelt in Dummett 1991 (bes. Einleitung und Kap. 15.), dessen frühere Fassung seit 1976 in Harvard zur Verfügung stand. (Für die Zwischenzeit Dummett 1982.) Dummett hat hierfür den Ausdruck ‹antirealistische Semantik› geprägt, den Putnam ablehnt, um seine Position als ‹internen Realismus› zu bezeichnen.]

30 [Siehe Tarski 1933, S. 46ff, sowie Tarski 1944, §§ 11 ff, und Tarski 1969. Vgl. bes. Text 5 ‹Referenz und Wahrheit›, Abschnitt ‹Tarskis›.]

31 [Cantor gilt als der Begründer der Mengenlehre, siehe etwa Cantor 1874 und die Abhandlungen ‹Über unendliche lineare Punktmannigfaltigkeiten› in: Cantor 1932.]

32 [D.h. der Definition, die Quantifikation über einen Bereich benötigt, der das zu Definierende enthält.]

33 [Vgl. Text 3, «Was ist ‹Realismus›?».]

34 Gegen den Vorschlag, Wahrheit mit verifiziert-sein, akzeptiert-sein, oder auf lange Sicht akzeptiert-werden zu identifizieren, könnte eingewendet werden, daß jemand vernünftigerweise die eventuell wahre Aussage machen könne:

> *A*; aber es könnte der Fall gewesen sein, daß *A*, und unsere wissenschaftliche Entwicklung verläuft anders, so daß $\neg A$ Teil der idealen auf lange Sicht akzeptierten Theorie wird. Unter diesen Umständen wäre *A* der Fall, aber *A* wäre nicht wahr.

Das Argument ist jedoch fehlerhaft, denn die andere ‹wissenschaftliche Entwicklung› heißt hier die Wahl einer anderen Version; wir können nicht annehmen, der *Satz* $\ulcorner A \urcorner$ habe unabhängig von der Version, die wir akzeptieren, eine bestimmte Bedeutung.

Tatsächlich kann sich der metaphysische Realist demselben Problem gegenübersehen. Auch Realisten müssen akzeptieren, daß es Fälle gibt, in denen die Referenz eines Terminus davon abhängt, welche Theorie man akzeptiert, also kann *A* ein wahrer Satz sein, wenn man T_1 akzeptiert, und ein falscher, wenn man T_2 akzeptiert, wobei T_1 und T_2 beide wahre Theorien sind. Dann stelle man sich aber jemanden vor, der sagt:

> *A*; aber es könnte der Fall gewesen sein, daß *A*, und unsere wissenschaft-

liche Entwicklung verläuft anders, so daß T_2 akzeptiert wird. In diesem Fall wäre *A* der Fall, aber *A* wäre nicht wahr.

36 [Nach Henkin 1950.]

37 [Siehe hierzu *Vernunft, Wahrheit und Geschichte* (1981, I-6), Kap. 2 und Anhang.]

5

Referenz und Wahrheit*

Russell über Referenz und Wahrheit

Der Ansicht von Bertrand Russell in seinem Buch *Probleme der Philosophie* [1912] zufolge haben wir zwei Arten von Erkenntnis: *Erkenntnis durch Bekanntsein* und *Erkenntnis durch Beschreibung*. Erkenntnis durch Bekanntsein ist auf Sinnesdaten beschränkt (für Russell waren Sinnesdaten selbst *Eigenschaften* und also Universalien statt Einzeldinge, aber die Details dieser Theorie sind hier nicht von Relevanz).[1] Sinnesdaten können nach Russell *direkt* erfaßt und benannt werden; nur im Fall von Sinnesdaten können wir sicher sein, *daß* ein Name referiert und *worauf* er referiert. Diese Namen – Namen, von Sinnesdaten, von denen wir Erkenntnis durch Bekanntsein besitzen – nannte Russell ‹logische Eigennamen›.

Von anderen Dingen haben wir Erkenntnis durch Beschreibung. Selbst wenn ich von Julius Cäsar keine Erkenntnis durch Bekanntsein habe, so kann ich doch wissen, daß es eine solche Person gegeben hat, weil ich sie als «den römischen General, der ‹Julius› genannt wurde, Pompejus besiegte, den Rubikon überquerte etc.» beschreiben kann. (Natürlich sollten diese Sätze so reformuliert werden, daß sie nur noch logische Eigennamen enthalten; ein schwieriges Problem für Russell.)

Russells Ansicht kann wie folgt als eine Lehre über die Referenz von Ausdrücken reformuliert werden:

(1) Es gibt zwei Arten von Ausdrücken: *Basisausdrücke* und *definierte* Ausdrücke.

(2) Die definierten Ausdrücke sind synonym mit *Beschreibungen*, das heißt mit Ausdrücken der Form: «Die einzige Entität, welche ...» (Russells berühmte ‹Theorie der Kennzeichnungen› hatte gezeigt, wie man Beschreibungen in die Notation der formalen Logik überführt.)[2]

(3) Basisausdrücke referieren auf Dinge, zu denen wir irgendeinen epistemischen Zugang haben.

Man kann auch sagen, daß Russell eine *Korrespondenztheorie der Wahrheit* vertreten hat; denn er meinte folgendes: *(a)* Aussagen entsprechen Sachverhalten, sie sind wahr, wenn der entsprechende Sachverhalt besteht, und falsch, wenn er nicht besteht. *(b)* Unser *Ver-*

stehen einer Aussage besteht in unserem Wissen, welcher Sachverhalt ihr entspricht. *(c)* Dieses Erfassen wird durch die Tatsache ermöglicht, daß die Grundkonstituenten jeder Aussage logische Eigennamen sind und wir Erkenntnis durch Bekanntsein davon besitzen, worauf logische Eigennamen referieren.

Einige Teile von Russells Theorie waren von Anfang an problematisch und wurden schon von ihm selbst aufgegeben oder abgeändert. Die Vorstellung, daß alle sinnvollen Aussagen auf Aussagen über Sinnesdaten reduziert werden können, wurde später verworfen. Wenn wir aber nicht fordern, daß sich die Basisausdrücke auf Sinnesdaten beziehen müssen und die Natur des ‹epistemischen Zugangs› in (3) offen lassen, dann hätten noch bis vor kurzem viele Philosophen (1), (2) und (3) unterschrieben (vielleicht tun es manche immer noch). In ähnlicher Weise gilt, daß wohl die meisten Philosophen bis zum heutigen Tag *(a)* und *(b)* in unserer Formulierung von Russells Form der Korrespondenztheorie akzeptieren würden, während *(c)* später aufgegeben wurde.

In dieser Darstellung bedeutete ‹Ausdruck› ‹singulärer Terminus›, das heißt, es war die Rede von Ausdrücken wie ‹Julius Cäsar›, ‹Mount Everest› oder ‹der Abendstern›, die nur ein Ding bezeichnen sollen. Russell vertrat auch die Ansicht, daß generelle Namen wie ‹Pferd› oder ‹Gold› mit anderen Ausdrücken synonym sind, nämlich mit Konjunktionen von Sätzen, die notwendige und hinreichende Bedingungen für die Zugehörigkeit zur jeweiligen Klasse ausdrücken. ‹Gold› zum Beispiel stellte man sich vor als synonym mit ‹schweres, unvergängliches, wertvolles Metall, das in *Aqua regia* löslich ist›, oder etwas in der Art.

Russells Theorie sagte also etwas darüber, welche Arten von Ausdrücken es gibt (Basisausdrücke und definierte) und wie sie referieren; etwas über die Natur der Referenz (nämlich, daß sie eine Beziehung zwischen Ausdrücken und diskursunabhängigen Gegenständen ist); sowie über die Natur von Wahrheit und Falschheit (die Korrespondenztheorie). Diese Themen haben sich in der neueren philosophischen Diskussion voneinander getrennt; wir werden jedoch sehen, daß jedes von ihnen nach wie vor heiß diskutiert wird.

Die ‹neue Theorie der Referenz›, Kripke und ich

In einer Reihe von Publikationen haben Saul Kripke und ich, unabhängig voneinander, viele ähnliche und eng verwandte Auffassungen vorgeschlagen, die zusammengenommen eine fortdauernde Attacke auf die ‹traditionellen› Ansichten Russells ergeben.

Meine Auffassungen erwuchsen aus meiner Arbeit in der Philosophie des Geistes sowie in der Sprachphilosophie. In «Dreaming and ‹Depth Grammar›» [1962, II-21] habe ich die Vorstellung angegriffen, ein genereller Name sei mit einer Zusammenstellung von notwendigen und hinreichenden Bedingungen für Klassenzugehörigkeit synonym. Unter Verwendung des Beispiels der ‹multiplen Sklerose› schrieb ich:

«Was wir sagen sollten ist folgendes: Es gibt (wie wir annehmen) etwas in der Welt – etwa einen Virus –, das normalerweise die und die Symptome verursacht. Vielleicht verursachen andere Krankheiten gelegentlich (selten) dieselben Symptome bei einigen wenigen Patienten. Wenn ein Patient diese Symptome hat, dann sagen wir, er hat ‹multiple Sklerose› – aber natürlich sind wir bereit zuzugeben, daß wir uns geirrt haben, wenn sich die Ätiologie als abnormal herausstellt. Und wir sind bereit, auch solche Krankheitszustände als Fälle von multipler Sklerose zu klassifizieren, bei denen die Symptome recht abweichend sind, sofern sich herausstellt, daß die *zugrundeliegende Befindlichkeit* jener Virus ist, der multiple Sklerose verursacht, und daß die Abweichung in den Symptomen etwa zufällige Variation gewesen war. Dieser Ansicht zufolge ist die interessante Frage, sozusagen, nicht die ‹Extension› des Ausdrucks ‹multiple Sklerose›, sondern was (wenn überhaupt etwas) unserem Begriff von multipler Sklerose entspricht. Wenn wir wissen, was unseren Kriterien (mehr oder weniger vollständig) entspricht, dann wird *das* – was immer es sein mag – die ‹Extension› von ‹multipler Sklerose› sein.» (S. 310 f)

In diesem Absatz erscheint eine der zentralen Vorstellungen dessen, was ‹die neue Theorie der Referenz› genannt worden ist: die Vorstellung, daß die Extension gewisser Arten von Ausdrücken (später spreche ich von ‹Worten für natürliche Arten› und meine damit Namen für solche Dinge wie natürliche Substanzen, Gattungen und physikalische Größen) teilweise *durch die Welt festgelegt wird* und nicht durch eine Zusammenstellung von ‹Kriterien›, die im voraus bestimmt wurden. Multiple Sklerose, Gold, Pferde oder Elektrizität unterliegen *objektiven Gesetzen*, und was vernünftigerweise zu diesen Klassen zu zählen ist, wird davon abhängen, wie diese Gesetze sein werden.

Weil wir jene Gesetze nicht genau kennen, müssen wir die Extension dieser Klassen ein wenig offen lassen, anstatt sie exakt festzulegen, indem wir die Ausdrücke mit einer Zusammenstellung von notwendigen und hinreichenden Bedingungen synonym machen. Die Extension von ‹multipler Sklerose› beinhaltet all jene Krankheitszustände, von denen sich herausstellt, daß sie *von derselben Natur* sind wie die Mehrheit der ‹paradigmatischen› Fälle von multipler Sklerose. Wir setzen nicht voraus, daß uns im voraus vollständig bekannt wäre, was diese Natur ist (was die Gesetze sind). Bei der Bestimmung von Extension nehmen, dieser Auffassung zufolge, Paradigmen und Forschungsprogramme für das Auffinden von Gesetzen (oder die Verbesserung der Genauigkeit von Gesetzen, die wir haben) die Stelle von starren notwendigen und hinreichenden Bedingungen ein.

Saul Kripke hat in ‹Identität und Notwendigkeit› (1971) und in *Name und Notwendigkeit* (1972) die Russellsche Auffassung von Eigennamen angegriffen. Kripke zufolge *ist es nicht der Fall*, daß ‹Julius Cäsar› mit Beschreibungen, wie «Der römische General, der ‹Julius› genannt wurde, Pompejus besiegte, den Rubikon überquerte etc.» synonym ist.

In ‹Possibility and Necessity› [1980, II-109] habe ich Kripkes Theorie der Möglichkeit beschrieben. Wir erinnern uns, daß es Sinn macht zu sagen: «Julius Cäsar könnte nicht ‹Julius› genannt worden sein» (seine Eltern könnten ihn statt dessen ‹Markus› genannt haben). Ebenso macht es Sinn, folgendes zu sagen (und die Aussagen sind sowohl in Kripkes Theorie als auch unseren voranalytischen Intuitionen zufolge wahr): «Cäsar könnte Pompejus nicht besiegt haben», «Cäsar könnte den Rubikon nicht überschritten haben» etc. Keine dieser Aussagen könnte aber etwas Mögliches ausdrücken, wenn ‹Julius Cäsar› *bedeuten* würde: «Das einzige Individuum, welches ein römischer General war, ‹Julius Cäsar› genannt wurde, Pompejus besiegte, den Rubikon überschritt etc.» Denn wäre ‹Julius Cäsar› mit dieser Beschreibung synonym, dann *wäre er nicht Julius Cäsar gewesen, wenn er Pompejus nicht besiegt hätte.* Das aber ist eindeutig falsch.

Kripkes Theorie war, daß ein Individuum in jeder möglichen Welt, welches dieselben Eltern hat wie der wirkliche Julius Cäsar und aus demselben befruchteten Ei stammt, ein möglicher Julius Cäsar ist – selbst wenn es in der betreffenden möglichen Welt eine andere Lebensgeschichte hat als der wirkliche Cäsar, einen anderen Namen erhält etc. Dies erklärt die Möglichkeit von Aussagen wie «Julius Cäsar könnte nicht ‹Julius› genannt worden sein». Da sich die Russellsche Auffassung als falsch erwiesen hat, bleibt uns jedoch das Problem, eine Erklärung der Bedeutung des Namens ‹Julius Cäsar› zu formulieren.

Kripkes Theorie der Möglichkeit identifiziert Individuen über mögliche Welten hinweg auf der Basis von Ursprung und Geschichte. Es sind dieselben Faktoren – Ursprung und Geschichte –, welche in Kripkes Auffassung des Funktionierens von Namen die entscheidende Rolle spielen.

Ursprünglich wird ein Name einer Person gegeben, etwa indem sie ‹getauft› wird. Später verwenden Leute den Namen in der Absicht, auf denjenigen zu referieren, der zuvor bestimmten Leuten in bestimmten Kontexten unter diesem Namen bekannt war (oder unter einer Variante dieses Namens, da Namen im Laufe der Zeit ihre Aussprache und Schreibung ändern). Ist eine erfolgreiche ‹Benennungszeremonie› durchgeführt worden und besteht die richtige Art von Kontinuität in der weiteren Verwendung des Namens, so können wir den Namen ‹Moses› in seinem heutigen Gebrauch als auf jenes Individuum referierend ansehen, dem die ursprüngliche Form des Namens (die so ähnlich war wie ‹Moshe›) bei der besonderen Benennungszeremonie gegeben worden war; der Zeremonie am anderen Ende jener Kausalkette, die mit unserem gegenwärtigen Gebrauch bei der betreffenden Gelegenheit endet.

Das bedeutet nicht, das ‹Moses› *synonym mit der Beschreibung* wäre: «Die Person, welcher der Name ‹Moshe› bei jener Benennungszeremonie gegeben worden war, die (durch die richtige Art von Kausalkette) mit meinem gegenwärtigen Gebrauch von ‹Moses› verbunden ist.» Es heißt, daß wir diese Beschreibung implizit dazu verwenden, das Individuum herauszupicken, welches von uns ‹Moses› genannt werden wird – selbst wenn wir von möglichen Welten reden, in denen er die Beschreibung nicht erfüllt, die wir in der wirklichen Welt dazu verwenden, ihn herauszupicken. In der Tat verwenden wir Beschreibungen, um anzuzeigen, auf wen oder was wir referieren; das bedeutet aber nicht, daß die von uns verwendeten Namen mit jenen Beschreibungen synonym wären; denn die Namen haben andere logische Eigenschaften (gehen in andere wahre kontrafaktische Konditionalsätze ein) als die Beschreibungen, die wir verwenden, um die Träger dieser Namen auszuzeichnen.

In ‹Is Semantics Possible?› [1970, II-57] und ausführlicher in «Die Bedeutung von ‹Bedeutung›» [1975, II-86] habe ich zu Worten für natürliche Arten Standpunkte vertreten, die eine gewisse Verbindung zu diesen Beobachtungen über Eigennamen aufweisen. Der Gebrauch eines Wortes wie ‹Gold› hängt davon ab, daß wir *Paradigmen* besitzen; Standardbeispiele, bei denen Einigkeit besteht, daß sie modellhafte Angehörige der Art sind. (Natürlich kann sich bei genauerer Untersuchung herausstellen, daß manche unter ihnen von anderer Natur sind als die meisten anderen. Wenn das passiert, dann gelten sie nicht mehr als Paradigmen.) Was etwas zu Gold macht, ist, von derselben Natur zu sein wie die Paradigmen. In der gegenwärtigen Physik wird das als ein Haben derselben Zusammensetzung gedeutet, da die atomare Zusammensetzung das gesetzesähnliche Verhalten einer Substanz bestimmt.

Um ein anderes Beispiel zu nehmen, betrachte man die Art *Zitrone*. Es gibt Zitronen, die grün statt gelb sind, und es könnte durchaus eine Zitrusfrucht geben, die gelb und von ähnlicher Größe, aber keine Zitrone ist. Was etwas zu einer Zitrone macht, ist, von derselben Natur zu sein (z. B. dieselbe DNS zu haben) wie paradigmatische Zitronen, und nicht, irgendeine im voraus festgelegte Zusammenstellung von Kriterien zu erfüllen (gelbe Farbe, dicke Schale, saurer Geschmack, ...). Natürliche Arten haben keine analytischen Definitionen.

Die Verbindung zu Kripkes Theorie der Eigennamen ist folgende: In beiden Theorien helfen Dinge bei der Festlegung von Referenz, die *existentiell* und nicht durch Kriterien gegeben sind. Konkrete Dinge, was immer ihre Beschreibung sein mag, die eine gewisse kausale Rolle in unserem Erwerb und Gebrauch von Ausdrücken gespielt haben, bestimmen, worauf sich die Ausdrücke beziehen. Ein Ausdruck referiert dann auf etwas, wenn er in der richtigen Beziehung (kausale Kontinuität im Fall von Eigennamen, Gleichheit der ‹Natur› im Fall von Ausdrücken für Arten) zu diesen existentiell gegebenen Dingen steht. Im Fall von Eigennamen ist das existentiell gegebene Ding die Person oder das Ding, was ursprünglich auf den Namen ‹getauft› worden war; im Fall von Worten für natürliche Arten sind die konkreten Paradigmen die existentiell gegebenen Dinge.

Eine zweite Verbindung besteht darin, daß unsere sich entwickelnden Theorien der objektiven Natur von Personen und der verschiedenen Sorten von natürlichen Arten bestimmen, was die richtige Sorte von kausaler Kontinuität darstellt und was eine Natur teilen bedeutet – dies liegt nicht *a priori* fest.

Wie in ‹Possibility and Necessity› [1980, II-109] dargestellt, vertritt Kripke die Ansicht, daß wir es ablehnen, mögliche (hypothetische) Substanzen *Wasser* zu nennen, auch wenn sie Wasser oberflächlich ähnlich sind, sobald wir entdecken, daß *wirkliches* Wasser H_2O ist. Wenn wir annehmen, daß es das *lokale* (irdische) Wasser ist, dessen Natur die ‹Essenz› von Wasser bestimmt (d.h. bestimmt, was es in jeder möglichen Welt bedeutet, Wasser zu sein), dann stimmt diese Lehre vollkommen mit der meinen überein. Außerdem betont auch Kripke meinen Punkt, daß Ausdrücke für natürliche Arten nicht analytisch definiert werden können, und zwar aus ähnlichen Gründen.

Die philosophische Bedeutung der neuen Theorie der Referenz

Auf einen Teil der Bedeutung der ‹neuen Theorie der Referenz›[3] habe ich bereits hingewiesen: Indem sie bestreitet, daß Eigennamen und Worte für natürliche Arten mit Kennzeichnungen oder Konjunktionen von Kriterien synonym sind, ermöglicht sie die in ‹Possibility and Necessity› [1980, II-109] beschriebene Art einer Theorie der Notwendigkeit.[4] Diese Theorie rehabilitiert die Vorstellung, daß Dinge und Arten *Essenzen* besitzen, daß es also Charakteristika gibt, die etwas haben muß, um das Ding (die Art von Ding) zu sein, das es ist; gleichzeitig befreit sie diesen Begriff von seiner Verbindung zu aprioristischer Erkenntnistheorie.

Die neue Theorie der Referenz ist jedoch, wie David Wiggins (1980) gesehen hat, auch in einer ganz anderen Richtung von Bedeutung:

Die beiden entscheidenden Vorstellungen der neuen Theorie sind:

(1) Um zu einer natürlichen Art zu gehören, muß etwas dieselbe Zusammensetzung haben oder denselben Gesetzen gehorchen – was Zusammensetzung überhaupt wichtig macht, ist ihre Verbindung zu Gesetzen des Sich-Verhaltens – wie modellhafte Angehörige der Klasse, und bei der Einführung des Ausdrucks einer natürlichen Art sind diese Zusammensetzung oder diese Gesetze gewöhnlich nicht bekannt, sondern ihre Entdeckung benötigt ein unbestimmtes Maß an Forschung.

(2) Eigennamen und Ausdrücke für natürliche Arten sind nicht mit Kennzeichnungen beziehungsweise Konjunktionen von Kriterien synonym.

Wie wir gesehen haben, beinhaltet Kripkes Theorie der Notwendigkeit sowohl (1) als auch (2). Aber (1) ist auch für sich von philosophischem Interesse.

(1) besagt, daß *die natürlichen Arten selbst* eine Rolle bei der Bestimmung der Extensionen jener Ausdrücke spielen, die auf sie referieren. David Wiggins hat darauf hingewiesen, daß dies bedeutet, es gibt einen

großen Unterschied zwischen Ausdrücken für natürliche Arten, welche die Hypothese einer ‹Natur› oder einer Menge natürlicher Gesetze beinhalten (seien sie Gesetze des Verhaltens, von ‹Entstehen und Vergehen› oder der Entwicklung des typischen Vertreters einer biologischen Gattung), und dem, was er ‹artefaktische› Ausdrücke nennt. ‹Artefaktische Ausdrücke› sind solche wie *Tisch* oder *Fernsehgerät*. Sie beziehen sich auf Gegenstände, deren Natur wir vollständig kennen, weil sie von uns erfunden und gestaltet werden: Wir können, Wiggins zufolge, eine Zusammenstellung von notwendigen und hinreichenden Bedingungen für die Zugehörigkeit zur Extension eines solchen Ausdrucks geben. Wiggins merkt an, daß es eine Art von Rehabilitation des Aristotelischen *Substanzbegriffs* darstellt, eine solche scharfe Unterscheidung zwischen Artefakten und Angehörigen natürlicher Arten zu machen. (Ein lebender Organismus ist Aristoteles' Lieblingsbeispiel für eine Substanz; ein Artefakt, zum Beispiel eine Axt, ist nur in abgeleitetem Sinn eine Substanz[5].) Wiggins wendet diese Unterscheidung auch in der Moralphilosophie an: Er sieht einen wichtigen Unterschied zwischen Positionen, die den Ausdruck ‹Person› als artefaktischen behandeln (d.h., *wir* bestimmen *mittels Konvention* die Bedingungen dafür, eine Person zu sein), und solchen, die ihn als Ausdruck für eine natürlich Art ansehen.

Den von Wiggins betonten Aspekt nenne ich den *Beitrag der Umwelt*. So wie ich es sehe, sind ‹Bedeutungen nicht im Kopf› – bei der Festlegung der Referenz spielen die konkrete Natur der Paradigmen eine Rolle und nicht bloß die Begriffe in unseren Köpfen. Ein anderer wichtiger Aspekt von Kripkes Theorie wie auch von meiner ist, daß Referenz *gesellschaftlich* bestimmt wird. Es könnte sein, daß ein Muttersprachler einen Experten konsultieren muß, der die Natur von Gold besser kennt als der durchschnittliche Sprecher, um festzustellen, ob etwas wirklich Gold ist. Die Kette von historischen Übertragungen, welche in Kripkes Theorie die Referenz eines Eigennamens bewahrt, ist eine weitere Form von gesellschaftlicher Zusammenarbeit bei der Bestimmung von Referenz. Die Vorstellung, daß die Extensionen unserer Ausdrücke durch gemeinsame Praxis und nicht durch Begriffe in unseren individuellen Köpfen festgelegt werden, ist eine scharfe Abwendung davon, wie Bedeutung seit dem 17. Jahrhundert gesehen wurde.

Tarskis Wahrheitstheorie

Nach dem Thema der Referenz wenden wir uns nun dem der Wahrheit zu. Wir werden mit der Arbeit von Alfred Tarski beginnen (1933), einem der größten modernen Logiker.[6]

Auch wenn man eine gewisse Menge an fortgeschrittener Logik benötigt, um Tarskis Theorie angemessen darzustellen, so ist doch eine der wesentlichen Ideen, die Idee der ‹Disquotation›, einfach zu erklären.[7] Nehmen Sie irgendeinen Satz, etwa: *Schnee ist weiß.* Setzen Sie ihn in Anführungszeichen:

«Schnee ist weiß.»

Nun setzen Sie die Worte ‹ist wahr› hinzu:

«Schnee ist weiß» ist wahr.

Der sich ergebende Satz selbst ist dann und nur dann wahr, wenn der ursprüngliche Satz wahr ist. Des weiteren kann er dann und nur dann *behauptet werden*, wenn der ursprüngliche Satz behauptet werden kann; er hat eine Wahrscheinlichkeit von *r* dann und nur dann, wenn der ursprüngliche Satz Wahrscheinlichkeit *r* besitzt etc. Tarski, Carnap, Quine, Ayer und ähnlichen Theoretikern zufolge bildet das Wissen um diese Tatsache den Schlüssel zum Verständnis der Worte ‹ist wahr›.[8] Kurz, um *P ist wahr* zu verstehen, wobei *P* ein Satz in Anführungszeichen ist, ‹disquotiere› man *P*: Entferne die Anführungszeichen (und lösche ‹ist wahr›).

Was bedeutet

«Schnee ist weiß» ist wahr.

zum Beispiel? Es bedeutet

Schnee ist weiß.

Was bedeutet

«Es gibt eine Außenwelt» ist wahr?

Es bedeutet

es gibt eine Außenwelt.

Und so fort.

Die Theoretiker der ‹Disquotation› behaupten, daß eine Antwort auf die Frage: «*Was bedeutet es zu sagen,* daß etwas wahr ist?» nicht zu einer Ansicht verpflichten muß, was dieses Etwas wiederum bedeutet oder wie es verifiziert oder nicht verifiziert werden kann. Man kann eine materialistische Interpretation von «Schnee ist weiß» haben; man kann glauben, daß «Schnee ist weiß» verifizierbar ist oder daß es bloß falsifizierbar, aber nicht verifizierbar ist; oder daß es nur zu einem Grad zwischen null und eins bestätigt werden kann; oder nichts von alledem – aber «Schnee ist weiß» kann nach wie vor genauso behauptet werden wie «‹Schnee ist weiß› ist wahr». Dieser Ansicht zufolge ist ‹wahr›, erstaunlicherweise, ein *philosophisch neutraler Begriff.* ‹Wahr› ist nur ein Mittel zum ‹semantischen Aufstieg›: für das ‹Erheben› von Aussagen von der ‹Objektsprache› zur ‹Metasprache›; und das Mittel erlegt einem keinerlei epistemologische oder metaphysische Verpflichtungen auf.

Wir werden nun den zweiten Leitgedanken von Tarskis Theorie skizzieren. ‹Wahr› ist hier ein Prädikat von Sätzen, und wenn die Theorie präzise werden soll, müssen diese aus einer formalisierten Sprache *S* stammen. (Wie man die Theorie auf natürliche Sprachen ausdehnen kann, ist heute unter Philosophen und Linguisten ein Thema von großer Bedeutung.) Nun hat eine ‹Sprache› in diesem Sinn eine *endliche* Anzahl von undefinierten oder ‹primitiven› Prädikaten. Der Einfachheit halber werden wir annehmen, unsere Sprache *S* habe nur zwei primitive Prädikate: ‹ist der Mond› und ‹ist blau›. Für Prädikate *P* kann der Ausdruck

P referiert auf *x*

(dessen enge Verbindung mit dem Wort ‹wahr› herausgestellt werden kann, in dem man den Ausdruck ‹ist wahr von›[9] anstelle von ‹referiert auf› einsetzt,

P ist wahr von *x*)

auch unter Verwendung der Idee der Disquotation erklärt werden: Wenn *P* das Prädikat ‹ist der Mond› ist, dann erhalten wir:

‹Ist der Mond› referiert auf *x* dann und nur dann, wenn *x* der Mond ist.

Und wenn *P* das Prädikat ‹ist blau› ist, dann erhalten wir:

‹Ist blau› referiert auf *x* dann und nur dann, wenn *x* blau ist.

Also ist die ‹metasprachliche› Prädikation:

‹Ist der Mond› referiert auf *x*

äquivalent zu der ‹objektsprachlichen› Prädikation:

x ist der Mond.

Wir werden sagen, *P referiert primitiv* auf *x*, wenn *P* ein primitives Prädikat ist (im Fall unserer Sprache *S*, ‹ist der Mond› oder ‹ist blau›) und *P* auf *x* referiert. Primitive Referenz kann dann *für unser bestimmtes Beispiel S* durch eine Liste definiert werden:

Definition:
P referiert primitiv auf x dann und nur dann, wenn gilt:
(1) *P* ist der Ausdruck ‹ist der Mond› und *x* ist der Mond oder
(2) *P* ist der Ausdruck ‹ist blau› und *x* ist blau.

Und für jede *einzelne formalisierte Sprache* kann eine ähnliche Definition der primitiven Referenz gegeben werden, sobald eine Liste der primitiven Prädikate dieser Sprache zur Verfügung steht.

Das übrige von Tarskis Idee benötigt Logik und Mathematik zu einer ordentlichen Erklärung. Wir werden jetzt *sehr* skizzenhaft arbeiten.

Die nicht-primitiven Prädikate einer Sprache werden aus dem primitiven mit Hilfe von diversen Mitteln gebaut: Wahrheitsfunktionen und Quantoren. Um des Beispiels willen sei angenommen, daß die einzigen Mittel Disjunktion und Negation sind, welche aus dem Prädikat *P* die Prädikate ‹*P* oder *Q*› und ‹nicht-*P*› bilden. Wir definieren dann Referenz wie folgt:

(I) Enthält *P* null logische Junktoren, dann *referiert P auf x*, wenn *P* primitiv auf *x* referiert.
(II) *P oder Q referiert auf x*, wenn *P* auf *x* referiert oder *Q* auf *x* referiert.
(III) *Nicht-P referiert auf x*, wenn *P* nicht auf *x* referiert.

Bei der Wendung dieser induktiven Definition in eine explizite kommt viel formale Logik ins Spiel; es soll hier genügen zu sagen, daß dies machbar ist. Das Ergebnis ist eine Definition von ‹Referenz› *für eine bestimmte Sprache*, eine *Definition, die keine semantischen Worte verwendet* (keine Worte aus derselben Familie wie ‹wahr› und ‹referiert›).

Tarski hat im wesentlichen die von Frege erfundene Technik[10] der Definition des *Vorgängers F** einer Relation *F*, dazu verwendet, um solche ‹induktiven› Definitionen in die Form expliziter Definitionen zu bringen. Diese Technik erfordert es, über beliebige Mengen und Relationen im Gegenstandsbereich der Sprache zu quantifizieren, für welche ‹Wahrheit› definiert wird; die explizite Definition von ‹wahr in *S*› wird also stets in einer Sprache formuliert, die eine stärkere Mengenlehre besitzt als *S* selbst.

Nehmen wir schließlich an, unsere einfache Sprache ist derart einfach, daß alle Sätze eine der Formen *Für alle x, Px*, *Für einige x, Px* haben oder Wahrheitsfunktionen von diesen darstellen (wobei *P* ein Prädikat ist), so würde *wahr* wie folgt definiert (natürlich hat Tarski in Wirklichkeit viel reichere Sprachen betrachtet[11]):

(I′) *Für alle x, Px* ist *wahr* dann und nur dann, wenn für alle *x*, *P* referiert auf *x*.
(II′) *Für einige x, Px* ist *wahr* dann und nur dann, wenn für einige *x*, *P* referiert auf *x*.

(III′) Wenn *p* und *q* Sätze sind: *p oder q* ist wahr, wenn *p* wahr ist oder *q* wahr ist; und nicht-*p* ist wahr, wenn *p* nicht wahr ist.

Wir haben die Mathematik von Tarskis Arbeit ausgelassen (wie man eine ‹induktive Definition› wie die obige in eine ‹explizite› Definition der Form «etwas ist wahr dann und nur dann, wenn...» verwandelt, wobei ‹wahr› und ‹referiert› nicht in ‹...› vorkommen), und wir haben die immensen Komplikationen ignoriert, die auftreten, wenn die Sprache *Relationen* hat – zweistellige (oder dreistellige etc.) Prädikate. Währenddessen haben wir uns bemüht, drei Vorstellungen zu vermitteln:

(1) ‹Wahrheit› und ‹Referenz› werden *für eine bestimmte Sprache zu einer Zeit* definiert. Wir definieren nicht die Relation ‹wahr in S› für *variable S*.
(2) Primitive Referenz wird ‹durch eine Liste› definiert. Referenz und Wahrheit im allgemeinen werden durch Induktion über die Anzahl der Junktoren im Prädikat oder Satz definiert, beginnend mit primitiver Referenz.
(3) Die induktive Definition durch ein System von Sätzen wie (I), (II), (III), (I′), (II′), (III′) kann mit Hilfe technischer Mittel aus der Logik zu einer ‹expliziten Definition› *bona fide* gemacht werden.

Als eine Probe für die Richtigkeit dessen, was bis hierhin geleistet wurde, ist es einfach, das folgende Theorem aus der Definition von ‹wahr› abzuleiten:

«Für einige *x*, *x* ist der Mond» ist wahr dann und nur dann, wenn, für einige *x*, *x* ist der Mond.

Und man kann tatsächlich aus der Definition von wahr ableiten, daß:

(W) ‹*P*› ist wahr dann und nur dann, wenn *P*,

wobei der Strohmann ‹*P*› durch *irgendeinen* Satz unserer Sprache *S* ersetzt wird.

Es ist Tarskis ‹Adäquatheitskriterium› (das berühmte ‹Kriterium (W)›) für Definitionen von ‹ist wahr›[12], daß dies der Fall sein soll – daß alle Instanzen des obigen Schemas (W) aus der Definition von ‹wahr› folgen.

Man beachte, daß Tarskis Theorie offensichtlich alles andere als trivial ist, während die Idee der Disquotation zunächst trivial erscheinen mag. Der Grund hierfür liegt darin, daß die Idee der Disquotation uns nur sagt, das Kriterium (W) sei korrekt – aber nicht, wie man ‹wahr› so definiert, daß das Kriterium (W) erfüllt sein wird. Ebensowenig erlaubt uns Disquotation allein, ‹wahr› aus allen Kontexten zu entfernen, in denen es auftaucht. *«Schnee ist weiß» ist wahr* ist äquivalent mit *Schnee ist weiß*; aber mit welchem Satz, der *das Wort ‹wahr› nicht enthält* (oder irgendeinen anderen ‹semantischen› Ausdruck), ist der folgende Satz äquivalent: *Wenn die Prämissen eines Schlusses der Form: p oder q, nicht-p, also q, beide wahr in S sind, dann ist die Konklusion ebenfalls wahr in S?* Tarskis Theorie liefert uns eine Äquivalenz zu *diesem* Satz und zu anderen Sätzen, in denen ‹ist wahr› mit Variablen und Quantoren vorkommt; und das ist es, was Disquotation allein nicht leistet.

Davidson über Wahrheit und Bedeutung

Der soeben beschriebenen Ansicht zufolge macht es keine besonderen Schwierigkeiten, philosophische oder andere, das Wort ‹wahr› zu verstehen. In dem Satz zum Beispiel *«Schnee ist weiß» ist wahr* wird die Bedeutung des Wortes wahr durch jede Definition von ‹wahr im Deutschen› erfaßt, die Tarskis Kriterium (W) erfüllt, das heißt die Äquivalenzen der Form erzeugt:

«Schnee ist weiß» ist wahr dann und nur dann, wenn Schnee weiß ist.

«Tarski folgende Philosophen sind geneigt zu argumentieren: «Natürlich verstehen Sie ‹Schnee ist weiß›» (tun Sie es nicht, dann haben Sie nicht nur mit den ‹semantischen› Worten wie ‹wahr› und ‹referiert› ein Problem), «und wenn Sie wissen, daß *‹Schnee ist weiß› ist wahr* mit ‹Schnee ist weiß› äquivalent ist, dann wissen Sie alles, was Sie wissen müssen, um *‹Schnee ist weiß› ist wahr* zu verstehen.»

Was auch immer dies für Vorzüge als Antwort auf philosophische Probleme mit Wahrheit haben mag, die Idee ist sicherlich, die nichtsemantischen Ausdrücke (die deskriptiven Worte der Objektsprache und das logische Vokabular) als *verstanden* anzunehmen und diese nicht-semantischen Ausdrücke (und eine Mengenlehre, die stärker ist als irgendeine derjenigen, die in der Objektsprache zur Verfügung stehen) zur Erklärung der Bedeutung von ‹wahr› zu verwenden. Donald Davidson hat in einer einflußreichen Reihe von Aufsätzen eine interessante Umkehrung dieser Prozedur vorgeschlagen.[13]

Angenommen, wir formalisieren das Deutsche (oder einen passenden Teil des Deutschen) und geben für die daraus hervorgehende Sprache eine Wahrheitsdefinition à la Tarski. Dies wird alle Sätze der Form

‹*P*› ist wahr dann und nur dann, wenn *P*

als Theoreme ergeben, so zum Beispiel wieder einmal:

(a) «Schnee ist weiß» ist wahr dann und nur dann, wenn Schnee weiß ist.

Diese Wahrheitsdefinition muß nicht im Deutschen (bzw. in einer in der Mengenlehre verstärkten Version) formuliert werden; sie könnte auch im Englischen (plus ausreichend Mengenlehre) gegeben werden. In diesem Fall wird die Wahrheitsdefinition alle Sätze der Form

‹*P*› is true if and only if *P'*

erzeugen, wobei *P'* die englische Übersetzung des deutschen Satzes *P* ist. Zum Beispiel:

(b) «Schnee ist weiß» is true if and only if snow is white.

Nun stelle man sich einen Sprecher des Englischen vor (Charles), der kein Deutsch kann, dem aber *(b)* mitgeteilt wird. Versteht er den Begriff der Wahrheit (d.h. weiß er, was ‹true› bedeutet), so wird *(b)* ihm die *Bedeutung* des deutschen Satzes «Schnee ist weiß» sagen. Würde man ihm die Wahrheitsdefinition für das Deutsche geben, dann könnte er daraus einen Satz der Form *‹P› is true if and only if P'* (einen ‹W-Satz›) ableiten, der jedem Satz *P* des Deutschen entspricht, und so herausfinden, was jeder Satz des Deutschen bedeutet. (Das heißt nicht, daß dem Sprecher des Englischen die *unendliche* Liste aller W-Sätze gegeben werden müßte; was ihm gegeben wird, ist die Wahrheits*definition*, und das ist eine endliche explizite Definition.)

Im Grunde genommen besteht Davidsons Idee darin, Tarskis Argumentation *umzukehren*. Anstatt die Objektsprache als verstanden zu nehmen und ‹wahr› als das Wort, dessen Bedeutung erklärt werden soll, nimmt Davidson die Objektsprache als das, was erklärt werden soll, und ‹wahr› (oder was auch immer das Wort für Wahrheit in der Sprache sein mag, in welcher die Erklärung gegeben werden soll) als das bereits Verstandene. Auf diese Weise kann jede Wahrheitsdefinition für eine Sprache (im Tarskischen Sinn) als eine *Bedeutungstheorie* für diese Sprache angesehen werden.

Davidson geht noch weiter und behauptet die Umkehrung: Jede Bedeutungstheorie für eine Sprache, das heißt jede endliche Beschreibung, welche Bedeutungen für die unendlich vielen Sätze der Sprache projektiert, ist implizit eine Wahrheitsdefinition für die Sprache, und die explizite Tarski-Form ist die ideale Form für formalisierte Bedeutungstheorien. Wir werden diese Ansichten hier nicht diskutieren, auch wenn sie ein faszinierendes Nebenprodukt der Diskussion des Themas Wahrheit durch Logiker und Philosophen darstellen.

Die Frage, die hier von Interesse ist, ist folgende: Was ist die Relevanz eines solchen Begriffs von Bedeutungstheorie oder einer solchen Auffassung von der Verbindung zwischen Wahrheitstheorie und Theorie der Bedeutung für die Natur des *Verstehens*?

Davidson zögert nicht mit seiner Antwort auf diese Frage: Wenn die Theorie der Bedeutung einer Sprache just die Wahrheitsdefinition für diese Sprache ist, dann, so meint er, wird das Verstehen eines Muttersprachlers am besten als *ein implizites Kennen dieser Wahrheitsdefinition* beschrieben. Eine natürliche Sprache (oder auch eine formalisierte Sprache) zu verstehen heißt, die rekursive Wahrheitsdefinition für diese Sprache implizit zu kennen; denn es ist diese Rekursion, welche jedem einzelnen der unendlich vielen Sätze der Sprache Wahrheitsbedingungen zuweist.

An diesem Punkt mag es so aussehen, als ob man uns nichts weniger als die Korrespondenztheorie der Wahrheit an die Hand gegeben hätte. Die Wahrheitsdefinition für das Deutsche sagt Charles, daß «Schnee ist weiß» dann und nur dann wahr ist, wenn Schnee weiß ist (auch wenn Charles diesen Gedanken auf englisch und nicht auf deutsch hat, wenn er jenen Satz denkt, den wir als *(h)* geschrieben haben). Also kann Charles die Frage beantworten, welcher Sachverhalt dem deutschen Satz «Schnee ist weiß» entspricht, indem er sagt, «daß Schnee weiß ist» (oder auf Englisch, «that snow is white»). Es scheint so zu sein, daß jeder deutsche Satz einem Sachverhalt entspricht, der bestehen muß, wenn der deutsche Satz wahr sein soll (und die Wahrheitsdefinition sagt uns, welchem). Und das *Verstehen* des deutschen Satzes scheint (wenn Davidson recht hat) im Erfassen der Bedingungen dafür zu bestehen, daß der Satz wahr ist, oder vielmehr im Erfassen der Definition, die einen W-Satz erzeugt, welcher diese Bedingung spezifiziert. Kann es denn sein, daß es Tarski und Davidson gemeinsam gelungen ist, die Korrespondenztheorie der Wahrheit zu rechtfertigen und zu erklären?

Michael Dummetts non-realistische Wahrheitstheorie

Michael Dummetts Antwort auf diese Frage ist ein laut vernehmliches «Nein».[14] Der Kern der Korrespondenztheorie, so erwidert Dummett, ist die Vorstellung, daß die Welt aus geistunabhängigen Gegenständen und Tatsachen besteht (oder aus diskursunabhängigen Gegenständen und Tatsachen, wenn Sie wollen). Der Korrespondenztheorie zufolge kann ein Satz nur wahr sein, wenn ihn eine solche Tatsache wahr *macht*; und unser Verständnis des Satzes besteht in unserem Erfassen, was der entsprechende geistunabhängige Sachverhalt ist. Weder Tarskis Wahrheitstheorie (die ganz klar philosophisch neutral ist) noch Davidsons Theorie dessen, was eine Bedeutungstheorie ist, hat irgendeine Relevanz für die Wahrheit oder Falschheit dieser metaphysischen Ansichten (auch wenn durch die Tatsache einige Verwirrung gestiftet wird, daß Tarski sowohl gesagt hat, seine Theorie sei eine Rekonstruktion der Korrespondenztheorie der Wahrheit, als auch, sie sei philosophisch neutral[15]).

Was Davidsons Behauptung betrifft, das Verstehen der eigenen Sprache bestehe im Kennen der Wahrheitstheorie der Sprache, so lautet Dummetts Erwiderung, daß man fragen muß, worin dieses ‹Kennen der Wahrheitstheorie› *selbst* bestehe.

Eine mögliche Antwort (nicht die von Davidson) wäre folgende: Der Geist denkt, bewußt oder unbewußt, die Aussagen (oder Urteile oder Propositionen, je nachdem, welche der traditionellen philosophischen Terminologien man anwendet), welche die Wahrheitstheorie ausmachen. Aber dann muß man fragen: *Wie* denkt der Geist diese Aussagen? Denkt er sie in Worten oder wenigstens in Gedankenzeichen (geistigen Repräsentationen) irgendeiner Art? Oder soll der Geist irgendwie ohne die Hilfe geistiger Repräsentationen erfassen, was es zum Beispiel für Schnee bedeutet, weiß zu sein?

Wählt man die erste Alternative (diejenige, welche jeder naturalistisch gesinnte Philosoph oder Kognitionswissenschaftler nehmen müßte), dann stellt sich die Frage: Worin besteht das Verstehen der eigenen geistigen Repräsentationen, seines eigenen Mittels der Repräsentation, durch den Geist selbst? Es wird nicht helfen zu sagen: ‹in seinem Kennen der Wahrheitsbedingungen für die geistigen Repräsentationen›; denn dies wird uns entweder sofort in einen unendlichen Regreß führen oder zu der Anerkenntnis, daß einige Zeichen auf eine Weise verstanden werden müssen, für welche die Korrespondenztheorie keine Erklärung liefert.

Auf der anderen Seite ist die zweite Alternative bloß der Mythos, daß wir ein Zeichen (z. B. den Satz «Schnee ist weiß» oder irgendeine geistige Repräsentation, die hinter dem Zeichen steht) direkt mit der unbegriffenen Wirklichkeit vergleichen können. Die Idee, das ‹Erfassen von Wahrheitsbedingungen› (z. B. das Erfassen, *was es für Schnee bedeutet, weiß zu sein*) ginge dem Verstehen der entsprechenden Zeichen (dem Verstehen des Satzes «Schnee ist weiß» oder einer Repräsentation mit derselben Bedeutung) *voraus*, ist absurd.

Davidson selbst vermeidet diese absurde Ansicht. Ihm zufolge ist unser Verstehen der Wahrheitsbedingungen für unsere Sprache implizites Wissen, nicht explizites oder propositionales Wissen irgendeiner Art, und es besteht darin, unsere Sätze so zu gebrauchen, daß die von den W-Sätzen zugeordneten Wahrheitsbedingungen, welche aus der Bedeutungstheorie folgen, gute *Übersetzungen* jener Sätze wären (die operationalen Bedingungen und Bedingungen der Einfachheit einer Theorie der Übersetzung seien angenommen). Dies macht aber das folgende zu einer *Tautologie* (was Davidson durchaus bewußt ist): Wenn Sie den Satz «Schnee ist weiß» als einen Satz des Deutschen verstehen, dann ‹wissen Sie implizit›, daß die Wahrheitsbedingung für diesen Satz lautet, daß Schnee weiß ist (that snow be white).

Mit anderen Worten, *was immer* es an Ihrem Gebrauch des deutschen Satzes «Schnee ist weiß» richtig machen mag, ihn durch Sätze wie «Snow is white» im Englischen, «La neige est blanche» im Französischen etc. zu übersetzen, konstituiert das implizite Wissen der durch den W-Satz ausgedrückten Tatsache *(a)* (oder einer seiner richtigen Übersetzungen in eine andere Sprache, zum Beispiel *(b)* ins Englische). Dies sagt, es ist unser *Gebrauch* des Satzes «Schnee ist weiß», der ‹implizites Wissen› der Wahrheitsbedingungen konstituiert; aber es wird überhaupt keine Theorie dieses Gebrauchs bereitgestellt.

Dummetts Behauptung lautet, kurz gesagt, daß ‹Wahrheit› im Sinn von ‹Entsprechung zu einem bestehenden Sachverhalt› keinerlei *erklärende Rolle* in einer Theorie des Verstehens spielen kann. Man kann die *Formulierung* «Wenn Sie einen Satz verstehen, dann wissen Sie, was seine Wahrheitsbedingungen sind», verbal bewahren, indem man sie, wie Davidson, zu einer Tautologie macht – aber dann spielt sie sicherlich keine erklärende Rolle.

Dummett weist darauf hin, daß das Prinzip, «die Wahrheit einer Aussage zu behaupten, ist äquivalent mit der Behauptung der Aussage selbst» (er nennt es *das Äquivalenzprinzip*), bereits von Frege formuliert wurde.[16] Was Tarski getan hat, ist, eine Methode zur Konstruktion von Definitionen von ‹wahr in *S*› zu geben – Definitionen, die dem Äquivalenzprinzip gehorchen –, wobei *S* eine entsprechend formalisierte Sprache ist. Das ist eine rein *formale* Arbeit: als solche korrekt, ob man Wahrheit so versteht wie ein mathematischer Intuitionist wie Brouwer[17], wie ein Befürworter der sogenannten Kohärenztheorie der Wahrheit, wie ein Realist oder wie auch immer. Tarskis Arbeit *ist* philosophisch neutral, und das ist der Grund dafür, daß sie die Korrespondenztheorie der Wahrheit nicht rechtfertigt.

Dummetts eigene Ansicht lautet, daß wir in der Sprachphilosophie *zwei* Wahrheitsbegriffe benötigen. Wenn wir ein Mittel des Diskurses *S* verwenden, dann können wir dieses Mittel zur einer sogenannten Metasprache *MS* erweitern, die *S* und auch ein Wahrheitsprädikat für *S* enthält, indem wir den Anweisungen folgen, die Tarski gibt. Es wird ein Zug von *MS* sein, daß (als eine bloße Tatsache der *Logik*) *‹P› ist wahr* äquivalent zu *P* sein wird, wenn *P* irgendein Satz aus *S* ist. Wenn «Schnee ist weiß» ein Satz aus *S* ist, dann wird es – in diesem Sinn von ‹wahr› – eine Tatsache der *Logik* sein, daß dieser Satz mit *«Schnee ist weiß» ist wahr* äquivalent ist. Diesen (Tarskischen) Sinn von ‹wahr› nennt Dummett *den internen Sinn von ‹wahr›*.[18] Das Verstehen dieses internen Sinnes gibt uns bloß die Äquivalenzen, die wir als ‹W-Sätze› bezeichnet hatten; es sagt uns weder, wie «Schnee ist weiß» noch wie *«Schnee ist weiß» ist wahr* verstanden wird oder unter welchen Bedingungen es *richtig* wäre, eins von beiden zu behaupten.

Das Problem ist nicht, daß wir «Schnee ist weiß» nicht verstehen würden (um auf das obenerwähnte einfache Tarskische Manöver zu antworten), sondern daß wir nicht verstehen, *was es heißt*, «Schnee ist weiß» *zu verstehen. Das* ist das philosophische Problem.

Dummett behauptet jedoch, es gebe einen Sinn von ‹richtig›, in dem einen Satz zu verstehen *heißt* zu wissen, wann dieser Satz richtig behauptet wird. Wenn dieser Sinn mit Entsprechung zu geistunabhängigen Sachverhalten identifiziert wird, wie es in der Korrespondenztheorie der Wahrheit geschieht, dann werden wir (wie wir gesehen haben) entweder in den unendlichen Regreß getrieben oder zu dem Mythos, Zeichen direkt mit unbegriffener Wirklichkeit zu vergleichen. Dummett behauptet, daß Wahrheit (oder ‹Richtigkeit›) in diesem Sinn ganz einfach der epistemische Begriff der Rechtfertigung ist. «Ein Satz ist wahr, wenn es gerechtfertigt wäre, ihn zu behaupten.» Dummett nennt dies den *externen* Begriff der Wahrheit. Er ist ein non-realistischer Sinn von Wahrheit (Aussagen werden nicht durch geistunabhängige Sachverhalte ‹wahr gemacht›, sondern durch Sachverhalte wie *wahrgenommen und begriffen*), und es ist in *diesem* Sinn von ‹wahr›, daß die Bedeutung eines Satzes zu kennen heißt zu wissen, unter welchen Bedingungen er wahr ist.

Worin aber besteht dieses Wissen selbst? – um Dummetts Frage an Davidson zu wiederholen. Dummetts Antwort lautet, es besteht in der konkreten Verhaltensfähigkeit zu erkennen, wann die Bedingungen der Rechtfertigung erfüllt sind. Da die Bedingungen der Rechtfertigung dem Geist gegenwärtig sind (anders als Wahrheitsbedingungen im realistischen Sinn, die in den meisten Fällen extern zum Geist sind), gibt es kein prinzipielles Problem damit, wie der Geist eine solche Fähigkeit besitzen kann. Und die Fähigkeit ist eine, die der Geist (im Prinzip) ‹erfassen› kann (unter der Annahme, daß die Bedingungen der Rechtfertigung auf eine rekursive Weise Sätzen zugeordnet werden). Dummett beansprucht, daß seine non-realistische Wahrheitstheorie Wahrheitsbedingungen sowohl verhaltensrelevant als auch erfaßbar macht.

Wahrheit im externen Sinn gehorcht allerdings nicht allen Gesetzen der klassischen Logik, denn die Bedingungen sind nicht immer so, daß entweder das Behaupten eines Satzes oder das Behaupten seiner Negation gerechtfertigt ist. Dummett ist also bereit, das klassische Gesetz vom ausgeschlossenen Dritten aufzugeben und so etwas wie Brouwers intuitionistische Logik anzunehmen.

‹Interner Realismus›

Ich habe eine Ansicht vertreten[19], die mit der von Dummett enge Verbindungen besitzt, aber auch einige Meinungsverschiedenheiten offenbart. Während Dummett Wahrheit mit Rechtfertigung identifiziert, behandle ich sie als eine *Idealisierung* von Rechtfertigung. Wahrheit kann aus einer Reihe von Gründen nicht ganz einfach Rechtfertigung *sein*, so meine ich[20]: Wahrheit soll eine Eigenschaft der Aussage sein, die im Gegensatz zu Rechtfertigung nicht verloren werden kann (tatsächlich ist Rechtfertigung sowohl zeitlich bestimmt als auch relativ zu einer Person), Rechtfertigung ist eine graduelle Angelegenheit, während Wahrheit es nicht ist (oder nicht auf dieselbe Weise) etc. Eine Aussage ist nach meiner Ansicht wahr, wenn sie unter epistemisch idealen Bedingungen gerechtfertigt wäre. ‹Epistemisch ideale Bedingungen› sind natürlich so ähnlich wie ‹reibungsfreie Ebenen› in der Physik. Wir können in Wirklichkeit für viele Arten von Aussagen keine epistemisch idealen Bedingungen erreichen, und wenn wir es können, dann können wir uns nicht so sicher sein, sie erreicht zu *haben*, daß wir über die theoretische Möglichkeit hinaus wären, eines Tages unsere Meinung ändern zu müssen. Reibungsfreie Ebenen können aber ebenfalls nicht erreicht werden, und dennoch hat die Rede von reibungsfreien Ebenen ‹baren Wert›, weil wir uns ihnen mit einem sehr hohen Grad von Genauigkeit nähern können. Ebenso können wir uns den epistemisch idealen Bedingungen für viele Arten von Aussagen zu einem hohen Grad sowie mit großer Sicherheit nähern, und das ist es, was der Rede von dem, was unter solchen Bedingungen gerechtfertigt wäre, ‹baren Wert› verleiht. Den Vergleich der reibungsfreien Ebenen beiseite, sind die beiden entscheidenden Behauptungen einer solchen Idealisierungstheorie der Wahrheit folgende: (1) Wahrheit ist von Rechtfertigung hier und jetzt unabhängig, aber nicht von *jeder* Möglichkeit der Rechtfertigung. Zu behaupten, eine Aussage sei wahr, ist zu behaupten, sie könne gerechtfertigt werden. (2) Von Wahrheit wird erwartet, daß sie stabil oder ‹konvergierend› ist; wenn entweder eine Aussage *oder* ihre Negation gerechtfertigt werden könnten, selbst wenn die Bedingungen so ideal wären, wie man nur wünschen kann, dann macht es keinen Sinn, sich die Aussage als eine vorzustellen, die einen Wahrheitswert *hat*.

Traditionelle Realisten haben behauptet, daß Wahrheit sogar über idealisierte Rechtfertigbarkeit hinausgeht (weil wir alle ‹in Wirklichkeit› von einem bösen Dämon getäuscht werden könnten, wir in Wirklichkeit Gehirne im Tank sein könnten etc.). Ich habe auf diese Argumente geantwortet[21], indem ich darauf hinwies, daß eine epistemisch ideale Theorie notwendigerweise Modelle haben würde[22], und zwar Modelle, die alle operationalen und theoretischen Bedingungen erfüllen (und also ‹intendierte› Modelle sind). Ich schloß, daß metaphysischer Realismus – die Ansicht, daß Wahrheit sogar über idealisierte Rechtfertigbarkeit hinausgeht – inkohärent ist. Auf der anderen Seite bedeutet, Wahrheit mit (zeitrelativer) Rechtfertigung im Gegensatz zu idealisierter Rechtfertigung zu identifizieren, die Aufgabe des Prinzips, daß einige der Aussagen, die *jetzt* gerechtfertigt sind, sich als nicht *wahr* herausstellen könnten, und dieses Prinzip betrachte ich als einen zentralen Teil unserer Sicht der empirischen Welt.[23] Also habe ich Kants Unterscheidung zwischen metaphysischem und empirischem Realismus[24] wiederaufleben lassen und lehne ersteren ab, während ich letzteren bejahe (‹internen Realismus›).

Ich bin mit Dummett einer Meinung, was die Ablehnung der Korrespondenztheorie der Wahrheit betrifft. Aber ich stimme nicht mit Dummetts Ansicht überein, daß die Bedingungen der Rechtfertigung für Sätze ein für allemal durch eine rekursive Definition festgelegt werden. (In dieser Hinsicht ist Dummetts Theorie so wie Davidsons: Wahrheitsbedingungen – wenn auch im ‹non-realistischen› Sinn von ‹Wahrheit› – werden mit Sätzen durch eine Definition verbunden, die eine Induktion über die Komplexität von Sätzen beinhaltet und die als Bedeutungstheorie ebenso wie als Wahrheitstheorie für die Sprache genommen wird.) Meiner Ansicht nach, ebenso wie nach der von Quine[25], ändern sich die Bedingungen der Rechtfertigung, während sich unser gesamter Wissenskorpus ändert, und können nicht als ein für allemal festgelegt angesehen werden. Wir könnten nicht nur herausfinden, daß Aussagen, die wir jetzt für gerechtfertigt halten, falsch sind; wir könnten sogar herausfinden, daß Vorgehensweisen, die wir jetzt für rechtfertigend halten, es nicht sind, während andere Vorgehensweisen besser sind. Ebenso wie sich in der ‹neuen Theorie der Referenz› herausstellen kann, daß etwas nicht wirklich Gold ist, was die gegenwärtigen Tests für Gold besteht (und sich die gegenwärtigen Tests als schlechte Tests erweisen können, weil sie falsche Theorie voraussetzen), so kann sich auch eine Aussage, die gegenwärtig ‹gerechtfertigt› ist, als nicht wahr herausstellen *und* sich der Test als schlechter Test erweisen, der uns glauben machte, die Aussage sei gerechtfertigt. Ebenso wie die objektive Natur der Umwelt zur Festlegung der Referenz von Ausdrücken beträgt, so trägt sie auch zur Festlegung der objektiven Wahrheitsbedingungen von Sätzen bei – wenn auch nicht auf die metaphysisch realistische Weise.

Schluß

Angesichts der Wiederbelebung von non-realistischen Ansichten hat eine Reihe von Realisten bereits damit begonnen, Erwiderungen zu entwickeln. Es ist klar, daß jede einzelne der von Russell diskutierten Fragen – der logische Charakter von Eigennamen und generellen Namen, die Natur der Referenz, die Natur der Wahrheit – eine ewige Frage ist. Dieses Jahrhundert war besonders fruchtbar in Einsichten und Theorien, die diese Fragen behandeln. Sie mögen nie ‹endgültige Antworten› haben, aber die Diskussion bewegt sich zu immer tieferen und anspruchsvolleren Ebenen.

Anmerkungen

* Zuerst in italienischer Übersetzung erschienen, als ‹Referenza/verità› in: *Enciclopedia Einaudi*, Bd. XI, Giulio Einaudi Editori, Turin 1980, 725–741. Überarbeitete Originalfassung ‹Reference and Truth›, in: Hilary Putnam: *Realism and Reason, Philosophical Papers, Volume III,* Cambridge University Press, Cambridge 1983, 69–86.

1 [Vgl. Russell 1912, Kap. 5., sowie später Russell 1921 und auch 1927.]

2 [Russell 1905.]
3 Der Ausdruck geht auf Schwarz 1977 zurück, dessen Buch eine der besten Informationsquellen zu diesem Thema ist.
4 [Die Semantik über mögliche Welten, welche in Kripke 1972 und Lewis 1973a zuerst genauer ausgearbeitet wurde.]
5 [Aristoteles, *Kategorien*, Kap. 4; *Metaphysik*, v. a. Buch IV.]
6 Ich wiederhole hier die Darstellung aus ‹Realism and Reason› [1977, II-92]. [Vgl. auch Text 3, «Was ist ‹Realismus›?», Abschnitte ‹Wahrheit› und ‹Korrespondenztheorie der Wahrheit›.]
7 [Der Fachausdruck *disquotation* (in Analogie zu *unquote*: ‹Zitatende› oder ‹Abführung›) stammt von Quine (z. B. 1970, 12) und meint die Entfernung der Anführungszeichen – was den Namen eines Satzes durch den Satz selbst ersetzt.]
8 [Je Exemplarisch: Tarski 1933, 45ff und 1944; Carnap 1939, 1947; Quine 1970, Kap. 3; Ayer 1963.]
9 [Im Englischen für ‹auf etwas/jemanden zutreffen›.]
10 [Frege führt in 1879, § 24ff die Vererbung einer Eigenschaft ein und definiert die Nachfolgerbeziehung.]
11 [Insbesondere die des Klassenkalküls. Vgl. Tarski 1933, 46ff.]
12 [Wohl unter dem Einfluß von Tarski 1944, § 4, hat sich im englischen Sprachraum die Bezeichnung *‹Criterion (T)›* für Tarskis ursprüngliche ‹Konvention W› eingebürgert, in welcher zwei Anforderungen für eine ‹zutreffende Definition der Wahrheit› formuliert wurden (Tarski 1933, 45).]
13 Beginnend mit Davidson 1967. [Fortgesetzt besonders in den Aufsätzen Nr. 3, 4, 5, 9 und 12 des Sammelbandes Davidson 1984.]
14 Siehe Dummett 1979. Eine stark erweiterte Version von Dummetts Ansichten wird erscheinen, wenn seine *William James Lectures* (1976) publiziert sind. [Vorlesungen an der Universität Harvard, zur selben Zeit wie Putnams *John Locke Lectures* in Oxford (s. o. Text 3.). Ein Typoskript von Dummetts Vorlesungen stand in Harvard zur Verfügung. Sie sind erst 1991 in stark überarbeiteter Form erschienen. Für die Zwischenzeit siehe v. a. Dummett 1982. Früher Dummett 1958, 1975 und 1976.]
15 [Explizit etwa in Tarski 1944, § 3 bzw. § 18.]
16 [Ausführlicher diskutiert in Dummett 1973, 445–463. Bei Frege prominent in 1884 und 1918, 61f.]
17 [Vgl. Brouwer 1978.]
18 In den *William James Lectures*. [Dummett 1991, 25–30, 56ff.]
19 ‹Realism and Reason› [1976, II-92] sowie *Vernunft, Wahrheit und Geschichte* [1981, I-6].
20 ‹Reference and Understanding› [1978, II-95].
21 ‹Realism and Reason› [1976, II-92] sowie *Vernunft, Wahrheit und Geschichte* [1981, I-6]. [Vgl. Text 6, ‹Wie man (zugleich) interner Realist und transzendentaler Idealist sein kann›, und Text 8, ‹Wozu die Philosophen?›.]

22 Etwa dem Löwenheim-Skolem-Satz zufolge. Siehe ‹Modelle und Wirklichkeit› [Text 4].

23 Siehe ‹Reference and Understanding› [1978, II-95] und ‹Reply to Dummett's Comments› [1979, II-103]. [Vgl. Text 3, «Was ist ‹Realismus›?».]

24 [Kant 1781/87, A 367–380. Kants Gegensatzpaare sind transzendentaler Idealismus und transzendentaler Realismus sowie empirischer Idealismus und empirischer Realismus.]

25 Siehe ‹Possibility and Necessity› [1980, II-109]. [Quines Holismus, etwa Quine 1951, 1969 und 1974.]

6
Wie man zugleich interner Realist und transzendentaler Idealist sein kann*

Zwei philosophische Perspektiven[1]

Ich möchte zwei philosophische Perspektiven vorstellen. Eine von ihnen ist die des metaphysischen Realismus. Dieser Perspektive zufolge besteht die Welt aus einer feststehenden Gesamtheit geistunabhängiger Gegenstände. Es gibt genau eine wahre und vollständige Beschreibung davon, ‹wie die Welt ist›; Wahrheit beinhaltet eine Art von Entsprechungsbeziehung zwischen Wörtern oder Gedankenzeichen und äußeren Dingen sowie Mengen von Dingen. Ich werde diese Perspektive die *externalistische* nennen, denn ihre bevorzugte Perspektive ist die eines Gottes.

Der andere Standpunkt hat keinen Namen, der nicht mehrdeutig wäre. Er ist ein Neuankömmling in der Philosophiegeschichte und wird bis heute ständig mit Standpunkten ganz anderer Art verwechselt. Ich werde ihn als die *internalistische* Perspektive bezeichnen, denn es ist für diese Ansicht charakteristisch, die Frage «Aus welchen Gegenständen besteht die Welt?» nur innerhalb einer Theorie oder Beschreibung für sinnvoll zu halten. Viele, wenn auch nicht alle ‹internalistischen› Philosophen meinen zudem, daß es mehr als eine ‹wahre› Theorie oder Beschreibung der Welt gebe. Nach internalistischer Auffassung ist ‹Wahrheit› eine Art von (idealisierter) rationaler Annehmbarkeit – eine Art idealer Kohärenz unserer Überzeugungen untereinander und mit unseren Erfahrungen, *so wie diese Erfahrungen in unserem Überzeugungssystem repräsentiert sind* – und nicht Entsprechung mit geistunabhängigen oder diskursunabhängigen ‹Sachverhalten›. Es gibt keine Perspektive Gottes, die wir kennen oder uns sinnvoll vorstellen könnten; es gibt bloß die diversen Perspektiven von Menschen (und anderer Wesen mit endlichem Geist, z. B. von Außerirdischen, falls es solche geben sollte), welche diverse Interessen und Zwecke reflektieren, denen unsere Beschreibungen und Theorien dienen. (‹Kohärenztheorie der Wahrheit›, ‹Non-Realismus›, ‹Verifikationismus›, ‹Pluralismus› – all dies sind Termini, die auf diese internalistische Perspektive angewendet worden sind, aber jeder von ihnen hat aufgrund seiner anderen historischen Anwendungen Konnotationen, die nicht akzeptabel sind.)

Internalistische Philosophen (zum Beispiel die Pragmatisten) verwerfen Descartes' Hypothese des Dämons[2] und ihr modernes Gegenstück, die Hypothese, daß wir alle ‹Gehirne im Tank› sind. Für sie ist die ‹Welt der Gehirne im Tank› nur eine *Geschichte*, eine bloße sprachliche Konstruktion und überhaupt keine mögliche Welt. Wie leicht zu erkennen ist, setzt die Vorstellung, diese Geschichte könne in irgendeinem Universum, einer parallelen Wirklichkeit, wahr sein, von vornherein eine Perspektive Gottes voraus. *Von wessen Standpunkt aus wird die Geschichte denn erzählt?* Offensichtlich *nicht* vom Standpunkt irgendeines fühlenden Wesens *in* der Welt. Ebensowenig vom Standpunkt irgendeines Beobachters aus einer anderen Welt, der mit dieser Welt in Interaktion steht; denn *per definitionem* schließt eine ‹Welt› alles ein, was auf irgendeine Weise mit den in ihr enthaltenen Dingen in Interaktion steht. Wären *Sie* zum Beispiel der eine Beobachter der Gehirne im Tank, welcher selbst *kein* Gehirn im Tank ist, dann wäre dies keine Welt, in der *alle* fühlenden Wesen Gehirne im Tank sind. Die Annahme, es könne eine Welt geben, in der *alle* fühlenden Wesen Gehirne im Tank sind, setzt also von vornherein eine Sicht der Wahrheit vom Standpunkt Gottes voraus oder, genauer eine Sicht der Wahrheit ohne einen Standpunkt – Wahrheit als von Beobachtern vollkommen unabhängig.

Für den externalistischen Philosophen andererseits läßt sich die Hypothese, daß wir alle Gehirne im Tank sind, nicht so leicht abtun. Die Wahrheit einer Theorie besteht schließlich nicht darin, daß sie auf eine Welt paßt, wie sie sich irgendeinem Beobachter oder mehreren Beobachtern darstellt (Wahrheit ist in diesem Sinn nicht ‹relational›), sondern darin, daß sie der Welt entspricht, wie sie in an sich ist. Das Problem, vor das ich den externalistischen Philosophen stellen würde, ist, daß ihm eben jene Entsprechungsbeziehung, von der Wahrheit und Referenz (seiner Ansicht nach) abhängen, unmöglich zur Verfügung stehen kann, wenn er ein Gehirn im Tank *ist*. Wenn wir also Gehirne im Tank *sind*, dann könnten wir anscheinend nicht *denken*, daß wir es sind, und also ist es im Endeffekt doch nicht möglich, daß wir Gehirne im Tank sind!

Angenommen, wir setzen eine magische Theorie der Referenz voraus. So könnten wir zum Beispiel irgendwelche obskuren Strahlen annehmen – nennen wir sie ‹Gedankenstrahlen› –, die Worte und Gedankenzeichen mit ihren Referenzobjekten verbinden. Dann gibt es kein Problem. Das Gehirn im Tank kann die Worte «Ich bin ein Gehirn im Tank» denken, und wenn es das tut, dann entspricht das Wort ‹Tank› (mit Hilfe der Gedankenstrahlen) wirklichen externen Glasbehältern, und das Wort ‹in› entspricht (mit Hilfe der Gedankenstrahlen) der wirklichen Beziehung, räumlich in etwas enthalten zu sein. Eine solche Theorie ist aber vollkommen unhaltbar. Kein heutiger wissenschaftlicher Realist würde eine derartige Ansicht vertreten. Der moderne Realist möchte ja eben eine Korrespondenztheorie haben, *ohne* an ‹Gedankenstrahlen› zu glauben (oder, um es mit David Wiggins [1980] zu sagen, an selbst-identifizierende Gegenstände – an Gegenstände, die intrinsisch einem bestimmten Wort oder Gedankenzeichen entsprechen), daß ihm der Fall des Gehirns im Glas ein Rätsel ist.

Das Problem des Realisten ist folgendes: Da draußen gibt es diese Gegenstände. Hier ist der Geist/das Gehirn und führt sein Denken/Berechnen aus. Wie kommen die Symbole des Denkenden (oder die seines Geistes/Gehirns) zu einer eindeutigen Entsprechung mit Gegenständen und Mengen von Gegenständen da draußen?

Die heutzutage bei Realisten beliebte Erwiderung lautet: Während kein Zeichen *intrinsisch* einer Menge von Dingen anstatt einer anderen entsprechen kann, werden es uns *extrinsische* Verbindungen zwischen Zeichen und externen Dingen (insbesondere kausale Verbindungen) gestatten, das Wesen der Referenz zu erläutern. Es ist aber alles andere als klar, daß das geht. So sind zum Beispiel wahrscheinlich eine Reihe von *Lehrbüchern* die Hauptursache meiner Überzeugungen von Elektronen. Die Vorkommnisse der Wortes ‹Elektron› die ich produziere, *referieren* aber nicht auf Lehrbücher, auch wenn sie in jenem Sinn eine starke extrinsische Verbindung zu Lehrbüchern besitzen. Die Gegenstände, welche die Hauptursache derjenigen meiner Überzeugungen sind, die ein bestimmtes Zeichen enthalten, brauchen nicht die Referenzobjekte dieses Zeichens zu sein.

Der Realist wird nun antworten, daß das Wort ‹Elektron› nicht durch eine Kausalkette *von der richtigen Art* mit den Lehrbüchern verbunden sei. Wie aber könnten wir Intentionen besitzen, die bestimmen, welche Kausalketten ‹von der richtigen Art› sind, wenn wir nicht schon in der Lage wären zu referieren?

Für einen Internalisten ist die Situation eine ganz andere. Auch in der internalistischen Sichtweise entsprechen Zeichen den Gegenständen nicht intrinsisch, unabhängig davon, wie diese Zeichen verwendet werden und von wem. Ein Zeichen jedoch, das von einer bestimmten Sprechergemeinschaft auf bestimmte Weise verwendet wird, kann *innerhalb des Begriffsschemas dieser Sprecher* bestimmten Gegenständen entsprechen. ‹Gegenstände› existieren nicht unabhängig von Begriffsschemata. Wir teilen die Welt in verschiedene Gegenstände auf, wenn wir das eine oder andere Beschreibungsschema einführen. Da die Gegenstände und die Zeichen gleichermaßen bezüglich eines Beschreibungsschemas *intern* sind, wird es möglich zu sagen, was auf was paßt.

Es ist *innerhalb* der Sprache trivial anzugeben, worauf ein dazugehöriges Wort referiert: Man verwendet das Wort selbst. Worauf referiert ‹Kaninchen›? Na, auf Kaninchen, natürlich! Worauf referiert ‹Außerirdischer›? Auf Außerirdische (sollte es denn welche geben).

Der Externalist stimmt natürlich zu, daß die Extension von ‹Kaninchen› die Menge der Kaninchen sei und die Extension von ‹Außerirdischer› die Menge der Außerirdischen. Er meint jedoch, solche Aussagen sagen uns nicht, was Referenz *ist*. Für ihn ist es ein dringendes Problem herauszufinden, was Referenz *ist*, das heißt, was das Wesen der angenommenen Entsprechung zwischen Worten und Dingen ausmacht. Für einen Internalisten gibt es dazu, was Referenz in einem Begriffsschema ist, wenig anderes zu sagen als diese Tautologien. Die Vorstellung, Referenz müsse mit Hilfe kausaler Begriffe erläutert werden, wird dadurch zweifelhaft, daß ‹Außerirdischer› sicherlich auf Außerirdische referiert, ob wir uns je mit Außerirdischen in kausaler Interaktion befunden haben oder nicht!

Der externalistische Philosoph würde nun erwidern, daß wir auf Außerirdische referieren können, obwohl wir mit keinem von ihnen (soweit wir wissen) je in kausaler Interaktion standen, weil wir mit *irdischen Personen* interagiert haben und auch Beispiele der Beziehung ‹nicht vom selben Planeten wie› und der Eigenschaft ‹Lebewesen› kennengelernt haben. Und wir können einen Außerirdischen als ein intelligentes Wesen definieren, das nicht vom selben Planeten ist wie die Erdenwesen.

Der Externalist verlangt also nicht, daß wir irgendeine ‹wirkliche› Verbindung (z. B. eine kausale Verbindung) zu *allem* haben, auf das wir referieren, sondern nur, daß die *Basistermini* auf Arten von Dingen (und Beziehungen) referieren, zu denen wir in einer wirklichen Verbindung stehen. Wir können dann mit Hilfe der Basistermini in komplexen Kombinationen deskriptive Ausdrücke aufbauen, welche auf Arten von Dingen referieren, zu denen wir keine wirkliche Verbindung haben und die eventuell noch nicht einmal existieren (z. B. Außerirdische).

Schon bei einem Wort wie ‹Pferd› oder ‹Kaninchen› sehen wir, daß die Extension viele Dinge einschließt, mit denen wir *nicht* in kausaler Interaktion stehen (z. B. *zukünftige* Pferde und Kaninchen oder Pferde und Kaninchen, die nie in kausaler Beziehung zu einem menschlichen

Wesen gestanden haben). Wenn wir das Wort ‹Pferd› verwenden, dann referieren wir nicht nur auf die Pferde, zu denen wir eine wirkliche Verbindung haben, sondern auch auf alle anderen Dinge *derselben Art*.

An diesem Punkt wird der *Internalist* einwenden, daß ‹von derselben Art› keinen Sinn außerhalb eines Kategoriensystems macht, das sagt, welche Eigenschaften als Ähnlichkeiten zählen und welche nicht. In *einigen* Hinsichten ist schließlich alles von derselben Art wie alles andere. Diese ganze komplizierte Geschichte darüber, wie wir auf einige Dinge kraft der Tatsache referieren, daß sie mit uns durch eine ‹Kausalkette der richtigen Art› verbunden sind, und auf weitere Dinge kraft der Tatsache, daß sie ‹von derselben Art› wie jene Dinge sind, die mit uns durch eine Kausalkette der richtigen Art verbunden sind, und noch auf weitere Dinge ‹durch Beschreibung›, ist nicht so sehr falsch als vielmehr müßig. Was Pferde, mit denen ich nicht interagiert habe, zu Wesen ‹derselben Art› macht wie Pferde, mit denen ich interagiert *habe*, ist die Tatsache, daß erstere ebenso wie letztere *Pferde* sind. Die Formulierung der metaphysischen Realisten läßt es wieder einmal so aussehen, als ob es zunächst alle diese Pferde an sich gebe und ich dann eine Art Lasso über ein paar von diesen Gegenständen werfen kann (die Pferde, mit denen ich durch eine ‹Kausalkette der richtigen Art› eine ‹wirkliche Verbindung› habe), woraufhin sich mir das Problem stellt, mein Wort (‹Pferd›) dazu zu bringen, daß es nicht nur diejenigen abdeckt, welche ich mit meinem Lasso eingefangen habe, sondern auch jene, welche ich nicht einfangen kann, weil sie in Raum und Zeit zu weit entfernt sind oder aus sonst irgendeinem Grund. Und die ‹Lösung› dieses Problems, das der Internalist für ein Scheinproblem hält – die Lösung des metaphysischen Realisten –, besteht darin zu sagen, daß das Wort *automatisch* nicht nur jene Objekte abdeckt, die ich mit dem Lasso eingefangen habe, sondern auch die Gegenstände *von derselben Art – an sich* von der selben Art. Es wird dann schließlich doch behauptet, die Welt enthalte selbst-identifizierende Gegenstände, denn eben das bedeutet die Behauptung, die *Welt* – und nicht denkende Wesen – ordne Dinge zu Arten.

In einem gewissen Sinn würde der Internalist sagen, daß die Welt aus ‹selbst-identifizierenden Gegenständen› *besteht*, aber nicht in einem Sinn, der dem Externalisten zugänglich ist. Wenn ‹Gegenstände› ebenso gemacht wie entdeckt sind, ebenso Produkte unserer begrifflichen Erfindung wie des ‹objektiven› Faktors in der Erfahrung, des von unserem Willen unabhängigen Faktors, dann gehören Gegenstände natürlich intrinsisch unter bestimmte Etiketten; denn diese Etikette waren ja zunächst unsere Werkzeuge zur Konstruktion einer Version der Welt mit solchen Gegenständen. *Diese* Art von ‹selbst-identifizierendem Gegenstand› ist aber nicht geistunabhängig; und die Realisten wollen sich die Welt als eine vorstellen, die aus Gegenständen besteht, die *gleichzeitig* geistunabhängig und selbst-identifizierend sind. Das aber kann man dem Internalisten zufolge nicht tun.

Die Vorstellung zu verwerfen, daß es eine kohärente ‹externe› Perspektive gibt, eine Theorie, die ganz einfach ‹an sich› wahr ist, abseits von allen möglichen Beobachtern, bedeutet nicht, Wahrheit mit rationaler Annehmbarkeit zu *identifizieren*, wie wir es dem Vorschlag von Michael Dummett zufolge tun sollten.[3] Wahrheit kann aus einem fundamentalen Grund nicht ganz einfach rationale Annehmbarkeit *sein*: Wahrheit soll etwas sein, das eine Aussage nicht verlieren kann – ihre Rechtfertigung aber kann sie verlieren. Die Aussage «Die Erde ist eine Scheibe» war höchstwahrscheinlich von 3000 Jahren rational annehmbar, aber heute ist sie es nicht. Dennoch wäre es falsch zu sagen, «Die Erde ist eine Scheibe» sei vor 3000 Jahren *wahr* gewesen; denn das würde bedeuten, daß die Erde ihre Form verändert hat. Rationale Annehmbarkeit ist sowohl zeitbedingt als auch relativ zu einer Person. Überdies ist rationale Annehmbarkeit eine graduelle Sache – wenn man gelegentlich von Wahrheit als einer graduellen Sache spricht (wir sagen z. B. manchmal, «Die Erde ist eine Kugel» sei *annähernd wahr*), dann betrifft der ‹Grad› hier die *Genauigkeit* der Aussage, nicht den Grad ihrer Annehmbarkeit oder Rechtfertigung.

Dies zeigt meiner Ansicht nach nicht, daß die externalistische Ansicht am Ende doch richtig ist, sondern daß Wahrheit eine *Idealisierung* von rationaler Annehmbarkeit darstellt. Wir nennen eine Aussage ‹wahr›, wenn sie unter epistemisch idealen Bedingungen gerechtfertigt ist. Natürlich sind ‹epistemisch ideale Bedingungen› so wie ‹reibungsfreie Oberflächen›: Wir können epistemisch ideale Bedingungen nicht wirklich erreichen, und wir können uns über die theoretische Möglichkeit hinweg, eines Tages unsere Meinung ändern zu müssen, nie sicher sein, sie erreicht zu haben. Wir können aber auch reibungsfreie Oberflächen nie wirklich erreichen, und dennoch hat die Rede von reibungsfreien Oberflächen ‹baren Wert›, weil man sich ihnen zu einem sehr hohen Grad nähern kann.

Es mag den Anschein haben, als ob die Erklärung von Wahrheit mittels Rechtfertigung unter idealen Bedingungen bedeuten würde, einen klaren Begriff durch einen vagen zu erklären. ‹Wahr› ist aber *nicht* so klar, sobald wir uns von solchen Standardbeispielen wie «Schnee ist weiß» wegbewegen. Und es geht mir ohnehin nicht um eine formale *Definition* von Wahrheit, sondern um eine nicht formale Erläuterung des Begriffs.

Vom Gleichnis der reibungsfreien Oberflächen abgesehen, sind die beiden zentralen Vorstellungen einer solchen Idealisierungstheorie der Wahrheit folgende: (1) Wahrheit ist unabhängig von Rechtfertigung hier und jetzt, aber nicht unabhängig von *aller* Rechtfertigung. Zu behaupten, eine Aussage sei wahr, heißt zu behaupten, sie könne gerechtfertigt werden. (2) Wahrheit soll stabil oder ‹konvergent› sein; wenn entweder eine Aussage oder ihre Negation gerechtfertigt werden könnten, selbst wenn die Bedingungen so ideal wären, wie man nur wünschen kann, dann macht es keinen Sinn, sich vorzustellen, die Aussage würde einen Wahrheitswert besitzen.

Wahrheit andererseits mit (zeitrelativer) rationaler Annehmbarkeit zu identifizieren würde die Aufgabe des Prinzips bedeuten, daß sich einige der Aussagen, die *jetzt* rational annehmbar sind, als nicht wahr herausstellen könnten – und das ist etwas, was wir *wissen*. Diese Dinge brachten mich dazu, Kants Unterscheidung zwischen *metaphysischem* Realismus und *empirischem* Realismus wiederaufleben zu lassen und dabei ersteren abzulehnen und letzteren (den ich ‹internen› Realismus genannt habe) zu vertreten.[4]

Im verbleibenden Teil dieses Vortrags werde ich das Wesen der internalistischen und externalistischen Perspektiven dadurch illustrieren, daß ich Sie auf eine Art Kurztrip durch die Philosophiegeschichte mitnehme. Diese Perspektiven sind schließlich nicht neu, auch wenn ihre Formulierungen ständig verbessert werden und die jeweiligen Vertreter weiterhin notwendige Modifikationen an ihren Standpunkten vornehmen sowie neue oder verbesserte Argumente für diese entdecken. Ohne wenigstens einen kursorischen Blick auf die lange historische Entwicklung zu werfen, welche die gegenwärtigen Formen dieser Perspektiven hervorgebracht hat, könnten, so befürchte ich, sowohl das merkwürdige Beispiel der Gehirne im Tank als auch die soeben beschriebenen Perspektiven künstlich erscheinen oder von bloß ‹technischem› Interesse oder beides.

Die ‹Phantasma›-Theorie

Die Theorie, daß Wahrheit Entsprechung sei, ist sicherlich die natürliche. Ich meine, es ist unmöglich, einen Philosophen vor Kant zu finden (mit Ausnahme vielleicht einiger der Vorsokratiker), der *keine* Korrespondenztheorie der Wahrheit vertreten hätte.

Michael Dummett hat kürzlich[5] eine Unterscheidung zwischen *non-realistischen* (d.h. dem, was ich ‹internalistisch› nenne) und *reduktionistischen* Ansichten getroffen, um darauf hinzuweisen, daß Reduktionististen metaphysische Realisten sein können, das heißt die Korrespondenztheorie unterschreiben könnten. Reduktionismus bezüglich einer Klasse von Aussagen (z. B. Aussagen über geistige Ereignisse) ist die Ansicht, daß Aussagen in dieser Klasse durch Tatsachen ‹wahr gemacht› werden, die außerhalb der Klasse liegen. So werden einer Art von Reduktionismus zufolge zum Beispiel Aussagen über geistige Ereignisse durch Tatsachen über Verhalten wahr gemacht.[6] Als weiteres Beispiel ist die Ansicht von Bischof Berkeley *reduktionistisch*, daß alles, ‹was es wirklich gibt›, Geist und seine Empfindung sei[7], denn sie besagt, daß Sätze über Tische, Stühle und andere gewöhnliche ‹materielle Gegenstände› in Wirklichkeit von Tatsachen über Empfindungen wahr gemacht werden.

Wenn eine Ansicht bezüglich Aussagen von der einen Art reduktionistisch ist, aber nur, um auf einer Korrespondenztheorie der Wahrheit für die Sätze der *reduzierenden* Klasse zu bestehen, dann hat diese Ansicht eine metaphysisch realistische Grundlage. Eine wirklich non-realistische Ansicht ist durchgehend non-realistisch.

Man macht oft den Fehler, reduktionistische Philosophen als Non-Realisten anzusehen, aber Dummett hat sicherlich recht: *Deren* Meinungsverschiedenheit mit anderen Philosophen betrifft die Frage, *was es wirklich gibt*, nicht die Wahrheitsauffassung. Wenn wir diesen Irrtum vermeiden, wird meine soeben gemachte Behauptung viel plausibler erscheinen, daß es unmöglich ist, einen Philosophen vor Kant (und nach den Vorsokratikern) zu finden, der *kein* metaphysischer Realist gewesen wäre, zumindest den Aussagen gegenüber, die er für *grundlegend* oder unreduzierbar hielt.

Die älteste Form der Korrespondenztheorie der Wahrheit hat etwa 2000 Jahre überdauert, und antike und mittelalterliche Philosophen haben sie Aristoteles zugeschrieben.[8] Ich bin nicht sicher, ob Aristoteles sie wirklich vertreten hat, aber seine Sprache legt dies nahe. Ich werde sie die *Ähnlichkeitstheorie der Referenz* nennen; denn sie behauptet, daß die Beziehung zwischen den Repräsentationen in unserem Geist und den äußeren Gegenständen, auf welche sie referieren, buchstäblich eine der Ähnlichkeit ist.

In einem einflußreichen Buch der antiken Philosophie, Ciceros *De Republica*, wird diese Theorie in einer Form dargestellt, die für lange Zeit die Norm bleiben sollte bis zur protestantischen Reformation und der daraus folgenden Aufhebung des Stellung des Thomismus (und, allgemeiner, der katholischen Philosophie) als der einzigen in christlichen Landen gestatteten Philosophie.

Diese Theorie verwendete ebenso wie moderne Theorien die Idee der geistigen Repräsentation. Diese Repräsentation, das Bild des Geistes von dem äußeren Ding, hieß bei Aristoteles *phántasma*. Die Beziehung zwischen Phantasma und äußerem Gegenstand, mittels deren das Phantasma den äußeren Gegenstand dem Geist repräsentiert, besteht (nach Aristoteles oder jedenfalls nach Aristoteles, so wie Cicero ihn gelesen hat) darin, daß das Phantasma mit dem äußerem Gegenstand eine *Form gemeinsam hat*. Da das Phantasma und der äußere Gegenstand ähnlich sind (die Form gemeinsam haben), hat der Geist auch unmittelbar die *Form* des äußeren Gegenstands zur Verfügung, da er über das Phantasma verfügt.

Diese Theorie – die Aristoteles / Cicero-Theorie – bildete durch das Mittelalter hindurch die Norm. Thomas drückt sie in der *Summa theologica* beinahe so aus, wie ich sie dargestellt habe. Gelegentlich wurden Einschränkungen vorgenommen; so sagt Aristoteles selbst (wenn wir Ciceros Lesart akzeptieren), daß das Phantasma mit dem äußeren Gegenstand solche Eigenschaften wie *Röte* nicht gemeinsam hat (d.h., die Röte in unserem Geist ist genaugenommen nicht dieselbe Eigenschaft wie die Röte des Gegenstands), die von nur einem Sinn wahrgenommen werden können; es hat jedoch solche Eigenschaften wie *Länge* oder *Größe* gemeinsam, die von mehr als einem Sinn wahrgenommen werden können (die ‹gemeinsame Wahrnehmungen› im Gegensatz zu ‹einfachen Wahrnehmungen› sind). Dies ist natürlich beinahe eine Vorwegnahme der Unterscheidung zwischen *primären* und *sekundären* Qualitäten im 17. Jahrhundert. Manchmal wurde die Theorie etwas vager gestaltet: Das Phantasma und der äußere Gegenstand haben etwas ‹Verständliches› anstelle der spezifischen Form gemeinsam. Die Idee aber, daß einige Vorstellungen (z. B. Vorstellungen von Gestalt) mittels einer *buchstäblichen Ähnlichkeit* auf Gegenstände referieren, wurde für selbstverständlich erachtet, und so lange, wie sie für selbstverständlich erachtet wurde, betrachteten nur einige wenige Denker (z. B. Wilhelm von Ockham[9]) die Beziehung zwischen geistigen Zeichen (Phantasmata) und äußeren Gegenständen als ein Problem.

Locke und ‹Ähnlichkeit›

Im 17. Jahrhundert begann man, die Ähnlichkeitstheorie einzuschränken, ähnlich wie es auch schon Aristoteles getan hatte. Locke und Descartes[10] behaupteten also, daß es im Fall einer ‹sekundären› Qualität wie Farbe oder Struktur absurd wäre anzunehmen, die Eigenschaft des geistigen Bildes sei *buchstäblich* dieselbe wie die des physikalischen Dings. Locke war ein Anhänger der Korpuskulartheorie, das heißt ein Verfechter der atomaren Theorie der Materie, und ebenso wie ein moderner Physiker stellte er sich das, was der sinnlich gegebenen Röte eines roten Stücks Tuch entspricht, nicht als eine einfache Eigenschaft des Tuchs vor, sondern als eine sehr komplexe dispositionale Eigenschaft oder ein ‹Vermögen›, nämlich das Vermögen, Empfindungen dieser besonderen Art hervorzurufen (in der Sprache der Psychophysik: Empfindungen, die ‹subjektives Rot› zeigen). Die Eigenschaften eines physikalischen Ereignisses, durch die es zu einem Exempel für physikalisches Rot wird, sind ganz andere als die Eigenschaften, durch die ein geistiges Ereignis zu einem Exempel für subjektives Rot wird. Ein rotes Stück Tuch und ein rotes Nachbild sind *nicht* buchstäblich ähnlich. Sie haben keine Form gemeinsam.

Während Lockes Verpflichtung gegenüber einer atomistischen Philosophie zweifellos sein wichtigster Grund dafür war zu sagen, *Rot* sei in physikalischen Gegenständen nicht ebenso gegenwärtig, wie es in unseren Empfindungen der Fall ist (rote, warme, pelzige Atome – oder Wirbel bei Descartes – wären für die Physik eine verwirrende Angelegenheit), so hat er doch mit Descartes eine Reihe von wichtigen *philosophischen* Argumenten gegen die Vorstellung formuliert, daß sekundäre Qualitäten in unseren Bildern und in den Gegenständen dasselbe sind. Um nur eines zu erwähnen: die *Relativität der Wahrnehmung*. Wenn mein Bild eines roten Tuchs bezüglich der Farbe buchstäblich genauso sein soll wie das Tuch und Ihr Bild eines roten Tuchs bezüglich der Farbe buchstäblich genauso sein soll wie das Tuch, dann müssen unsere Bilder untereinander bezüglich Farbe gleich sein. Mein Bild ändert aber seine subjektive Farbe, wenn ich das Tuch von einem anderen Blickwinkel oder unter anderem Licht betrachte. Welches Bild ist ‹wirklich› genauso wie das Tuch? Locke und Descartes zufolge macht diese Frage keinen Sinn. Und dies zeigt, daß physikalische Farbe und subjektive Farbe ganz verschiedene Eigenschaften sind.

Locke war allerdings bereit, für jene Eigenschaften (Gestalt, Bewegung, Position), die er aufgrund seiner korpuskularen Philosophie für grundlegend und unreduzierbar hielt, die Ähnlichkeitstheorie der Referenz beizubehalten.

Berkeleys Glanzleistung

Berkeley entdeckte eine sehr mißliche Konsequenz der Ähnlichkeitstheorie der Referenz: Sie impliziert, daß nichts außer geistigen Entitäten existiert (‹Geist und seine Ideen›[11], d.h. Verstand und seine Empfindungen). Es ist allgemein unbeachtet geblieben, daß Berkeley seine Grundprämisse – die Ähnlichkeitstheorie der Referenz – nicht bloß von Locke übernommen (oder in Locke hineingelesen) hatte, sondern daß sie die vor seiner Zeit, ja noch für weitere hundert Jahre akzeptierte Theorie der Referenz gewesen ist. Wir haben aber soeben gezeigt, wie altehrwürdig diese Theorie in Wirklichkeit schon war.

Berkeleys Argument ist sehr einfach: Der Einwurf gegen die Ähnlichkeitstheorie (das Argument aus der Relativität der Wahrnehmung) ist im Fall der sekundären Qualitäten richtig, aber es funktioniert im Fall der primären Qualitäten ebensogut.[12] Länge, Gestalt und Bewegung eines Gegenstands werden allesamt von verschiedenen Beobachtern und vom selben Beobachter zu verschiedenen Gelegenheiten verschieden wahrgenommen. Zu fragen, ob ein *Tisch* von derselben Länge ist wie *mein* Bild von ihm oder wie *Ihr* Bild von ihm, hieße, eine absurde Frage zu stellen. Wenn der Tisch einen Meter lang ist und ich eine klare Sicht von ihm habe, habe ich dann ein *einen Meter langes geistiges Bild*? Sobald man sich diese Frage stellt, zeigt sich ihre Sinnlosigkeit. Geistige Bilder haben keine physikalische Länge. Sie können nicht mit dem Urmeter in Paris verglichen werden. Physikalische Länge und subjektive Länge müssen so verschieden sein wie physikalisches Rot und subjektives Rot.

Um die Schlußfolgerung auf andere Weise auszudrücken: *Nichts kann einer Empfindung oder einem Bild ähnlich sein außer einer anderen Empfindung oder einem anderen Bild.* Unter dieser und der (immer noch unbezweifelten) Annahme, daß der Mechanismus der Referenz eine Ähnlichkeit zwischen unseren ‹Vorstellungen› (d.h. unseren Bildern oder ‹Phantasmata›) und dem ist, was sie repräsentieren, folgt sogleich, daß keine ‹Vorstellung› (oder geistiges Bild) irgend etwas repräsentieren oder auf etwas referieren kann, was nicht ein weiteres Bild oder eine weitere Empfindung wäre. Nur an phänomenale Gegenstände kann man denken, sie begreifen, auf sie referieren. Und wenn man an etwas nicht denken kann, dann kann man nicht denken, es existiert. Die Rede von materiellen Gegenständen ist vollkommen unverständlich, es sei denn, wir behandeln sie als eine höchst abgeleitete Rede über Regelmäßigkeiten in unseren Empfindungen. Die zu seiner Zeit und auch später bestehende Tendenz, Berkeley als verdreht bis hart an den Wahnsinn, geradezu skandalös, wenn auch brillant, anzusehen, beruht auf der Unannehmbarkeit seiner Schlußfolgerung, daß Materie nicht wirklich existiert (außer als Konstruktion aus Empfindungen) und nicht auf irgendeiner Besonderheit an seinen Prämissen. Die Tatsache aber, daß man eine solche unannehmbare Schlußfolgerung aus der Ähnlichkeitstheorie ziehen konnte, hat eine Krise in der Philosophie verursacht. Philosophen, die Berkeley nicht in den subjektiven Idealismus folgen wollten, mußten eine andere Auffassung der Referenz bieten.

Kants Auffassung von Wissen und Wahrheit

Meine kursorische Darstellung von Aristoteles, Berkeley und Locke bleibt zumindest der Lesart jener Philosophen nahe, die sie tatsächlich beeinflußt haben. (Ob man sie *richtig* gelesen hat, ist eine andere Frage.) Die Darstellung aber, die ich von Kants Ansichten geben möchte, ist, wenn auch ebenfalls knapp, so doch anders als die übliche. Mir scheint, Kant wird am besten so gelesen, daß er als erster das vorschlägt, was ich eine ‹internalistische› oder ‹intern realistische› Wahrheitsauffassung genannt habe – auch wenn er nie so recht sagt, daß dies sein Anliegen ist.

Ich gebe natürlich nicht vor, den *ganzen* Kant zu interpretieren. Es mag verrückt sein, auf ein paar Seiten etwas über einen so schwierigen Denker zu sagen; aber es wäre nicht nur verrückt, sondern albern, dabei alle wichtigen Aspekte seines Denkens abdecken zu wollen! Für meine Zwecke jedoch ist nur die erste Kritik (die *Kritik der reinen Vernunft*) von Interesse, und in diesem Buch ist hier nur ein bestimmter Zug der Erkenntnistheorie relevant, nämlich die Theorie des empirischen Wissens.[13]

Es ist zunächst einmal klar, daß Kant Berkeleys subjektiven Idealismus für völlig inakzeptabel hielt (soviel sagt er ausdrücklich) und daß er kausalen Realismus – die Ansicht, daß wir nur Empfindungen direkt wahrnehmen und auf materielle Gegenstände mittels irgendeiner problematischen Schlußfolgerung *schließen* – ebenso inakzeptabel fand. Eine Auffassung, der zufolge es nur eine sehr fragwürdige Hypothese darstellt, daß sich vor mir ein Tisch befindet, während ich diese Zeilen schreibe, ist ein ‹Skandal›, wie Kant sagt.[14]

Des weiteren nehme ich an, daß Kant deutlich war, wie Berkeleys Argument funktioniert: Er hat gesehen, daß es von der Ähnlichkeitstheorie der Referenz abhing und daß eine Ablehnung von Berkeleys Theorie eine Ablehnung dieser Theorie erfordert. Ich schreibe Kant hier eine Auffassung zu, die er nicht in diesen Worten ausdrückt (tatsächlich ist die Rede von ‹Referenz› als der Beziehung zwischen geistigen Zeichen und dem, wofür sie stehen, sehr neu[15], auch wenn das Problem der Beziehung zwischen geistigen Zeichen und dem, wofür sie stehen, sehr alt ist, wie wir gesehen haben). Wir werden aber sehen, daß aus dem, was Kant gesagt *hat*, just die Aufgabe der Ähnlichkeitstheorie der Referenz folgt.

Ich möchte eine Lesart Kants vorschlagen, die hilfreich sein mag, auch wenn sie nur eine erste Näherung zu einer richtigen Interpretation darstellt. Man stelle sich Kant als jemanden vor, der Berkeleys Behauptung akzeptiert – wonach jenes Argument von der Relativität der Wahrnehmung ebenso auf die sogenannten primären Qualitäten zutrifft wie auf die sekundären –, aber eine andere Erwiderung gibt als Berkeley. Berkeleys Erwiderung bestand ja darin, sowohl die primären als auch die sekundären Qualitäten zu verwerfen und auf das zurückzugehen, was Locke ‹einfache› Qualitäten der Empfindung genannt hätte (als die grundlegenden Entitäten, auf die wir referieren können). Wie wir uns erinnern, bestand Lockes eigene Behandlung der sekundären Qualitäten darin zu sagen, als Eigenschaften des physikalischen Gegenstandes könnten wir sie nur als Vermögen wahrnehmen, als Eigenschaften – unbestimmter Natur –, die den Gegenstand in die Lage versetzen, auf *uns* in gewisser Weise einzuwirken. Zu sagen, etwas sei rot, warm oder pelzig, heißt zu sagen, daß es in *Beziehung auf uns* so und so ist, nicht wie es von der Perspektive Gottes ist.

Ich schlage (als eine erste Näherung) vor, Kant sei so zu lesen, daß er sagt, was Locke von den sekundären Qualitäten behaupte, treffe auf *alle* Qualitäten zu – auf die einfachen ebenso wie auf die primären und die sekundären (ja es gibt kaum einen Anlaß, sie zu unterscheiden).[16]

Wenn *alle Eigenschaften sekundär sind*, was folgt daraus? Es folgt, daß alles, was wir über einen Gegenstand sagen, die Form hat: Er ist derart, daß er auf *uns* so und so einwirkt. Überhaupt nichts von dem, was wir über einen Gegenstand sagen, beschreibt den Gegenstand, so wie er ‹an sich› ist, unabhängig von seiner Wirkung auf *uns*, auf Wesen mit unserer rationalen Natur und unserer biologischen Konstitution. Es folgt auch, daß wir keine Ähnlichkeit zwischen unserer Vorstellung von einem Gegenstand und jener geistunabhängigen Wirklichkeit annehmen können, die im Endeffekt für unsere Erfahrung dieses Gegenstandes verantwortlich sein mag. Unsere Vorstellungen von Gegenständen sind keine *Kopien* von geistunabhängigen Dingen.

Ganz so beschreibt Kant die Lage. Er zweifelt nicht daran, daß es *irgendeine* geistunabhängige Wirklichkeit gibt – für ihn ist das beinahe ein Postulat der Vernunft. Er bezeichnet die Elemente dieser geistunabhängigen Wirklichkeit mit verschiedenen Ausdrücken: das Ding an sich[17], die noumenalen Gegenstände oder *Noumena*, zusammen die *noumenale Welt*. Wir können uns aber von diesen noumenalen Dingen keinen rechten Begriff machen, selbst die Vorstellung einer noumenalen Welt ist kein klarer Begriff, sondern eher eine Art Grenze des Denkens (ein Grenzbegriff[18]). Heutzutage wird der Begriff der noumenalen Welt als ein unnötiges metaphysisches Element in Kants Denken angesehen. (Aber möglicherweise hat Kant recht: Vielleicht können wir nicht umhin zu denken, daß es *irgendwie* eine geistunabhängige ‹Grundlage› unserer Erfahrung gibt, selbst wenn der Versuch, über sie zu reden, sofort zu Unsinn führt.)

Dennoch ist die Rede von gewöhnlichen ‹empirischen› Gegenständen *nicht* eine Rede von Dingen an sich, sondern bloß eine Rede von Dingen für uns.

Der wirklich subtile Punkt besteht darin, daß Kant meint, alle dies treffe *ebenso* auf Empfindungen (‹Gegenstände des inneren Sinnes›[19]) wie auf äußere Gegenstände zu. Das mag seltsam erscheinen: Was ist das Problem daran, ob einer Empfindung eine Vorstellung entspricht oder nicht? Kant ist aber einem tiefschürfenden Punkt auf der Spur.

Angenommen, ich habe eine Empfindung *E*. Angenommen, ich *beschreibe E*, etwa indem ich sage, «*E* ist eine Empfindung von *rot*». Wenn ‹rot› nur bedeutet *so wie dies hier*, dann bedeutet die ganze Aussage nur, «*E ist so wie dies hier*» (wobei man sich auf *E* konzentriert), das heißt, *E ist so wie E* – und in Wirklichkeit ist gar kein Urteil zustande gekommen. Man wird auf einen bloßen unartikulierten Laut reduziert, wie Wittgenstein sagt, der ähnliche Überlegungen in seinen *Philosophischen Untersuchungen* zum Ausdruck bringt.[20] Wenn ‹rot› andererseits ein echter Klassifikationsausdruck ist, wenn ich behaupte, daß diese Empfindung *E zu derselben Klasse gehört* wie Empfindungen, die ich *zu anderen Gelegenheiten* ‹rot› nenne, dann geht mein Urteil über das hinaus, was unmittelbar gegeben ist, über das ‹bloße Daß-sein›, wie George Herbert Mead es genannt hat[21], und es beinhaltet einen impliziten Bezug auf andere Empfindungen, die ich zum gegenwärtigen Zeitpunkt nicht habe, sowie auf die *Zeit* (welche, Kant zufolge, nichts Noumenales ist, sondern vielmehr eine Form, in der wir die ‹Dinge für uns› arrangieren[22]). Ob die Empfindungen, die ich zu verschiedenen Zeiten habe und die ich als *Empfindungen von rot* klassifiziere, ‹wirklich› (noumenal) alle ähnlich sind, ist eine Frage, die keinen Sinn macht. Wenn sie ähnlich zu sein scheinen – das heißt, wenn ich mich erinnere, daß die früheren Empfindungen meiner gegenwärtigen ähnlich sind, und *voraussehe*, daß zukünftige Empfindungen, die ich so klassifizieren werde, meiner gegenwärtigen wiederum ähnlich sein werden, so wie sie dann erinnert werden wird –, dann sind sie *für mich ähnlich*. Sie sind alle *für mich rot*.

Dies ist ein Punkt, der bei Kant vollkommen ignoriert wird, auch wenn Kant immer und immer wieder in verschiedenen Worten sagt, daß die Gegenstände des inneren Sinnes *nicht* transzendent wirklich (noumenal) sondern ‹transzendental ideal› (Dinge für uns) sind und nicht mehr und nicht weniger direkt erkennbar als sogenannte äußere Gegenstände. Die Empfindungen, die ich ‹rot› nenne, können ebensowenig direkt mit noumenalen Gegenständen verglichen werden, um zu sehen, ob sie dieselbe *noumenale* Eigenschaft haben, wie die von mir ‹Goldstücke› genannten Gegenstände direkt mit noumenalen Gegenständen verglichen werden können, um zu sehen, ob sie dieselbe noumenale Eigenschaft haben.

Der Grund dafür, daß ‹alle Eigenschaften sind sekundäre› nur eine *erste* Näherung an Kants Auffassung darstellt, ist folgender: ‹Alle Eigenschaften sind sekundäre› (d.h., *alle Eigenschaften sind Vermögen*) legt nahe, daß von einem Stuhl zu sagen, er sei aus Kiefernholz oder dergleichen, bedeute, einem noumenalen Gegenstand ein Vermögen zuzuschreiben (die Disposition, uns so zu erscheinen, als sei er aus Kiefernholz); von einem Stuhl zu sagen, er sei braun, bedeute, *demselben* noumenalen Gegenstand ein anderes Vermögen zuzuschreiben, und so weiter. Einer solchen Auffassung zufolge entspräche jedem Gegenstand ‹in der Erscheinung› (wie Kant sagen würde) ein noumenaler Gegenstand, das heißt, jedem Ding für uns würde ein noumenaler Gegenstand entsprechen. Kant aber lehnt dies ausdrücklich ab.[23] Und an eben diesem Punkt ist er nahe daran zu sagen, daß er die Korrespondenztheorie der Wahrheit aufgibt.

Kant *sagt* allerdings nicht, daß er die Korrespondenztheorie der Wahrheit aufgibt. Er sagt ganz im Gegenteil, daß Wahrheit die ‹Übereinstimmung der Erkenntnis mit ihrem Gegenstande› ist; dies ist aber eine ‹Nominaldefinition der Wahrheit›, um mit Peirce zu reden.[24] Es wäre meiner Ansicht nach ein schwerer Fehler, dies mit der ‹Korrespondenztheorie der Wahrheit› im Sinn des metaphysischen Realisten gleichzusetzen. Um entscheiden zu können, ob Kant eine ‹Korrespondenztheorie der Wahrheit› im Sinn der metaphysischen Realisten vertrat, müssen wir sehen, ob er eine realistische Auffassung dessen hatte, was er ‹den Gegenstand› eines empirischen Urteils nannte.

Kants Auffassung zufolge besagt jedes Urteil über äußere oder innere Dinge (physikalische Dinge oder geistige Entitäten), die noumenale Welt sei als Ganzes derart, daß dies die Beschreibung ist, die ein Vernunftwesen (ein Wesen mit unserer Art von Vernunft) konstruieren würde, sofern es über die Informationen verfügt, die ein Wesen mit unseren Sinnesorganen (ein Wesen mit unserer Art von Sinnen) besitzt. In *dem* Sinn schreibt das Urteil ein Vermögen zu. Das Vermögen wird aber *der gesamten noumenalen Welt* zugeschrieben – man darf nicht glauben, weil Stühle, Pferde und Empfindungen in unserer Erscheinung vorkommen, gebe es entsprechende noumenale Stühle, Pferde und Empfindungen. *Es gibt noch nicht einmal eine Eins-zu-eins-Entsprechung zwischen Dingen für uns und Dingen an sich.* Kant gibt nicht nur die Idee einer Ähnlichkeit zwischen unseren Vorstellungen und den Dingen an sich auf, er verzichtet sogar auf jede Idee eines abstrakten Isomorphismus. Und das bedeutet, daß es in seiner Philosophie keine *metaphysische* Korrespondenztheorie der Wahrheit gibt.

Was ist dann ein wahres Urteil? Kant glaubt, daß wir *objektives* Wissen besitzen: Wir kennen Gesetze der Mathematik, Gesetze der Geometrie, Gesetze der Physik und viele Aussagen über individuelle Gegenstände – empirische Gegenstände, Dinge für uns. Der Gebrauch des Ausdrucks ‹Wissen› und der Gebrauch des Ausdrucks ‹objektiv› laufen auf die Behauptung hinaus, daß es *dennoch einen Wahrheitsbegriff gibt.* Was aber *ist* Wahrheit, wenn nicht Übereinstimmung damit, wie die Dinge an sich sind?

Wie gesagt, ist folgendes die einzige Antwort, die sich aus Kants Schriften herauslesen läßt: Ein Stück Wissen (d.h. eine ‹wahre Aussage›) ist eine Aussage, die ein rationales Wesen akzeptieren würde, wenn es über genügend Erfahrung von der Art verfügt, die Wesen unserer Natur tatsächlich haben können. ‹Wahrheit› in irgendeinem anderen Sinn ist uns unzugänglich und unvorstellbar. *Wahrheit ist ideales Passen.*

Anmerkungen

* ‹How to Be an Internal Realist and a Transcendental Idealist (At the Same Time)›, Vortrag beim 4. Internationalen Wittgenstein-Symposium in Kirchberg/Niederösterreich vom 28.8.–2.9.1979. Veröffentlicht in: D. Haller/W. Grassl (Hg.): *Sprache, Logik und Philosophie. Akten des 4. Internationalen Wittgenstein-Symposiums in Kirchberg/Wechsel 1979*, Hölder-Pichler-Tempsky, Wien 1980, 100–108. [Der Vortrag überschneidet sich inhaltlich mit den ersten vier Abschnitten des 3. Kapitels von Vernunft, Wahrheit und Geschichte (1981, I-6).]

1 [Überschrift vom Hg.]

2 [Descartes 1641 fragt, ob ich nicht ständig von einem bösen Dämon getäuscht sein könnte.]

3 [Etwa in Dummett 1958, sowie 1975 und 1976.]

4 Siehe meine Vorträge ‹Realism and Reason› [1977, II-92] und ‹Modelle und Wirklichkeit› [Text 4]. [Die Unterscheidung findet sich in Kant 1781/87, A 367–380. Kants Gegensatzpaare sind transzendentaler Idealismus und transzendentaler Realismus sowie empirischer Idealismus und empirischer Realismus.]

5 [Zuerst in Dummett 1958, als Semantik in Dummett 1975 und 1976. Ausführlich entwickelt in Dummett 1991 (bes. Einleitung und Kap. 15.), dessen frühere Fassung seit 1976 in Harvard zur Verfügung stand. (Für die Zwischenzeit Dummett 1982.) Dummett hat den Ausdruck ‹antirealistische Semantik› geprägt, den Putnam ablehnt, um seine Position als ‹internen Realismus› zu bezeichnen.]

6 [Im Behaviorismus, von ‹behaviour›, d.h. ‹Verhalten›. Vgl. Skinner 1976.]

7 [Vgl. Berkeley 1710, bes. §§ 3 ff, 27ff, sowie Berkeley 1713, 3. Dialog.]

8 [Vgl. Aristoteles, *Über die Seele*, Buch III, Kap. 7 und 8, sowie *Metaphysik* 1011 b, 1024b, 1027b etc.]

9 [Siehe z. B. seine *Summa Logicae*, I, 3 oder I, 33.]

10 [Etwa Descartes 1641, 5. Meditation. Der Ausdruck taucht jedoch erst bei Locke auf, siehe Locke 1689, Buch II, Kap. 8, sowie Buch III, Kap. 3 und 4, letzteres zur Farbe.]

11 [‹Spirits and their ideas›, vgl. Berkeley 1710, bes. §§ 3 ff, 27ff, sowie Berkeley 1713, 3. Dialog.]

12 [Berkeley 1709 und 1710, §§ 9–15.]

13 [D.h. Kant 1781/87 ohne transzendentale Dialektik und Methodenlehre.]
14 [Kant 1781/87, etwa B Vorrede, B 70f, B 274ff; zum ‹Skandal› B Vorrede, letzte Fußnote.]
15 [Sie stammt aus der Übersetzung von Freges ‹Über Sinn und Bedeutung› (1892) als ‹On Sense and Reference›, wonach sich im Deutschen ‹Referenz› eingebürgert hat.]
16 [Vgl. Kant 1781, A 64f (§ 13, Anm. 2).]
17 [Im Original deutsch.]
18 [Im Original deutsch. Kant 1781/87, B 310f.]
19 [Kant 1781/87, A 368.]
20 [Wittgenstein 1953, I, § 261.]
21 [‹Bare thatness›, etwa Mead 1903.]
22 [Kant 1781/87, B 46–73.]
23 [Kant 1781/87, B 294–315 (auch bis 346).]
24 [‹Die Namenerklärung der Wahrheit›, Kant 1781/87, B 82.]

7
Warum es keine Fertigwelt gibt*

Metaphysischer Realismus und die Essenz[1]

Zwei Vorstellungen, die Teil unserer philosophischen Kultur geworden sind, stehen in einem gewissen Konflikt miteinander. Eine Vorstellung, die Moore und Russell haben wiederaufleben lassen, nachdem sie von Kant und Hegel ein für allemal versenkt worden war (so dachte man jedenfalls), ist der metaphysische Realismus, und die andere ist, daß es so etwas wie intrinsische oder ‹essentielle› Eigenschaften nicht gibt. Lassen Sie mich mit einem Wort über beide beginnen.

Der metaphysische Realist behauptet, daß wir so von Dingen reden und an sie denken können, wie sie sind, unabhängig von unserem Geist, und daß wir dazu dank einer ‹Entsprechungsbeziehung› zwischen den Ausdrücken unserer Sprache und gewissen Arten von geistunabhängigen Entitäten in der Lage sind. Moore und Russell haben die merkwürdige Ansicht vertreten, daß *Sensibilia* (Sinnesdaten) solche *geistunabhängigen* Entitäten sind[2], eine Ansicht, die auf den ersten Blick so töricht erscheint, daß wenige analytische Philosophen gern daran erinnert werden, daß die analytische Philosophie so angefangen hat. Heutzutage hält man materielle Gegenstände für paradigmatische geistunabhängige Entitäten und ‹Entsprechung› für eine kausale Beziehung. Man sagt, meine kausale Interaktion mit Stühlen bewirke, daß ich auf Stühle referiere und daß ich nicht die das Wort ‹Stuhl› enthaltenden Äußerungen machen würde, die ich tatsächlich mache, wenn ich nicht kausale Verbindungen ‹der richtigen Art› mit Stühlen hätte. Diese komplizierte Beziehung zwischen meinem Wort (oder meiner Art und Weise, das Wort zu gebrauchen) und *x* bildet die betreffende *Entsprechung* zwischen meinem Wort und *x*. Dieser Ansicht zufolge ist es kein Rätsel, daß wir auf physikalische Dinge referieren können, Referenz auf Zahlen jedoch, auf Mengen, moralische Werte oder irgend etwas nicht ‹Physikalisches› wird allgemein für problematisch, wenn nicht überhaupt unmöglich gehalten.

Die zweite Lehre, wonach es keine essentiellen Eigenschaften gibt, kündigt sich in Lockes berühmter Ablehnung von ‹substantiellen Formen› an. Locke verwarf die Vorstellung, daß die Ausdrücke, die wir zur Klassifikation von Dingen verwenden (z. B. ‹Mensch› oder ‹Wasser›), Eigenschaften einschließen, die in irgendeinem Sinn ‹reale Substanzen› dieser Dinge sind.[3] Während man im Mittelalter dachte, die reale Substanz von Wasser sei eine sogenannte substantielle Form, die sowohl in dem Ding wie auch (abzüglich der Materie) in unserem Geist existiert, argumentierte Locke, daß wir in unserem Geist eine Reihe von konventionellen Anzeichen besitzen (z. B. flüssig sein), die wir aufgrund unserer Interessen zu einer deskriptiven Idee zusammengefaßt haben, und daß jede Annahme unberechtigt sei, diese Anzeichen würden die ‹reale Substanz› von allem darstellen, was wir unter der Idee klassifizieren.

Später sind Empiristen weiter gegangen und haben bestritten, daß der Begriff der Essenz überhaupt irgendeine Berechtigung habe. Hier ein typischer Weg, für diesen Standpunkt zu plädieren: «Angenommen, man hat ein Stück Ton zu einer Statue geformt. Wir sind sicher, daß das Stück Ton nicht das wäre, was es ist (ein Stück Ton), wenn es aufgelöst, in seine chemischen Elemente gespalten oder in fünf Stücke geschnitten würde. Wir können auch sagen, daß die *Statue* nicht das wäre, was sie ist (*diese* Statue), wenn der Ton zu einer Kugel zusammengedrückt (oder zu einer anderen Statue geformt) werden würde. Das Stück Ton und die Statue sind aber *ein* Ding und nicht zwei. Das zeigt, daß es nur *relativ zu einer Beschreibung* Sinn macht, von einer ‹essentiellen Eigenschaft› zu reden. Relativ zu der Beschreibung ‹diese Statue› ist eine gewisse Gestalt eine essentielle Eigenschaft des Gegenstandes; relativ zu der Beschreibung ‹dieses Stück Ton› ist die Gestalt *keine* essentielle Eigenschaft (wohl aber Ton zu sein). Die Frage: ‹Was sind die essentiellen Eigenschaften des Dinges *an sich*?› ist unsinnig.»

Die Ablehnung von Essenz bedeutet auch eine Ablehnung von intrinsischer Struktur: Ein Elektron in meinem Körper hat eine gewisse elektrische Ladung; der soeben beschriebenen Auffassung zufolge wäre es aber ein Fehler zu denken, daß der Besitz dieser Ladung eher eine ‹intrinsische› Eigenschaft jenes Gegenstandes wäre (außer *relativ zu der Beschreibung* ‹Elektron›) als die, Teil meines Körpers zu sein. Kurz, man meint allgemein (oder meinte bis vor kurzem):

> Ein Ding verhält sich zu keiner seiner Eigenschaften (oder Beziehungen) mehr ‹intrinsisch› als zu irgendeiner seiner anderen Eigenschaften oder Beziehungen.

Das Problem, dem sich der Anhänger des metaphysischen Realismus (oder ‹transzendentalen Realismus›, wie Kant ihn nannte[4]) immer schon gegenübersah, betrifft die Idee der ‹Entsprechung›. Es gibt viele verschiedene Wege, Zeichen einer Sprache und Dinge einer Menge *M* zur Entsprechung miteinander zu bringen – tatsächlich unendlich viele, wenn die Menge *M* unendlich ist (und eine sehr große Anzahl, wenn *M* eine große endliche Menge ist). Selbst wenn die ‹Entsprechung› eine Referenzbeziehung sein muß und wir angeben, welche *Sätze* den *Sachverhalten* entsprechen sollen, *die wirklich bestehen*, folgt aus den Theoremen der Modelltheorie, daß es immer noch unendlich viele Wege gibt, eine solche Entsprechung *auszuzeichnen*.[5] Wie können wir *eine* Entsprechung zwischen unseren Worten (oder Gedanken) und den angeblichen geistunabhängigen Dingen auswählen, *wenn wir keinen direkten Zugang zu den geistunabhängigen Dingen besitzen*? (Die deutsche Philosophie nach Kant hat fast immer mit einer bestimmten Antwort auf diese Frage begonnen – mit der Antwort «Wir können es nicht».)

Eines ist klar: Ein Willensakt (oder eine Intention) wird es nicht schaffen. Ich kann nicht einfach eine bestimmte Entsprechung *E wählen* und dann *wollen* (oder festsetzen), daß *E* die bezeichnete Entsprechungsbeziehung *sein soll*; denn um das zu tun, müßte ich bereits in der Lage sein, an die Entsprechung *E zu denken* – und als eine Beziehung zu äußerlichen und geistunabhängigen Dingen ist *E* selbst etwas außerhalb des Geistes, etwas ‹Äußeres›! Kurz, wenn der Geist nicht die Fähigkeit besitzt, äußere Dinge oder Formen direkt zu erfassen, dann kann uns kein *geistiger* Akt in den Stand setzen, eine Entsprechung (oder sonst irgend etwas äußeres) auszuzeichnen.

Wenn aber die Ablehnung intrinsischer Eigenschaften richtig ist, dann ist kein äußeres Ding oder Ereignis auf eine spezielle, essentielle oder intrinsische Weise mit irgendeiner bestimmten Beziehung verbunden, die es zu anderen Dingen haben mag (unsere Gedanken eingeschlossen). Des weiteren ist es dann für ein geistiges Ereignis nicht essentieller, in Beziehung E_1 zu einem Gegenstand x zu stehen als in irgend einer anderen Beziehung E_2 zu irgendeinem anderen Gegenstand y. Ebensowenig ist es für ein nicht-geistiges Ereignis essentieller, in einer Beziehung *E* zu einem meiner Gedanken zu stehen, als in irgendeiner der Myriaden anderen Beziehungen zu irgendeinem meiner anderen Gedanken. Einer solchen Auffassung zufolge ist keine Beziehung *E* metaphysisch als *die* Beziehung zwischen meinen Gedanken und Dingen ausgezeichnet – Referenz wird zu einem ‹okkulten› Phänomen.

Die Spannung oder Unvereinbarkeit zwischen metaphysischem Realismus und der Ablehnung intrinsischer Eigenschaften ist bei den modernen Materialisten nicht unbeachtet geblieben. Und dies ist der Grund dafür, daß man heute viele Materialisten ein metaphysisches Vokabular verwenden hört, das nach dem 14. Jahrhundert schmeckt: So reden Materialisten von ‹Kausalkräften›, von ‹eingebauten› Ähnlichkeiten oder Verschiedenheiten zwischen Dingen, sogar ganz unerschrocken von *Essenz*. In dieser Vorlesung möchte ich die Frage stellen, ob diese moderne Mischung von Materialismus und Essentialismus *konsistent* ist; und ich werde behaupten, sie ist es nicht.

Warum befasse ich mich mit dem Materialismus?

Der Grund dafür, daß ich meinen Angriff auf den Materialismus konzentriere, besteht darin, daß der Materialismus das einzige *metaphysische* Bild ist, das gegenwärtig ‹Gewicht› besitzt. Metaphysik oder das Unternehmen, die ‹Einrichtung der Welt›, die ‹Dinge an sich› unabhängig von unseren begrifflichen Vorschriften zu beschreiben, ist von vielen analytischen Philosophen verworfen worden (wenn auch *nicht* von Russell, wie ich angemerkt hatte). Ebenso wird sie von allen führenden Strömungen der kontinentalen Philosophie verworfen. Von einigen Relikten abgesehen, sind es heute nur noch die Materialisten (oder ‹Physikalisten›, wie sie sich selbst gern nennen), die das traditionelle Unternehmen fortführen.

Das war nicht immer so. Zwischen dem 10. und 12. Jahrhundert stritt sich die metaphysische Gemeinschaft, darunter die Araber Averroes und Avicenna, der Jude Maimonides und der *Doctor Angelicus* in Paris, über eine Reihe von Fragen, insbesondere die der Schöpfung. Es wurde als eine diffizile Angelegenheit betrachtet, ob die Welt immer schon existiert und den gleichen Gesetzen gehorcht hat (die Aristoteles zugeschriebene Lehre), aus präexistenter Materie geschaffen ist (die Platon zugeschriebene Lehre) oder *ex nihilo* geschaffen wurde (die Lehre der Schrift). Die Existenz einer übersinnlichen Ursache der kontingenten und sich bewegenden, sinnlich wahrnehmbaren Dinge hielt man für *beweisbar*. Die spekulative Vernunft konnte *wissen*, daß es eine unverursachte Ursache gab.

Als ich sieben Jahre alt war, traf mich eines Abends die Frage «Wenn Gott die Welt gemacht hat, wer hat dann Gott gemacht?» mit ihrer ganzen Kraft. Ich erinnere mich daran, für Stunden um einen kleinen Brunnen im Kreis herumgelaufen zu sein, während sich in meinem Kopf der fürchterliche Regreß abspulte. Wäre ein mittelalterlicher Theologe zur Hand gewesen, dann hätte er mir gesagt, daß Gott selbstverursacht ist. Er könnte gesagt haben, Gott sei das *ens necessarium*. Ich weiß nicht, ob das geholfen hätte; heutzutage würden Philosophen sagen, daß die Lehre von der ‹notwendigen› Existenz Gottes eine Vorstellung von ‹Notwendigkeit› involviert, die inkohärent oder unverständlich ist.

Die Frage beschäftigt uns auf verdeckte Weise noch immer. Wallace Matson (1967) beendete eine philosophische Verteidigung des Atheismus mit den Worten: «Dennoch, warum *ist* etwas und nicht vielmehr nichts?» Die Lehre, daß ‹man das Universum nimmt, wie es kommt› (eine Bemerkung, die Steven Weinberg einmal in einer Diskussion machte), hört sich beinahe so an, als sei das irgendeine Art von metaphysischem *Zufall* (wir könnten ebensogut *irgend etwas* haben). Die Vorstellung einer übersinnlichen Ursache außerhalb des Universums führt sogleich zu der Frage, die mich umtrieb, als ich sieben war. Wir haben noch nicht einmal den Trost, uns das Universum als *ens necessarium* vorzustellen: Es entstand erst vor ein paar Milliarden Jahren!

Die Lage wurde von Kant zusammengefaßt: Kant meinte, daß die ganze Unternehmung, Existenz und Wesen einer übersinnlichen Welt durch Spekulation *zu beweisen*, lediglich zu Antinomien führt. (Das Universum *muß* eine Ursache haben, *diese* Ursache jedoch müßte eine Ursache haben; ein unendlicher Regreß ist aber keine Erklärung, und Selbst-Verursachung ist unmöglich ...[6]) Wie ich angemerkt hatte, würden heutzutage nur ein paar Übriggebliebene diesen Schluß angreifen wollen, der den Rationalismus ebenso beendet hat wie die mittelalterliche Synthese zwischen griechischer Philosophie und offenbarter Religion.

Dieser Abstieg der mittelalterlichen Philosophie war ein langer Prozeß, der mit dem Abstieg der mittelalterlichen Naturwissenschaft (mit ihren substantiellen Formen) einherging. Auch hier hat Kant die Angelegenheit für unsere Kultur zusammengefaßt: Die mittelalterlichen (und rationalistischen) Philosophen dachten, der Geist habe eine intellektuelle Anschauung[7], eine Art der Wahrnehmung, die es ihm gestatten würde, Essenz, substantielle Form oder dergleichen wahrzunehmen. Es gibt aber keine solche Fähigkeit. «Es ist nichts im Verstande, was nicht zuerst in den Sinnen war, *außer dem Verstande selbst*», wie Kant schrieb, dabei Leibniz zitierend.

Wiederum greifen nur ein paar Übriggebliebene *diesen* Schluß an. Kant jedoch zog eine gewagte Konsequenz, die bis zum heutigen Tag heftig umstritten ist.

Diese Konsequenz hängt von einer Kantischen Behauptung ab, die mit Hilfe einer berühmten Beobachtung Wittgensteins illustriert werden kann. Bezüglich der Hasen-Enten-Täuschung (einer Figur, die sowohl als Hase wie als Ente gesehen werden kann) merkte Wittgenstein an, daß, während das physikalische Bild auf zwei Weisen gesehen werden kann, dies bei einem ‹geistigen Bild› nicht möglich ist: Das ‹geistige Bild› ist stets eindeutig ein Hasenbild oder ein Entenbild (1953, II, XI, 504–508). Daraus folgt, daß geistige Bilder in Wirklichkeit ganz anders als physikalische Bilder sind, wie Strichzeichnungen und Photographien. Wir könnten diesen Unterschied dadurch ausdrücken, daß wir sagen, die Interpretation sei im ‹geistigen Bild› *eingebaut*, das geistige Bild sei eine *Konstruktion*.

Kant formulierte denselben Punkt in bezug auf die *Erinnerung*. Wenn ich mich an eine Erfahrung erinnere, dann ist das *nicht*, wie Hume meinte, *bloß* ein Bild, was der früheren Erfahrung ‹ähnelt›. Um eine Erinnerung zu sein, muß die Interpretation ‹eingebaut› sein: die Interpretation, daß dies eine frühere Erfahrung von *mir* ist. Kant (1781/87, Transzendentale Deduktion [A 84–130, B 116–169]) argumentiert, daß der Begriff der *Vergangenheit* Kausalität beinhaltet und daß Kausalität wiederum Gesetze und Gegenstände einschließt (ebenso verhält es sich nach Kant mit der Zuordnung all dieser Erfahrungen zu *mir*). Vergangene Erfahrungen sind nicht direkt zugänglich. Zu sagen, daß wir uns an sie ‹erinnern›, heißt sagen, daß wir erfolgreich eine Version mit Kausalbeziehungen und einem fortdauerndem Ich konstruiert haben, in dem sie ihren Ort haben.

Kant hat aus all dem die Konsequenz gezogen, daß selbst Erfahrungen teilweise Konstruktionen des Geistes sind: Der Grund dafür, daß ich weiß, welche Erfahrungen ich habe und hatte, besteht zum Teil darin, daß ich weiß, welche *Gegenstände* ich sehe und berühre bzw. gesehen und berührt habe sowie welchen *Gesetzen* diese Gegenstände gehorchen. Kant mag zu ehrgeizig gewesen sein, als er meinte, Bedingungen *a priori* für diesen Konstruktionsprozeß spezifizieren zu können. Die Ideen aber, daß alle Erfahrung geistige Konstruktion beinhaltet und die Abhängigkeit von physikalischen Gegenstandsbegriffen und Erfahrungsbegriffen in *beide* Richtungen verläuft, sind weiterhin von großer Bedeutung in der Gegenwartsphilosophie (in ihren vielen Spielarten).

Da nach Kants Auffassung Sinnesdaten und physikalische Gegenstände voneinander abhängige Konstruktionen darstellen, ist die Vorstellung «Alles, was wir kennen, sind Sinnesdaten» ebenso töricht wie jene, daß wir Wissen von Gegenständen haben können, das über Erfahrung hinausgeht. Auch wenn Kant es nicht so ausdrückt, habe ich doch andernorts[8] vorgeschlagen, ihn so zu lesen, daß er die Vorstellung der Wahrheit als Entsprechung (mit einer geistunabhängigen Wirklichkeit) ablehnt und sagt, daß *Behauptbarkeit* (durch Wesen unserer rationalen Natur) *unter optimalen Bedingungen* (wie sie von unserer sinnlichen Natur bestimmt sind) die einzige Art der Wahrheit darstellt, von der wir eine Vorstellung oder für die wir eine Verwendung haben. Wahrheit wird zu einem radikal epistemischen Begriff.

Kant merkt jedoch an, daß das *Verlangen* nach spekulativer Metaphysik, nach einer Theorie der Einrichtung der Welt, tief in unserer Natur liegt. Er meinte, daß wir das Unternehmen, spekulatives Wissen der ‹Dinge an sich› erreichen zu wollen, aufgeben und unser metaphysisches Bedürfnis in das moralische Vorhaben der Gestaltung einer besseren Welt umsetzen sollten – sicherlich hatte er aber recht, was die Stärke des metaphysischen Verlangens betrifft.

Der heutige Materialismus und Scientismus reflektiert dieses Verlangen auf zweifache Weise. Auf der einen Seite behauptet der Materialist, die Physik stelle eine annähernde Skizze der einen wahren Theorie dar, der wahren und vollständigen Beschreibung von der Einrichtung der Welt. (Da er die Quantenmechanik häufig außer acht läßt, unterscheidet sich sein Bild bemerkenswert wenig von dem Demokrits: Atome, die im Leeren herumschwirren.) Auf der anderen Seite begegnet er dem epistemologischen Argument gegen Metaphysik mit der Behauptung, wir *bräuchten* keine Intuition des Verstandes, um *seine* Art von Metaphysik zu betreiben: Seine Metaphysik, so sagt er, hat ein ebenso offenes Ende und ist ebenso fehlbar wie die Wissenschaft. Ja, sie *ist* die Wissenschaft selbst (so interpretiert, daß sie absolute Wahrheit beansprucht oder vielmehr *Konvergenz* zu derselben)! Eben darin besteht die Anziehungskraft des Materialismus, in seinem Anspruch, eine *natürliche* Metaphysik zu sein, Metaphysik innerhalb der Grenzen der Wissenschaft. Es ist nicht verwunderlich, daß eine Lehre, die unser Streben (die Noumena zu kennen) ebenso wie unsere Vorsicht (nicht unwissenschaftlich zu sein) zufriedenstellt, eine große Anziehung ausübt.

Diese große Attraktivität wäre Grund genug, eine Kritik des metaphysischen Materialismus zu rechtfertigen. Ein zweiter Grund ist folgender: Der metaphysische Materialismus hat Positivismus und Pragmatismus als die dominante heutige Form des Scientismus abgelöst. Der Scientismus stellt meiner Ansicht nach heute eine der gefährlichsten geistigen Strömungen dar. Für den Philosophen, der seine Unternehmung als mehr denn eine rein technische Disziplin betrachtet, ist es also eine Pflicht, dessen einflußreichste gegenwärtige Ausformung zu kritisieren.

Kausalität

Was den metaphysischen Realisten zu einem *metaphysischen* Realisten macht, ist sein Glaube, daß es irgendwo die ‹eine wahre Theorie› gibt (zwei Theorien, die wahre und vollständige Beschreibungen der Welt sind, wären bloße Notationsvarianten voneinander). Sein Glaube an eine wahre Theorie verlangt ebenso nach einer Korrespondenztheorie der Wahrheit wie nach einer *Fertigwelt* (ein in diesem Zusammenhang von Nelson Goodman vorgeschlagener Begriff[9]): Die Welt selbst muß eine ‹eingebaute› Struktur besitzen; denn anderenfalls könnten Theorien verschiedener Struktur die Welt richtig ‹kopieren› (von verschiedenen Perspektiven), und Wahrheit verlöre ihren absoluten (unperspektivischen) Charakter. Zudem ist ‹Entsprechung› zwischen unseren Symbolen und etwas, das keine bestimmte Struktur besitzt, wohl kaum ein wohldefinierter Begriff, wie ich bereits angemerkt habe.

Der materialistische Metaphysiker hält *Kausalbeziehungen* häufig für ein Beispiel eingebauter Struktur. Ereignisse haben Ursachen; Gegenstände haben ‹kausale Vermögen›. Und stolz proklamiert er seinen Realismus bezüglich derselben, seinen Glauben daran, daß sie im metaphysisch realistischen Sinn ‹in der Welt selbst› sind. Nun, es sei ihm um des Argumentes willen geschenkt, daß dem so ist: Im Moment ist es nicht meine Frage, ob diese Art von Realismus gerechtfertigt, sondern ob sie wirklich mit Materialismus vereinbar ist. Ist *Kausalität* eine physikalische Beziehung?

In dieser Betrachtung möchte ich dem Materialisten zunächst folgen und die Quantenmechanik ignorieren, da sie *keine* allgemein akzeptierte Deutung von der Art besitzt, wie sie der Realist vertritt[10]: Die Standarddeutung (Kopenhagener Deutung) bezieht sich ganz wesentlich auf *Beobachter*, und der Materialist möchte sich eine Physik vorstellen, in welcher der Beobachter, aus der Perspektive Gottes betrachtet, nur einen Teil des Systems darstellt. Die Physik ist dann eine Theorie, deren grundlegende Größen für alle Punkte in Raum und Zeit definiert sind; eine Eigenschaft oder Beziehung ist physikalisch definierbar, wenn sie in diesen Begriffen definiert werden kann.[11]

Ich werde auch annehmen, daß es sich im wesentlichen um die üblichen grundlegenden Größen handeln wird: Wenn man überhaupt keine Grenze zieht, was als mögliche ‹grundlegende Größe› der zukünftigen Physik zählt, dann könnten sogar *Referenz*, *Seele* oder *das Gute* solche Größen sein! Ich werde dem Naturalisten nicht den Fluchtweg erlauben, ‹zukünftige Physik› weiß der Teufel was heißen zu lassen. Physikalismus ist nur dann verständlich, wenn die ‹zukünftige Physik› dem ähneln soll, was *wir* ‹Physik› nennen. Die Möglichkeit von natürlicher Metaphysik (Metaphysik innerhalb der Grenzen der Wissenschaft) wird natürlich durch den Beweis nicht endgültig widerlegt, daß der gegenwärtige Materialismus keine richtige Skizze der einen wahren (metaphysischen) Theorie darstellen kann: Wie bereits angemerkt, ist der gegenwärtige Materialismus aber die Auffassung von Gewicht.

Wenn «*A* verursacht *B*» nun heißen würde, «Wann immer ein Ereignis des Typs *A* passiert, folgt zeitlich ein Ereignis des Typs *B*», dann wäre ‹verursacht› physikalisch definierbar. Es sind viele Versuche unternommen worden, eine solche Definition der Kausalität zu formulieren – eine, die auf echte Kausalgesetze zutreffen würde, während sie auf Abfolgen, die wir für zufällig oder sonstwie nonkausal halten, nicht zutrifft. Nur wenige Philosophen halten dies heute für möglich.

Nehmen wir aber einmal an, ‹verursacht› (in diesem Sinn) *sei* irgendwie physikalisch definierbar. In dem Sinn, den diese Definition zu erfassen versucht, ist eine Ursache eine *hinreichende* Bedingung für ihre Wirkung. Wann immer die Ursache auftritt, *muß* die Wirkung folgen (zumindest in einer deterministischen Welt). Wir wollen eine solche Ursache, nach Mill, *totale Ursache* nennen.[12] Folgendes wäre zum Zeitpunkt t_0 ein Beispiel für eine totale Ursache des physikalischen Ereignisses e, das zu einem späteren Zeitpunkt t_1 an Punkt x auftritt: der gesamte Wertverlauf der dynamischen Variablen zu Zeitpunkt t_0 (innerhalb einer Sphäre S, deren Zentrum x und deren Radius so groß ist, daß Ereignisse außerhalb der Sphäre S Ereignisse, die bei x auftreten, nicht beeinflussen könnten, ohne ein Signal nach x zu senden, das schneller als Licht ist, was ich auf der Grundlage der Relativität als unmöglich voraussetze).

Mill wies darauf hin, daß ‹Ursache› im alltäglichen Gebrauch selten (wenn überhaupt) ‹totale Ursache› bedeutet. Wenn ich sage, »Der Waldbrand wurde durch ein nicht gelöschtes Lagerfeuer verursacht», dann meine ich *nicht*, das in einem gewissen Zeitraum brennende Lagerfeuer stelle die *totale Ursache* des Waldbrandes dar. Viele andere Dinge – die Trockenheit der Blätter, ihre Nähe zum Lagerfeuer, die Temperatur des betreffenden Tages, sogar die Gegenwart von Sauerstoff in der Atmosphäre – sind Teil der *totalen* Ursache des Waldbrandes. Mills Pointe besteht nun darin, daß wir gewisse Teile der totalen Ursache als ‹Hintergrund› ansehen und nur die interessanten Teile als ‹Ursache› bezeichnen.

Angenommen, ein Lehrer wird zu Mitternacht splitternackt im Schlafraum eines Mädchens angetroffen. Seine Anwesenheit in dem Raum zum Zeitpunkt ‹Mitternacht –ε› (wobei ε so klein ist, daß er sich zwischen Mitternacht –ε und Mitternacht weder anziehen noch den Raum verlassen kann, ohne sich schneller als das Licht zu bewegen) wäre eine ‹totale Ursache› dafür, daß er sich zu Mitternacht nackt im Zimmer des Mädchens befindet. Niemand würde das aber als die ‹Ursache› seiner Anwesenheit in jenem Raum und in diesem Zustand bezeichnen. Wenn man auf der anderen Seite sagt, das Vorhandensein gewisser Ansammlungen von H_2O in unserer Umwelt sei die ‹Ursache› dafür, daß wir das Wort ‹Wasser› so gebrauchen, wie wir es tatsächlich tun, dann ist sicherlich *nicht* gemeint, die Gegenwart von H_2O sei die ‹totale Ursache›. In seinem gewöhnlichen Sinn kann das Wort ‹Ursache› häufig mittels einer Äußerung paraphrasiert werden, die *erklären* beinhaltet. Das Vorhandensein von H_2O in unserer Umwelt, unsere Abhängigkeit von H_2O im Leben etc. sind ‹Teil› der *Erklärung* dafür, daß wir ein Wort besitzen, was wir so gebrauchen wie ‹Wasser›. Der Waldbrand wird (bei bestimmtem Hintergrundwissen) dadurch *erklärt*, daß das Lagerfeuer nicht gelöscht worden war; der Zustand des Lehrers bei Mitternacht –ε ist jedoch nichts, was wir für eine *Erklärung* der Lage zu Mitternacht halten würden.

Wenn man sagt, ein Wort referiere unter genau der Bedingung auf *x*, daß es (sein Gebrauch) mit *x* durch eine ‹Kausalkette der richtigen Art› verbunden ist, dann ist der hier verwendete Begriff von ‹Kausalkette› einer der *erklärenden* Kette. Selbst wenn der Begriff der ‹totalen Ursache› physikalisch definierbar *wäre*, könnte man ihn weder im alltäglichen Leben noch in der Philosophie *verwenden*. Der Begriff, den der Materialist in Wirklichkeit verwendet, wenn er ‹Kausalkette› etc. gebraucht, ist der intuitive Begriff einer *Erklärung*.

Dieser ist aber sicherlich nicht physikalisch definierbar. Um einzusehen, daß er es nicht ist, beachte man zunächst, daß ‹erklärt› (und ‹verursacht›, wenn es meint, ‹erklärt, warum *x* passiert ist›) abstrakte Begriffe sind. Selbst wenn wir uns eine mögliche Welt denken, in der es nichtphysikalische Dinge und Eigenschaften gibt, können wir uns diese Dinge und Eigenschaften doch so vorstellen, daß sie *verursachen*, daß etwas passiert. Ein körperloser Geist hätte keine *Masse* oder *Ladung*, aber (dies ist natürlich eine begriffliche Frage, ich möchte nicht den Eindruck erwecken, *es gebe* körperlose Geister) er könnte etwas *verursachen* (etwa die emotionale Reaktion eines anderen Geistes, mit dem er telepathisch kommuniziert hat).

Eine Definition von ‹verursachte› (in diesem erklärenden Sinn), die zu sehr von ‹erster Ordnung›, zu eng an die bestimmten Größen gebunden wäre, welche die ‹fundamentalen Größen› der Physik *unserer* Welt darstellen, würde es *begrifflich unmöglich* machen, daß ein körperloser Geist (oder ein Ereignis, das Größen einschließt, die in *unserer* Welt nicht physikalisch sind) eine Ursache sein kann. Das ist der Grund, warum die vorgeschlagene Humesche Definition von *totaler* Ursache – *A* ist dann und nur dann die (totale) Ursache von *B*, wenn auf ein Ereignis des Typs *A* stets ein Ereignis des Typs *B* zeitlich folgt – keinen *bestimmten* physikalischen Ausdruck enthielt (außer ‹Zeit›); diese Definition *ist* abstrakt genug, um auf mögliche Welten zutreffen zu können, die anders sind als die unsere. (Auch wenn sie dennoch scheitert.) Könnte es eine ebenso abstrakte (und erfolgreichere) Definition von ‹Ursache› im erklärenden Sinn geben?

Man stelle sich vor, Wesen von der Venus landen auf der Erde und sehen einen Waldbrand. Einer von ihnen sagt, «*Ich* weiß, was das verursacht hat – die Atmosphäre des verfluchten Planeten ist mit Sauerstoff gesättigt.»

Diese Szene illustriert, daß das, was für den einen die Hintergrundbedingung darstellt, sehr leicht für einen anderen die ‹Ursache› sein kann. Was eine ‹Ursache› oder ‹Erklärung› ist oder nicht ist, hängt vom Hintergrundwissen und unserem Grund ab, die Frage zu stellen.

Keine rein *formale* Beziehung zwischen Ereignissen wird diese Relativität von erklärenden Argumenten zu Hintergrundwissen und Interessen berücksichtigen.

Nelson Goodman hat gezeigt, daß kein rein formales Kriterium in der Lage ist, intuitiv richtige induktive Argumente von intuitiv falschen zu unterscheiden: Für jedes richtige induktive Argument gibt es ein falsches von derselben Form.[13] Was den Unterschied macht, sind die jeweils im Argument auftauchenden Prädikate – und die Abgrenzung von ‹projizierbaren› und ‹nicht-projizierbaren› Prädikaten ist keine formale. Es fällt nicht schwer zu zeigen, daß dasselbe für *Erklärungen* gilt. Wenn wir uns *Erklärung* als eine Beziehung ‹in der Welt› vorstellen, dann würde seine Definition ein Prädikat erfordern, das projizierbare von nicht projizierbaren Prädikaten unterscheiden würde. Ein solches Prädikat könnte nicht rein formal sein, denn es würde dann Goodmans Resultat zuwiderlaufen; aber ebensowenig kann es die fundamentalen Größen *unserer* Welt wesentlich einbeziehen, denn dann wäre es offen für Gegenbeispiele aus anderen möglichen Welten.

‹Nicht-Humesche› Kausalität

Richard Boyd (1980) hat vorgeschlagen, die ganze Unternehmung einer *Definition* von Kausalität als einen Fehler anzusehen: Physikalisten sollten den Begriff ganz einfach als einen primitiven betrachten. Er könnte damit lediglich meinen, daß es unvernünftig wäre, auf einer Definition von ‹verursacht› (oder irgend etwas anderem) im Standardformalismus der Mathematik und Physik zu bestehen (der *Namen* von nur abzählbar vielen reellen Zahlen enthält etc.). Wenn ja, dann wäre das kein Argument gegen die Erwartung, jede *physikalische* Eigenschaft und Beziehung sei in einer *unendlichen Erweiterung* der Physik definierbar, einer Sprache, die *unendlich lange* Namen und Sätze gestattet. (Ja, wenn eine Eigenschaft oder Beziehung selbst in diesem großzügigen Sinn *nicht* physikalisch definierbar ist, was meint man dann mit ‹physikalisch›?) Er könnte aber auch gemeint haben, daß man ‹verursacht› buchstäblich als unreduzierbaren Begriff betrachten sollte, dessen fehlende physikalische Definierbarkeit nicht auf syntaktischen Zufällen wie der begrenzten Länge von Formeln beruht. Kann sich aber ein Philosoph, der die Existenz eines unreduzierbaren Phänomens von *Kausalität* akzeptiert, als Materialist bezeichnen?

‹Verursacht› kann, wie wir soeben gesehen haben, oft als ‹erklärt› paraphrasiert werden. Es bedeutet selten oder nie ‹ist die totale Ursache von›. Wenn Boyd zum Beispiel sagt, eine gewisse Mikrostruktur sei ein ‹kausales Vermögen› (die Mikrostruktur von Zucker ist ein ‹kausales Vermögen› in Boyds Sinn, weil sie *kausal erklärt*, warum Zucker sich in Wasser löst), dann meint er nicht, daß die fragliche Mikrostruktur die *totale Ursache* der erklärten Ereignisse darstelle (Zucker wird sich nicht in Wasser lösen, wenn das Wasser zum Beispiel *gefroren* oder bereits mit Zucker gesättigt ist oder wenn sich das Wasser-plus-Zucker in einem exotischen quantenmechanischen Zustand befindet). ‹Kausale Vermögen› sind Eigenschaften, die etwas *erklären* – sofern Hintergrundbedingungen sowie Standards der Betonung und Relevanz gegeben sind.

In einer metaphysischen Auffassung, nach der ‹Kausalität› und ‹kausale Erklärung› in die Welt eingebaut sind, wird Erklärung aus dem herausgerissen, was Professor Frederick Will (1974) die ‹Institution des Wissens› genannt hat – jene ererbte Tradition, welche für uns definiert, was eine Hintergrundbedingung und was ein betonter Parameter ist – und in die Struktur der Wirklichkeit hineinprojiziert. Boyd würde wahrscheinlich antworten, daß die ‹kausale Struktur› der Wirklichkeit den Erfolg der Institution des Wissens *erklärt*: Unsere erfolgreichen Erklärungen kopieren ganz einfach die eingebaute Kausalstruktur.

Wie dem auch sei, Betonung und Relevanz sind Attribute von Denken und Vernunft, nicht von Natur. Sie in die ‹wirkliche Welt› des Realisten hineinzuprojizieren, in das, was Kant die *noumenale* Welt genannt hat, hieße, objektiven Idealismus (oder vielleicht mittelalterlichen Aristotelismus) und Materialismus auf völlig inkohärente Weise zu vermischen. Es wäre lächerlich zu sagen, «Der Materialismus ist *beinahe* wahr: Die Welt kann in der Sprache der Physik vollkommen beschrieben werden *plus* der einen kleinen zusätzlichen Vorstellung, daß einige Ereignisse andere Ereignisse intrinsisch *erklären*». Das wäre kein ‹knapp vorbei› für den Materialismus, sondern ein vollkommenes Versagen. Wenn einige Ereignisse *intrinsisch* andere erklären, es in die Welt unabhängig von Geist eingebaute Betonungen gibt, Relevanzen, Standards von ‹normalen Bedingungen› und so fort, dann ist die Welt in vieler Hinsicht *wie* ein Geist oder mit so etwas wie Vernunft getränkt. Und wenn *das* wahr ist, dann *kann* der Materialismus nicht wahr sein. Man kann versuchen, das Projekt der spekulativen Metaphysik wiederaufleben zu lassen, wenn man möchte; man sollte *diese* Art von Metaphysik aber nicht als (zukünftige) *Physik* verkaufen.

Kontrafaktische Sätze und ‹Ähnlichkeit›

Angenommen, ich nehme ein Streichholz aus einer neuen Streichholzschachtel (in einwandfreiem Zustand), zerbreche es und werfe die Stücke in den Fluß. Nach alldem sage ich, «Wenn ich jenes Streichholz angerissen hätte (anstatt es zu zerbrechen etc.), dann hätte es sich entzündet». Die meisten von uns würden meinen, ‹wahr› oder ‹wahrscheinlich wahr›. Was aber sagt die Behauptung eigentlich aus?

Ein erster Ansatz zu einer Erklärung mag wie folgt aussehen: Die Behauptung ist wahr, wenn aus physikalischen Gesetzen (man nehme an, diese sind mittels einer Liste gegeben – anderenfalls gibt es weitere Probleme mit ‹Gesetzen›) folgt, daß sich das Streichholz entzündet, wenn es gegen diese Reibefläche angerissen wird (in einem mittleren (für mich?) Winkel und mit mäßiger Kraft). So geht es aber nicht: Selbst wenn wir das Streichholz bis hinab zu den Atomen beschreiben, und ebenso die Reibefläche, den Winkel und die betreffende Kraft; selbst dann gibt es immer noch viele andere nicht erwähnte relevante Variablen. (Man beachte die Ähnlichkeit mit dem Problem von ‹Ursache› als ‹totale Ursache›: Die Aussagen «*A* verursachte *B*» und «Wenn *X* passiert wäre, dann wäre *Y* passiert» haben einfache Wahrheitsbedingungen, wenn *alle* ‹Hintergrundbedingungen› – und alle ‹Gesetze› – bestimmt sind; aber sie sind meist *nicht* bestimmt, und der Sprecher kann sie sich noch nicht einmal *alle* vorstellen.) Wenn sich in der Nähe des Streichholzkopfes keine Sauerstoffmoleküle befinden oder wenn sich das gesamte System Streichholz-plus-Reibefläche-plus-Atmosphäre in einem hinreichend merkwürdigen quantenmechanischen Zustand befindet etc., dann wird sich das Streichholz *nicht* entzünden (selbst wenn es mit eben der Kraft, in dem Winkel etc. angerissen wird).

Man ist versucht, folgendes auszuprobieren: «Es folgt aus den physikalischen Gesetzen, daß sich das Streichholz entzündet, wenn es gegen diese Fläche angerissen wird (im bestimmten Winkel und mit der bestimmten Kraft) und alles *normal* ist»; aber dies bringt das höchst merkwürdige Prädikat ‹normal› in unsere Geschichte hinein. Außerdem, vielleicht waren die Bedingungen zu jenem Zeitpunkt *nicht* ‹normal› (im Sinn von ‹durchschnittlich›). (In unendlich vieler Hinsicht sind die Bedingungen stets ‹anormal› – eine Platitüde aus der Statistik.) Oder man ist versucht zu sagen: «Es folgt aus den Gesetzen, daß sich das Streichholz entzündet, wenn es gegen diese Fläche angerissen wird (im bestimmten Winkel und mit der bestimmten Kraft) und *alles andere so ist, wie es tatsächlich zu jenem Zeitpunkt war*». Wie Nelson Goodman (1947) aber in einem legendären Aufsatz über diese logische Frage dargelegt hat, *könnte* nicht *alles* andere so gewesen sein, wie es zu dem Zeitpunkt war, wenn das Streichholz angerissen worden wäre. Die Gravitationsfelder, der quantenmechanische Status, die Orte, an denen sich Sauerstoffmoleküle in der Luft befinden und unendlich viele andere Dinge *könnten nicht so gewesen sein*, ‹wie sie tatsächlich zu jenem Zeitpunkt waren›, wenn das Streichholz angerissen worden wäre.

Der Grund dafür, dies zu erwähnen, ist, daß David Lewis (1973a) vorgeschlagen hat, ‹verursacht› mittels eben jener Art von kontrafaktischen Konditionalsätzen zu analysieren. Die Idee ist, «*A* verursacht *B*» als «Wenn *A nicht* passiert wäre, dann wäre *B nicht* passiert» zu analysieren.

Das scheint allerdings gar nicht richtig zu sein. (Selbst wenn *A B* verursacht hätte, gibt es doch Situationen, in denen es ganz einfach nicht wahr ist, daß *B* nicht passiert wäre, wenn *A* nicht passiert wäre.[14]) Angenommen jedoch, es wäre richtig, oder (wenn es nicht richtig ist) doch zumindest, daß kontrafaktische Konditionalsätze dazu verwendet werden können, jene Begriffe zu erläutern, die wir mittels des Begriffs der Kausalität erläutern wollten. Wie müssen die Wahrheitsbedingungen der kontrafaktischen Konditionalsätze *selbst* erläutert werden?

Ein berühmter Materialist, John Mackie (1974), meint, kontrafaktische Konditionalsätze seien nicht wahr oder falsch. Er betrachtet sie nicht als Mittel dazu, im Sinn des Realisten etwas Wahres oder Falsches auszusagen, unabhängig vom eigenen Wissensstand, sondern zur Angabe, welche Folgerungen bei jenem Stand erlaubt sind. «Wenn ich dieses Streichholz angerissen hätte, dann hätte es sich entzündet» gibt an, mein *Wissensstand* ist derart, daß (wenn ich die Information darüber auslösche, was mit dem Streichholz tatsächlich passiert ist) ein Schluß von «Das Streichholz wurde angerissen» auf «Das Streichholz entzündete sich» *gerechtfertigt* wäre. Der kontrafaktische Konditionalsatz signalisiert die Anwesenheit dessen, was Wilfried Sellars eine ‹materiale Schlußregel› nennt. Er hat *Bedingungen der Behauptbarkeit* und keine Wahrheitsbedingungen im Sinn der Semantik über absolute Wahrheit.

Mackie, der Lewis darin folgt, kontrafaktische Sätze zur Analyse von ‹verursacht› zu verwenden, schließt, daß *Kausalität* (im gewöhnlichen Sinn) etwas *Epistemisches* und überhaupt nichts in der Welt sei. Er glaubt aber, daß es einen anderen Begriff der Kausalität gibt, ‹mechanische Kausalität›, der in der Welt ist. (Er hat mit Energiefluß zu tun. So wie Mackie ihn beschreibt, ist schwer zu erkennen, worum es sich handelt, oder daß er erläutert werden könnte, ohne kontrafaktische Sätze zu verwenden[15] – was für Mackies Projekt eines non-epistemischen Begriffs von Kausalität tödlich wäre.)

Lewis entschied sich jedoch dafür, Professor Robert Stalnaker zu folgen und *Wahrheitsbedingungen* für kontrafaktische Konditionalsätze zu formulieren.[16] Er postuliert, daß es wirklich ‹andere mögliche Welten› gibt (wie in der Science-fiction) und daß ein ‹Ähnlichkeitsmaß› existiert, welches bestimmt, wie ‹nah› oder ‹ähnlich› sich zwei mögliche Welten sind (Lewis 1973a). Ein kontrafaktischer Konditionalsatz «Wenn *X* passiert wäre, dann wäre *Y* passiert» ist genau unter der Bedingung wahr, daß *Y* in allen *nahliegendsten* ‹parallelen Welten› zur wirklichen Welt, in denen *X* der Fall ist, *wirklich* wahr ist.

Das hört sich mir eher nach Science-fiction als nach Philosophie an. Etwas aber ist klar: Eine Theorie, die eine Ontologie von parallelen Welten und ein ‹Ähnlichkeitsmaß› verlangt, hat keine *materialistische* Ontologie. Was noch wichtiger ist, sie hat keine *kohärente* Ontologie: Die Existenz von parallelen Welten ist nicht nur eine törichte Idee, sondern die Vorstellung eines *intrinsischen* Ähnlichkeitsmaßes, eines Maßes, was höchst sensibel dafür ist, was wir für die relevanten oder normalen Bedingungen halten, eines Maßes, was den Aspekten Gewicht verleiht, die *wir* als Ähnlichkeiten oder Verschiedenheiten betrachten, ist schon wieder derart, daß die Welt wie ein Geist ist oder wie mit so etwas wie Vernunft getränkt. Und wenn *das* wahr ist, dann muß es eine (angemessen metaphysische) *Erklärung* besitzen. Objektiver Idealismus kann wohl kaum *ein wenig* wahr sein. («Es ist alles Physik, außer daß es jenes Ähnlichkeitsmaß gibt» macht einfach keinen *Sinn*.)

Essenzen und Gegenstände

In unserer philosophischen Kultur hat die Ablehnung von intrinsischen oder ‹essentiellen› Eigenschaften mit Beispielen wie dem von jenem Ding angefangen, dessen Gestalt unter *einer* Beschreibung (‹diese Statue) eine ‹essentielle› Eigenschaft darstellt, aber nicht unter einer anderen (‹dieses Stück Ton›). Ein Philosoph, der glaubt, daß man eine völlig falsche Konsequenz aus diesem Beispiel gezogen hat, ist Saul Kripke.[17]

Kripke zufolge sind die Statue und das Stück Ton zwei Gegenstände, nicht einer. Die Tatsache, daß das Stück Ton eine modale Eigenschaft besitzt, nämlich die, ‹ein Ding zu sein, daß kugelförmig *gewesen sein könnte*›, welche der Statue fehlt (ich nehme an, es handelt sich nicht um eine dieser heutigen Statuen), zeigt nach Kripkes Auffassung bereits, daß die beiden Gegenstände nicht identisch sein können.

Nun, das hört sich zunächst sehr merkwürdig an. Wenn ich die Statue auf die Waage stelle, habe ich dann *zwei Gegenstände* auf die Waage gestellt? Wenn das Tonstück zehn Kilo und die Statue zehn Kilo wiegt, warum zeigt die Waage dann nicht zwanzig statt zehn Kilo an, wenn jetzt beide Gegenstände auf ihr stehen? Woran Kripke denkt, ist aber keineswegs einfältig.

Zunächst einmal hört es sich auch merkwürdig an, gesagt zu bekommen, ein menschliches Wesen sei nicht mit der Aggregation von Molekülen in seinem Körper identisch. Nach einem Moment des Nachdenkens jedoch ist jedem von uns bewußt, daß es vor einem Tag nicht *diese* Aggregation von Molekülen gewesen ist. Vor sieben Jahren waren nur herzlich wenige dieser Moleküle in meinem Körper. Wenn nach meinem Tod genau diese Menge von Molekülen zusammengesetzt und in einem Glaskolben plaziert wird, dann wird das eine Aggregation von Molekülen sein, aber es wird nicht *ich* sein. David Lewis (1976) hat vorgeschlagen, daß die Aggregation von Molekülen und ich ‹für eine Zeitspanne identisch› sind, auf ähnliche Weise, wie *Highway 2* und *Highway 16* ‹für eine Strecke identisch› sein können – er weist darauf hin, daß ‹Identität für eine Zeitspanne› nicht strenge logische Identität ist. Wenn *A* und *B* im strengen Sinn identisch sind, dann ist jede Eigenschaft von *A* eine Eigenschaft von *B*; es ist aber nicht jede Eigenschaft der Aggregation von Molekülen eine Eigenschaft von *mir*.

Ebenso wie wir erkennen, daß ich nicht derselbe Gegenstand bin wie die Aggregation von Molekülen in meinem Körper, ohne zu bestreiten, daß ich jetzt aus diesen Molekülen *bestehe* (der Unterschied zwischen den Gegenständen liegt in den verschiedenen Aussagen, die auf sie zutreffen, nicht in ihrer physikalischen Verschiedenheit), so kann man mit Kripke übereinstimmen, daß die Statue nicht derselbe Gegenstand ist wie das Stück Ton, ohne zu bestreiten, daß das Stück Ton die Materie der Statue ist. Wiederum liegt der Unterschied zwischen den Gegenständen in den verschiedenen Aussagen, die auf sie zutreffen, nicht in ihrer physikalischen Verschiedenheit.

Es beginnt aber nun so auszusehen, als ob Gegenstände, richtig individuiert, Essenzen *haben*, *einige* Eigenschaften auf spezielle Weise besitzen. Kann Kripkes Lehre für den Materialismus hilfreich sein? (Kripke selbst ist bekannterweise dem Materialismus ganz abgeneigt.)

Ein Materialismus, dessen Ontologie ‹mögliche Welten› einschließt, könnte passende intensionale Gegenstände einführen, indem er sie mit Funktionen identifiziert, mögliche Welten als Argumente und Raum-Zeit-Bereiche in diesen Welten als Werte nimmt. Die Statue wäre also die über jede mögliche Welt *Y*, in der sie existiert, definierte Funktion, deren Wert in *Y* der von der Statue in *Y* eingenommene Raum-Zeit-Bereich ist. Das würde die ‹Statue› und das ‹Stück Ton› tatsächlich zu verschiedenen ‹Gegenständen› (verschiedenen logischen Konstruktionen) machen, selbst wenn sie in der wirklichen Welt denselben Raum-Zeit-Bereich einnehmen, da es andere mögliche Welten gibt, in denen sie es nicht tun.

Funktionen dieser Art werden aber in der modernen Semantik gewöhnlich dazu verwendet, *Begriffe* darzustellen. Niemand bezweifelt, daß der *Begriff* ‹diese Statue› ein anderer ist als der *Begriff* ‹dieses Stück Ton›; die Frage ist, ob es in der wirklichen Welt einen *individuellen Gegenstand* gibt, auf den der eine dieser Begriffe *essentiell* und der andere nur akzidentiell zutrifft. Der Raum-Zeit-Bereich selbst ist *kein* solches Individuum, und es ist schwer vorstellbar, wie ein Materialist in *seiner* Ontologie einen finden wird.

Außerdem stellen gewitzte logische Konstruktionen keine Antwort auf die philosophische Schwierigkeit dar. Zweifellos kann man mit ‹möglichen Welten› plus den Mitteln der modernen Mengenlehre so viele ‹Gegenstände› bieten, wie man will (ja, die Schwierigkeit besteht darin, daß man *zu viele* bieten kann). Man betrachte die metaphysische Behauptung, daß meine Gedanken irgendeine Art von intrinsischer Verbindung mit äußeren Gegenständen besitzen. Wenn die in meinem Gehirn stattfindenden Ereignisse sich in einem Raum-Zeit-Bereich befinden, der eine mengentheoretische Verbindung mit einem abstrakten Gegenstand besitzt, welcher gewisse äußere Gegenstände beinhaltet, dann wird dieser Raum-Zeit-Bereich ähnliche mengentheoretische Verbindungen mit anderen abstrakten Entitäten haben, die andere äußere Gegenstände beinhalten. Sicherlich kann der Materialist sagen, daß meine ‹Gedanken› gewisse äußere Gegenstände *intrinsisch* beinhalten, indem er diese (die Gedanken) mit einer bestimmten abstrakten Entität *identifiziert* – wenn diese Identifikation aber ein Zug der Wirklichkeit selbst sein soll, dann muß es in der Welt wirklich Essenzen in einem Sinn *geben*, den zu erklären die Mengenlehre nicht hoffen darf.

Die Schwierigkeit besteht darin, daß Kripke Gegenstände *durch ihre modalen Eigenschaften* individuiert, durch das, was sie (essentiell) *sein könnten* oder *nicht sein könnten*. Kripkes Ontologie *setzt* Essentialismus *voraus*, sie kann nicht dazu dienen, ihn zu begründen. Und modale Eigenschaften sind, *prima facie*, kein Teil der materialistischen Einrichtung der Welt.

Ich habe aber, wie man mich erinnern wird, andernorts selbst von ‹essentiellen Eigenschaften› gesprochen (siehe ‹Die Bedeutung von Bedeutung› [1975, II-86]). Ich habe gesagt, daß es mögliche Welten gibt (soll heißen, mögliche *Zustände* der Welt, nicht parallele Welten à la Lewis), in denen eine andere Flüssigkeit als H_2O den Geschmack von Wasser hat (wir könnten zum Beispiel andere Geschmacksknospen haben), die Seen und Flüsse füllt etc.; jedoch keine mögliche Welt, in der *Wasser* nicht H_2O ist. Sobald wir entdeckt haben, was Wasser in der wirklichen Welt ist, haben wir seine *Natur* entdeckt – ist das nicht Essentialismus?

Es *ist* eine Art von Essentialismus, aber keine, die dem Materialisten helfen kann. Was ich gesagt habe, war nämlich, daß es seit langem unsere *Intention* gewesen ist, eine Flüssigkeit solle nur dann als ‹Wasser› zählen, wenn sie dieselbe Zusammensetzung besitzt wie paradigmatische Beispiele von Wasser (oder wie deren Mehrheit). Ich behaupte, dies ist auch schon unsere Intention gewesen, bevor wir die grundlegende Zusammensetzung von Wasser *kannten*. Wenn ich recht habe, dann ist es *in Anbetracht dieser referentiellen Intentionen* immer schon unmöglich gewesen, daß eine andere Flüssigkeit als H_2O Wasser wäre, selbst wenn es empirischer Nachforschungen bedurfte, um das herauszufinden. Die ‹Essenz› von Wasser in *diesem* Sinn ist aber das Produkt unserer Verwendung dieses Worts, der Arten von referentiellen Intentionen, die wir haben; diese Art von Essenz ist nicht auf die Weise ‹in die Welt eingebaut›, welche eine *essentialistische Theorie der Referenz selbst* benötigt, um in Schwung zu kommen.

Kripke hat *seine* essentialistischen Theorien auf ähnliche Weise mit Argumenten verteidigt, die sich auf die referentiellen Intentionen und Praktiken von Sprechern beziehen. Bis heute hat er es sorgfältig unterlassen, den Versuch einer metaphysischen Theorie der Referenz zu unternehmen (auch wenn er scheinbar an geistunabhängige modale Eigenschaften glaubt). Ich schließe, daß Kripkes Theorien (oder meine) dem Materialisten nicht helfen, wie auch immer man sie auffaßt; ob man sie metaphysisch nimmt, als Theorien objektiver ‹Essenzen›, die irgendwie ‹da draußen› sind, oder als Theorien unserer referentiellen Praktiken und Intentionen. In der metaphysischen Lesart sind sie realistisch genug, aber ihr Realismus ist nicht von materialistischer Art. In der rein semantischen Lesart setzen sie den Begriff der Referenz *voraus* und können nicht dazu verwendet werden, die metaphysische Erklärung von Referenz als einer intrinsischen Entsprechung zwischen Gedanke und Ding zu unterstützen.

Referenz

Einige Materialisten mögen auf das Gesagte antworten, indem sie zustimmen, daß ‹*A* verursacht *B*› *keine* einfache Beziehung zwischen *A* und *B* beschreibt. Ein solcher Philosoph könnte äußern, «Alles, was Sie sagen, ist, daß kausale Aussagen auf einer Unterscheidung zwischen Hintergrundbedingungen und differenzierenden Faktoren *beruhen*, und ich stimme zu, daß diese Unterscheidung nicht in die Dinge an sich eingebaut ist, sondern eine Reflexion unserer Weise darstellt, über die Dinge nachzudenken». Er hat aber hier die Worte ‹über etwas nachdenken› gebraucht, das heißt, er hat sich auf einen Begriff der *Referenz* berufen.

Der gegenwärtige metaphysische Materialist denkt folgendermaßen über Referenz[18]: Das Gehirn ist ein Computer. Seine Berechnungen beinhalten *Repräsentationen*. Einige von diesen (vielleicht alle) sind ‹propositional›: Sie ähneln Sätzen einer internen *lingua mentis*. (Man hat sie ‹Satzanaloga› genannt.) Einige von ihnen könnten Sätze in einer öffentlichen Sprache sein, wie wenn wir einen inneren Monolog halten. Eine Person referiert dann auf etwas, wenn sie zum Beispiel denkt «Die Katze ist auf der Matte» (das Satzanalogon wird ‹innerlich ausgesprochen›) und die gesamte Organismus-plus-Umwelt-Situation derart ist, daß die Worte ‹die Katze› aus jenem Satzanalogon in einer physikalischen Beziehung *R* zu einer Katze stehen (der Beziehung der *Referenz*) und die Worte ‹die Matte› in Beziehung *R* zu einer Matte.

Was aber ist diese Beziehung *R*? Und was in aller Welt könnte irgend jemanden zu der Annahme verleiten, sie sei eine *physikalische* Beziehung?

Nun, es gibt *einen* Weg, *R* zu definieren, den meines Wissens *niemand* versuchen würde, und zwar mittels Bereitstellung einer Liste aller möglichen Referenz-Situationen. Es ist allerdings nützlich, sich anzusehen, warum nicht. Angenommen, jemand schlägt vor, Referenz (für eine Menge von Sprachen, ‹*lingua mentis*› eingeschlossen) folgendermaßen zu definieren:

> *X* referiert dann und nur dann auf *Y*, wenn *X* ein Wort(-Vorkommnis) oder Wort-Analogon und *Y* ein Gegenstand oder Ereignis ist, und die gesamte Situation (einschließlich des Organismus, der *X* hervorgebracht hat, und der Umwelt, die *Y* enthält) ist S_1 oder S_2 oder S_3, oder ... (unendliche – möglicherweise nicht abzählbar unendliche – Liste von auf der Ebene der Physik beschriebenen Situationen).

Daran sind (mindestens) drei Dinge verkehrt.

Erstens würde uns eine solche Liste, von der Tatsache abgesehen, daß sie unendlich sein müßte, nicht sagen, was $S_1, S_2, \ldots$ *gemeinsam haben*. Eine physikalische Eigenschaft oder Beziehung dadurch zu definieren, daß man die Situationen *auflistet*, in denen sie erscheint, heißt nicht zu sagen, was sie *ist*. Tatsächlich wenden sich die Materialisten selbst aus eben diesem Grund gegen *Tarskis* Definition der Referenz[19]: Tarski definiert primitive Referenz (für eine festgelegte Sprache) mittels einer Liste von Fällen, wie Hartry Field (1972) schreibt,

> «Nun wäre es für einen Chemiker am Ende des letzten Jahrhunderts leicht gewesen, eine ‹Definition der Valenz› in folgender Form zu geben:
>
> (3) (*E*) (*n*) (*E* hat die Valenz $n \equiv E$ ist Kalium und *n* ist + 1, oder ... oder *E* ist Schwefel und *n* ist − 2)

wobei eine Liste ähnlicher Sätze in die Leerstellen gehört, für jedes Element je einer. Jedoch, auch wenn dies eine extensional korrekte Definition der Valenz darstellt, so wäre es doch keine annehmbare Reduktion; und hätte sich gezeigt, daß nichts anderes möglich ist – hätten sich alle Versuche, Valenz durch strukturelle Eigenschaften von Atomen zu erklären, als vergeblich erwiesen –, dann hätten die Wissenschaftler schließlich zu entscheiden gehabt, entweder (a) die Valenztheorie aufzugeben oder aber (b) die Hypothese des Physikalismus durch eine andere Hypothese zu ersetzen (Chemikalismus?). Es macht einen Teil der wissenschaftlichen Methodologie aus, sich (a) entgegenzustellen, solange der Begriff der Valenz den Zwecken dient, für die er vorgesehen war (d.h. solange er sich als nützliche Hilfe dabei bewährt, chemische Verbindungen durch ihre Valenzen zu charakterisieren). Die Methodologie besteht aber nicht darin sich (a) und (b) durch Aufstellung von Listen wie (3) zu widersetzen, sondern die Methodologie ist, nach einer endgültigen Reduktion zu suchen. Es ist dies eine Methodologie, die sich in den Wissenschaften als extrem fruchtbar erwiesen hat, und ich glaube, wir wären verrückt, sie in der Linguistik aufzugeben. Und mir scheint, es heißt diese fruchtbare Methodologie aufzugeben, wenn wir uns nicht klar machen, daß W_1 und W_2 Theorien der primitiven Referenz hinzugefügt müssen, wenn wir den Wahrheitsbegriff als einen physikalistisch annehmbaren Begriff durchsetzen wollen.» (S. 363)

Zweitens wäre es philosophisch naiv zu denken, eine solche Liste könne irgendeine *philosophische* Frage zur Referenz beantworten. Man könnte zum Beispiel Quines Ansicht sein, daß es in den Wissenschaften definitiv *wahre* und *falsche* Sätze[20], aber *keine* bestimmte Referenzbeziehung gibt (die wahren Sätze haben unendlich viele Modelle, und nach Quines Auffassung gibt es so etwas wie *das* Modell nicht), und dennoch die Liste akzeptieren. Quine würde ganz einfach sagen, daß die zur Beschreibung der Situationen S_1, S_2,... etc. verwendeten Ausdrücke in verschiedenen Modellen auf verschiedene Ereignisse referieren. Während die Liste also in *jedem einzelnen* zulässigen Modell korrekt ist, definiert sie keine *bestimmte* Referenzbeziehung (sondern nur eine bestimmte Referenzbeziehung *für jedes einzelne Modell*). Quines Auffassung mag nun richtig, falsch oder sinnlos sein; die Frage der Wahrheit oder Falschheit des metaphysischen Realismus mag sinnvoll oder sinnlos sein (und, falls sinnvoll, eine realistische oder non-realistische Antwort haben), aber eine Liste von Fällen (diese oder jene Liste in der Tarskischen Wahrheitsdefinition, auf die Field sich bezieht) kann zu *dieser* Sache nichts sagen. Zu meinen, sie wäre dazu in der Lage, ist mit der Meinung analog, man könne Berkeley widerlegen, indem man (wie G.E. Moore es tat) seine Hand hochhält und sagt: «Dies ist ein materieller Gegenstand. Also existiert Materie.»[21] Das heißt, wie Myles Burnyeat es formulierte, ‹so zu philosophieren, als ob Kant nie existiert hätte›. Zum Guten oder zum Schlechten, die Philosophie ist nun in der zweiten Stufe [der Prädikatenlogik].

Drittens ist die Liste *zu spezifisch*. Referenz ist ebenso ‹abstrakt› wie Kausalität. In möglichen Welten, die individuelle Dinge oder Eigenschaften enthalten, welche nicht physikalisch sind (im Sinn von ‹physikalisch$_2$›[22]: nicht mittels fundamentaler Größen der Physik der wirklichen Welt definierbar), könnten wir dennoch *referieren*: Wir könnten in den jeweiligen Welten auf körperlose Geister, eine auftauchende nicht-materielle Eigenschaft der Güte oder auf alle möglichen Arten von Dingen referieren. Die betreffenden Situationen könnten jedoch, gemäß der Hypothese, mittels fundamentaler Größen der Physik *unserer* Welt nicht vollkommen beschrieben werden. Eine Definition der Referenz, aus der folgen würde, daß wir nicht auf eine nicht-physikalische Größe referieren könnten, wenn es denn eine gäbe, ist ganz einfach *falsch*.

Ich weiß nur von einem Realisten, der einen Weg zur Definition von Referenz skizziert hat, welcher diesen Schwierigkeiten begegnet, und das ist David Lewis (1973 a). Lewis schlägt vor, Referenz als eine *funktionale* Eigenschaft der Organismus-plus-Umwelt-Situation zu behandeln.

Typische Beispiele funktionaler Eigenschaften stammen aus der Welt der Computer. Ein bestimmtes Programm zu haben ist eine funktionale Eigenschaft (oder, im Computerjargon, eine der ‹Software›), im Gegensatz zu einer gewöhnlichen physikalischen Eigenschaft erster Stufe (eine der ‹Hardware›). Funktionale Eigenschaften werden typischerweise in Stapeln definiert; die Eigenschaften oder ‹Zustände› in einem typischen Stapel (etwa die Eigenschaften, welche ein bestimmtes Computerprogramm enthält) sind durch ein bestimmtes *Muster* charakterisiert. Jede Eigenschaft hat spezifizierte Ursache-Wirkung-Beziehungen zu den anderen Eigenschaften im Muster sowie zu gewissen nicht-funktionalen Eigenschaften (den ‹Inputs› und ‹Outputs› der Programme).

Lewis' Vorschlag lautet, daß *Referenz* Angehöriger eines solchen Stapels von Eigenschaften ist; nicht von funktionalen Eigenschaften des Organismus, sondern von funktionalen Eigenschaften des Organismus-plus-Umwelt-Systems. Wenn man das zeigen könnte, würde es die Frage beantworten, was all jene diversen Situationen ‹gemeinsam haben›, in denen etwas auf etwas anderes referiert: Was sie gemeinsam haben, wäre dann etwas ebenso Abstraktes wie ein Programm, ein Schema oder formales Muster von Ursache-Wirkung-Beziehungen. Und wenn man das zeigen könnte, würde es Referenz auf eine Weise charakterisieren, die sie hinreichend abstrakt macht. Die Definition würde ebensowenig verlangen, daß eine bestimmte Menge von Größen fundamental ist, wie es die abstrakte Beschreibung eines Computerprogramms tut. Ob der zweiten von mir festgestellten Schwierigkeit begegnet werden kann, wage ich nicht zu beurteilen.

Der entscheidende Punkt ist, daß funktionale Eigenschaften *unter Verwendung der Begriffe von Ursache und Wirkung* definiert werden. Für Lewis stellt das kein Problem dar; Lewis glaubt, daß er Ursache und Wirkung unter Verwendung von kontrafaktischen Konditionalen definieren kann, und wie bereits erwähnt, gibt er deren Wahrheitsbedingungen mittels eines primitiven Begriffs der ‹Ähnlichkeit von möglichen Welten›. Da er ein nicht-physikalisches Primitivum in seinem System hat, braucht er nicht zu zeigen, daß irgendeiner der von ihm verwendeten Begriffe physikalisch definierbar ist. Der Begriff der ‹Ähnlichkeit von möglichen Welten› ist aber keiner, auf den der Materialist einen Anspruch hätte; und ebensowenig hat er einen Anspruch auf kontrafaktische Konditionale oder den Begriff der ‹funktionalen Organisation›.

Wie Charles Fried in seinen *Tanner Lectures* (1982) angemerkt hat, kann man Kausalität leicht für eine physikalische Beziehung halten. *Handeln, zerschlagen, bewegen* etc. sind kausale Verben und beschreiben Ereignisse, die eindeutig physikalisch sind. (‹Zerschlagen› zum Beispiel, vermittelt zwei Arten von Information: die Information, daß ein *Impuls* von einem Ding auf ein anderes übertragen wurde, was eine rein physikalische Information darstellt, und die Information, daß das *Zerbrechen* des zweiten Dings durch die Impulsübertragung *verursacht* wurde.) Wie Fried betont, könnte das kausale Urteil in Fällen, wo beide Gegenstände sich vor dem Zusammentreffen in Bewegung befanden, recht kompliziert werden. Sobald man den Fehler gemacht hat, Kausalität für eine physikalische Beziehung zu halten, fällt es leicht zu glauben, daß funktionale Eigenschaften ganz einfach physikalische Zustände höherer Stufe sind (ein Fehler, den ich selbst einmal begangen habe[23]), und dann zu denken, Referenz (und überhaupt so ziemlich alles) könne eine funktionale Eigenschaft und also physikalisch sein. Sobald man aber einsieht, daß dies ein Fehler ist, gibt es meines Wissens keine Spur von einem Grund mehr, sich Referenz als physikalische Beziehung vorzustellen.

Wenn der Materialist Referenz nicht *definieren* kann, dann kann er sie natürlich einfach als *primitiv* betrachten. Referenz ist jedoch, ebenso wie Kausalität, ein flexibler, interessegebundener Begriff: Was für uns als auf etwas *referieren* zählt, hängt von unserem Hintergrundwissen und der Bereitschaft ab, in der Interpretation nachsichtig zu sein. Es ist absurd, eine so tiefgründig menschliche und so durchdringend intentionale Beziehung in die Welt hineinzulesen und das sich ergebende metaphysische Bild befriedigend zu nennen (sei es nun ‹materialistisch› oder nicht).

Das Versagen der natürlichen Metaphysik

Wie ich bereits dargelegt habe, gibt es zwei traditionelle Wege, die offensichtlichen Schwierigkeiten mit einer Korrespondenztheorie der Wahrheit zu überwinden. Der eine Weg war, ein spezielles geistiges Vermögen, eine *intellektuelle Anschauung*[24] zu postulieren, die dem Geist Zugang zu ‹Formen› verschafft. Wenn der Geist Zugang zu den Dingen an sich besitzt, dann gibt es kein Problem damit, wie er sie mit seinen ‹Zeichen› zur Entsprechung bringen kann. Der andere Weg bestand darin, eine eingebaute Struktur der Welt zu postulieren, eine Menge von Essenzen, und zu sagen (was zweifellos eine obskure Aussage ist), daß diese Struktur selbst *eine* Entsprechung zwischen Zeichen und ihren Gegenständen auszeichnet. Diese Strategien standen in recht natürlicher Verwandtschaft miteinander; wenn ein Philosoph an Essenzen glaubt, dann möchte er normalerweise, daß wir epistemischen Zugang zu diesen besitzen, und so postuliert er im allgemeinen eine *intellektuelle Anschauung*, um uns diesen Zugang zu verschaffen.

Wenn all dies versagt, wie Kant gesehen hat, in welche Richtung gehen wir dann? Eine Richtung, die einzige, von der ich sehen kann, daß sie sinnvoll ist, wäre eine Variante des Pragmatismus (auch wenn das Wort ‹Pragmatismus› stets so unpassend verstanden worden ist, daß man die Hoffnung aufgeben möchte, den Ausdruck noch zu retten), der ‹interne› Realismus: ein Realismus, der den Unterschied zwischen ‹*p*› und ‹Ich meine, daß *p*› anerkennt, zwischen *recht* haben und bloßem Meinen, man habe recht, ohne diese Objektivität entweder in transzendentaler Entsprechung oder in bloßem Konsens zu lokalisieren. Nelson Goodman hat in *Weisen der Welterzeugung* [1978] (einem Buch, das kurz genug ist, um an einem Abend gelesen zu werden, und tief genug, um an vielen darüber nachzudenken) hervorragende Arbeit dafür geleistet, diese Auffassung ‹zu verkaufen›. Die andere wesentliche Richtung – jene, welche für mich keinen Sinn macht – ist natürliche Metaphysik, die von mir hier kritisierte Tendenz.

Goodman dringt schockierenderweise darauf, daß wir den Begriff von ‹*der* Welt› aufgeben. Auch wenn er davon redet, daß wir *viele* Welten machen, so meint er doch nicht, daß es im Sinn von David Lewis (oder der Science-fiction) viele Welten gebe, sondern daß Richtigkeit relativ zu Mittel und Mitteilung ist. Wir machen viele Versionen; die Standards von Richtigkeit, die bestimmen, was richtig und was falsch ist, sind korrigierbar, relativ zur jeweiligen Aufgabe, aber sie sind nicht *subjektiv*. Diese Tendenz wirft die Frage auf, ob tatsächlich ein schmaler Pfad zwischen den Sümpfen der Metaphysik und den Fließsänden des kulturellen Relativismus und Historizismus gefunden werden kann. Ich werde darüber in der nächsten Vorlesung mehr sagen.[25]

Der Ansatz, dem ich diese Vorlesung gewidmet habe, ist einer, der behauptet, es *gibt* eine ‹transzendentale› Wirklichkeit in Kants Sinn, absolut unabhängig von unserem Geist. Es *ist* regulatives Ideal der Erkenntnis, sie zu kopieren oder unsere Gedanken mit ihr zur ‹Entsprechung› zu bringen, *aber* (und das ist es, was sie zu einer ‹natürlichen› Metaphysik macht) wir brauchen keine *intellektuelle Anschauung*, um dies zu tun: Die ‹wissenschaftliche Methode› wird diese Arbeit für uns erledigen. Ihr Wahlspruch könnte lauten: ‹Metaphysik innerhalb der Grenzen der bloßen Wissenschaft›.

Ich sympathisiere mit dem hinter dieser Ansicht stehenden Verlangen (ich würde sie nicht kritisieren, wenn ich nicht ihre Anziehung fühlen könnte). Ich neige nicht dazu, die Vorstellung eines noumenalen Grundes hinter den Dualitäten der Erfahrung zu verspotten, auch wenn alle Versuche, über ihn zu reden, zu Antinomien führen. Analytische Philosophen haben stets versucht, das Transzendentale als Unsinn zu verwerfen, aber es hat eine unheimliche Art wiederaufzutauchen. (Zunächst einmal macht beinahe jeder Philosoph Aussagen, die seiner eigenen ausdrücklichen Auffassung von dem, was gerechtfertigt oder gewußt werden kann, widersprechen; das passiert sogar in der formalen Logik, wo man Aussagen über ‹alle Sprachen› macht, die durch die Verbote der Selbstbezüglichkeit ausgeschlossen sind. Des weiteren betrachtet beinahe jeder die Aussage, daß es *keine* geistunabhängige Wirklichkeit oder *nur* die ‹Versionen› oder nur den ‹Diskurs› oder was immer gibt, als selbst ausgesprochen paradox.) Weil man über das Transzendente ohne Paradoxie nicht reden oder sogar seine

Existenz nicht verneinen kann, sollte die Haltung zu ihm vielleicht eher eine Angelegenheit der Religion als der rationalen Philosophie sein.

Die Vorstellung einer kohärenten Theorie der Noumena, konsistent, systematisch und durch ‹die wissenschaftliche Methode› gewonnen, scheint mir eine Chimäre zu sein. Sicher, ein Metaphysiker könnte sagen, «Vielleicht haben Sie gezeigt, daß eine *materialistische* Metaphysik inkohärent ist. Wenn das so ist, dann lassen Sie uns einige primitive Begriffe von ‹intentionaler› Art annehmen, etwa ‹denkt an› oder ‹erklärt›, und eine wissenschaftliche Theorie *dieser* Beziehungen konstruieren». Was für einen Grund gibt es aber, das als ein vernünftiges Programm anzusehen?

Die ganze Geschichte der Wissenschaften scheint mit solchen Träumen schlecht vereinbar zu sein. Die Wissenschaft, wie wir sie kennen, ist seit dem 17. Jahrhundert antimetaphysisch gewesen, und das nicht nur wegen ‹positivistischer Interpretationen›. Newton war sicherlich kein Positivist; aber er hat die Vorstellung scharf abgelehnt, seine Theorie der universellen Gravitation könne oder solle als eine Beschreibung von letzten metaphysischen Tatsachen gelesen werden. (‹*Hypotheses non fingo*› war eine Ablehnung von metaphysischen ‹Hypothesen›, nicht von wissenschaftlichen.)

Und Newton hatte sicherlich recht. Angenommen, wir lebten in einer Newtonschen Welt und könnten mit Zuversicht sagen, Newtons Theorie der Gravitation und Maxwells Theorie des Elektromagnetismus seien (bezüglich eines privilegierten ‹Äther-Rahmens›) genau richtig. Selbst dann gestatten diese Theorien eine verwirrende Vielfalt von empirisch äquivalenten Formulierungen; Formulierungen, die bezüglich der Gleichungen übereinstimmen, während sie es eben bei der metaphysischen Interpretation nicht tun. Es gibt Wirkung-auf-Distanz-Versionen von Elektromagnetismus *und* von Gravitation; es gibt Versionen von beiden, in denen ein ausgedehntes physikalisches Agens, das Feld, die Interaktionen zwischen voneinander entfernten Körpern vermittelt; es gibt sogar *Raum-Zeit*-Versionen von *Newtonscher* Gravitationstheorie. Philosophen streiten sich heute darum, welche von diesen in einem solchen Fall ‹richtig› wäre; aber ich weiß von keinem erstklassigen Physiker, der ein Interesse an derartigen Spekulationen hätte.

Die Physik, welche die Newtonsche ersetzt hat, besitzt dieselbe Eigenschaft. Ein Theoretiker wird sagen, er betreibe ‹Feldtheorie›, während seine Finger Feynman-Diagramme zeichnen, Diagramme, in denen Feld-Interaktionen als Austausch von *Teilchen* abgebildet werden (die Teilchen ‹virtuell› zu nennen ist vielleicht ein Gespenst der empiristischen Metaphysik). Selbst die Aussage, «Das Elektron, welches wir messen, ist nicht das bloße Elektron der Theorie, sondern das bloße Elektron, von einer Wolke virtueller *Teilchen* umgeben» zählt als eine Aussage der *Feld*-Theorie, bitte schön! Was die metaphysische Frage von Atom oder Vortex gewesen ist, ist zur Frage der Wahl einer Notation geworden!

Schlimmer noch für den Metaphysiker, die erfolgreichste und genaueste physikalische Theorie aller Zeiten, die Quantenmechanik, hat *keine* ‹realistische Interpretation›, die für Physiker annehmbar wäre. Sie wird als eine Beschreibung der Welt, *wie sie von Beobachtern erfahren wird*, verstanden; sie heuchelt noch nicht einmal die Art von ‹Absolutheit›, die der Metaphysiker anstrebt (was nicht heißt, man könnte mit Zeit und Findigkeit nicht jede Menge von empirischen Äquivalenzen hervorbringen, die Beobachterunabhängigkeit heucheln *würden*; nur daß die Physiker sich weigern, solche Anstrengungen ernstzunehmen).

In der Geschichte der Wissenschaften gibt es also nichts, was nahelegen würde, daß sie eine einzige *absolute* Version von ‹der Welt› anstrebt oder anstreben sollte. Im Gegenteil, ein solches Ziel (das von der Wissenschaft selbst die Entscheidung erwarten würde, welche der empirisch äquivalenten erfolgreichen Theorien in einem bestimmten Kontext ‹wirklich wahr› ist) steht dem gesamten Geist des Unternehmens entgegen, dessen Strategie es von Anfang an gewesen ist, sich auf Behauptungen von klarer *empirischer* Bedeutung zu beschränken. Wenn die Metaphysik je als eine kulturell und menschlich bedeutsame Unternehmung wiederbelebt werden *wird*, dann wird es sehr viel wahrscheinlicher in der Richtung eines Kurt Gödel oder vielleicht Saul Kripke sein – in der Richtung also von jenen, die trotz der von mir erwähnten Geschichte meinen, daß wir eine *intellektuelle Anschauung* besitzen – als in der Richtung einer natürlichen Metaphysik. Aber eine erfolgreiche Wiederbelebung scheint in beiden Richtungen extrem unwahrscheinlich.

Anmerkungen

* ‹Why There Isn't a Ready-Made World›, erste *Howison Lecture* am 27.4.1981 an der University of California, Berkeley. Erschienen in: *Synthese* 51, 1982, 141–167. Abgedruckt in: Hilary Putnam: *Realism and Reason, Philosophical Papers,* Bd. III, Cambridge University Press, Cambridge

1983, 205–228. [Zweite *Howison Lecture* war ‹Why Reason Can't Be Naturalized› (1982, II-124). Kürzere Deutsche Fassung: ‹Was ist Epistemologie›? (1983, III-7).]

1 [Überschrift vom Hg.]

2 [Bei Russell der ‹neutrale Monismus› in 1921 und auch 1927. Moore 1913 und 1959, darin bes. 1939.]

3 [Bei Locke ‹real essences› im Gegensatz zu ‹nominal essences›. Vgl. Locke 1689, Buch II, Kap. 23 f; Buch III, Kap. 6.]

4 [Siehe Kant 1781/87, A 367–380. Dazu Text 6.]

5 Siehe ‹Modelle und Wirklichkeit›, [Text 4]. In *Vernunft, Wahrheit und Geschichte* [1981, I-6] wird dieses Ergebnis auf die intensionale Logik ausgeweitet. Es wird gezeigt, daß die Extensionen der außerlogischen Prädikate selbst dann beinahe vollkommen unbestimmt in beinahe allen Welten sind, wenn wir nicht bloß in der tatsächlichen Welt angeben, welche Sätze wahr sein sollen, sondern in jeder einzelnen möglichen Welt [dort Kap. 2].

6 [Kant 1781/87, ‹Die Antinomie der reinen Vernunft›, B 433–595.]

7 [Im Original deutsch.]

8 *Vernunft, Wahrheit und Geschichte* [1981, I-6], Kap. 3. [Siehe oben Text 6, ‹Wie man zugleich interner Realist und transzendentaler Idealist sein kann›, Abschnitt ‹Kants Auffassung von Wissen und Wahrheit›.]

9 [‹Ready-made world›, die vorgefertigte Welt, die Welt als Fertiggericht, s. Goodman 1978. Siehe Text 10, ‹Irrealismus und Dekonstruktion›.]

10 Ich mißachte hier meine *eigenen* früheren Versuche einer realistischen Interpretation der Quantenmechanik (mittels nicht-klassischer Logik), aus zwei Gründen: Sie haben nie breite Akzeptanz gefunden, und (was wichtiger ist) ich glaube nicht mehr, daß es die Quantenlogik gestattet, Quantenmechanik mit Realismus zu versöhnen. (Siehe ‹Quantum Mechanics and the Observer› [1981, II-116].) [Mehr zu diesem Thema in Text 9, Abschnitt ‹Realismus›. Weitere Schriften Putnams, s. Text 3, Fußnote 21.]

11 Genaugenommen, «... wenn sie in diesen Begriffen definiert werden kann, falls nötig unter Verwendung von Konstanten für alle reellen Zahlen und Funktionen, unendlichen Konjunktionen und Disjunktionen etc.» Vom Standpunkt eines metaphysischen Materialisten aus ist es ohne philosophische Bedeutung, ob eine physikalische Größe durch eine Formel von endlicher Länge (oder eine, welche die Konstante einer undefinierbaren reellen Zahl enthält) definiert werden kann.

12 [Mill 1843, Buch III.]

13 [Vgl. Goodman 1955 zum Rätsel der Induktion (‹grue›), bes. 47ff.]

14 Es sind dies Situationen, in denen *B* von einer anderen Ursache verursacht worden wäre, wenn *A* es nicht verursacht hätte. Eine andere Art von Gegenbeispiel: Johann und Georg sind eineiige Zwillinge und haben schwarzes Haar. Ist folgendes kontrafaktisches Konditional wahr?

> «Wenn Johann kein schwarzes Haar gehabt hätte, dann hätte Georg ebenfalls kein schwarzes Haar gehabt.»

Man versichert mir allgemein, es sei wahr. Dann folgt aber in Lewis' Theorie, daß

> «Die Tatsache, daß Johann schwarzes Haar hat, verursachte, daß Georg schwarzes Haar hat»,

was absurd ist.

15 Wenn ‹mechanische Kausalität› zum Beispiel ganz einfach Impulsübertragung ist, dann stellt meine Betätigung eines praktisch reibungsfreien Schalters *keine* ‹mechanische Ursache› dafür dar, daß das Licht angeht. Ebenso ist meine Hand vor dem Licht keine ‹mechanische Ursache› des Schattens. Ein so eng gefaßter Begriff mag physikalisch sein, aber er wird bei der Erläuterung von *Referenz* nichts nützen. Wenn der Fall der Schaltung andererseits eine Fall von ‹mechanischer Kausalität› ist, wie charakterisiert man ihn dann ohne den Satz «Der Strom *wäre nicht* durch den Glühdraht geflossen, wenn der Schalter *nicht* bewegt *worden wäre*» oder einen ähnlichen Satz im Konjunktiv?

16 [Vgl. Stalnaker 1968.]

17 [Siehe etwa Kripke 1971, 1972.]

18 [Vgl. etwa Fodor 1975 und 1982 oder Lewis 1973a.]

19 [Vgl. Tarski 1933, 45 ff und 1944, §§ 11 ff.]

20 Für Quine bedeutet das wahr und falsch relativ zu unserer sich entwickelnden Lehre. Quine verwirft den metaphysischen Realismus und die Vorstellung einer einzigen ‹Entsprechung› zwischen unseren Ausdrücken und den Dingen an sich. Quines Ansichten werden in ‹Why Reason Can't Be Naturalized› [1982, II-124] behandelt. [Siehe v. a. Quine 1968, 1974 und 1975.]

21 [Moore 1939, vgl. auch 1924.]

22 Paul Meehl und Wilfried Sellars (1956) haben die Termini ‹physikalisch_1› und ‹physikalisch_2› eingeführt. ‹Physikalische_1› Eigenschaften sind ganz einfach mit Raum-Zeit und mit Kausalgesetzen verbundene Eigenschaften – ein Dualist könnte also die These unterschreiben, daß alle Eigenschaften ‹physikalisch_1› sind. ‹Physikalische_2› Eigenschaften sind im hier verwendeten Sinn physikalisch.

23 [Vgl. etwa ‹Die Natur mentaler Zustände› (1967, II-46).]

24 [Im Original deutsch.]

25 [‹Why Reason Can't Be Naturalized›, 1982, II-124. Siehe auch Text 9, ‹Realismus mit menschlichem Antlitz› 2. Abschnitt ‹Relativismus› und besonders Text 10, ‹Irrealismus und Dekonstruktion›.]

Auf Messers Schneide
Interner Realismus und Relativismus

8
Wozu die Philosophen?*

Die großen Begründer der analytischen Philosophie – Frege, Carnap, Wittgenstein und Russell – haben die Frage «Wie ‹hängt› die Sprache an der Welt?» ins Zentrum der Philosophie gestellt. Ich habe mehr als einen französischen Philosophen sagen hören, die angelsächsische Philosophie sei von dieser Frage ‹hypnotisiert›. Vor kurzem hat ein bedeutender amerikanischer Philosoph[1], der unter den Einfluß von Derrida geraten ist, darauf bestanden, es gebe keine ‹Welt› da draußen, *an* die sich die Sprache hängen könnte; es gebe nur ‹Texte›. So sagt er jedenfalls. Die Frage «Wie hängen Texte mit anderen Texten zusammen?» übt zweifellos ihre eigene Faszination auf die französische Philosophie aus, und einem amerikanischen Philosophen könnte es so vorkommen, als sei die gegenwärtige französische Philosophie von *dieser* Frage ‹hypnotisiert›.

Mein Ziel ist es in den letzten Jahren nicht gewesen, in dieser Debatte darüber, welches die Frage sein sollte, Stellung zu beziehen; denn mir scheint inzwischen, daß bei diesem Streit beide Seiten allzu vereinfachten Vorstellungen erliegen – Vorstellungen, die in die Irre führen, auch wenn diese Tatsache dadurch verschleiert wird, daß geniale Denker reiche Gedankengebäude, großartige Ausdrücke des menschlichen metaphysischen Verlangens, auf diesen schwankenden Fundamenten errichten konnten. Zudem scheint mir inzwischen, daß diese Vorstellungen eng verwandt sind, daß die zwischen der französischen (und allgemeiner der kontinentalen) und der angelsächsischen Philosophie bestehenden großen Unterschiede im Stil tiefgehende Affinitäten verbergen.

Relativismus und Positivismus

Um eine starke, aber notwendige Vereinfachung vorzunehmen, die führende Strömung in der analytischen Philosophie ist der logische Positivismus gewesen (nicht zu Beginn aber von 1930 bis etwa 1960). Diese Strömung wurde von ‹realistischen› (Kripke und mir[2]), ‹historistischen› (Kuhn und Feyerabend) und materialistischen Tendenzen herausgefordert. Ich möchte nicht riskieren, die führende Strömung in der heutigen französischen Philosophie zu identifizieren; aber wenn logisch-positivistische Vorstellungen für eine lange Zeit (30 entscheidende Jahre) im Zentrum ‹angelsächsischer› Philosophie standen, dann standen (und stehen vielleicht weiterhin) *relativistische* Vorstellungen im Zentrum der französischen Philosophie. Das mag überraschend erscheinen, weil Philosophen aller Länder regelmäßig anmerken, daß sich positivistische und relativistische Vorstellungen selbst widerlegen (und sie haben recht dabei). Die Widersprüchlichkeit scheint eine intellektuelle Mode jedoch nicht aufzuhalten oder auch nur zu verlangsamen, zum Teil deswegen, weil es sich um eine Mode handelt, zum Teil aus dem weniger fragwürdigen Grund, daß man sie nicht anhalten will, solange unter ihrer Ägide interessante Arbeit geleistet wird. Dennoch habe ich in meinen jüngeren Arbeiten[3] versucht, diesen Moden Einhalt zu gebieten, weil sie anfangen, die Möglichkeit einer philosophischen Unternehmung zu bedrohen, die vernünftige Männer und Frauen ernst nehmen können.

Relativisten werden allerdings den Weg im allgemeinen nicht ganz bis zum Ende gehen. Paul Feyerabend[4] *ist* bereit, bis zum Ende zu gehen, das heißt bis hin zur der Weigerung, *irgendeinen* Unterschied zwischen «Es regnet» und «*Ich meine*, es regnet» (oder was immer) anzuerkennen. Für Feyerabend ist *alles*, was er denkt oder sagt, lediglich ein Ausdruck seiner Subjektivität in dem Augenblick. Michel Foucault jedoch beansprucht, kein Relativist zu sein; wir müssen ganz einfach auf die zukünftige strukturalistische kopernikanische Revolution warten (die wir überhaupt noch nicht in konkreten Details voraussagen können), damit sie uns erklärt, wie wir das gesamte Problem von Realismus versus Relativismus vermeiden können.[5] Und Richard Rorty[6] bestreitet gleichzeitig, daß es ein Problem der Wahrheit überhaupt *gibt* (ein Problem der ‹Repräsentation›), und betont, daß sich einige Vorstellungen ‹auszahlen› und andere nicht.

Wenn es so etwas gibt wie das Sichauszahlen einer Vorstellung, das heißt, *richtig zu sein*, dann gibt es unweigerlich die Frage nach der *Na-*

tur dieser ‹Richtigkeit›. Was Rede zu mehr als einem bloßen Ausdruck unserer augenblicklichen Subjektivität macht, ist, daß sie bezüglich der Gegenwart oder Abwesenheit dieser Eigenschaft beurteilt werden kann – nenne sie ‹Wahrheit›, ‹Richtigkeit›, ‹sich auszahlen› oder was du willst. Selbst wenn sie eine kulturell relative Eigenschaft ist (und welcher Relativist glaubt, daß Relativismus nur *Wahr-für-meine-Subkultur* wäre?), stellt uns das nicht von der Verantwortung frei zu sagen, *welche* Eigenschaft sie ist. Wenn wahr zu sein (oder ‹sich auszahlen›, als eine Vorstellung) zum Beispiel bloß heißt, nach den Standards von meinesgleichen in meiner Kultur erfolgreich zu sein, dann wird die gesamte Vergangenheit ganz einfach zu einer Art von logischer Konstruktion aus der eigenen Kultur.

Wenn einem das auffällt, dann wird klar, wie ungemein *positivistisch* die relativistische Strömung in Wirklichkeit ist. Nietzsche selbst (dessen *Zur Genealogie der Moral* [1887] für viele heutige relativistisch-poststrukturalistische Schriften das Paradigma darstellt) ist stark positivistisch, wenn er über die Natur von Wahrheit und Wert schreibt. Mir scheint, was sowohl Relativisten als auch Positivisten am Problem der Repräsentation beunruhigt, ist, daß Repräsentation – das heißt die Intentionalität – ganz einfach nicht in unser Post-Darwinsches Weltbild paßt. Anstatt zuzugeben, daß dieses Bild nur eine Teilwahrheit ist, nur eine Abstraktion vom Ganzen, wollen Positivisten und Relativisten sich beide mit übermäßig vereinfachten, ja mit völlig absurden Antworten auf die Frage der Intentionalität zufriedengeben.[7]

Logischer Empirismus und die realistische Reaktion

In den Vereinigten Staaten wurden diese relativistischen und historizistischen Ansichten bis in die 60er Jahre praktisch ignoriert. Die beherrschenden Strömungen in den 40er und 50er Jahren waren empiristische – der Pragmatismus von John Dewey[8] und (sehr viel stärker) der von Rudolf Carnap, Hans Reichenbach und anderen in die Vereinigten Staaten gebrachte logische Empirismus.[9] Für letztere Philosophen spielte das Problem der Natur von Wahrheit eine untergeordnete Rolle gegenüber dem Problem der Natur von Bestätigung.

Man meinte, die primäre Art von *Richtigkeit* und *Unrichtigkeit*, welche ein Satz hat, sei die Menge an induktiver Unterstützung, die ein Satz auf der Grundlage der Anhaltspunkte erhält, so wie der Sprecher diese Anhaltspunkte wahrnimmt oder erinnert. Für Quine, der zu diesen

Philosophen starke Affinitäten besitzt, auch wenn er als ein Postpositivist betrachtet werden muß, ist *Wahrheit* überhaupt keine Eigenschaft; «zu sagen, ein Satz sei wahr, heißt lediglich, den Satz noch einmal zu bestätigen.»[10] (Quine sagt auch, daß die einzige Wahrheit, die er anerkennt, ‹immanente Wahrheit› sei – Wahrheit innerhalb der sich entwikkelnden Lehre.[11] Man beachte, wie ungemein ‹französisch› sich das anhört!) Wenn aber Wahrheit und Falschheit überhaupt keine Eigenschaften sind – wenn ein Satz in einem *substantiellen* Sinn nur epistemisch ‹richtig› oder ‹falsch› ist (nur in dem Sinn von den gegenwärtigen Erfahrungen und Erinnerungen eines Sprechers bestätigt oder widerlegt zu werden) –, wie entkommen wir dann dem Solipsismus? Warum ist dieses Bild nicht *ganz genau* das Bild vom Solipsismus-des-gegenwärtigen-Augenblicks? (Es stellt wohl kaum eine klare Antwort dar zu sagen, es handle sich um einen bloß *methodischen* Solipsismus. Das hört sich so an, also wäre es *vulgo* korrekt, für einen Philosophen aber nicht ganz die rechte Auffassung zu sagen, daß es vergangene Zeiten, andere Sprecher sowie Wahrheiten gibt, die bisher nicht bestätigt sind.)

Es war wohl um dieser Fragen willen, daß ich am Ende der Sechziger damit begann, eine Art von Realismus zu beleben und auszuarbeiten (gemeinsam mit Saul Kripke, von dem ich 1970 erfuhr, daß er in ähnlicher Richtung gearbeitet hatte). Unser Realismus war allerdings nicht einfach eine Wiederbelebung vergangener Ideen, sondern er bestand zum großen Teil aus einem Angriff auf Vorstellungen, die seit dem 17. Jahrhundert für den Realismus zentral gewesen waren.

Die Theorie der direkten Referenz

Das 17. Jahrhundert stellte sich Begriffe einerseits als dem Geist unmittelbar zugängliche Entitäten vor, andererseits als dazu in der Lage, Referenz auf die Welt festzulegen. Diesem Bild zufolge befindet sich zum Beispiel der Begriff *Gold* im Geist jedes Sprechers, der auf Gold referieren kann (selbst wenn er ein griechisches, lateinisches oder persisches Wort verwendet); die ‹Extension› oder Referenz des Wortes ‹Gold›, ‹chrysós› oder was immer ist durch den Begriff bestimmt. Dieses Bild der Sprache ist sowohl individualistisch (jeder Sprecher hat den Referenzmechanismus jedes Worts, das er gebraucht, in seinem Kopf) als auch aprioristisch (es gibt ‹analytische Wahrheiten› über die natürlichen Arten, auf die wir referieren, und diese sind ‹in unseren Begriffen enthalten›).

Es ist aber leicht zu sehen, daß dieses Bild den Tatsachen des Sprachgebrauchs und des begrifflichen Denkens Gewalt antut. Nur wenige Sprecher können sich heutzutage sicher sein, daß ein Gegenstand aus Gold ist, ohne ihn zu einem Juwelier oder anderen Experten zu bringen. Die Referenz unserer Worte wird häufig durch andere Angehörige unserer sprachlichen Gemeinschaft bestimmt, denen wir uns bereitwillig beugen. Es gibt eine *sprachliche Arbeitsteilung*, die von dem traditionellen Bild vollkommen ignoriert wird.[12]

Kripke hat gezeigt[13], daß diese sprachliche Arbeitsteilung (oder ‹Mitteilung› von ‹Referenzintentionen› in seiner Terminologie) auch die Festlegung der Referenz von Eigennamen betrifft. So sind zum Beispiel viele Leute nicht in der Lage, eine identifizierende Beschreibung des Propheten Moses zu geben. (Die Beschreibung «Der hebräische Prophet, den man ‹Moses› nannte» ist noch nicht einmal richtig, denn auf hebräisch heißt Moses ‹Moshe› und nicht ‹Moses›.) Das bedeutet nicht, daß diese Leute nicht *referieren*, wenn sie von ‹dem Propheten Moses› sprechen; es ist uns klar, daß sie auf eine bestimmte historische Figur referieren (vorausgesetzt, Moses hat tatsächlich existiert). Experten können uns heute berichten, daß diese Figur ‹Moshe› (oder so ähnlich) genannt wurde, aber das stellt keine identifizierende Beschreibung von Moses dar. Es mag vergessene hebräische Propheten gegeben haben, die ‹Moshe› genannt wurden, und der wirkliche ‹Moshe› könnte einen ägyptischen Namen gehabt haben, der Jahrhunderte später zu ‹Moshe› verfälscht wurde. Der ‹richtige› Moshe oder Moses ist jener am Ende einer *Kette*, die zeitlich zurückreicht. Oder, um die Sache richtig herum zu beschreiben, der ‹richtige› Moses – jener, auf den wir referieren– ist der *am Anfang einer Geschichte*, die unsere gegenwärtigen Gebräuche kausal unterstützt und die von den Intentionen der Sprecher geknüpft wird, auf die Person zu referieren, auf die vorherige Sprecher referierten.

Wir können mit Hilfe von Beschreibungen anzeigen, auf wen oder was ein Wort referieren soll; aber selbst wenn diese Beschreibungen richtig sind, werden sie doch nicht mit dem Wort *synonym*. Worte gewinnen nicht etwa eine Art von ‹direkter› Verbindung mit ihren Referenzobjekten, indem sie mit metaphysischem Klebstoff an diese angeheftet werden, sondern vielmehr indem sie *auch dann* zu ihrer Benennung gebraucht werden, wenn wir annehmen, daß die identifizierende Beschreibung falsch sein könnte oder wenn wir hypothetische Situationen betrachten, in denen sie falsch ist. (Hierfür hatten wir bereits ein Beispiel: Wir können selbst dann auf Moses als ‹Moses› referieren, wenn wir wissen, daß das nicht der Name ist, den er tatsächlich getragen hat. Ebenso kann ich erklären, welchen Richard Nixon ich meine, indem ich sage, ‹jener, welcher Präsident der Vereinigten Staaten war›, und mir dann eine Situation vorstellen, in der ‹Richard Nixon nie zum Präsidenten der Vereinigten Staaten gewählt worden ist›. Noch einmal: Diese Fälle als ‹Fälle von direkter Referenz› zu bezeichnen bedeutet lediglich zu bestreiten, daß der Name – ‹Moses› bzw. ‹Richard Nixon› – mit einer Beschreibung synonym ist: «der hebräische Prophet, der ‹Moses› genannt wurde» bzw. «der Präsident der Vereinigten Staaten, der ‹Richard Nixon› genannt wurde». Die Mechanismen, durch welche diese ‹direkte Referenz› hergestellt wird, sind alles andere als direkt, da sie Ketten von sprachlicher Kommunikation und sprachliche Arbeitsteilung beinhalten.)

Das Modell des 17. Jahrhunderts von der Festlegung der Referenz durch Begriffe im individuellen Geist tut den Tatsachen noch auf eine zweite, vielleicht subtilere Weise Gewalt an. Die Referenz unserer Worte wird (in einigen Fällen) ebenso von der nicht-menschlichen Umwelt wie von anderen Sprechern bestimmt. Wenn ich von ‹Wasser› spreche, dann will ich von der Flüssigkeit reden, die in *unserer* Umwelt als Regen fällt, *unsere* Flüsse und Seen füllt und so fort. Sollte es irgendwo im Universum eine Zwillingserde geben, wo im Prinzip alles so ist wie hier, *außer* daß die Flüssigkeit, welche auf der Zwillingserde die Rolle von ‹Wasser› spielt, nicht H_2O, sondern XYZ ist, dann widerlegt das nicht *unsere* Aussage, daß ‹Wasser H_2O ist›. Worauf wir mit ‹Wasser› referieren, ist jene Flüssigkeit, welche die Zusammensetzung usw. *unserer* paradigmatischen Beispiele von Wasser besitzt (welche Flüssigkeit auch immer das sein mag). Die Entdeckung dieser Zusammensetzung oder der Gesetze, nach denen sich die Flüssigkeit verhält, könnte Wissenschaftler zu der Aussage bringen, daß eine Flüssigkeit, die der Laie für Wasser halten würde, in Wirklichkeit gar kein Wasser ist (und der Laie würde sich diesem Urteil beugen). Auf diese Art und Weise wird die Referenz der Ausdrücke ‹Wasser›, ‹Leopard›, ‹Gold› und so fort teilweise von den Substanzen und Organismen selbst festgelegt. Wie der Pragmatist Charles Peirce vor langer Zeit sagte, die ‹Bedeutung› dieser Ausdrücke ist der unbestimmten wissenschaftlichen Forschung der Zukunft ausgesetzt.[14]

Die Anerkenntnis dieser beiden Faktoren – sprachliche Arbeitsteilung und Beitrag der Umwelt bei der Festlegung von Referenz – bedeutet einen großen Schritt in Richtung auf die Überwindung der individualistischen und aprioristischen philosophischen Weltanschauung[15], die lange mit dem Realismus assoziiert worden ist. Wenn es von anderen Leuten und der Einbettung der gesamten Gesellschaft in ihre Umwelt abhängt, worauf ein Ausdruck referiert, dann ist es nur natürlich, dem Anspruch skeptisch gegenüberzustehen, ‹Begriffsanalyse› aus dem Lehnstuhl könne irgend etwas von großer Bedeutung über die Natur der Dinge entdecken. Diese Art von ‹Realismus› geht mit einem stärkeren Geist der Fehlbarkeit in der Philosophie einher. Die mit dem Realismus verbundenen traditionellen Probleme jedoch werden dadurch erheblich geschärft.

Gehirne im Tank

Der neue Realismus gibt die Vorstellung auf, daß unsere geistigen Repräsentationen irgendeine *intrinsische* Verbindung zu den Dingen besitzen, auf die sie referieren. Das kann man an dem soeben erwähnten Beispiel der Zwillingserde sehen: Unsere ‹Repräsentationen› von Wasser (bevor wir gelernt haben, daß *Wasser* H_2O *ist / Wasser XZY ist*) mögen mit den ‹Repräsentationen› der Bewohner der Zwillingserde phänomenologisch identisch gewesen sein; aber der ‹Theorie der direkten Referenz› zufolge referierten wir die ganze Zeit auf H_2O (mit einigen Unreinheiten mehr oder weniger), und die Bewohner der Zwillingserde referierten die ganze Zeit auf XYZ. Der Unterschied in der Referenz ‹schlummerte› sozusagen die ganze Zeit in der Substanz selbst und wurde von den verschiedenen wissenschaftlichen Entdeckungen der beiden Kulturen aufgeweckt. Es gibt keine magische Verbindung zwischen dem phänomenologischen Charakter der Repräsentation und der von ihr denotierten Menge von Gegenständen.

Nun stelle man sich einen Menschenschlag vor, der buchstäblich von einem verrückten Superwissenschaftler geschaffen worden ist. Diese Leute haben Gehirne wie unsere, aber keine Körper, so nehmen wir an. Sie haben lediglich die Illusion von Körpern, von einer äußeren Umwelt (wie der unseren) und so fort. Sie sind in Wirklichkeit in einen Tank mit Nährflüssigkeit getauchte Gehirne. Mit den Gehirnen verbundene Schläuche sorgen für die Blutzirkulation, und mit den Nervenenden verbundene Drähte produzieren die Illusion von Sinnesimpulsen von den ‹Augen›, ‹Ohren› und ‹Körpern›, welche die motorischen Befehle dieser Gehirne ausführen. Ein traditioneller Skeptiker hätte diesen Fall (der einfach nur eine wissenschaftliche Version von Descartes' Dämon darstellt[16]) dazu verwendet zu zeigen, daß wir bezüglich der Existenz einer Außenwelt, die auch nur entfernt so ist wie jene, in der wir zu wohnen glauben, radikal in die Irre geführt sein könnten. Die wesentliche Prämisse dieses skeptischen Arguments lautet, daß der soeben vorgestellte Menschenschlag einer ist, der sich in seinen Überzeugungen radikal irrt. Tut er das aber?

Es sieht sicherlich so aus, als ob er es täte. Diese Leute glauben zum Beispiel: «Wir sind keine Gehirne im Tank. Die bloße Annahme, wir wären es, ist ein absurdes Phantasiegebilde von Philosophen.» Und offensichtlich *sind sie* Gehirne im Tank. Also irren sie sich. Aber nicht so eilig!

Wenn das Wort *Tank* der Gehirne-im-Tank auf das referiert, was *wir* ‹Tank› nennen, und das Wort *in* der Gehirne-im-Tank auf räumliches Enthaltensein und das Wort *Gehirn* der Gehirne-im-Tank auf das, was wir ‹Gehirne› nennen, dann hat der Satz «Wir sind Gehirne im Tank» für die Gehirne-im-Tank dieselben Wahrheitsbedingungen wie für uns (abgesehen vom Unterschied in der Referenz des Pronomens *wir*). Insbesondere ist es (unter dieser Voraussetzung) ein wahrer Satz; denn die Leute, die ihn denken, sind tatsächlich räumlich in einem Tank enthaltene Gehirne, und seine Negation «Wir sind nicht Gehirne im Tank» ist ein falscher Satz. Wenn es aber keine intrinsische Verbindung zwischen dem Wort *Tank* und dem gibt, was ‹Tank› genannt wird (ebensowenig wie es eine intrinsische Verbindung zwischen dem Wort *Wasser* und der bestimmten Flüssigkeit gibt, H_2O, die wir so bezeichnen), warum sollten wir dann nicht sagen, daß das Wort *Tank* auf Gehirn-im-Tankische phänomenologische Erscheinungen von Tanks referiert und nicht auf wirkliche Tanks? (Und ebenso bei *Gehirn* und *in*.) Der *Gebrauch* des Wortes *Tank* in Gehirn-im-Tankisch hängt zweifellos von der Gegenwart oder Abwesenheit phänomenologischer Erscheinungen von Tanks ab (oder Aspekten des Computerprogramms, das die ‹Tank-Wirklichkeit› kontrolliert) und *nicht* von der Gegenwart oder Abwesenheit wirklicher Tanks. Ja, wenn wir annehmen, daß es in der Welt des verrückten Wissenschaftlers keine wirklichen Tanks gibt außer jenen, in welchen sich die Gehirne befinden, dann scheint es zwischen dem Gebrauch des Wortes *Tank* in Gehirn-im-Tankisch und wirklichen Tanks keine Verbindung zu geben, kausal oder sonstwie (außer daß die Gehirne nicht in der Lage wären, das Wort *Tank* zu verwenden, wenn ein wirklicher Tank zerbrechen würde – aber das ist eine Verbindung zwischen einem wirklichen Tank und *jedem* Wort, das sie gebrauchen, keine unterscheidende Verbindung zwischen wirklichen Tanks und dem Gebrauch des Worts *Tank*).

Wenn die Gehirne-im-Tank denken, «Wir sind Gehirne im Tank», dann – so legt diese Überlegung nahe – müssen die Wahrheitsbedingungen ihrer Äußerung lauten, daß sie *Gehirne-im-Tank im Bild* sind oder etwas von der Art. Der Satz scheint also *falsch* und nicht etwa wahr zu sein, wenn *sie* ihn denken (auch wenn sie von *unserem* Standpunkt aus Gehirne im Tank sind). Sie scheinen also *nicht* in die Irre geführt zu sein – sie denken nichts, was radikal falsch wäre. Natürlich gibt es Wahrheiten, die sie noch nicht einmal ausdrücken können; aber das trifft zweifellos auf jedes endliche Wesen zu. Die Hypothese des ‹radikal in die Irre geführt Seins› scheint selbst auf der Vorstellung einer vorherbestimmten, beinahe magischen Verbindung zwischen Worten oder Gedankenzeichen und äußeren Gegenständen zu beruhen, auf welcher der transzendentale Realismus beruht.

Die formale Logik sagt uns, daß es für unsere Theorien viele verschiedene ‹Modelle› und für unsere Sprachen viele verschiedene ‹Referenzrelationen› gibt.[17] Das stellt uns vor ein uraltes Problem: *Wenn es viele verschiedene ‹Entsprechungen› zwischen Gedankenzeichen oder Wörtern und äußeren Gegenständen gibt, wie kann dann eine von ihnen ausgezeichnet werden?*

Eine scharfsinnige Form dieses Problems (das natürlich bis ins Mittelalter zurückreicht) verdanken wir Robert Nozick (unveröffentlichte Mitteilung). E_1 und E_2 seien zwei verschiedene ‹Entsprechungen› (Referenzrelationen im Sinn der Modelltheorie) zwischen unseren Zeichen und einer bestimmen Menge von Gegenständen. Man wähle sie so, daß dieselben Sätze wahr werden, egal ob wir unsere Worte so interpretieren, daß sie auf das ‹referieren›, dem sie im Sinn von E_1 entsprechen, oder auf das, dem sie im Sinn von E_2 entsprechen. Daß man das tun kann – daß es mehrere Weisen gibt, unsere Zeichen zu einer Entsprechung mit den Dingen zu bringen, welche die Menge der wahren Sätze unverändert läßt –, hat Quine in seiner berühmten Lehre der ontologischen Relativität betont.[18] Nun stelle man sich vor, Gott habe die Dinge so arrangiert, daß ein Mann beim Gebrauch eines Worts auf die Dinge referiert, die ihm E_1-entsprechen (die Dinge, die unter der Relation E_1 das ‹Bild› des Worts sind), während eine Frau beim Gebrauch eines Worts auf die Dinge referiert, die ihm E_2-entsprechen. Da die Wahrheitsbedingungen für ganze Sätze unberührt bleiben, würde nie jemand etwas merken! Woher wissen wir also (wie können wir jemals der Annahme Sinn verleihen), daß es eine bestimmte Entsprechung zwischen Worten und Dingen *gibt*?

Auf diese Frage gibt es viele schnelle Antworten. So wird ein Philosoph wahrscheinlich sagen: «Wenn wir den Gebrauch des Worts *Tank* (oder was immer) erlernen, dann assoziieren wir das Wort nicht bloß mit gewissen visuellen Empfindungen, taktilen Empfindungen und so fort. Diese Empfindungen und die damit verbundenen Überzeugungen werden in uns durch gewisse äußere Ereignisse *verursacht*. Normalerweise beinhalten diese äußeren Ereignisse die Gegenwart von Tanks. So wird das Wort *Tank* indirekt mit Tanks assoziiert.»

Um einzusehen, warum diese Antwort unser Rätsel nicht berührt, stelle man sich vor, sie werde zuerst von einem Mann und dann von einer Frau gegeben. Wenn dies eine Frau sagt, dann erläutert sie, daß sich gewisse Überzeugungen und Empfindungen eines Sprechers in einer gewissen Beziehung – der Beziehung $\textit{verursacht}_2$ – zu gewissen äußeren Ereignissen befinden. Tatsächlich werden sie durch die Gegenwart$_2$ von Tanks$_2$ verursacht$_2$. Wenn dies ein Mann sagt, dann erläutert er, daß dieselben Überzeugungen und Empfindungen durch die Gegenwart$_1$ von Tanks$_1$ verursacht$_1$ werden. Natürlich haben sie beide recht. Das Wort *Tank* ist mit Tanks$_2$ ‹indirekt assoziiert› (wie von der Frau erläutert) und auch mit Tanks$_1$ (wie von dem Mann erläutert). Man hat uns aber nach wie vor keinen Grund an die Hand gegeben, an die *eine* metaphysisch ausgezeichnete Entsprechung zwischen Worten und Dingen zu glauben.

Ich werde manchmal beschuldigt (insbesondere von Angehörigen der materialistischen Strömung in der analytischen Philosophie), die realistische Position zu karikieren. Ein Realist, so sagt man mir, behauptet nicht, Referenz werde von der in unserer Theorie bestehenden Verbindung zwischen den *Ausdrücken* ‹Referenz›, ‹Kausalität›, ‹Empfindung› und so fort festgelegt; der Realist behauptet, daß Referenz ‹von der Kausalität selbst festgelegt wird›. Hier ignoriert der Philosoph seine eigene epistemologische Position. Er philosophiert so, als ob naiver Realismus für ihn wahr wäre, oder (was dasselbe ist) als ob er und nur er sich in einer *absoluten* Beziehung zur Welt befände. Was *er* ‹Kausalität› nennt, ist wirklich Kausalität, und *natürlich* gibt es in seinem Fall irgendwie eine ausgezeichnete Entsprechung zwischen dem Wort und einer bestimmten Beziehung.

Müssen wir dann auf die Ansicht zurückfallen, daß ‹es nur den Text gibt›? Daß es nur ‹immanente Wahrheit› gibt (Wahrheit dem ‹Text› zufolge)? Oder, wie viele analytische Philosophen dieselbe Vorstellung ausdrücken, daß ‹ist wahr› lediglich ein Ausdruck ist, den wir dazu verwenden, ‹die sprachliche Ebene zu heben›? Auch wenn insbesondere Quine von dieser Ansicht versucht zu sein scheint (ergänzt durch die Vorstellung, daß eine reine Ursache-Wirkung-Geschichte den Gebrauch einer Sprache philosophisch und wissenschaftlich vollständig beschreibt[19]), so liegt doch das Problem mit einer solchen Auffassung auf der Hand. Wenn die Ursache-Wirkung-Beschreibung vollständig ist; wenn man über den ‹Text› lediglich sagen kann, daß er in der Produktion von Geräuschen (und innerem Aussprechen) nach einem bestimmen kausalen Schema besteht; wenn es keine mit der Aussage verknüpfte substantielle Eigenschaft der Berechtigung oder Wahrheit gibt – dann können die von uns produzierten Geräusche, niedergeschriebenen Inskriptionen oder in unseren Körpern auftretenden inneren Aussprachen nichts anderes sein als Ausdrücke unserer Subjektivität. Wie es Edward Lee in einem schönen Aufsatz über Protagoras und Platon formuliert hat (1973), ähnelt der Mensch einer solchen Auffassung zufolge einem Tier, das in Erwiderung auf diverse natürliche Zufälligkeiten diverse Schreie ausstößt, oder noch besser einer Pflanze, die mal ein Blatt, mal eine Blume hervorbringt. Eine solche Geschichte vernachlässigt, daß wir *Denkende* sind. Wenn eine solche Geschichte richtig ist, dann ist nicht nur Repräsentation ein Mythos; die Idee des Denkens selbst ist dann ein Mythos.

Angesichts dieser mißlichen Lage, zwischen einer *metaphysischen* Position auf der einen, einer Gruppe von *reduktionistischen* Positionen auf der anderen Seite wählen zu sollen, kam ich dazu, Kants Unterscheidung zwischen zwei Arten von Realismus zu folgen (ob mir Saul Kripke, auf dessen Arbeit ich mich oben bezogen habe, bei *diesem* Schritt folgen würde, scheint mir eher zweifelhaft). Diese beiden Arten nannte ich ‹metaphysischen Realismus› und ‹internen Realismus›.[20] Der metaphysische Realist besteht darauf, daß es eine mysteriöse Beziehung der ‹Entsprechung› gibt, die Referenz und Wahrheit ermöglicht; der interne Realist dagegen ist bereit, sich Referenz als intern zu ‹Texten› (oder Theorien) vorzustellen, *vorausgesetzt*, wir erkennen an, daß es bessere und schlechtere ‹Texte› gibt. ‹Besser› und ‹schlechter› mögen selbst von unserer historischen Situation oder unseren Zwecken abhängen; es gibt hier keine Vorstellung einer Wahrheit von der Perspektive Gottes. Die Vorstellung einer richtigen (oder zumindest ‹besseren›) Antwort auf eine Frage unterliegt zwei Bedingungen:

1. *Richtigkeit ist nicht subjektiv.* Es ist nicht bloß eine Sache der *Meinung*, was bessere oder schlechtere Antworten auf die meisten Fragen sind, die Menschen wirklich betreffen. Anzuerkennen, daß dem so ist, stellt den wesentlichen Eintrittspreis zur Gemeinschaft der Vernünftigen dar. Wenn das nicht mehr klar ist, dann zum Teil deswegen, weil die Wellen der philosophischen Theorie die Worte *subjektiv* und *objektiv* so hoch umschäumt haben. So haben zum Beispiel Carnap wie auch Husserl behauptet, was ‹objektiv› ist, sei dasselbe wie das, was ‹intersubjektiv› ist, das heißt im Prinzip öffentlich.[21] Dieses Prinzip selbst scheint jedoch (um es milde auszudrücken) des ‹intersubjektiven› Nachweises unfähig zu sein. Es ist wirklich ganz erstaunlich, daß irgend jemand, der an Philosophie, Politik, Literatur oder den Geisteswissenschaften interessiert ist, tatsächlich die bessere Meinung mit der ‹intersubjektiven› Wahrheit gleichsetzen sollte!

2. *Richtigkeit geht über Rechtfertigung hinaus.* Auch wenn Michael Dummett[22] in der Verteidigung der oben von mir vorgetragenen Art von non-metaphysisch-realistischer und non-subjektivistischer Sicht der Wahrheit äußerst einflußreich gewesen ist, ist doch seine Formel ‹Wahrheit ist Rechtfertigung› in vieler Weise irreführend, und aus diesem Grund habe ich sie in meinen Schriften vermieden. Zunächst einmal legt sie etwas nahe, was Dummett tatsächlich glaubt und was ich nicht glaube: daß man die Bedingungen der Rechtfertigung für die Sätze einer natürlichen Sprache auf gültige Weise *spezifizieren* kann. Zweitens legt sie etwas nahe, zu dem Dummetts Schriften recht zweideutig sind: daß es so etwas gibt wie *endgültige* Verifikation, sogar im Fall von empirischen Sätzen. Meine eigene Auffassung lautet, daß Wahrheit mit idealisierter Rechtfertigung identifiziert werden sollte anstatt mit Rechtfertigung anhand der gegenwärtig vorhandenen Anhaltspunkte. ‹Wahrheit› in diesem Sinn ist ebenso kontextempfindlich, wie *wir* es sind. Die Bedingungen der Behauptbarkeit für einen beliebigen Satz sind nicht überschaubar.

Wenn die Bedingungen der Behauptbarkeit nicht überschaubar sind, wie lernen wir sie dann? Wir lernen sie, indem wir uns eine Praxis aneignen. Philosophen im Griff reduktionistischer Vorstellungen verstehen nicht, daß das, was wir uns aneignen, kein Wissen ist, was so angewendet werden könnte, als wäre es ein Algorithmus. Die Unmöglichkeit, die Bedingungen der Behauptbarkeit für beliebige Sätze zu formalisieren, ist eben die Unmöglichkeit, menschliche Rationalität selbst zu formalisieren.

Die Dichotomie Tatsache – Wert

Würde ich es wagen, ein Metaphysiker zu sein, dann würde ich wohl ein System schaffen, in dem es nichts als Verpflichtungen gibt. In meinem Bild wäre metaphysisch grundlegend, was wir tun *sollten* (sagen sollten, denken sollten). In meinem Phantasiegebilde von mir als dem metaphysischen Superhelden würden sich alle ‹Tatsachen› zu ‹Werten› auflösen. Daß in meinem Zimmer ein Stuhl steht, würde als eine Menge von Verpflichtungen analysiert (metaphysisch, nicht begrifflich – es gibt in dieser Phantasie keine ‹Sprachanalyse›): etwa die Verpflichtung zu denken, daß in diesem Zimmer ein Stuhl steht, falls die epistemischen Bedingungen ‹gut› genug sind (wären). (In Chomskyscher Ausdrucksweise könnte man von ‹Kompetenz› anstatt von ‹Verpflichtung› reden: Es ist eine Tatsache, daß ein ideal ‹kompetenter› Sprecher sagen (denken) würde, *In diesem Zimmer steht ein Stuhl*, wenn die Bedingungen ‹ideal› genug wären.) Anstatt mit Mill zu sagen, daß der Stuhl eine ‹dauernde Möglichkeit von Empfindungen›[23] ist, würde ich sagen, er ist eine *dauernde Möglichkeit von Verpflichtungen*. Ich würde sogar so weit gehen zu sagen, daß meine ‹Sinnesdaten›, so geliebt von Generationen von Empiristen, nichts sind als dauernde Möglichkeiten von Verpflichtungen, im selben Sinn.

Ich bin aber – leider! – nicht so wagemutig. Die umgekehrte Tendenz aber, alles auf Beschreibung zu reduzieren oder es zu beseitigen, erscheint mir ganz einfach abwegig. Auch außerhalb meiner Phantasien meine ich aber, daß Tatsachen und Verpflichtungen vollkommen voneinander abhängig sind. Ebenso wie es keine Verpflichtungen ohne Tatsachen gibt, gibt es auch keine Tatsachen ohne Verpflichtungen.

In das Bild der Wahrheit als (idealisierter) Rechtfertigung ist das gewissermaßen eingebaut. Zu sagen, eine Überzeugung sei gerechtfertigt, heißt zu sagen, wir sollten an sie glauben; Rechtfertigung ist zunächst einmal ein normativer Begriff. Positivisten haben versucht, diese Frage zu umgehen, indem sie sagten, welche Definition der Rechtfertigung (welche Definition von ‹Grad der Bestätigung›) man akzeptiere, sei konventionell, eine Sache der Zweckmäßigkeit, oder, als letzte Rettung, es ginge ganz einfach darum, einen ‹Vorschlag› zu akzeptieren.

Vorschläge aber nehmen Zwecke oder Werte an, und es ist eine für den Positivismus wesentliche Lehre, daß die Güte oder Schlechtigkeit von letzten Zwecken oder Werten vollkommen subjektiv ist. Da es keine allgemein anerkannten Zwecke oder Werte gibt, bezüglich deren die positivistischen ‹Vorschläge› *die besten* wären, folgt aus dieser Lehre, daß sie selbst lediglich ein Ausdruck subjektiver Präferenz für bestimmte Sprachformen (wissenschaftliche) oder Ziele (Voraussage) ist. Wir haben das merkwürdige Ergebnis, daß ein vollkommen konsistenter Positivist als totaler Relativist enden muß. Er kann Inkonsistenz (in einem engen deduktiven Sinn) vermeiden, aber nur um das Opfer des Zugeständnisses, daß alle philosophischen Urteile, einschließlich seiner eigenen, keinen Status von Rationalität besitzen. Er hat keine Erwiderung auf den Philosophen, der sagt: «Ich weiß, was Sie meinen, aber, wissen Sie, Positivismus ist *in meinem System nicht rational.*»

Metaphysische Realisten haben versucht, dasselbe Problem dadurch in den Griff zu bekommen, daß sie eine totale logische Kluft zwischen der Frage, was *wahr* ist, und der Frage, wovon *überzeugt zu sein vernünftig* ist, postuliert haben. Was *wahr* ist, hängt aber davon ab, worauf unsere Ausdrücke *referieren*, und die Bestimmung der Referenz unserer Ausdrücke verlangt – einer jeden Auffassung zufolge – ein Gefühl für die referentiellen Intentionen wirklicher Sprecher sowie die Fähigkeit, nuancierte Entscheidungen bezüglich der besten Rekonstruktion dieser Intentionen zu treffen. So sagen wir zum Beispiel, daß der Ausdruck ‹Phlogiston› auf nichts referierte (wie in ‹A Defense of Internal Realism› [1990, II-171] angemerkt). Insbesondere referierte er nicht auf Valenzelektronen, auch wenn ein berühmter Naturwissenschaftler (Cyril Stanley Smith) einmal im Scherz gesagt hat, «Es gibt wirklich so etwas wie Phlogiston; es stellt sich heraus, daß Valenzelektronen Phlogiston sind». Wir halten es für vernünftig, daß Bohr in den Jahren 1900 und 1934 dasselbe Wort ‹Elektron› beibehalten hat und damit seine beiden sehr verschiedenen Theorien (die von 1900 und die von 1934) als Theorien behandelte, die dieselben Gegenstände beschrieben. Und wir halten es für unvernünftig zu sagen, daß ‹Phlogiston› auf Valenzelektronen referiert.

Natürlich könnte ein metaphysischer Realist sowohl ein Realist über Vernünftigkeit als auch über Wahrheit sein. Das ist aber gerade mein Punkt, gewissermaßen: Weder ein Positivist noch ein metaphysischer Realist kann Absurditäten vermeiden, wenn er der Frage, was *Vernünftigkeit* ausmacht, jede Objektivität abzusprechen versucht. Und *diese* Frage ist eine typische *Wertfrage*, metaphysisch gesprochen.

Man hat das von mir soeben knapp skizzierte Argument (es wird in meinem Buch *Vernunft, Wahrheit und Geschichte* [1981, I-6] ausführlich entwickelt) als ein ‹Mitgefangen-mitgehangen›-Argument bezeichnet. Die Struktur ist folgende: «Sie sagen (man stelle sich vor, dies richtet sich an einen Philosophen, der von einer scharfen Dichotomie Tatsache – Wert überzeugt ist), daß Werturteile keinen objektiven Wahrheitswert besitzen, daß sie reine Ausdrücke einer Präferenz darstellen. Die von Ihnen angegebenen Gründe jedoch – es gibt Meinungsverschiedenheiten zwischen Kulturen (und innerhalb einer Kultur) darüber, was wertvoll ist und was nicht; diese Streitigkeiten können nicht ‹intersubjektiv› geschlichtet werden; unsere Auffassungen von Wert sind historisch bedingt; es gibt keine ‹wissenschaftliche› (reduzierende) Auffassung davon, was Wert *ist* – treffen alle unmittelbar und ohne die geringste Änderung auch Urteile der Rechtfertigung, Berechtigung und Vernünftigkeit, allgemein: Urteile epistemischer Werte. Sollten Sie also recht haben, dann sind Urteile epistemischer Rechtfertigung (Berechtigung) ebenfalls vollkommen subjektiv. Urteile von Referenzgleichheit und also von Referenz und Wahrheit sind von Urteilen der Vernünftigkeit abhängig. Anstatt uns also eine *Dichotomie* Tatsache – Wert zu bieten, haben Sie uns einen Grund geliefert, epistemische Begriffe, semantische Begriffe, ja den Begriff einer *Tatsache* ganz aufzugeben.» Um es einfacher auszudrücken, der Punkt ist, daß man aus der Tatsache, daß wir keine ‹wissenschaftliche› Erklärung der Möglichkeit von Werten besitzen, keine Schlüsse ziehen sollte, solange nicht gezeigt werden kann, daß eine ‹wissenschaftliche› Erklärung der Möglichkeit von Referenz, Wahrheit, Berechtigung und so fort möglich ist. Und die Schwierigkeiten mit der Korrespondenztheorie lassen vermuten, daß letztere Forderung eine Forderung nach ich-weiß-nicht-was darstellt.

Warum bin ich kein Relativist?

Da ich es unterlasse, überhaupt eine metaphysische Geschichte zu bieten oder auch nur die Möglichkeit von Referenz, Wahrheit, Berechtigung, Wert und alles übrigen zu erklären, kommt häufig die Frage auf: «Warum sind Sie dann nicht auch ein Relativist?» Ich kann die Frage gut nachfühlen (und sogar die Verdrossenheit, mit welcher sie oft einhergeht), weil ich den Drang nachfühlen kann zu *wissen*, eine ganzheitliche Erklärung zu *haben*, welche den Denker im Akt der Entdeckung der ganzheitlichen Erklärung in der Ganzheit dessen einschließt, was sie erklärt. Ich sage nicht, daß dieser Drang ‹freiwillig› ist, das Produkt von Begebenheiten im 16. Jahrhundert darstellt oder auf einer falschen Voraussetzung beruht, weil es in Wirklichkeit solche Dinge wie Wahrheit, Berechtigung oder Wert nicht gebe. Ich sage aber, daß die Unternehmung gescheitert ist, eine solche Erklärung bereitzustellen.

Sie ist nicht deswegen gescheitert, weil es sich um einen unberechtigten Drang gehandelt hätte – welchem menschlichen Verlangen könnte mehr Respekt gebühren als dem Verlangen zu *wissen*? –, sondern weil sie über die Grenzen jeder Vorstellung von Erklärung hinausgeht, die wir besitzen. Dies zu sagen, bedeutet vielleicht nicht, die großartigen Unternehmungen der Metaphysik und Epistemologie für immer beiseite zu legen – wir können heute nur raten, was ein neues Jahrtausend oder eine andere so tiefgreifende Wende in der menschlichen Geschichte wie die Renaissance bringen mögen –, aber es bedeutet, daß die Zeit für ein Moratorium über Ontologie und Epistemologie gekommen ist. Oder es ist vielmehr die Zeit für ein Moratorium auf die Art von metaphysischer Spekulation gekommen, welche die *Einrichtung des Universums* beschreiben will, uns sagen will, was es *wirklich gibt* und was *bloße menschliche Projektion* ist. Und für ein Moratorium für die Art von epistemologischer Spekulation, welche uns die *eine Methode* zu bieten sucht, durch die alle unsere Überzeugungen bewertet werden können.

Es stellt in Wirklichkeit das Gegenteil von Relativismus dar zu sagen, «ein Moratorium für diese Unternehmungen». Anstatt die Behauptungen, daß einige Werturteile vernünftig und andere unvernünftig oder einige Ansichten wahr und andere falsch sind, mit Mißtrauen zu betrachten, ist es mir ein Anliegen, uns zu eben diesen Behauptungen zurückzubringen, die wir schließlich in unserem Alltagsleben ständig aufstellen. Das Annehmen des ‹manifesten Bildes›, der *Lebenswelt*[24], der Welt, wie wir sie tatsächlich erfahren, verlangt von uns, die wir (zum Guten oder zum Schlechten) philosophisch ausgebildet worden sind, sowohl unseren Sinn für das Rätselhafte (denn es ist rätselhaft, daß etwas gleichzeitig *in* der Welt und *über* der Welt sein kann) als auch unseren Sinn für das Gewöhnliche wiederzugewinnen. (Denn es ist schließlich eine *gewöhnliche* Tatsache, daß einige Vorstellungen ‹unvernünftig› sind – nur die merkwürdigen Begriffe der ‹Objektivität› und ‹Subjektivität›, die wir aus der Ontologie und Epistemologie gelernt haben, machen uns unfähig, im Gewöhnlichen zu ruhen.)

Lasse ich dann überhaupt noch etwas für Philosophen zu tun übrig? Ja und nein. Die Vorstellung, ein Poet könne späteren Poeten sagen, ‹was zu tun ist›, oder ein Romancier könne späteren Romanciers sagen, ‹was zu tun ist›, sollte absurd scheinen und ist es auch. Und dennoch erwarten wir von Philosophen immer noch, nicht nur zu erreichen, was sie erreichen können, Einsichten zu haben, Unterscheidungen zu konstruieren, Argumente zu durchdenken und all das, sondern späteren Philosophen zu sagen, ‹was zu tun ist›. Ich schlage vor, daß es mit jedem einzelnen Philosophen problematischer sein sollte, was für die Philosophie zu tun bleibt. Wenn ich mit Derrida in irgend etwas übereinstimme[25], dann ist es folgendes: daß Philosophie Schrift ist und daß sie nun lernen sollte, Schrift zu sein, deren Autorität stets neu gewonnen werden muß, die nicht geerbt oder verliehen werden kann, weil sie Philosophie ist. Philosophie ist schließlich eine der Humanwissenschaften und keine Naturwissenschaft. Das schließt aber nichts aus – weder formale Logik noch Gleichungen, Argumente oder Aufsätze. Wir Philosophen erben ein Gebiet, keine Autorität, und das ist genug. Es ist schließlich ein Gebiet, das eine große Anzahl von Leuten fasziniert. Wenn wir diese Faszination durch unsere Rigiditäten oder unser Gebahren nicht vollkommen zerstört haben, dann ist das etwas, wofür wir wahrlich dankbar sein sollten.

Anmerkungen

* Zuerst in französischer Übersetzung als: ‹Pourquoi les Philosophes?›, in: André Jacob (Hg.): *L'Encyclopédie Philosophique Universelle*, Presses Universitaires de France, Paris 1986. Englisches Original ‹Why Is a Philosopher?›, in: Arver Cohen/Marcello Dascal (Hg.): The Institution of Philosophy. A Discipline in Crisis?, Open Court, La Salle, Ill., 61–76

1 Richard Rorty. Siehe Rorty 1979 und 1982. [Zu Derrida vor allem 1967a und 1967b. Siehe Text 10, ‹Irrealismus und Dekonstruktion›]

2 [Kripke 1971, 1972. Siehe Texte 1–3. Dort auch zur Kritik der ‹historistischen› Positionen. Zur Kritik der materialistischen Tendenz vor allem Texte 6 und 7.]

3 Siehe *Vernunft, Wahrheit und Geschichte* [1980, I-6] und *Realism and Reason* [1983, I-7]. [Text 6 ist eine Vorarbeit zu ersterem. Die Texte 4, 5 und 7 stammen aus letzterem Sammelband.]

4 [Vgl. vor allem Feyerabend 1970 sowie 1991.]

5 Siehe Michel Foucault 1966, besonders die Schlußdiskussion über die Humanwissenschaften.

6 Siehe die in Fußnote 2 zitierten Werke.

7 Für eine eingehendere Diskussion siehe *Vernunft, Wahrheit und Geschichte* [1980, I-6], besonders. Kap. 5, und ‹Why Reason Can't Be Naturalized› [1982, II-124, kürzer als ‹Was ist Epistemologie?› 1983, III-7.].
8 [Etwa Dewey 1929 und 1938.]
9 [Klassisch hier Carnap 1934, 1947 und 1966 sowie Reichenbach 1938 und 1958.]
10 [Sinngemäß in Quine 1970, Kap. 1.5.]
11 [Eine Grundthese seines ‹Holismus›, vgl. etwa Quine 1951, 1969 und 1974.]
12 Siehe hierzu «Die Bedeutung von ‹Bedeutung›» [1975, II-86] und auch ‹Erklärung und Referenz› [Text 1].
13 Kripke 1972; Vorlesungen an der Universität Princeton im Jahre 1970.
14 [Sinngemäß Peirce 1877 und 1878.]
15 [Im Original deutsch.]
16 [Descartes 1641 fragt, ob ich nicht ständig von einem bösen Dämon getäuscht sein könnte.]
17 Siehe meinen Vortrag ‹Modelle und Wirklichkeit› [Text 4].
18 Siehe Quine 1969.
19 [Vgl. Quine 1960, 1968, 1974 und 1975. Hierzu oben Texte 5 und 7.]
20 Siehe den Aufsatz mit dem Titel ‹Realism and Reason› [1977, II-92]. [Die Unterscheidung findet sich in Kant 1781/87, A 367–380. Kants Gegensatzpaare sind transzendentaler Idealismus und transzendentaler Realismus sowie empirischer Idealismus und empirischer Realismus.]
21 [Carnap 1928, Husserl 1929, 5. Meditation, sowie 1973.]
22 Siehe Dummett 1976. [Ausführlich Dummett 1991.]
23 [Mill 1843, Buch IV, 1.]
24 [Im Original deutsch. Ein zentraler Begriff bei Husserl; vgl. etwa Husserl 1939.]
25 [Vgl. Derrida 1967a. Zur Derridas Dekonstruktion Text 10, ‹Irrealismus und Dekonstruktion›.]

9
Realismus mit menschlichem Antlitz*

Realismus

Wie ich hoffe, wird in diesem Essay klar werden, daß meine Verpflichtung Kant gegenüber sehr groß ist, auch wenn sie nicht bis zur Vergötterung gehen darf. Für mich jedenfalls erreichen beinahe alle Probleme der Philosophie erst mit Kants Werk die Form, in der sie wirklich interessant werden. Jetzt möchte ich allerdings etwas tun, was ein *echter* Verehrer Kants vielleicht als blasphemisch empfinden könnte: Ich möchte diesen Essay mit der Betrachtung einer Bemerkung von Nietzsche beginnen, von der Kant, so glaube ich, nicht verletzt gewesen wäre.

In der *Geburt der Tragödie* schreibt Nietzsche, daß der Kreis der Wissenschaft immer häufiger auf das Paradoxe stößt, je mehr er sich vergrößert[1]. Im ersten Teil dieses Essays werde ich diesen wunderbaren Aphorismus betrachten. Mein Interesse gilt weder Nietzsche (auch wenn er ungemein interessant ist) noch Nietzsches Text, sondern vielmehr der Bemerkung selbst. Womit ich sagen will, so wie ich die Bemerkung hier verstehen möchte, ist sie in das Denken und die Erfahrung unserer eigenen Zeit eingebunden, nicht in die Nietzsches. Die Bemerkung betrifft allerdings den ‹Kreis der Wissenschaft›, und also möchte ich einen Blick auf die Wissenschaft werfen und darauf, wie die Welt paradoxer werden kann, während sich der Kreis der wissenschaftlichen Erkenntnis erweitert. Nietzsches Bemerkung könnte mit Material aus praktisch jedem Wissensgebiet illustriert werden, aber ich möchte hier nur zwei Beispiele anführen.

Mein erstes Beispiel stammt aus einem Bereich, der einigen wenigen bekannt ist, aber für die meisten Gebildeten eine höchst geheimnisvolle Sache darstellt: das Gebiet der Quantenmechanik. Es ist hier nicht meine Absicht, mich über technische Details auszulassen, also will ich gar nicht erst versuchen, die Theorie zu beschreiben. Statt dessen möchte ich eine Diskussion skizzieren, die beinahe gleichzeitig mit der Quantenmechanik selbst begonnen hat und die immer noch anhält – die Diskussion darüber, wie die Quantenmechanik ‹zu deuten› ist.

Eine derartige Diskussion ist in der Geschichte der Wissenschaften kein Einzelfall, aber die *Gründe* für diesen Streit sind höchst ungewöhnlich. Lassen Sie mich versuchen, diese in höchst schematisierter

Form darzulegen. So wie die Theorie durch Bohr und auch (ein wenig anders) durch von Neumann formuliert wurde, wird sie auf ein dynamisches System angewendet – etwa ein System von Elementarteilchen oder von Feldern und Teilchen.[2] Ganz wie in der klassischen Physik kann das System recht klein sein – ein, zwei oder drei Teilchen – oder aber ‹im Prinzip› recht groß. Aber – und dies wäre der merkwürdige Zug, der in der klassischen Physik fehlt – jede Anwendung der Theorie verlangt, daß es *zusätzlich* zu dem betreffenden ‹System› noch das ‹Gerät› oder den ‹Beobachter› gibt, der *nicht* Teil des Systems ist. Es gibt also im Prinzip keine ‹quantenmechanische Theorie des ganzen Universums›.[3]

Die weisen Gründerväter der Quantenmechanik – Männer wie Eugene Wigner – sprachen von einem ‹Schnitt zwischen System und Beobachter›. Von dem Apparat, der schließlich jene Messungen vornimmt, welche die Voraussagen der Theorie prüfen, wird gesagt, daß er sich auf der ‹Beobachter›-Seite des Schnitts befinde. In Bohrs eigener Version der sogenannten Kopenhagener Deutung (dabei handelt es sich in Wirklichkeit um eine Familie von Deutungen durch Bohr, von Neumann, Heisenberg, Wigner und andere, die sich alle mehr oder weniger voneinander unterscheiden) *wird für jede Eigenschaft des Systems nur in bezug auf ein bestimmtes Meßgerät und in einer bestimmten experimentellen Situation Bedeutung und Existenz angenommen.* Darüber hinaus wird angenommen, daß das Meßgerät (soweit es sein Funktionieren im Experiment betrifft) nur mit der Sprache und den mathematischen Formeln der klassischen Physik (einschließlich der speziellen Relativitätstheorie) befriedigend beschrieben werden kann. Bohrs Ansicht zufolge macht die Quantenmechanik die klassische Physik also nicht ganz einfach *obsolet*; sie setzt vielmehr die klassische Physik voraus, und zwar derart, daß es ganz absurd wäre zu behaupten, die Newtonsche Physik zum Beispiel würde die mittelalterliche Physik auf diese Weise voraussetzen. Der Gebrauch der Quantenmechanik zur Beschreibung des ‹Systems› setzt den Gebrauch einer Theorie zur Beschreibung des Geräts voraus, von der die meisten Leute glauben, daß sie mit der Quantenmechanik unvereinbar ist – die klassische Physik!

Das ist schon einigermaßen paradox, aber die Abhängigkeit der Quantenphysik von der klassischen Physik (in Bohrs Version der Kopenhagener Deutung) ist nicht die Paradoxie, auf die ich aufmerksam machen will.

Lassen Sie mich auf eine Bemerkung zurückkommen, die ich vor wenigen Augenblicken gemacht habe: daß es im Prinzip ‹keine quantenmechanische Theorie des ganzen Universums› gibt. Es macht einen Teil der Anziehungskraft von Newtons Vision aus – und ich rede von Newtons *Vision*, weil Newtons Physik eine besondere visuelle Vorstellbarkeit an sich hatte, die an ihrem gewaltigen Einfluß auf Theologie, Philosophie, Psychologie, die gesamte Kultur, wesentlich beteiligt war –, daß sie uns eine ‹Perspektive Gottes›, des ganzen Universums bietet (wie man im 17. Jahrhundert meinte). Das Universum ist eine gigantische Maschine, und wenn man ein Materialist ist, dann sind wir selbst bloße Subsysteme der gigantischen Maschine. Ist man ein cartesianischer Dualist, dann sind unsere Körper bloße Subsysteme der gigantischen Maschine.[4] Soweit sie physikalisch beschrieben werden können, sind unsere Messungen und Beobachtungen bloße Interaktionen *innerhalb* des ganzen Ladens. Der Traum eines Bildes vom Universum, das so vollständig ist, daß es den Theoretiker-Beobachter im Akt der Abbildung des Universums einschließt, ist der Traum von einer Physik, die auch Metaphysik ist (oder von einer Physik, die Metaphysik ein für allemal unnötig macht). Selbst Dualisten wie Descartes haben diesen Traum geträumt; sie meinten lediglich, um den Traum in Erfüllung gehen zu lassen, bräuchten wir noch eine zusätzliche grund legende Wissenschaft, um ‹die Seele, den Geist oder den Verstand› zu beschreiben, die grundlegende Wissenschaft der Psychologie. Dieser Traum verfolgt die westliche Kultur seit dem 17. Jahrhundert. Man könnte ihn als den Traum von einem Kreis der Wissenschaft beschreiben, der sich ausgeweitet hat, bis nichts mehr außerhalb von ihm bleibt – und also keine Paradoxien mehr übrig sind, die er berühren könnte! Jeder, der einmal wirklich naturwissenschaftlich gearbeitet hat, experimentell oder mathematisch, muß diesen Traum nachgefühlt haben.

Aber genau diesen Traum gibt Bohrs Kopenhagener Deutung auf! Ganz wie Kant, meinte auch Bohr, daß die Abbildung der Welt ‹an sich› über das Vermögen des menschlichen Geistes hinausgeht. Der neue Dreh – Kant hätte ihn niemals akzeptiert – besteht darin, daß Bohr zufolge selbst die ‹empirische Welt›, die Welt der Erfahrung, nicht mit bloß *einem* Bild beschrieben werden kann. Statt dessen müssen wir ‹ergänzend› von verschiedenen klassischen Bildern Gebrauch machen (Wellenbild in einigen experimentellen Situationen, Teilchenbild in anderen). Und wir müssen die Vorstellung einer einzigen darstellbaren Auffassung aufgeben, welche alle Situationen abdeckt.

Bohrs Vorstellungen waren höchst umstritten und bleiben es bis heute. Der erste von mir erwähnte Punkt – daß die Quantenphysik den Gebrauch der klassischen Physik wesentlich voraussetzt (zur Beschreibung des Meßgeräts) – kann nicht aufrechterhalten werden, wie ich meine. Von Neumanns klassische Arbeit hat uns gezeigt, wie man Messung in rein quantenmechanischen Begriffen analysieren kann.[5] Der ‹Schnitt zwischen Beobachter und System› jedoch hat sich als widerstandsfähiger herausgestellt, eben dieser Schnitt und die Vorstellung der Relativität physikalischer Begriffe bilden das Kernstück der Bohrschen Deutung. Nur sehr wenige Physiker würden heute ‹Komplementarität› so verstehen, daß sie sich primär auf die Komplementarität der *klassischen* Begriffe bezieht, und so hatte Bohr sie verstanden. Dieser Aspekt von Bohrs Denken wird uns im folgenden nicht weiter beschäftigen.

Um zu sehen, wie weit Gegner der Kopenhagener Deutung zu gehen bereit sind, lassen Sie mich sowohl ein Problem beschreiben, das im Zusammenhang der Kopenhagener Deutung(en) sofort aufgeworfen wurde, als auch eine anti-kopenhagener Erwiderung auf jenes Problem, die allerdings erst viele Jahre später vorgeschlagen wurde.

Angenommen, ich habe ein System, daß so vollständig beschrieben ist, wie es in der Quantenmechanik nur möglich ist. Beschreibungen werden in der Quantenmechanik ‹Zustände›[6] genannt, und eine Beschreibung, die so vollständig ist, wie es der Formalismus erlaubt, nennt man ‹Maximalzustand› (auch ‹Wellenfunktion› oder ‹Psi-Funktion›). Um der Bestimmtheit willen stelle man sich vor, das System sei ein Radiumatom, das dabei ist, radioaktiv zu zerfallen. Wir vereinfachen die Sache ein wenig und sagen, daß das Atom zu einer zukünftigen Zeit t entweder im ursprünglichen Zustand sein wird, nennen wir ihn A, oder in einem ‹zerfallenen› Zustand B. (Mit anderen Worten, das Atom könnte entweder keine Strahlung oder einen oder mehrere Quanten Strahlung abgegeben haben.) Der ‹unbestimmte› Charakter der Theorie spiegelt sich im mathematischen Formalismus überhaupt nicht wider! Mathematisch sagt einem der Formalismus – die berühmte Schrödinger-Gleichung –, daß das Atom von seinem ursprünglichen Zustand, nennen wir ihn A, in einen neuen Zustand $A^{\#}$ übergehen wird. Die Tatsache, daß das Atom entweder (zu Zustand B) zerfallen oder (in Zustand A bleibend) nicht zerfallen sein wird, spiegelt sich in der Schrödinger-Gleichung selbst *nicht* durch die Gegenwart eines statistischen Elements, wie man es im Fall einer gewöhnlichen stochastischen Theorie erwarten würde, sondern vielmehr durch die Tatsache, daß der neue Zustand $A^{\#}$ gewissermaßen eine ‹Überlagerung› der beiden alternativen Möglichkeiten A und B darstellt.

Auf diesen Zug der Theorie haben sich die Gegner der Kopenhagener

Deutung gleich zu Beginn gestürzt – und unter den Gegnern waren sowohl Einstein als auch Schrödinger selbst. «Aha!» riefen sie, «seht ihr, die sogenannte ‹Überlagerung› von *A* und *B* ist in Wirklichkeit überhaupt keine vollständige Beschreibung. Wenn ihr sagt, ‹Das System wird sich in Zustand $A^{\#}$ befinden›, dann heißt das, das System wird sich *entweder* in Zustand *A* *oder* in Zustand *B* befinden. Quantenmechanik ist eben keine vollständige Beschreibung der physikalischen Wirklichkeit. Ihre sogenannten ‹Maximalzustände› wie $A^{\#}$ sind nur Teilbeschreibungen.»

Verteidiger der Kopenhagener Deutung[7] hielten dem entgegen, daß sich die Vorhersage, das Atom werde in den Zustand $A^{\#}$ übergehen, auf das bezieht, was das Atom tun wird, wenn es isoliert ist – *a fortiori*, wenn *keine* Messung stattfindet. Wenn zum Zeitpunkt *t* eine Messung stattfindet, dann ‹wirft› die Messung das System entweder in Zustand *A* oder Zustand *B*. Der deterministische Übergang

$$A \longrightarrow A^{\#}$$

bestimmt die Entwicklung eines isolierten Radiumatoms. (Dieser Übergang ist so ‹nonklassisch›, daß jeder Versuch, ihn wirklich *abzubilden*, unangemessen ist, so sagen die Verteidiger der Kopenhagener Deutung.) Der stochastische Übergang

$$A \longrightarrow \text{entweder } A \text{ oder } B$$

bestimmt die Interaktion bei der Messung. (Dieser stochastische Übergang ist der berühmte ‹Kollaps des Wellenpakets›.)

Ich muß Nicht-Naturwissenschaftler bitten, mir hier etwas zu gestatten, was sich nach einem Abgleiten in technische Details anhören wird. Wofür ich hier den Boden bereite, ist nicht die Darstellung einer naturwissenschaftlichen Theorie, sondern die Präsentation eines überraschenden Ereignisses in der jüngeren Wissenschaftsgeschichte – dessen Bedeutung zu beurteilen ich dem Leser überlassen möchte.

Das Ereignis, von dem ich spreche, ist das Auftreten der sogenannten Viele-Welten-Deutung der Quantenmechanik vor einigen Jahren. Diese von Everett und De Witt vorgeschlagene[8] und eine Zeitlang von John Wheeler unterstützte Deutung hat immer noch einige enthusiastische Vertreter unter den Quantenkosmologen. Sie hört sich allerdings eher danach an, als stammte sie aus dem neuesten Science-fiction-Bestseller, und nicht nach einer von ernsthaften Wissenschaftlern vertretenen Theorie.

Was die Theorie besagt, kann (informell natürlich) mit Hilfe meines kleinen Beispiels von dem Atom erklärt werden, das radioaktiv zerfällt oder nicht. Der Viele-Welten-Deutung zufolge ist das *gesamte kosmo-*

logische Universum ein ‹System› im Sinn der Quantenmechanik. Der ‹Schnitt zwischen Beobachter und System› wird also ganz einfach verworfen. Diese Deutung zielt darauf ab, jenen Zug der Newtonschen Weltanschauung wiederherzustellen, den ich als eine ‹Perspektive Gottes› auf die Welt bezeichnet hatte – eine Wiederherstellung beinahe um jeden Preis. Mehr noch, dieser Deutung zufolge bestimmt die Schrödinger-Gleichung[9] als einzige die physikalischen Prozesse – dieser Ansicht nach entwickelt sich das Universum *deterministisch*. Auch die Unbestimmtheit, welche man als für die Quantenmechanik charakteristisch angesehen hatte, wird verworfen. Es gibt keine ‹Reduktion des Wellenpakets›. Der Viele-Welten-Deutung zufolge ist das, was in einer experimentellen Situation wie der beschriebenen passiert, nicht etwa, daß das Universum einen unbestimmten ‹Sprung› auf Zustand *A* oder *B* macht, wenn die Messung durchgeführt wird[10], sondern daß sich das Universum in zwei parallele Welten ‹spaltet› (mathematisch wird eine von diesen durch den ‹relativen Zustand› *A* und die andere durch den ‹relativen Zustand› *B* dargestellt). In einer dieser ‹parallelen Welten› zerfällt das Atom, in der anderen nicht.

Was ist aber mit dem Beobachter, etwa mit *mir*? Nun, wenn ich der Beobachter bin, dann werde ich – Everett, De Witt und ihren Anhängern zufolge – zum Zeitpunkt *t zwei* ‹zukünftige Ich› haben. Jedes meiner zukünftigen Ich wird natürlich denken, es sei der einzige ‹Hilary Putnam›, und sein ‹Zweig› sei die ‹ganze Welt›. Aber da wird sich jedes meiner zukünftigen Ich irren. Es wird zwei Hilary Putnams geben, einer, der eine ‹Welt erfährt, in der das Atom nicht zerfallen ist›, und einer, der eine ‹Welt erfährt, in der das Atom zerfallen ist›!

Als Philosoph fasziniert mich das Aufkommen der Viele-Welten-Deutung als kulturelles Phänomen. Es hat so viel Ähnlichkeit mit dem, was wir immer und immer wieder in der Geschichte der Metaphysik beobachtet haben! Ein bekannter Dichter (Derek Walcott) stellte einmal die Rätselfrage, «Was ist der Unterschied zwischen einem Philosophen und einem Lineal?» Die Antwort war ein Wortspiel: «Ein Lineal wird nur über 30 cm reichen, ein Philosoph aber unbegrenzt weit gehen.»[11] Das Wortspiel enthält allerdings eine tiefsinnige Beobachtung; es *ist* Teil unserer philosophischen Tradition, daß zumindest eine gewisse Art von Philosophen unbegrenzt weit gehen wird, um das zu bewahren, was sie für ein zentrales metaphysisches Prinzip halten, für ein notwendiges Prinzip im speziellen philosophischen Sinn von ‹notwendig›. Es ist alarmierend, die Geburt eines ungemein gewagten metaphysischen Systems an einem so unerwarteten Ort zu beobachten wie der Diskussion unter Physikern darüber, wie die tiefste und exakteste physikalische Theorie zu verstehen ist, die wir besitzen.

Natürlich hat niemand so etwas Extremes wie die Viele-Welten-Deutung vorgeschlagen, bevor nicht viele andere Vorschläge ausprobiert und verworfen worden waren. Auch kann ich nicht zu sehr betonen, daß bis heute nur eine kleine Minderheit von Physikern – eine extrem kleine Minderheit – irgendein Unbehagen mit der Kopenhagener Deutung empfindet. Es gab und gibt aber eine kleine Minderheit – Einstein und Schrödinger gehören dazu, wie ich angemerkt habe –, die ein Unbehagen empfindet und die versucht hat und immer noch versucht, eine ‹Perspektive Gottes› zu finden, um den ‹Schnitt zwischen System und Beobachter› zu ersetzen.

Zu Anfang suchten die Gegner der quantenmechanischen Orthodoxie nach etwas, das sie ‹versteckte Variablen› nannten. Dem lag die Vorstellung zugrunde, daß die Quantenmechanik eine *unvollständige* Beschreibung der physikalischen Welt darstellt und wir nur herausfinden müßten, wie sie durch Hinzufügung der fehlenden (‹versteckten›) Parameter zu vervollständigen ist, um damit gleichzeitig die anstößigen Aspekte loszuwerden – Unbestimmtheit, den Widerstreit mit ‹realistischen› Intuitionen – wie auch zu erkennen, daß die Quantenmechanik uns nicht die grundlegenden physikalischen Prozesse, sondern lediglich eine Art von statistisch durchschnittlicher Beschreibung derselben liefert. Der berühmteste Versuch dieser Art wurde von David Bohm unternommen, dessen Deutung J. S. Bell kürzlich wiederbelebt und modifiziert hat. Die Probleme mit dieser Herangehensweise wurden von Hans Reichenbach in seinem Buch über die Grundlagen der Quantenmechanik (1948) in Form eines Prinzip zusammengefaßt, das er Prinzip der Anomalie nannte. Dieses besagt, daß es tatsächlich diverse Arten und Weisen gibt, die Quantenmechanik um ‹versteckte Variablen› zu ergänzen, sie aber alle die Postulierung von momentaner Wirkung auf Distanz, von ‹Hellseherei› des Systems (d.h., es handelt in gewissen Situationen so, als ob es ‹wüßte›, welche Messung in der Zukunft durchgeführt werden würde) oder von anderen ‹kausalen Anomalien› verlangen. Auch wenn Reichenbachs Versuch eines mathematischen Beweises des Prinzips der Anomalie nicht akzeptabel ist, zeigt doch ein kürzlich von Bell gebotenes Argument, daß er recht hat. Da ich die Geschichte der Physik von einem kulturellen wie von einem logischen Standpunkt betrachte, gestatten Sie mir die Bemerkung, daß die Wahrheit des Prinzips der Anomalie folgende Tatsache erklärt: Obwohl es tatsächlich eine Reihe von Deutungen über versteckte Variablen gibt, überzeugt keine von ihnen irgend jemanden außer ihren Erfinder und (wenn er Glück hat) bis zu sechs seiner Freunde.

Nur im Lichte des Scheiterns – oder dessen, was die wissenschaftliche Gemeinschaft als ein Scheitern angesehen hat – der vielen Versuche, die Perspektive-Gottes-Auffassung von Physik wieder herzurichten und dabei den Rahmen der Quantenmechanik weiterhin zu akzeptieren; nur in diesem Licht kann man verstehen, warum irgend jemand auch nur versucht sein konnte, etwas so metaphysisch Dramatisches wie die Viele-Welten-Deutung zu erproben. In der Viele-Welten-Deutung gibt es keine ‹versteckten Variablen› – *jede* Tatsache wird vom ‹Maximalzustand› des ganzen Universums mit allen ihren ‹Zweigen› *vollkommen* beschrieben. Natürlich gibt es Tatsachen, die vor einem bestimmten ‹Ich› ‹verborgen› sind. Aber vor Gott oder einem allwissenden Geist ist keine Tatsache verborgen, da der allwissende Beobachter die ‹Zustandsfunktion des ganzen Universums› kennt und diese Zustandsfunktion *alle* Information über *alle* ‹Zweige› kodiert – über alle ‹parallelen Welten›. Und sie kodiert diese in der guten alten alltäglichen quantenmechanischen Sprache, der Sprache von ‹Zuständen› – es gibt keine Ergänzung um ‹versteckte Variablen›, die nicht im bestehenden Formalismus beschreibbar wären.

Natürlich ist das ein merkwürdiger Sinn von ‹keine versteckten Variablen›, zumindest aus der Sicht eines Laien. *Ganze parallele Welten und andere Ich, die ich nicht beobachten kann* – sind *das* nicht ‹versteckte Variablen› erster Sorte? Nicht vom Standpunkt des allwissenden Quantenphysikers – und es ist der Standpunkt des allwissenden Quantenphysikers, den diese Deutung zu erfassen sucht.

In dieser Deutung gibt es wieder keine ‹nonlokalen Interaktionen› – die Aufspaltung der Welt in parallele Welten verhindert den Beweis von Bells Theorem – und insbesondere keine ‹Reduktion des Wellenpakets›. Die Raum-Zeit-Struktur ist die der relativistischen Physik (und das ist der Grund dafür, daß Kosmologen sie besonders anziehend finden). Und die Logik ist klassische Logik. Es bleibt nur noch ein Problem[12]: Diese ganze Rede von ‹anderen Welten› ist schließlich nur ein *Bild*, und das Bild, falls wir es akzeptieren, bringt uns nichts als metaphysische Tröstung. Diese wilde ontologische Extravaganz ändert die Praxis der Physik an keinem Punkt auf irgendeine Weise. Sie gibt uns nur die Sicherheit, daß eine Perspektive Gottes immer noch möglich ist.

Eigentlich tut sie nicht einmal das. Denn wir finden leider nicht, daß dieses metaphysische Bild eines ist, an das wir *glauben* können. Was nützt ein metaphysisches Bild, an das man nicht glauben kann?

Ich hatte diesen Essay mit einem Nietzsche-Zitat begonnen. Wie ich hoffe, illustriert die von mir soeben besprochene Diskussion die Wahrheit des Aphorismus, den ich zum Gegenstand meines Nachsinnens gemacht habe: Je mehr sich der Kreis der Wissenschaft vergrößert, desto häufiger stößt er auf das Paradoxe. *In der Tat!* Die Quantenmechanik ist ein schönes Beispiel dafür, wie verbessertes Verstehen die Welt zu einem paradoxeren Ort machen kann.

Ich werde diesem Beispiel in Kürze eine ganz andere Illustration derselben Tatsache an die Seite stellen. Bevor ich aber die Quantenmechanik verlasse, möchte ich für einen Moment die Natur der betreffenden Paradoxie betrachten. Das Problem wird häufig als ein Widerstreit zwischen unserem Wunsch nach realistischer Deutung der Quantenmechanik und dem Wunsch nach Erhaltung des Prinzips dargestellt, daß man kausale Signale nicht schneller als Licht senden kann. Diese Art der Erklärung dessen, was am gegenwärtigen Stand unseres Verstehens der Quantenmechanik paradox ist, ist aber zu formalistisch. Anstatt die Paradoxie als einen ‹Widerstreit zwischen Realismus und Lokalität› anzusehen, ziehe ich persönlich es vor, zu der ursprünglichen Diskussion um Bohrs Formulierung seiner Kopenhagener Deutung zurückzukehren.

Auch wenn von Neumann die Behauptung, auf der ‹Beobachterseite› des ‹Schnittes zwischen System und Beobachter› müsse klassische Physik verwendet werden, nicht akzeptierte, stimmte er doch sicherlich zu, daß es so einen Schnitt gab, wie es alle Anhänger der Kopenhagener Deutung zu jener Zeit taten. Ich schlage vor, die Notwendigkeit und Gegenwart eines solchen Schnitts ist – wie man tatsächlich damals meinte – der paradoxeste Zug an der Theorie. ‹Lokalität› kommt erst dann in die Diskussion, wenn wir uns fragen, ob wir die Theorie so verändern oder reinterpretieren können, daß die Notwendigkeit des Schnitts vermieden wird; was noch für viele andere Themen gilt (Können wir die klassische Logik ändern? Können wir die klassische Wahrscheinlichkeitstheorie ändern?[13] Sind parallele Welten verständlich?). Auch wenn die Diskussion in den letzten zehn Jahren auf Lokalität und Bells Theorem gestarrt hat, betrachtet man diese Dinge doch am besten als technischen Hintergrund des Problems. Paradox ist das Ergebnis, die Notwendigkeit, einen Schnitt zwischen Beobachter und System in jeder quantenmechanischen Beschreibung der physikalischen Wirklichkeit anzuerkennen. Und dies erscheint uns deshalb als eine Paradoxie, weil ein Schnitt zwischen Beobachter und System bedeutet, wie ich zu Beginn sagte, daß ein großer Traum aufgegeben wird – der Traum von einer Beschreibung der physikalischen Wirklichkeit, wie sie ist, abseits von Beobachtern; von einer Beschreibung, die in dem Sinn objektiv ist, daß sie ‹keine bestimmte Perspektive hat›. Kurz, ich behaupte, es ist der Widerstreit zum ‹Realismus› in diesem Sinn, den wir als paradox ansehen. Die nicht vorhandene Bereitschaft, unseren Glauben an Lokalität aufzugeben, spielt natürlich auch eine Rolle, insofern Physiker sich weigern, einfach ad hoc eine nonlokale Theorie anzunehmen, um unser Unbehagen zu beseitigen. Es sollte aber unnötig sein zu erwähnen, daß Ad-hoc-Auswege aus einer paradoxen Situation nicht annehmbar sind.

Logik und die Perspektive Gottes

Das nächste Beispiel stammt aus der Logik – genauer aus der Reaktion der modernen Logik auf die älteste aller logischen Paradoxien, das Rätsel des Lügners. Anstatt mit dem von einem Kreter geäußerten Satz «Alle Kreter sind Lügner»[14] zu beginnen, fangen moderne Behandlungen mit Beispielen wie dem folgenden an:

(I) Der Satz (I) ist falsch.

Hier könnte nun jemand meinen, es sei nicht korrekt, ‹(I)› zur Benennung eines Ausdrucks zu verwenden, der ‹(I)› selbst als einen Teil enthält, aber viele Formen der ‹Selbstbezüglichkeit› sind ganz harmlos. (Etwa: «Schreibe den Satz, den ich jetzt ausspreche, in dein Notizbuch.») Auf jeden Fall stellt sich der Vorschlag, Selbstbezüglichkeit aus der Sprache herauszuwerfen, als übertrieben kostspielig heraus. Ja, Gödel hat gezeigt, daß es immer Wege geben wird, Sätze zu konstruieren, die sich auf sich selbst beziehen, solange unsere Sprache Zahlentheorie enthält.[15] Wir werden also festsetzen, daß (I) der Status eines ordentlichen Satzes nicht *nur* deshalb verweigert werden darf, weil er sich auf sich selbst bezieht. Es scheint aber dann, daß wir eine Paradoxie vor uns haben.

Normalerweise entwickeln wir die Paradoxie mittels der Beobachtung, daß der Satz (I) falsch sein muß, wenn er wahr ist. Wie aber machen wir das? Wir müssen das Prinzip akzeptieren, daß *von einem Satz zu sagen, er sei wahr, äquivalent mit der Behauptung des Satzes ist.* Tarski, der Begründer der modernen logischen Theorie zu diesen Dingen (1933), verwendete «Schnee ist weiß» als sein Beispiel eines typischen Satzes, und die Forderung, jede zufriedenstellende Behandlung der Wahrheit müsse uns in den Stand setzen zu zeigen, daß

«Schnee ist weiß» ist wahr dann und nur dann, wenn Schnee weiß ist,

ist in der philosophischen wie in der logischen Literatur zu einem berühmten Beispiel geworden. Wenn wir nun akzeptieren, daß (I) überhaupt einen Wahrheitswert besitzt (wenn nicht, fällt er überhaupt nicht in den Bereich von Tarskis Theorie), dann folgt nach dem soeben erwähnten Prinzip, daß

(1) «(I) ist falsch» ist wahr dann und nur dann, wenn (I) falsch ist,

und daher

(2) «(I) ist falsch» ist und nur dann wahr, wenn «(I) ist falsch» falsch ist

– und das ist ein Widerspruch!

Soweit ist noch nicht wirklich eine Inkonsistenz herausgekommen. Wir hatten angenommen, daß «(I) ist falsch» einen Wahrheitswert hat, und diese Annahme ist nun widerlegt worden. Wir können weder konsistent behaupten, daß (I) wahr noch daß (I) falsch ist. Warum aber sollten wir eins von beiden behaupten *wollen*? Ist es nicht natürlich zu sagen, daß (I) weder wahr noch falsch ist?

Das ist es in der Tat. Aber nun beginnt uns eine andere Paradoxie zu verfolgen – die Paradoxie, welche Charles Parsons [1987] den Starken Lügner genannt hat. Eine Form wäre:

(II) Der Satz (II) ist entweder falsch, oder ihm fehlt ein Wahrheitswert.

Der Satz (II) ist paradox: denn wenn wir versuchen, das vorhergehende Argument zu umgehen, indem wir verneinen, daß (II) einen Wahrheitswert besitze, das heißt mittels der Behauptung

(II) fehlt ein Wahrheitswert,

dann folgt ganz offensichtlich,

(II) ist entweder falsch oder ihm fehlt ein Wahrheitswert

– und der Satz (II) ist eben jener, bei dessen Behauptung wir uns gerade ertappt haben! Wir müssen also zustimmen, daß (II) wahr ist; was heißt, wir haben uns widersprochen.

Tarski hatte den Eindruck – und das stellt bis heute die orthodoxe Auffassung unter Logikern dar –, daß wir solche Paradoxien in einer angemessen geordneten Sprache vermeiden könnten, indem wir die Vorstellung aufgeben, daß es einen universellen und einheitlichen

Wahrheitsbegriff gibt. Das heißt, indem wir die Vorstellung aufgeben, ‹ist wahr› sei immer dasselbe Prädikat, egal von welcher Sprache die Rede ist. Außerdem meinte er, wenn ich von einem Satz einer Sprache *S* sage, daß er wahr oder falsch ist, dann gehört meine Behauptung zu einer anderen Sprache – einer ‹Metasprache›, nennen wir sie Meta-*S*. Es ist keiner Sprache gestattet, ihr eigenes Wahrheitsprädikat zu enthalten. («Semantisch geschlossene Sprachen sind inkonsistent.»)[16]

Selbstbezüglichkeit wird nicht ausgeschlossen. Es kann einen Satz wie

(III) Der Satz (III) ist nicht wahr-in-*S*

geben, aber der Satz wird nicht zu *S* selbst, sondern nur zu Meta-*S* gehören. Da er in *S* nicht wohlgeformt ist, ist es natürlich wahr, daß er nicht wahr-in-*S* ist. Und da es genau das ist, was er in Meta-*S* sagt, *ist* er in Meta-*S* wahr. Indem wir erkennen, wie Wahrheit relativ zu einer Sprache ist, können wir einsehen, daß (III) in der Objektsprache *S* Unsinn ist (und nicht wahr) und in der Metasprache Meta-*S* wahr – was die Paradoxie auflöst.

Es bleibt noch zu bestimmen, ob Tarski erfolgreich war oder die Antinomie bloß aus der formalen Sprache in die informale Sprache geschoben hat, die er selbst verwendet, wenn er die Bedeutung seiner formalen Arbeit erläutert. Während man dies untersucht, muß man (ich wiederhole es) im Auge behalten, daß Tarski Selbstbezüglichkeit als solche *nicht* verbannt hat – wie manchmal fälschlich behauptet worden ist. (Wie ich angemerkt habe, sind die Kosten einer Verbannung aller Selbstbezüglichkeit aus der Sprache viel zu hoch.) Er hat vielmehr die Vorstellung verworfen, daß wir einen einheitlichen Wahrheitsbegriff besitzen. Wenn jede Sprache ihren eigenen Wahrheitsbegriff besitzt und der Begriff ‹wahr-in-*S*› (wobei *S* eine Sprache ist) in einer anderen Sprache (einer Metasprache), aber nicht in *S* selbst ausgedrückt werden kann, dann können alle ‹semantischen Paradoxien› vermieden werden. In welcher Sprache aber soll Tarski selbst all dies sagen?

Tarski führt eine ‹Hierarchie von Sprachen› ein. Da wäre die Objektsprache (das kann jede Sprache sein, die frei von ‹semantischen› Begriffen wie Referenz und Wahrheit ist), die Metasprache, die Meta-Metasprache und so fort. Für jede endliche Zahl *n* gibt es eine Metasprache auf Ebene *n*. Diese Sprachen bilden eine Hierarchie. Unter Verwendung der sogenannten transfiniten Zahlen kann man die Hierarchie sogar ins Überunendliche ausweiten – es gibt Metasprachen immer höherer und höherer *unendlicher* Ordnungen. Das Paradoxe an Tarskis

Theorie, ja an jeder hierarchischen Theorie, ist, daß man außerhalb der ganzen Hierarchie stehen muß, um auch nur die Aussage zu formulieren, daß die Hierarchie existiert. Was aber soll denn dieser ‹Ort außerhalb› – diese ‹informelle Sprache› – sein? Es kann nicht die gewöhnliche Sprache sein, denn diese ist Tarski zufolge semantisch geschlossen und also inkonsistent. Aber ebensowenig kann es eine geordnete Sprache sein, denn keine geordnete Sprache kann semantische Verallgemeinerungen über sich selbst oder Sprachen einer höheren Ebene als sich selbst machen.

Das bringt uns zu einer philosophisch wichtigen Möglichkeit: der Möglichkeit zu verneinen, daß unser informeller Diskurs eine ‹Sprache› darstellt. Diese Position hatte Bertrand Russell eingenommen[17], und sie wurde kürzlich von Charles Parsons in einem der tiefschürfendsten Aufsätze wiederbelebt (1987), der in den letzten Jahrzehnten über die Lügnerparadoxie veröffentlicht worden ist. Seiner Position zufolge ist der informelle Diskurs, in dem wir sagen, «Jede Sprache hat eine Metasprache, und das Wahrheitsprädikat für die Sprache gehört zur Metasprache, nicht zur Sprache selbst», nicht seinerseits Teil irgendeiner Sprache, sondern ein ‹Sprechakt› *sui generis*.

Das Problem dabei ist, daß die Schlüsse, welche wir aus solchen ‹systematisch mehrdeutigen› Aussagen ziehen (darf ich sie überhaupt ‹Aussagen› nennen?), wie

(V) Jede Sprache S hat eine Metasprache MS,

ganz genau so aussehen wie die Schlüsse aus einem gewöhnlichen Allsatz, wie «Alle Menschen sind sterblich». Unter der zusätzlichen Prämisse, daß S_1, S_2, S_3, ... allesamt Sprachen sind, kann jeder, der (V) akzeptiert, sofort schließen,

S_1 hat eine Metasprache MS_1,
S_2 hat eine Metasprache MS_2,

ganz wie jeder, der «Alle Menschen sind sterblich» akzeptiert (unter der zusätzlichen Prämisse, daß Tom, Dick und Harry Menschen sind), sofort schließen kann, daß Tom sterblich ist, Dick sterblich ist und Harry sterblich ist. Parsons Vorschlag zufolge ist systematisch mehrdeutiger Diskurs jedoch eine primitive und unreduzierbare Art des Diskurses, die nicht über das Modell anderer Arten von Sprachgebrauch zu verstehen ist.

Trotz meines großen Respekts vor Parsons, von Bertrand Russell ganz zu schweigen, muß ich gestehen, daß ich diese Position überhaupt nicht verstehe. Man könnte der Paradoxie schließlich formal entkommen, indem man darauf besteht, daß alle ‹Sprachen›, die mit Recht so genannt werden, mit anderer als roter Tinte geschrieben werden, und dann rote Tinte für den Diskurs reservieren, der über ‹alle mit Recht so genannten Sprachen› verallgemeinert. Da mit roter Tinte geschriebene Verallgemeinerungen über ‹alle Sprachen› die Rote-Tintensprache, in der sie geschrieben sind, nicht einschließen würden (die Rote-Tintensprache ist *sui generis*), können wir weder den starken Lügner noch andere semantische Paradoxien ableiten. Das sieht aber eher nach einem formalistischen Trick aus und nicht nach einer reizvollen oder gar überzeugenden philosophischen Auflösung einer begrifflichen Schwierigkeit. In welcher Sprache drücken wir die Tatsache aus, daß «Verallgemeinerungen über die Nicht-Roten-Tintensprachen nicht über die Rote-Tintensprache reichen»? Denken oder sagen, aber niemals mit *Tinte* schreiben? (Sie kann nicht in einer Roten-Tintensprache geschrieben werden, ohne Tarskis Verdikt gegen ‹semantisch geschlossene Sprachen› zu verletzen, weil sie sich auf alle Rote-Tintensprachen bezieht.) Oder sollten wir es mit dem Bleistift anstatt mit Tinte schreiben, um semantische Geschlossenheit zu vermeiden? Wie Douglas Edwards vor ein paar Jahren fragte (im Titel seiner Harvard-Examensarbeit): «Kann die Semantik von systematisch mehrdeutigem Diskurs selbst in systematisch mehrdeutigem Diskurs ausgedrückt werden?»

Vielleicht ist der Gedanke in Wirklichkeit derjenige, daß einige Formen von Diskurs verstanden werden können, ohne den Begriff der Wahrheit überhaupt vorauszusetzen. Warum sollte man dann aber nicht behaupten, daß *jeder* Diskurs ohne die Voraussetzung des Begriffs der Wahrheit verstanden werden kann? (Wie es Richard Rorty zu tun scheint.[18]) Oder vielleicht lautet der Vorschlag, diese Dinge könnten nicht ‹gesagt›, sondern nur ‹gezeigt› werden.[19] Dann aber ist das Problem, daß die Dinge, welche ‹gezeigt› werden, wenn uns die systematische Mehrdeutigkeit erklärt wird, dadurch gezeigt werden, daß sie *gesagt* werden. Die Vorstellung, es gebe diskursive Gedanken, die nicht ‹gesagt› werden können, ist eben jener formalistische Trick, von dem ich gesagt hatte, das ich ihn nicht verstehe.

Ich möchte für diese Überlegungen hier keine besondere Originalität beanspruchen, von meiner speziellen Formulierung abgesehen. In einem berühmten philosophischen Aufsatz hat Kurt Gödel recht deutlich gemacht, daß er nicht glaubt, die semantischen Paradoxien seien gelöst worden (im Gegensatz zu den Paradoxien der Mengenlehre, die er für gelöst hielt).[20] Ich habe andere Logiker sagen hören, daß wir die semantischen Paradoxien bloß aus den von uns konstruierten formalisierten Sprachen hinausgeschoben haben, so daß wir uns um sie keine Sorgen mehr machen müssen. Es ist aber nun an der Zeit, sich darüber Gedanken zu machen, was diese Lage bedeutet.

Lassen Sie uns zunächst über die Geschichte dieser Rätsel nachdenken. In einer rohen Form zumindest (zum Beispiel dem Scherz über den Kreter) sind sie sehr alt. Und die Logik ist zu Zeiten der Stoa, im Mittelalter, zu Leibniz' Zeiten und auch im 19. Jahrhundert ein recht differenzierte Angelegenheit gewesen. Dennoch scheint sie vor Russell niemand als eine sonderlich ernste Angelegenheit betrachtet zu haben. Wenn wir uns von den technischen Details abwenden, sehen wir uns also als erstes dem Problem gegenüber: Warum sind diese Rätsel in letzter Zeit zum Gegenstand so eifriger Untersuchung geworden?

Ich bin kein Wissenschaftshistoriker und will also nicht versuchen, diese Frage zu beantworten. Es mag allerdings sein, daß es der Formalisierung der Logik bedurfte (die mit dem Erscheinen von Booles logischen Untersuchungen in den späten 1840er Jahren ins Zentrum der logischen Aufmerksamkeit trat[21]), der Entwicklung einer Relationslogik und einer Logik der mannigfaltigen Allgemeinheit, was den Beitrag von Peirce und Frege in den 1870er und 1880er Jahren darstellte[22], und vor allem der Idee einer einzigen Symbolsprache, welche der Formalisierung der gesamten Wissenschaft angemessen ist, was Freges Beitrag im Jahre 1878 war, dem Russell und Whitehead in den ersten Jahrzehnten unseres Jahrhunderts folgten[23] – daß es all dessen bedurfte, um das Problem in den Vordergrund logischer Aufmerksamkeit zu rücken. (Es bleibt nach wie vor das Problem, warum es Russell war und nicht Frege, der dies tat, aber ich möchte hierüber keine Vermutung wagen.) Wenn all dies richtig ist – und Russell sieht es so –, dann hören die semantischen Paradoxien erst dann auf, als bloße Kuriositäten oder müßige Denkspiele zu erscheinen, wenn wir versuchen, eine umfassende Symbolsprache wie die der *Principia Mathematica* [1910–13] aufzubauen. Was vorher so gesehen werden konnte, bedroht nun plötzlich ein ganzes logisches System mit Inkonsistenz, die Früchte von jahrzehntelanger Arbeit einiger der größten Logiker aller Zeiten (ich denke mir Frege, Russell und Whitehead hier als an einer einzigen gemeinsamen Unternehmung beteiligt). Wenn das System eine Formalisierung unseres gesamten vorhandenen mathematischen und deduktiv-logischen Wissens darstellt, dann ist es nicht tolerabel, daß es von Anfang an inkonsistent sein soll. Es muß ein Weg gefunden werden, dies zu vermeiden – auch wenn es sich um ein so verzweifeltes Mittel wie Russells ‹systematische Mehrdeutigkeit› oder Tarskis ‹Ebenen der Sprache› handelt.

Kurz, wir haben es hier nicht mit einer Paradoxie zu tun, die bei der Erweiterung des Kreises der Wissenschaften *erst aufkommt*, wie es beim Schnitt zwischen Beobachter und System in der Quantenmechanik der Fall war, sondern vielmehr mit einer Paradoxie, die schon (beinahe) bemerkt worden war, aber vollkommen unwichtig aussah, bis der Kreis der Wissenschaft groß genug wurde. Es war gewissermaßen die Wichtigkeit der semantischen Paradoxien, welche wissenschaftlich entdeckt wurde, nicht ihre Existenz.

Die Paradoxien selbst sind aber wohl kaum weniger paradox als die Lösungen, zu denen die logische Gemeinschaft getrieben worden ist. Mit der Aufgabe der Vorstellung, wir könnten über ‹alle Sprachen› verallgemeinern, und mit der Aufgabe der Vorstellung, daß wir einen einzigen einheitlichen Wahrheitsbegriff besitzen, der auf jede beliebige Sprache anwendbar ist, sind wir nämlich in eine merkwürdige Position geraten – eine Position, so möchte ich vorschlagen, die ein wenig an jene erinnert, in der wir uns bezüglich der Quantenmechanik befinden.

Lassen Sie uns zu dem Problem mit der Idee der systematischen Mehrdeutigkeit zurückkehren, um die Analogie herauszuarbeiten, welche mir vorschwebt. Das Problem könnte etwa so formuliert werden: Wenn *Sie* eine Hierarchie von Sprachen konstruieren, dann kommt es nicht zu einer Paradoxie, wenn ich über *Ihre* ganze Hierarchie verallgemeinere, solange ich *meine* ‹informelle Metasprache› nicht als irgendwo in *Ihrer* Hierarchie von Sprachen befindlich ansehe. Kurz, ich kann über eine so große Gesamtheit von Sprachen verallgemeinern, wie ich will (Gesamtheiten ausgeschlossen, die meine eigene Sprache oder solche Sprachen einschließen, die wiederum meine Sprache einschließen); aber die Sprache, in der ich die Verallgemeinerung durchführe, muß stets außerhalb der Gesamtheit liegen, über die ich verallgemeinere. Man ersetze in dieser Formulierung ‹ich› durch ‹der Beobachter› und erhält: Es gibt immer einen Schnitt zwischen der Sprache des Beobachters und der Sprache, über die er verallgemeinert. Die ‹Perspektive Gottes› – die Perspektive, von der aus absolut alle Sprachen gleichermaßen Teil der betrachteten Gesamtheit sind – ist für immer unerreichbar.

Wenn wir das Prinzip des ‹Schnitts zwischen Beobachter und System› in der Quantenmechanik dadurch formulieren, daß wir sagen, der Beobachter könne als System eine so große Gesamtheit nehmen, wie er nur will (Gesamtheiten ausgeschlossen, die ihn selbst im Akt der Durchführung der Messung enthalten), aber er selbst (oder zumindest ein Teil von ihm) müsse immer außerhalb des Systems bleiben, dann ist die Analogie vollständig. Und es ist mehr als eine formale Analogie; es ist eine *epistemische* Analogie. In beiden Fällen spielt dieselbe Vorstellung einer ‹Perspektive Gottes› eine Rolle, dasselbe epistemische Ideal eines Blicks vom ‹Archimedischen Punkt› – einem Punkt, von dem wir die Beobachter betrachten können, als wenn sie nicht *wir selbst* wären, sie betrachten, als wären wir sozusagen *außerhalb unserer Haut*. Es spielt in beiden Fällen die Vorstellung eine Rolle, daß ideales Wissen *unpersönlich* ist. Es ist nicht paradox, daß wir nicht in der Lage sein werden, dieses Ideal zu erreichen – wir haben nie wirklich erwartet, es in der Praxis zu erreichen. So wie wir gebaut sind, stellt es aber für uns die tiefste aller Paradoxien dar, daß es *prinzipielle Schwierigkeiten mit dem Ideal selbst* geben sollte – daß sich herausstellen sollte, wir können uns nicht mehr vor Augen führen, was es *bedeuten* würde, das Ideal zu erreichen.

Im zweiten Teil dieses Essays werde ich die Bedeutung all dessen für die Philosophie besprechen. Ich werde versuchen, das Scheitern der idealen Perspektive Gottes mit den zentralen Problemen der westlichen Philosophie seit Kant in Verbindung zu bringen. Ich werde argumentieren, daß das modische Allheilmittel des Relativismus – auch wenn man ihm einen neuen Namen gibt wie ‹Dekonstruktion›[24] oder sogar ‹Pragmatismus› (Rorty[25]) – nicht die einzige oder die richtige Reaktion auf dieses Scheitern darstellt. Da dies eine Kant-Vorlesung ist, möchte ich anmerken, daß diese Fragen Kants Interessen natürlich nahe stehen, wie sehr auch immer ihn das von mir skizzierte Resultat bedrückt hätte. Kant hin- und hergerissen zwischen der Vorstellung, daß alle Erkenntnis zum Teil unsere Konstruktion ist, und der Vorstellung, daß alle Erkenntnis das erzeugen muß, was ich eine ‹Perspektive Gottes› genannt habe. Dennoch ist auch eine Kantische Vorstellung, daß es *Grenzen der Erkenntnis* gibt und wir uns in ‹Antinomien› verstricken – ein anderes Wort für Paradoxien –, wenn wir versuchen, darüber hinauszugehen.[26] Kant schien es so, als ob das, was sich hinter den Grenzen befindet, ‹transzendente Metaphysik› ist; heute beginnt es so auszusehen, als ob ein Teil dessen, was einmal für *innerhalb* der Grenzen gegolten hatte, innerhalb von Kants ‹Welt der Erfahrung› nicht vollkommen unter Kants ‹regulative Idee der Natur› gebracht werden kann. (Für Kant schloß ‹Natur› die Vorstellung eines vollkommen einheitlichen Systems von Naturgesetzen ein[27]; ein ‹Schnitt zwischen Beobachter und System› wäre ihm ebenso zuwider gewesen, wie er es mehr als ein Jahrhundert später für Einstein war.)

Es gibt auch einen guten Grund, Einstein an diesem Punkt zu erwähnen. Einstein scheiterte in seinem Vorhaben, die Kopenhagener Deutung zu stürzen und die Kantische regulative Idee der Natur wiederherzustellen. Es wäre aber verfehlt, ihn als einen nostalgischen Reaktionär anzusehen (und einige Quantenphysiker waren nahe daran, das zu tun). Es gibt in jedem von uns einen Teil, der auf Einsteins Seite ist – der die Perspektive Gottes in all ihrer Pracht wiedererrichtet sehen möchte. Das Ringen in uns, das Ringen um Aufgabe oder Beibehaltung der alten Vorstellungen von metaphysischer Wirklichkeit, Objektivität und Unpersönlichkeit, ist weit davon entfernt, vorüber zu sein.

Relativismus oder: Nach der Metaphysik, was nun?[28]

Der Tod der Metaphysik ist ein Thema, daß mit Kant in die Philosophie gekommen ist. In unserem Jahrhundert hat eine beherrschende Figur (manche würden sagen, *die* beherrschende Figur in der Philosophie), Ludwig Wittgenstein, diesen Ton auf kraftvolle und ungemein persönliche Weise angeschlagen; und er zögerte nicht, Epistemologie mit Metaphysik zusammenzuwerfen.[29] (Einigen Interpreten Wittgensteins zufolge war das, was heute ‹analytische Philosophie› genannt wird, für Wittgenstein die verwirrteste Form der Metaphysik!) Zur gleichen Zeit konnte sogar der Mann auf der Straße sehen, daß die metaphysische Diskussion nicht nachließ. Eine einfache Induktion aus der Geistesgeschichte legt nahe, daß die metaphysische Diskussion so lange nicht verschwinden wird, wie es denkende Leute auf der Welt gibt. Wie Gilson am Ende eines berühmten Buches sagte: «Die Philosophie trägt ihre Totengräber stets selbst zu Grabe.»

Es ist nicht Zweck dieses Essays, in eine weitere Debatte über die Frage einzusteigen: «Ist (oder: in welchem Sinn ist) die Metaphysik tot?» Ich akzeptiere es ganz einfach als eine gegebene Tatsache, daß es gewissermaßen Aufgabe der Philosophie ist, die Metaphysik ebenso zu überwinden, wie die metaphysische Diskussion fortzuführen. In jedem Philosophen steckt gleichermaßen ein Anteil, der ausruft, «Diese Unternehmung ist eitel, wertlos, verrückt – wir müssen ihr Einhalt gebieten!» wie ein Anteil, der ausruft, «Diese Unternehmung ist schlicht Reflexion auf allgemeinster und abstraktester Ebene, ihr Einhalt zu gebieten wäre ein Verbrechen gegen die Vernunft!». *Natürlich* sind philosophische Probleme unlösbar; aber, wie Stanley Cavell einmal sagte, «es gibt bessere und schlechtere Meinungen zu ihnen».

Dies hätte zu beinahe jedem Zeitpunkt seit dem Beginn der Moderne gesagt werden können. Ich nehme des weiteren an – und auch dies ist etwas, wofür ich nicht argumentieren, sondern es als eine weitere gegebene Tatsache akzeptieren werde, selbst wenn ich weiß, daß mir dabei viele Leute nicht zustimmen –, daß die Bemühungen, eine *Grundlage* für Sein und Wissen, eine erfolgreiche Beschreibung der Einrichtung der Welt oder eine Beschreibung der Kanons von Rechtfertigung bereitzustellen, katastrophal gescheitert sind. Und wir konnten das wir nicht merken, bevor diesen Unternehmungen nicht genug Zeit gegeben wurde, ihre Vergeblichkeit unter Beweis zu stellen (auch wenn Kant etwas ähnliches schon vor langer Zeit gesagt hat). Es *gibt* einen Sinn, in dem die Vergeblichkeit von etwas, das Metaphysik und Epistemologie genannt wurde, für unser Zeitalter ein schärferes, schmerzvolleres Problem darstellt – ein Zeitalter, das sich danach sehnt, ‹postmodern› statt modern genannt zu werden.

Ich möchte hier, einige Prinzipien darlegen, die wir in unserer Verzweiflung über das Scheitern von etwas, das Metaphysik und Epistemologie genannt wurde, *nicht* aufgeben sollten. Es wird bald deutlich werden, daß ich hierzu besonders durch einen sehr fruchtbaren und weiter andauernden Austausch mit Richard Rorty angeregt worden bin, und dieser Essay kann als ein weiterer Beitrag zu diesem Austausch angesehen werden.[30] Für Rorty ebenso wie für die von ihm bewunderten französischen Denker scheinen zwei Vorstellungen packend zu sein. (1) Das Scheitern unserer philosophischen ‹Grundlegungen› ist ein Scheitern unserer ganzen Kultur, und nun, da wir akzeptiert haben, daß es ein Fehler war, eine Grundlegung gewollt oder für möglich gehalten zu haben, müssen wir *philosophische Revisionisten* sein. Ich meine damit, daß das Scheitern des philosophischen Fundamentalismus für Rorty, Foucault oder Derrida einen Unterschied macht, wie wir im alltäglichen Leben reden dürfen – ob und wann es uns gestattet ist, Worte wie ‹wissen›, ‹objektiv›, ‹Tatsache› und ‹Vernunft› zu gebrauchen. In diesem Bild ist Philosophie keine Reflexion *über* die Kultur gewesen, eine Reflexion, von der einige ehrgeizige Unternehmungen gescheitert sind, sondern eine *Grundlage*, eine Art von Sockel, auf dem die Kultur ruhte und der nun abrupt weggerissen worden ist. Hinter dem Anspruch, Philosophie sei nicht länger ‹ernsthaft›, verbirgt sich eine gewaltige Ernsthaftigkeit. Wenn ich recht habe, hofft Rorty, ein Doktor der modernen Seele zu sein. (2) Zugleich zeigt sich hier Rortys analytische Vergangenheit: Wenn er eine philosophische Kontroverse, wie die ‹Realismus-Antirealismus›-Kontroverse oder die ‹Emotion-

Kognitions›-Kontroverse, ablehnt, dann drückt er seine Ablehnung in einem Carnapschen Ton aus – er *verspottet* die Kontroverse.

Ich werde oft gefragt, worin genau ich mit Rorty nicht übereinstimme. Von technischen Detailfragen abgesehen – natürlich gibt es zwischen zwei Philosophen immer eine Menge Uneinigkeiten im Detail –, betrifft unsere Meinungsverschiedenheit im Grunde diese beiden allgemeinen Haltungen. Ich hoffe auf einen gewissen echten kulturellen Wert für philosophische Reflexion; aber ich glaube nicht, daß sie der Sockel war, auf dem die Kultur ruhte, und ich glaube nicht, daß wir auf das Scheitern einer philosophischen Unternehmung – selbst einer so zentralen Unternehmung wie der der ‹Metaphysik› – mit der Aufgabe von Rede- und Denkweisen reagieren sollten, die praktischen und geistigen Wert besitzen. Ich bin in diesem Sinn kein philosophischer Revisionist. Und ich meine, worauf es in der Philosophie ankommt, ist, nicht bloß zu sagen: «Ich lehne die Realismus-Antirealismus-Kontroverse ab», sondern zu zeigen, daß (und wie) beide Seiten das Leben, das wir mit unseren Begriffen leben, *falsch darstellen*. Wenn eine Kontroverse ‹vergeblich› ist, dann bedeutet das nicht, das die rivalisierenden Bilder unwichtig wären. Ja, die Ablehnung einer Kontroverse ohne Untersuchung der betreffenden Bilder ist fast immer bloß eine *Verteidigung* eines dieser Bilder (gewöhnlich dessen, was in Anspruch nimmt, ‹antimetaphysisch› zu sein). Kurz, ich glaube, Philosophie ist sowohl wichtiger als auch weniger wichtig, als Rorty meint. Sie ist kein Sockel, auf dem wir ruhen (oder bis Rorty geruht haben). Dennoch gehören die von der Philosophie gesponnenen Illusionen zur Natur des menschlichen Lebens selbst und bedürfen der Erläuterung. Es ist an sich noch nicht therapeutisch, bloß zu sagen: «Das ist eine Scheinfrage»; es stellt eine aggressive Form der metaphysischen Krankheit selbst dar.

Diese Bemerkungen sind natürlich viel zu allgemein, um als Antworten auf die große Frage «Nach der Metaphysik, was nun?» dienen zu können. Ein einzelner Philosoph kann diese Frage aber nicht beantworten. «Nach der Metaphysik» kann es nur *Philosophen* geben – das heißt, es kann nur die Suche nach jenen ‹besseren und schlechteren Meinungen› geben, die Cavell gefordert hatte. Im verbleibenden Teil dieses Essays möchte ich eine solche Suche dadurch beginnen, daß ich einige Prinzipien aufstelle. Wie ich hoffe, wird das Rorty schließlich zu einer Äußerung provozieren, welche der von mir aufgelisteten Prinzipien er akzeptieren kann und welche er in seinem philosophischen Revisionismus verspotten würde.

Berechtigung und allgemeine Übereinstimmung

Ich werde mit der Aufstellung einiger Prinzipien bezüglich berechtigter Überzeugung und Behauptung beginnen. Da ‹Rechtfertigung› ein Begriff ist, der nur auf gewisse Arten von Aussagen zutrifft[31], werde ich John Deweys Fachausdruck ‹berechtigte Behauptbarkeit› (oder kurz ‹Berechtigung›) anstelle des Ausdrucks ‹Rechtfertigung› verwenden.

Das erste Prinzip ist eines, mit dem Rorty sicherlich nicht übereinstimmen wird, und es bereitet den Boden für alle anderen:

(1) Unter normalen Umständen ist es gewöhnlich ein Faktum, daß die Aussagen von Leuten berechtigt oder nicht berechtigt sind.

Einige der folgenden Prinzipien werden wohl diverse Philosophen (darunter Rorty) verwirren oder beunruhigen; lassen Sie mich aber die ganze Gruppe auflisten, bevor ich mich mit den ‹Beunruhigungen› befasse. Hier wären die anderen[32]:

(2) Ob eine Aussage berechtigt ist oder nicht, ist nicht davon unabhängig, ob die Mehrheit von meinesgleichen in meiner Kultur *sagen* würde, sie ist berechtigt oder unberechtigt.
(3) Unsere Normen und Standards von berechtigter Behauptbarkeit sind historische Gebilde; sie entwickeln sich in der Zeit.
(4) Unsere Normen und Standards reflektieren stets unsere Interessen und Werte. Unser Bild intellektuellen Lebens und Gedeihens ist Teil unseres Bildes vom menschlichen Leben und Gedeihen allgemein und macht nur als solches Sinn.
(5) Unsere Normen und Standards von *allem* – berechtigte Behauptbarkeit eingeschlossen – sind zur Verbesserung fähig. Es gibt bessere und schlechtere Normen und Standards.

Auch wenn es zwischen diesen Prinzipien eine Spannung gibt – einige Leute werden sagen, eine unerträgliche Spannung –, bin ich doch meiner Ansicht nach nicht der erste, der glaubt, daß sie gemeinsam vertreten werden können und sollten. Seit Peirces frühesten Schriften sind sie, wie ich glaube, von Pragmatisten vertreten worden, auch wenn diese spezielle Formulierung neu ist.[33] Meine Verteidigung dieser Prinzipien wird allerdings nicht von den Argumenten bestimmter pragmatistischer Vorgänger abhängen.

Lassen Sie mich meine Diskussion mit den ersten beiden Prinzipien beginnen: der Existenz von so etwas wie ‹Berechtigung› und seiner Unabhängigkeit von der Meinung von meinesgleichen in meiner Kultur. Es gibt *eine* Möglichkeit, diese Prinzipien zu verteidigen, die mit Sicherheit Einwände von Antirealisten und/oder Non-Realisten provoziert: nämlich die Existenz von transhistorischen ‹Kanons› berechtigter Überzeugung zu postulieren, welche Berechtigung unabhängig davon *definieren*, ob eine Person oder Kultur in der Lage ist, diese Kanons auszudrücken. So sollte man die Unabhängigkeit der Berechtigung von der Mehrheitsmeinung aber nicht verteidigen. Anstatt die Tatsache, daß Berechtigung von Mehrheitsmeinung unabhängig ist, als eine Tatsache der transzendenten Wirklichkeit zu betrachten, sollte man anerkennen, daß es sich hier um nichts mehr als um eine Eigenschaft des Begriffs von Berechtigung selbst handelt. Oder lassen Sie mich ganz einfach sagen, es ist ein zentraler Teil unseres Bildes von Berechtigung (denn die Rede von ‹Eigenschaften von Begriffen› hat einige Philosophen dazu gebracht, die Unterscheidung analytisch-synthetisch überzustrapazieren.) Zu sagen, die Berechtigung, in einer bestimmten problematischen Situation ein bestimmten Urteil anzunehmen, sei unabhängig davon, ob die Mehrheit von meinesgleichen seiner Berechtigung *zustimmen* würde, heißt bloß zu zeigen, daß man den Begriff der Berechtigung besitzt.

Daß dem so ist, wird von der *Praxis* der Relativisten selbst gezeigt. Sie wissen sehr wohl, daß die Mehrheit von ihresgleichen in ihrer Kultur nicht von relativistischen Argumenten überzeugt sind; aber sie argumentieren weiter, weil sie meinen, darin *gerechtfertigt* (dazu berechtigt) zu sein, und sie das Bild der Berechtigung als von der Mehrheitsmeinung unabhängig teilen. Aber, so könnte man einwenden, der Relativist kann doch sicherlich seine Auffassung so reformulieren, daß er dieses Argument vermeidet? Anstatt zu behaupten, daß er unseren gewöhnlichen Begriff von Berechtigung beschreibt, sollte der vorsichtige Relativist sagen, er schlage einen *besseren* Begriff vor. «Ja, das ist ein Zug unseres gewöhnlichen Begriffs von Berechtigung», sollte der Relativist zugeben, »aber es ist ein schlechter Zug.»

Was aber kann ‹schlecht› hier überhaupt heißen, außer ‹beruht auf dem falschen metaphysischen Bild›? Und wie kann ein Relativist von *richtigen* und *falschen* metaphysischen Bildern reden? Ich nehme natürlich an, der Relativist ist sowohl ein Relativist über Wahrheit als auch über Berechtigung. Ein Realist über Wahrheit, der zufällig ein Relativist über Berechtigung ist (ich glaube, es gibt tatsächlich solche Philosophen) kann konsistent vertreten, «Ich kann diese Überzeugung nicht rechtfertigen, aber ich glaube dennoch, es ist *wahr*, daß eine Aussage *A* dann und nur dann berechtigt ist, wenn die Mehrheit von meinesgleichen in meiner Kultur zustimmen würde, daß sie berechtigt ist». Ein solcher Philosoph kann behaupten, daß seine eigene Überzeugung wahr, jedoch nicht berechtigt ist, ohne sich dabei selbst zu widerlegen; es ist da aber eine pragmatische Inkonsistenz an seiner Position. Diesen Punkt habe ich in der Vergangenheit schon oft betont: Relativismus nimmt ebenso wie Realismus an, daß man gleichzeitig innerhalb und außerhalb seiner Sprache stehen kann. Im Fall des Realismus ist das kein sofortiger Widerspruch, da der ganze Inhalt des Realismus in der Behauptung liegt, daß die Vorstellung einer Perspektive Gottes (oder besser von einem ‹Blick von Nirgendwo›[34]) Sinn mache; aber im Fall des Relativismus widerlegt es sich selbst.

Lassen Sie mich nun das letzte meiner fünf Prinzipien und insbesondere die Behauptung diskutieren, die den Kern dieses Prinzips bildet, nämlich daß es ‹bessere und schlechtere Normen und Standards› gibt. Und dieses Mal *werde* ich Rortys Position diskutieren.

Es mag oberflächlich so aussehen, als ob Rorty und ich an diesem Punkt übereinstimmen. Er spricht oft davon, bessere Arten und Weisen des Handelns und Redens zu finden, Weisen, die uns in die Lage versetzen, ‹besser zurechtzukommen›. Warum sollte eine Änderung unserer Normen und Standards uns nicht manchmal in die Lage versetzen, ‹besser zurechtzukommen›? An einer entscheidenden Stelle[35] sagt er aber von Verbesserungen, sie seien nicht «besser in bezug auf einen zuvor bekannten Standard, sondern nur *in dem Sinn besser, daß sie uns nun klar besser erscheinen als ihre Vorgänger*». An eben diesem Punkt bekomme ich den Eindruck, daß wir überhaupt nicht übereinstimmen.

Die Erläuterung, die Rorty seinem eigenen Begriff von ‹neuen und besseren Arten und Weisen des Handelns und Redens› beifügt – *in dem Sinn besser, daß sie uns nun klar besser erscheinen als ihre Vorgänger* –, bedeutet eine Ablehnung anstelle einer Klärung des Begriffs von ‹Verbesserung› unserer Denk- und Handlungsweisen, wie er in meinem fünften Prinzip verwendet wurde. Ja, für viele Aussagen p kann es durchaus der Fall sein, daß wir dann in dem Sinn besser zurechtkommen, daß es uns nun so scheint, als kämen wir besser zurecht, wenn jene unter uns die Oberhand gewinnen, die möchten, daß wir Standards annehmen, denen zufolge p berechtigt ist; und daß wir auch dann *in dem Sinn besser zurechtkommen, daß es uns nun so scheint, als kämen wir nun besser zurecht*, wenn jene unter uns die Oberhand gewinnen, die möchten, daß wir Standards annehmen, denen zufolge nicht-p berechtigt ist. Da Rorty normalerweise immer von einer Gemeinschaft westlicher Kultur spricht, könnte es zum Beispiel dazu kommen, daß eine neofaschistische Tendenz die Oberhand gewinnt und die Leute in dem Sinn besser zurechtkommen, *daß es ihnen nun so scheint, als kämen sie besser zurecht, indem sie diese schrecklichen Juden, Ausländer und Kommunisten grausam behandeln*; während es, falls die Kräfte des Guten die Oberhand gewinnen, auch der Fall wäre, daß die Leute *in dem Sinn besser zurechtkommen, daß es ihnen nun so scheint, als kämen sie besser zurecht*. Natürlich empfände Rorty selbst keine ‹Solidarität› mit der Kultur, falls sie den ersten Weg einschlagen würde. Der Punkt ist aber, daß *dieser* Begriff von ‹besser zurechtkommen› überhaupt nicht der Begriff von *besseren* und *schlechteren* Normen und Standards ist. Ebenso wie es intern zu unserem Bild von Berechtigung gehörte, daß sie von der Meinung der Mehrheit meinesgleichen in meiner Kultur unabhängig ist, gehört es intern zu unserem Bild von ‹Verbesserung›, daß die Frage, ob der Ausgang einer Veränderung gut (eine Verbesserung) oder schlecht (das Gegenteil) ist, logisch unabhängig davon ist, ob sie gut oder schlecht *erscheint*. (Aus eben diesem Grund macht es Sinn zu argumentieren, etwas, das die meisten Leute für eine Verbesserung halten, sei ein Wirklichkeit gar keine.) Ich glaube also, daß Rorty mein fünftes Prinzip *ablehnt*.

Ist Rorty dann in derselben Falle gefangen wie der Relativist? Nun sind seine Auffassungen sicherlich sehr viel nuancierter, als es relativistische Ansichten typischerweise sind. Auch hat er sie geändert, und zwar häufig auf eine Weise, die ich gutheiße. Ich bin mir also nicht sicher, was genau er zu verteidigen bereit ist. Ich möchte es jedoch riskieren, eine Mischung von Rortys veröffentlichten Ansichten als die Ansicht vorzustellen, von der ich *meine*, daß er sie jetzt vertritt.

In *Der Spiegel der Natur* [1979] unterschied Rorty zwischen ‹normalem› und ‹hermeneutischem› Diskurs. Diskurs ist dann normal, wenn die Kultur bezüglich der relevanten Standards und Normen übereinstimmt. In unserer Kultur ist die Rede von Tischen und Stühlen ein normaler Diskurs; wir alle antworten ziemlich auf dieselbe Weise auf Fragen wie: «Sind genug Stühle für das Abendessen da?» Gibt es eine unlösbare Meinungsverschiedenheit, dann ist ein Diskurs, der versucht, die Paradigmen-Lücke zu überbrücken, dazu gezwungen, ‹hermeneutisch› zu sein.

Was passiert, wenn jemand die akzeptierten kulturellen Normen und Standards *kritisiert*? Mir scheint, Rortys Antwort ist hier, daß ich von den Ansichten des Kritikers sagen *kann* (um des Beispiels willen nehme ich an, daß ich mit dem Kritiker einer Meinung bin), daß sie ‹wahr› sind, ‹vernünftiger› oder was immer angemessen erscheint – daß diese semantischen und epistemischen Adjektive aber in Wirklichkeit *gefühlsmäßig* verwendet werden. Ich ‹lobe› die Vorschläge des Kritikers und sage nicht, daß sie bestimmte Merkmale besitzen. Wenn Rorty also etwa argumentiert, daß seine Ansichten philosophisch hilfreicher und inhaltsreicher sind als die von ihm kritisierten Ansichten, dann befindet er sich im hermeneutischen Diskurs (was heißt: in der Rhetorik). Was aber ist der Zweck dieser Rhetorik?

Es könnte sein, daß wir uns besser benehmen würden, wenn wir Rortyaner werden – wir wären vielleicht toleranter, weniger in Gefahr, den diversen Varianten von religiöser Intoleranz und politischem Totalitarismus zum Opfer zu fallen. Auf einer sehr abstrakten Ebene könnte ein Faschist aber durchaus mit Rorty übereinstimmen – erinnern wir uns, daß Mussolini den Pragmatismus unterstützte und behauptete, dieser würde gedankenlosen Aktivismus gutheißen.[36] Wenn Toleranz und die offene Gesellschaft unser Ziel sind, wäre es dann nicht besser, direkt für diese zu argumentieren, anstatt zu hoffen, sie wären Nebenprodukte einer Änderung des metaphysischen Bildes?

Es scheint mir wahrscheinlicher, daß Rorty – die meiste Zeit zumindest – in Wirklichkeit denkt, daß metaphysischer Realismus *falsch* ist. Wenn wir auf ihn hören, wird es uns in dem Sinn bessergehen, daß wir weniger falsche Überzeugungen haben; aber das ist natürlich etwas, von dem er nicht zugeben kann, daß er es in Wirklichkeit denkt. Ich meine, kurz gesagt, daß der Versuch, *aus einer Perspektive Gottes heraus zu sagen, daß es keine Perspektive Gottes gibt*, immer noch vorhanden ist, hinter all der Umhüllung.

Lassen Sie mich ein Wort über Prinzip 3 sagen, um diesen Teil der Diskussion abzurunden: das Prinzip, welches sagt, daß sich Normen und Standards in der Zeit entwickeln. (Prinzip 4 hebe ich mir für die Diskussion in einem späteren Abschnitt dieses Essays auf.) In einem gewissen Sinn ist die ‹Historizität› von Normen und Standards ganz einfach eine gegebene Tatsache; dennoch ist es notwendig, sich ein Bild davon zu machen, *wie* Normen und Standards sich verändern. Auch wenn Historiker dieses Bild sehr viel besser zeichnen können, als ich es zu tun hoffen darf, möchte ich doch schematisch auf zwei wichtige Möglichkeiten hinweisen. (1) Wie Nelson Goodman seit langem betont hat, stehen Normen, Standards und Urteile über bestimmte Fälle oft *in Konflikt* miteinander. Wenn das passiert, werden wir oft zu einer speziellen Art von philosophischer Reflexion getrieben, die wir *rekonstruktive Reflexion* nennen könnten. Es ist Goodmans großartiger Beitrag, so meine ich, nachdrücklich betont zu haben, daß rekonstruktive

Reflexion nicht allein deshalb ihren Wert verliert, weil der Traum einer *totalen* und *einzigen* Rekonstruktion unseres Überzeugungssystems hoffnungslos utopisch ist.[37] Wir können von partiellen und sogar fragmentarischen Rekonstruktionen unserer Überzeugungen und von Rekonstruktionen auf verschiedene Art und Weise eine Menge lernen. ‹Feinfühlige gegenseitige Anpassung› von Überzeugungen, Normen und Standards aneinander ist eine fruchtbare Quelle von Veränderungen in allen dreien. (2) Es gibt eine Art von *Feedback-Schleife*: Während wir uns auf unsere bestehenden Normen und Standards stützen, entdecken wir Tatsachen, die selbst manchmal zu einer Veränderung in den Bildern führen, welche diese Normen und Standards durchdringen (und also indirekt auch zu einer Veränderung in den Normen und Standards selbst). Ein einschlägiges Beispiel wäre die Entdeckung anomaler Phänomene, welche zu den Nachfolgetheorien der Newtonschen Physik führten – Relativität und Quantenmechanik –, und die mit diesen Theorien einhergehenden nachnewtonschen Methoden.

Das soeben diskutierte Prinzip (das dritte auf meiner Liste) besagte, daß unsere Normen und Standards *historische Gegenstände* sind – sie entwickeln und verändern sich in der Zeit. Und das fünfte und letzte Prinzip besagte, daß Normen und Standards *verbessert* werden können. Die Prinzipien drei und fünf müssen natürlich so verstanden werden, daß sie sich gegenseitig bedingen: Es ist nicht nur so, daß wir unsere Normen und Standards tatsächlich verändern, sondern daß dies auch oft eine Verbesserung bedeutet. Von woher als Verbesserung beurteilt? Aus *unserem* Bild der Welt heraus natürlich. Aber aus diesem Bild heraus sagen *wir*, daß ‹besser› nicht dasselbe ist wie ‹wir glauben, es ist besser›. Und auch wenn ‹meinesgleichen in meiner Kultur› nicht zustimmen, dann sage ich manchmal dennoch ‹besser› (oder ‹schlechter›). Es gibt Zeiten, da «ruhe ich auf mir selbst als Grundlage», wie Stanley Cavell schreibt.[38]

Kleiner und großer Realismus

Der Versuch zu sagen, Berechtigung (und Wahrheit) wären nur eine Sache von allgemeiner Übereinstimmung wären[39], ist dann also zugleich eine falsche Beschreibung der Begriffe, die wir tatsächlich haben, und ein sich selbst widerlegender Versuch, eine ‹absolute Perspektive› ebenso zu haben wie zu verwerfen. Sind wir also im Endeffekt gezwungen, ‹metaphysische Realisten› zu werden – wenn nicht schon am Anfang? Gibt es denn keinen Mittelweg?

Wenn zu sagen, was wir sagen, und zu tun, was wir tun, bedeutet, ein ‹Realist› zu sein, dann sollten wir wohl besser Realisten sein – kleine Realisten.[40] Metaphysische Versionen des ‹Realismus› gehen aber über kleinen Realismus hinaus, und sie gehen zu einer bestimmten charakteristischen Art von philosophischen Phantasiegebilden über. Hier stimme ich mit Rorty überein.

Jene Versionen haben enorme Schwierigkeiten, dem folgenden Aspekt unserer intellektuellen Praxis gerecht zu werden. Einerseits sind Bäume und Stühle – «die dies und das, auf welche wir zeigen können» – Paradigmen für das, was wir ‹wirklich› nennen, wie Wittgenstein angemerkt hat.[41] Nun wollen wir aber eine Frage betrachten, bei der sich Quine, Lewis und Kripke alle uneinig sind: Was ist die Beziehung zwischen dem Baum oder Stuhl und dem Raum-Zeit-Bereich, den er einnimmt?[42] Quine zufolge sind der Stuhl und die ihn konstituierenden elektromagnetischen und anderen Felder ein und dasselbe wie der Raum-Zeit-Bereich, der diese Felder enthält: Der Stuhl *ist* also ein Raum-Zeit-Bereich. Kripke zufolge hat Quine ganz einfach unrecht: Der Stuhl und der Raum-Zeit-Bereich sind zwei numerisch verschiedene Gegenstände. (Sie haben allerdings dieselbe Masse!) Der Beweis dafür ist, daß der Stuhl *einen anderen Raum-Zeit-Bereich hätte einnehmen können*. Quine zufolge sind modale Prädikate hoffnungslos vage, und also ist dieser ‹Beweis› wertlos. Lewis zufolge hat Quine recht, was den Stuhl betrifft, aber unrecht, was die modalen Prädikate angeht: Die richtige Antwort auf Kripke lautet, wenn wir sagen, daß der Stuhl an einem anderen Ort gewesen sein könnte, dann heißt das, ein *Gegenstück* zu diesem Stuhl hätte an diesem anderen Ort gewesen sein können, nicht, *genau dieser Stuhl* (im Sinn des logischen Begriffs von Identität, (=)) hätte an jenem Ort sein können.

Wer hat nun recht? Sind Stühle wirklich mit ihrer Materie *identisch*, oder koexistiert ein Stuhl irgendwie in ein derselben Raum-Zeit-Region mit seiner Materie, während er von ihr numerisch verschieden ist? Und ist ihre Materie wirklich mit den Feldern identisch? Und sind die Felder wirklich mit den Raum-Zeit-Bereichen identisch? Mir scheint es klar zu sein, daß zumindest die erste dieser Fragen und wahrscheinlich alle drei unsinnig sind. Wir können unsere Sprache so formalisieren, wie Kripke es tun würde und so wie Lewis es tun würde, und wir können sie (Gott sei Dank!) unformalisiert lassen und nicht so tun, als ob ‹ist› in der natürlichen Sprache denselben Regeln gehorcht wie das Zeichen ‹=› in Systemen der formalen Logik. Selbst Gott könnte uns nicht sagen, ob der Stuhl mit seiner Materie (oder mit seinem Raum-Zeit-

Bereich) ‹identisch› ist, und zwar nicht etwa deshalb, weil es etwas gibt, was er nicht weiß.

Es sieht also so aus, als ob sogar etwas so paradigmatisch ‹Wirkliches› wie ein Stuhl konventionelle Aspekte besitzt. *Es ist etwas paradigmatisch ‹Wirkliches›, daß der Stuhl blau ist, und dennoch ist es eine Frage der Konvention, ob der Stuhl ein Raum-Zeit-Bereich ist / nicht ist / wir das nicht entscheiden müssen.*

Und wie steht es mit dem Raum-Zeit-Bereich selbst? Einige Philosophen stellen sich Punkte als *Prädikate* von Orten und nicht als Gegenstände vor. Ein Raum-Zeit-Bereich ist dann (wenn diese Philosophen recht haben) bloß eine Menge von Eigenschaften und überhaupt kein Gegenstand (im Sinn eines konkreten Gegenstandes). Wieder scheint es weniger so zu sein, daß es hier eine ‹Ansicht› gibt, als vielmehr eine *weitere* Art und Weise, unsere Sprache zu rekonstruieren. Wie aber kann die Existenz eines konkreten Gegenstandes (des Raum-Zeit-Bereichs) eine Frage der *Konvention* sein? Und wie kann die Identität von *A* (dem Stuhl) und *B* (dem Raum-Zeit-Bereich) eine Frage der *Konvention* sein? Der kleine Realist muß auf diese Fragen keine Antwort haben. Er könnte einfach meinen, es ist eine gegebene Tatsache, daß gewisse Alternativen gleich gut und andere offensichtlich gewollt sind. Metaphysischer Realismus ist aber nicht bloß die Ansicht, daß es schließlich Stühle gibt und schließlich einige davon blau sind und *wir das alles nicht erfunden haben*. Metaphysischer Realismus präsentiert sich als ein eindrückliches transzendentales Bild: ein Bild, in dem es eine festgelegte Menge von ‹sprachunabhängigen› Gegenständen gibt (von denen einige abstrakt und einige konkret sind) sowie eine festgelegte ‹Beziehung› zwischen Ausdrücken und ihren Extensionen. Was ich sagen will, ist, daß dieses Bild mit der alltäglichen Ansicht, die es zu deuten vorgibt, nur teilweise übereinstimmt; es hat Konsequenzen, die aus alltäglicher Sicht ganz absurd sind. Es ist ganz in Ordnung, an unserem kleinen Realismus festzuhalten und den großen Realismus der Philosophen über Bord zu werfen.

Auch wenn er weit davon entfernt war, ein ‹großer› Realist zu sein, hatte Hans Reichenbach (1958) eine Auffassung von der Aufgabe der Philosophie, welche den großen Realismus durchaus vor dem soeben erhobenen Vorwurf hätte retten können, wenn sie sich durchgesetzt hätte: Es ist die Aufgabe der Philosophie, so schrieb er, *das, was in unserem Wissenssystem Tatsache ist, von dem zu unterscheiden, was Konvention (‹Definition›) ist.* Wie Quine gezeigt hat[43], besteht das Problem darin, daß die philosophische Unterscheidung zwischen ‹Tatsache› und ‹Definition› zusammengebrochen ist, auf die Reichenbach sich gestützt hatte. Als ein weiteres Beispiel ähnlicher Art betrachte man den konventionellen Charakter jeder möglichen Antwort auf die Frage: «Ist ein Punkt identisch mit einer Reihe von Sphären, die zu ihm konvergieren?» Wir wissen, daß wir ausgedehnte Bereiche als die primitiven Objekte nehmen und Punkte mit Mengen konzentrischer Sphären ‹identifizieren› können und dann alle geometrischen Tatsachen einwandfrei repräsentiert werden. Die Aussage «Wir können beides tun» nimmt aber selbst einen diffusen Hintergrund von empirischen Tatsachen an. Grundlegende Veränderungen darin, wie wir Physik betreiben, könnten das ganze Bild verändern. ‹Konvention› heißt also nicht *absolute Konvention* – Wahrheit durch Festsetzung, frei von jedem ‹faktischen› Element. Andererseits gilt selbst dann, wenn wir etwas ‹Wirkliches› wie einen Baum sehen, daß die Möglichkeit der Wahrnehmung von einem ganzen Begriffsschema, von einer bestehenden Sprache abhängig ist. Es ist eine graduelle Angelegenheit, was tatsächlich und was konventionell ist; wir können nicht sagen, «Diese und jene Elemente der Welt sind die rohen Tatsachen, das übrige ist Konvention oder eine Mischung dieser rohen Tatsachen mit Konvention».

Was ich also sagen möchte, ist, daß die Elemente dessen, was wir ‹Sprache› oder ‹Geist› nennen, *so tief in das eindringen, was wir ‹Wirklichkeit› nennen, daß die Unternehmung, uns als die ‹Abbildenden› von etwas ‹Sprachunabhängigem› darzustellen, selbst von vornherein verhängnisvoll kompromittiert ist.* Wie der Realismus, wenn auch auf andere Weise, ist auch der Relativismus ein vergeblicher Versuch, die Welt aus dem Nirgendwo zu sehen. In dieser Lage neigt man dazu zu sagen: «Also machen wir die Welt», oder «Unsere Sprache erfindet die Welt», oder «Unsere Kultur erfindet die Welt»; aber das ist bloß eine andere Form desselben Fehlers. Wenn wir dem erliegen, sehen wir die Welt – die einzige Welt, die wir kennen – wieder als ein *Produkt.* Die eine Art von Philosophen sieht sie als ein Produkt aus Rohmaterial: unbegriffene Wirklichkeit. Die andere sieht sie als eine Schöpfung *ex nihilo. Aber die Welt ist kein Produkt. Sie ist nur die Welt.*

Wo stehen wir dann? Einerseits – und hier hoffe ich auf Rortys Sympathie für das, was ich sage – kann unser Bild von der Welt durch nichts als ihren Erfolg ‹gerechtfertigt› werden, so wie dieser von den Interessen und Werten beurteilt wird, die sich selbst entwickeln, und zwar zur selben Zeit wie und in Interaktion mit unserem sich entwickelnden Bild der Welt. Ebenso wie die absolute Dichotomie ‹Konvention – Tatsache› aufgegeben werden mußte, so muß auch (wie Morton White vor langem gefordert hat[44]) die absolute Dichotomie ‹Tatsache – Wert› aufgegeben werden, und zwar aus ähnlichen Gründen. Auf der anderen Seite ist es Teil dieses Bildes selbst, daß die Welt auch nicht Produkt unseres Willens ist – oder unserer Neigungen, auf bestimmte Art und Weise zu reden.

Anmerkungen

* ‹Realism with a Human Face‹, die beiden Kant-Vorlesungen an der Universität Stanford, Herbst 1987. Abgedruckt in: Hilary Putnam: *Realism With a Human Face*, hg. und eingel. von James Conant, Harvard University Press, Cambridge, Mass. 1990, 3–29. Teil 2 erschien zuerst unter dem Titel ‹After Metaphysics, What?› in: Dieter Henrich und Rolf-Peter Horstmann (Hg.): *Metaphysik nach Kant?* (Stuttgarter Hegel-Kongreß 1987, Veröffentlichungen der Internationalen Hegel-Vereinigung, Bd. 17), Klett-Cotta, Stuttgart 1988, 457–466.

1 [So ähnlich in Nietzsche 1872, § 15.]

2 [Vgl. Bohr 1931 und 1958/1966.]

3 Dies wird allerdings von der sogenannten Viele-Welten-Deutung der Quantenmechanik bestritten, die weiter unten besprochen wird.

4 [Vgl. Descartes 1641, bes. 6. Meditation. Zu dieser Frage auch Putnam ‹Geist und Maschine› (1960, II-14) oder ‹Die Natur mentaler Zustände› (1967, II-46).]

5 J. von Neumann 1955. Ich interpretiere von Neumanns Deutung in meinem ‹Quantum Mechanics and the Observer› [1981, II-116].

6 Im folgenden identifiziere ich Zustände bewußt mit ihrer Beschreibung, um so die Darstellung zu vereinfachen.

7 Die im Text beschriebene Verteidigung gegenüber dem Einwand stammt von Johann von Neumann. Bohr selbst hätte gesagt, daß der Übergang $A \longrightarrow A^{\#}$ rein formal ist und außerhalb einer bestimmten experimentellen Situation keine Bedeutung hat. Ist die experimentelle Situation derart, daß zum Zeitpunkt *t* eine Messung vorgenommen wird, um herauszufinden, ob das Atom zerfallen ist oder nicht, dann ist es das angemessene klassische Bild, daß sich das Atom bereits in Zustand *A* oder *B* befand (d.h., es hatte bereits Strahlung abgegeben oder nicht) und die Messung herausfindet, in welchem. Das aber ist *nur* ein ‹klassisches Bild›, wenn auch eines, das *dieser* experimentellen Situation angemessen ist. Die Frage, «In welchem Zustand ist das Atom aber zum Zeitpunkt *t*, falls *keine* Messung stattfindet?» ist nach Bohrs Ansicht wissenschaftlich sinnlos.

8 Hugh Everett 1973.

9 Präziser, die Diriac-Gleichung, oder welchen Nachfolger diese Gleichung auch haben mag, wenn Quantenmechanik und Relativitätstheorie am Ende versöhnt sind.

10 Genaugenommen müßten der Viele-Welten-Deutung zufolge die Zustände *A* und *B* in diesem Argument durch angemessene Zustände des gesamten kosmologischen Universums ersetzt werden.

11 [«What is the difference between a philosopher and a ruler?», wobei man ‹ruler› zunächst als ‹Herrscher› verstehen wird, in Walcotts Antwort dann aber deutlich wird, daß ‹Lineal› gemeint war.]

12 Eigentlich bleibt noch ein weiteres Problem mit der Viele-Welten-Deutung, nämlich die Schwierigkeit, den Begriff der Wahrscheinlichkeit zu interpretieren, wenn alle möglichen Welten gleich ‹wirklich› sind.

13 Dies ist von Itamar Pitowski vorgeschlagen worden. Siehe seine Mitteilung in Pitowski 1982.

14 Genaugenommen ist dieser Satz nur unter der Annahme paradox, daß (1) jeder Kreter außer dem Sprecher mindestens eine Lüge sagt – anderenfalls ist der Satz einfach falsch, und (2) der Sprecher selbst immer die Wahrheit sagt, mit der möglichen Ausnahme dieser einen Gelegenheit – anderenfalls ist der Satz einfach wahr, wenn die erste Annahme besteht. Man reformuliert die Paradoxie so wie oben, um diese empirischen Annahmen zu vermeiden. [Zur modernen Behandlung der Lügnerparadoxie allgemein siehe Sainsbury 1988, Kap 5.]

15 [Gödel 1931.]

16 [Sinngemäß in Tarski 1944, § 8.]

17 [Russells Ansichten zur Lügnerparadoxie finden sich v. a. in Russell 1908.]

18 [In seiner Kritik des ‹Repräsentationalismus› in Rorty 1979 (oder der Einleitung zu Rorty 1991). Siehe unten ‹Relativismus›.]

19 [Analog zu Wittgenstein 1921, etwa 4.022–4.1212 oder 6.522.]

20 [Gödel 1944.]

21 [Boole 1847.]

22 [Peirce 1870 und 1880, dazu ‹Peirce the Logician› (1982, II-120). Frege 1879 und 1884.]

23 [Russell 1903 und 1919 sowie Whitehead/Russell 1910–13. Dazu ‹The Thesis that Mathematics is Logic› (1967, II-49)]

24 [Nach Derrida, etwa 1967a und 1967b.]

25 [Rorty 1979 und explizit in Rorty 1982.]

26 [Kant 1781/87, ‹Die Antinomie der reinen Vernunft›, B 433–595.]

27 [Kant 1781/87, B 263, 719ff etc. Vgl. auch Text 6, ‹Wie man (zugleich) interner Realist und transzendentaler Idealist sein kann›, Abschnitt ‹Kants Auffassung von Wissen und Wahrheit›.]

28 [Letzteres war der Titel dieses Teils bei seiner separaten Erstveröffentlichung.]

29 [Wittgenstein 1953.]

30 [Zeugen hierfür sind diverse gegenseitige Rezensionen sowie Rorty 1979, 1982 und die Aufsätze in Teil I und II von 1991. Bei Putnam exemplarisch Text 8, ‹Wozu die Philosophen?›, sowie *Vernunft, Wahrheit und Geschichte* (1981, I-6), «‹Si Dieu est mort, alors tout est permis›… (réflexions sur la philosophie du langage)» (1980, II-111), ‹Why Reason Can't Be Naturalized› (1982, II-124), ‹Was ist Epistemologie?› (1983, III-7), ‹Replies and Comments› (1991, II-188), 401f, und inzwischen *Renewing Philosophy* (1992, I-14), Vorlesung 4, sowie ‹Replies and Comments› (1992, II-192).]

31 Wenn ich zum Beispiel ernsthaft überzeugt bin, Eier zum Frühstück gegessen zu haben, dann macht es Sinn, zu fragen, ob ich recht habe, aber nicht, ob ich eine ‹Rechtfertigung› habe.

32 Leser von *Vernunft, Wahrheit und Geschichte* [1981, I-6] werden erkennen, daß jedes dieser Prinzipien in der Argumentation des Buches eine Rolle spielte.

33 [Klassisch Peirce 1877 und 1878.]

34 [Titel des Buches von Thomas Nagel 1986.]

35 Richard Rorty 1982, xxxvii.

36 Siehe Ralph Barton Perry 1935, Bd. 2, 575. Für eine Kritik von Perrys Konzessionen gegenüber Mussolinis Ansichten siehe Peter Skagestad 1986.

37 [Prominent in Goodman 1978. Siehe Text 10, ‹Irrealismus und Dekonstruktion›.]

38 Cavell 1979, 125.

39 Etwas von der Art wird Wittgenstein in Kripke 1982 zugeschrieben. Stanley Cavell hat im Gespräch mit mir gemeint, das erwecke den Eindruck, als ob Wittgenstein gedacht hätte, Wahrheit und Berechtigung seien eine Sache der Etikette – eine gerechtfertigte (oder wahre) Hypothese finden zu wollen wäre nach einer solchen Auffassung ganz so wie dieselbe Gabel wie ‹meinesgleichen in meiner Kultur› benutzen zu wollen. Wittgenstein hätte aber keineswegs gemeint, *das* sei eine Beschreibung *unserer* Lebensform. [Wittgenstein 1953.]

40 [Im Englischen «realists with a small ‹r›», d.h. ‹Realismus› nicht als Namen einer feststehenden Lehre, den man dann groß schreiben könnte.]

41 Wittgenstein 1971, Vorlesung 25. Die Bemerkung «die dies und das auf welche wir zeigen können» stammt aus dieser Vorlesung.

42 [Vgl. hierzu Text 7, ‹Warum es keine Fertigwelt gibt›, besonders Abschnitt ‹Essenzen und Gegenstände›.]

43 [Quine 1951 und 1960.]

44 White 1956. [Vgl. Text 8, ‹Wozu die Philosophen?›, Abschnitt ‹Die Dichotomie Tatsache – Wert›.]

10
Irrealismus und Dekonstruktion*

Bernard Williams sieht die Physik als eine Wissenschaft an, die uns absolute metaphysische Wahrheit bietet, und meint, daß die Wahrheitswerte von ethischen und normativen Aussagen allgemein die Perspektive ‹irgendeiner sozialen Welt› voraussetzen.[1] Ausgesprochene Relativisten über Wahrheit würden diesem Ergebnis, aber nicht Williams' Metaphysik zustimmen. Wie wir gesehen haben, sind allerdings weder Physikalismus noch Relativismus erfolgreich. Die Versuche, Referenz mittels ‹kausaler Verbundenheit› zu definieren, sind gescheitert, und relativistische Versuche, Wahrheit zu definieren, führen zu einem Gewirr von selbstwidersprüchlichen, solipsistischen oder sonstwie unannehmbaren Konsequenzen.[2] Bernard Williams' Schritt, zu sagen, die Rede vom ‹Inhalt› einer Überzeugung (d.h. von ihrer Referenz und Wahrheit) sei ‹perspektivisch›, fehlt jeder klare Sinn. Dieser Zustand war Wasser auf die Mühlen der Dekonstruktion. Dekonstruktivisten meinen, die ganze Vorstellung einer Repräsentation der Wirklichkeit, ja die ganze Vorstellung von ‹Wirklichkeit› müsse dekonstruiert werden. In dem Gewirr, in dem sich wissenschaftliche Realisten und Relativisten verstricken, zeigt sich nur die Inkohärenz der Idee der Wahrheit. Rorty selbst hat sich von einer relativistischen zu einer dekonstruktivistischen Position entwickelt (Rorty nennt den Vater der Dekonstruktion, Jacques Derrida, als einen seiner Heroen[3]). Anders als Rorty hat Derrida allerdings nie vorgeschlagen, wir sollten versuchen, ohne den Begriff der Wahrheit auszukommen; nach Derrida können wir auf den Begriff nicht verzichten, auch wenn er inkohärent sein sollte.

Nach der Meinung der meisten analytischen Philosophen ist der Versuch, Dekonstruktion zu kritisieren so ähnlich wie der, mit dem Nebel einen Boxkampf auszufechten. Und tatsächlich, auch wenn Derrida selbst der Argumentation nicht abgeneigt ist, so scheinen einige seiner Anhänger sie zu verachten. Allein die Gewohnheit, auf eine dichte analytische Weise zu argumentieren, wird von vielen Dekonstruktivisten als ein Zeichen angesehen, daß man ‹draußen› ist.

Es *sind* aber Argumente in Derridas Schriften zu finden, auch wenn sie meist eher angedeutet als tatsächlich ausgesprochen werden. Selbst wenn Derrida sich über den ‹assertorischen Stil› in der Philosophie beschwert, bestehen doch seine eigenen Schriften tendenziell aus einem assertorischen Satz nach dem anderen. Ich möchte einige dieser Argumente ein wenig später diskutieren. Zunächst jedoch möchte ich die Ansichten eines Philosophen besprechen, der begeistert argumentiert; ein amerikanischer Philosoph, kein französischer Dekonstruktivist, der zu Schlüssen gekommen ist, die denen Derridas hie und da sehr gefährlich nahe sind: Nelson Goodman.

Nelson Goodmans ‹Irrealismus›

Goodman hat seinen ‹Irrealismus› in einem herausfordernden und zweifellos bahnbrechenden kleinen Buch mit dem provokanten Titel *Weisen der Welterzeugung* [1978] zuerst ausgesprochen. Der Titel erfaßt zwei der wichtigsten Behauptungen des Buches: daß wir nicht eine Welt bewohnen, sondern viele gleichzeitig, und daß diese Welten von uns selbst erzeugt sind.

Die Vorstellung einer Pluralität von Welten ist mit einer Idee verknüpft, die ich in Kürze betrachten werde, der Idee, es gebe nicht die einzige ‹richtige Version› der Welt, sondern vielmehr eine Reihe von verschiedenen ‹richtigen Versionen›. Das ist eine Vorstellung, der ich zustimme. Ein Beispiel dafür – meines, nicht Goodmans – wäre, daß es nicht die einzige Version der Beziehung zwischen gewöhnlichen Gegenständen (Tischen, Bäumen und Tieren) und naturwissenschaftlichen Gegenständen gibt. Wir können so reden, als ob gewöhnliche Gegenstände mit naturwissenschaftlichen identisch, oder so, als ob sie von den physikalischen Systemen verschieden wären, die ihre Materie ausmachen.[4] Oder wir können sagen, es sei bis zu einem gewissen Grad vage, mit welchem physikalischen Gegenstand ein bestimmter gewöhnlicher Gegenstand identisch ist (wozu ich tendieren würde), es gebe aber einige physikalische Systeme, mit denen dieser Stuhl, oder was immer das Beispiel sein mag, ganz klar *nicht* identisch ist. Zudem stehen viele Möglichkeiten zur Auswahl, wenn wir Stühle und Bäume mit physikalischen Systemen identifizieren wollen: Raum-Zeit-Bereiche (oder die Gravitationsfelder, elektromagnetischen Felder und anderen Felder, die jene Bereiche einnehmen) oder Aggregate von Teilen der Geschichte diverser Moleküle. Jede dieser Ausdrucksweisen kann formalisiert werden, und jeder der so entstandenen Formalismen[5] stellt eine vollkommen legitime Redeweise dar; Goodman würde aber sagen (und ich würde ihm zustimmen), daß keiner von diesen beanspruchen kann, so zu sein, ‹wie die Dinge unabhängig von Erfahrung sind›. Es gibt nicht die einzige wahre Beschreibung der Wirklichkeit.

Die Vorstellung, daß die Tatsachen mehr als ein Bild zulassen, findet sich allerdings seit über einem Jahrhundert. Sie wird von Hertz' Rede von gleich guten ‹Weltbildern› in der Einleitung zu seinen *Prinzipien der Mechanik* [1894] vorbereitet, und William James bezieht sich auf sie.[6] Goodmans Neuerung liegt in seinem Angriff auf die Behauptung, daß unsere Begriffsschemata bloß verschiedene ‹Beschreibungen› von etwas sind, im Endeffekt von ‹denselben Tatsachen›. Goodman hält diese Vorstellung für inhaltsleer. Es ist für ihn unwesentlich, ob wir von Versionen oder Beschreibungen von Welten sprechen oder sagen, daß es keine Welten, sondern nur Versionen gibt. Falls wir uns entscheiden, von Welten und nicht von Versionen zu reden, besteht Goodman aber fest darauf, daß wir sagen müssen, unvereinbare Versionen beziehen sich auf verschiedene Welten. Es kann nicht auf ein und dieselbe Welt zutreffen, daß die Raum-Zeit-Punkte individuelle Dinge und daß sie Abstraktionen sind. Wenn wir den Begriff einer Welt überhaupt beibehalten wollen, sollten wir also (als Philosophen) nicht sagen, daß wir die Welt mal mit einer Sprache beschreiben, in der von Tischen und Stühlen als Aggregaten von Molekül-‹Zeitscheiben› die Rede ist, und mal mit einer Sprache, in der diese Aggregate von Molekül-‹Zeitscheiben› als die *Materie* der Tische und Stühle betrachtet werden (und die Materie als etwas von dem Tisch oder Stuhl Verschiedenes); vielmehr sollten wir sagen, daß wir uns manchmal *entscheiden, eine Welt zu machen, in der Tische und Stühle Aggregate von Molekül-‹Zeitscheiben› sind, und manchmal, eine Welt zu machen, in der Tische und Stühle von diesen Aggregaten von Molekül-‹Zeitscheiben› verschieden sind.* Goodman stellt uns vor die Entscheidung, entweder zu sagen, daß es viele Welten gibt, oder daß die Rede von Welten Unsinn ist.[7] Seinem eigenen Pluralismus getreu, redet Goodman manchmal so, als gebe es überhaupt keine Welt(en), und manchmal so, als gebe es viele.

Wenn wir uns aber entscheiden, von Welten zu sprechen, woher kommen diese Welten dann? Goodmans Antwort ist unzweideutig: Sie sind von uns gemacht. Sie werden nicht *ex nihilo*, sondern aus vorhergehenden Welten geschaffen – oder aus vorhergehenden Versionen, denn die Unterscheidung zwischen Welt und Version ist belanglos. Mitten in der gegenwärtigen analytischen Philosophie entspringt eine Form des Idealismus, so extrem wie die Hegels oder Fichtes!

Abgesehen von Goodmans eher technischen Argumenten gibt es noch das zugänglichere Argument, welches er in seinen Anmerkungen zu den Vorträgen auf einem Symposium über *Weisen der Welterzeugung* beim Treffen der *American Philosophical Association* im Dezember 1979 zuerst verwendet hat.[8] Goodman behandelte die von Israel Scheffler aufgeworfene Frage: «Folgt aus Goodmans Philosophie, daß *wir die Sterne gemacht haben*?» Goodman antwortete: Während wir die Sterne in einem gewissen Sinn nicht gemacht haben (wir haben die Sterne nicht in dem Sinn gemacht, wie ein Ziegelbrenner Ziegel macht), so haben wir sie in einem gewissen Sinn doch gemacht. Goodman illustrierte das, indem er uns bat, eine Sternkonstellation zu betrachten, etwa den Großen Wagen. Haben wir den Großen Wagen gemacht? In einem auf der Hand liegenden Sinn lautet die Antwort: nein. Nun gut, wir haben ihn nicht in dem Sinn gemacht, wie ein Tischler einen Tisch macht; aber *haben wir ihn zu einer Konstellation gemacht*? Haben wir ihn zum Großen Wagen gemacht? An diesem Punkt werden viele von uns vielleicht sagen, ja, in einem gewissen Sinn haben wir ‹ihn› zum Großen Wagen gemacht. Es fällt schließlich schwer, sich die Tatsache, daß eine Sterngruppe ein ‹Wagen› ist, als geistunabhängig oder diskursunabhängig vorzustellen. Vielleicht sollten wir Goodman soviel zugestehen, daß wir den Großen Wagen nicht so ‹gemacht› haben, wie ein Tischler einen Tisch macht; aber wir haben ihn gemacht, indem wir eine Version konstruiert haben, in der diese Sterngruppe als wagenförmig gesehen wird und indem wir ihr einen Namen gaben, womit wir die Tatsache, daß diese Sterngruppe metaphorisch ein großer Wagen ist, sozusagen institutionalisiert haben. Heutzutage ist da ein Großer Wagen am Himmel, und wir ‹setzen› sozusagen einen Großen Wagen da oben an den Himmel, indem wir diese Version konstruieren. Aber – und auf diesen Einwand wartet Goodman natürlich – wir haben die Sterne, aus denen die Konstellation besteht, nicht gemacht. Sterne sind eine ‹natürliche Art›, während Konstellationen eine ‹künstliche Art› sind.[9]

Werfen wir aber einen Blick auf diese sogenannte natürliche Art. Bei näherer Untersuchung stellt sich beinahe immer heraus, daß natürliche Arten Grenzen haben, die zu einem gewissen Grad willkürlich sind, selbst wenn dieser Grad der Willkür viel geringer ist als im Fall einer vollkommen konventionellen Art wie ‹Konstellation›.[10] Sterne sind Wolken glühenden Gases, glühend aufgrund der thermonuklearen Reaktionen, welche vom Gravitationsfeld des Sterns selbst verursacht werden. Aber nicht jede Wolke glühenden Gases wird als Stern angesehen; einige solche Wolken fallen unter andere astronomische Kategorien, und einige Sterne glühen überhaupt nicht. Sind *wir* es nicht, die all diese verschiedenen Objekte unter einer einzigen Kategorie ‹Stern› zusammenfassen mit dem, was wir einschließen und ausschließen? Es ist wahr, daß wir die Sterne nicht so gemacht haben, wie ein Tischler einen Tisch macht; aber haben wir sie nicht am Ende *zu Sternen gemacht*?

Goodman macht nun eine gewagte Extrapolation. Er schlägt vor, daß es in dem von den Beispielen illustrierten Sinn – dem Sinn, in dem wir gewisse Dinge zum Großen Wagen und zu Sternen ‹machen› – nichts gibt, was wir nicht zu dem gemacht haben, was es ist. (Theologisch könnte man sagen, Goodman macht den Menschen zum Schöpfer.) Wenn Sie zum Beispiel sagen, daß wir die Elementarteilchen nicht gemacht haben, dann kann Goodman auf die gegenwärtige Lage in der Quantenmechanik verweisen und fragen, ob Sie Elementarteilchen wirklich als geistunabhängig betrachten wollen.[11] Wenn wir versuchen, Goodman in seinem eigenen Spiel zu schlagen, indem wir irgendein ‹geistunabhängiges Zeug› zu benennen versuchen, dann befinden wir uns ganz klar in ernsten Schwierigkeiten.

Trotz seiner Eleganz scheint mir, daß dieses kleine Argument von Goodman leicht zu entschärfen ist. Es *gibt* einen grundlegenden Unterschied zwischen den Ausdrücken ‹Konstellation› und ‹Großer Wagen› auf der einen und ‹Stern› auf der anderen Seite. Die Extension des Ausdrucks ‹Großer Wagen› wird durch sprachliche Konvention bestimmt. Der Ausdruck trifft auf eine endliche Sterngruppe zu, und man lernt, welche Sterne in der Gruppe und wie sie geordnet sind, wenn man die Bedeutung des Ausdrucks erlernt. In dieser Hinsicht ist ‹Großer Wagen› ein typischer *Eigenname*.

Dadurch, daß wir wissen, was es ist, das wir ‹Großer Wagen› nennen, wissen wir, welche Sterne zum Großen Wagen gehören. Ich würde nicht sagen, es ist ‹analytisch›, daß der Große Wagen *alle* diese Sterne enthält, weil wir zweifellos weiterhin vom Großen Wagen sprechen würden, wenn einer dieser Sterne ‹erlöschen› oder von Außerirdischen mit gewaltigen superwissenschaftlichen Kräften vollkommen beseitigt werden würde. Wir würden bloß sagen, daß der Große Wagen nicht mehr so viele Sterne hat wie früher. Ganz genau so, wie wir weiterhin auf Johann Schmidt als ‹Johann Schmidt› referieren würden, selbst wenn er sein Haar verliert. (Wenn ein neuer Stern im Großen Wagen auftaucht, dann würde er allerdings nicht automatisch als Teil des Großen Wagens zählen. Ob er als Teil des Großen Wagens zählt, hinge vollkommen von der weiteren sprachlichen Praxis ab. Welche Sterne Teil des Großen Wagens sind, ist eine Frage für einen Anthropologen oder Linguisten, nicht für einen Astrophysiker.)

Im Gegensatz zu dem Ausdruck ‹Großer Wagen› hat der Ausdruck ‹Stern› eine Extension, die nicht durch eine Liste festgelegt werden kann. Und kein bestimmter Gegenstand liegt nur dadurch in der Extension von ‹Stern›, daß er als Stern *bezeichnet* wird. Es mag verrückt sein zu bezweifeln, daß der Sirius wirklich ein Stern ist; aber jemand, der meint, Sirius sei in Wirklichkeit eine riesige Glühbirne oder ein glühendes Raumschiff, würde dadurch nicht zeigen, daß er ‹Stern› nicht zu gebrauchen weiß; während umgekehrt jemand, der bezweifelt, daß diese Konstellation der Große Wagen ist, dadurch zeigen würde, daß er ‹Großer Wagen› nicht zu gebrauchen weiß.

In dieser Hinsicht liegt der Ausdruck ‹Konstellation› irgendwo in der Mitte zwischen ‹Großer Wagen› und ‹Stern›. Wenn wir entdecken würden, daß alle Sterne im Großen Wagen in Wirklichkeit von jenen superwissenschaftlichen Außerirdischen angebrachte Täuschungen sind (riesige Glühbirnen am Himmel sozusagen), dann würden wir sagen, «Das sind in Wirklichkeit keine Sterne», aber nicht, «Das ist in Wirklichkeit nicht der Große Wagen». Würden wir aufhören, den Großen Wagen als Konstellation zu betrachten? Vielleicht, aber ich bin mir da ganz unsicher.

Das Ergebnis ist sehr einfach. Eine einwandfreie Antwort auf Goodmans rhetorische Frage «Können Sie mir etwas zeigen, das wir nicht gemacht haben?» lautet, daß wir den Sirius nicht zu einem Stern gemacht haben. Nicht nur haben wir Sirius nicht in dem Sinn zu einem Stern gemacht, wie ein Tischler einen Tisch macht, *wir haben ihn nicht zu einem Stern gemacht*. Bei der Schaffung und Formung unserer Sprache haben unsere Vorfahren und Zeitgenossen (Astrophysiker eingeschlossen) den Begriff *Stern* mit seinen teilweise konventionellen, teilweise unbestimmten Grenzen geschaffen. Und dieser Begriff *trifft auf* Sirius *zu*. Die Tatsache, daß der Begriff *Stern* konventionelle Elemente enthält, bedeutet nicht, *wir* bewirken, daß dieser Begriff auf irgendein bestimmtes Ding zutrifft (so wie wir bewirkt haben, daß der Begriff ‹Großer Wagen› auf eine bestimmte Sterngruppe zutrifft).

Der Begriff *Junggeselle* ist sehr viel stärker konventionell als der Begriff *Stern*, und dieser Begriff trifft auf Joseph Ullian zu, aber unsere sprachlichen Praktiken haben Joe nicht zu einem Junggesellen gemacht. (Sie haben ihn zu ‹Joe Ullian› gemacht.[12]) Allgemeine Namen wie ‹Stern› und ‹Junggeselle› sind von Eigennamen wie ‹der Große Wagen› oder ‹Joe Ullian› sehr verschieden, und Goodmans Argument beruht darauf, daß wir den Unterschied nicht bemerken.

Irrealismus und begriffliche Relativität

Goodman hat weit schwerwiegendere Argumente für seine Thesen, und diese Argumente enthalten viele echte Einsichten (auch wenn sie zu falschen Schlußfolgerungen führen). Wir müssen sie mit einem gewissen Feingefühl diskutieren. Die Argumente beruhen auf einem Phänomen, das ich ‹begriffliche Relativität› genannt habe.[13] Ein Beispiel: Punkte im Raum (heutzutage spricht man statt dessen häufig von Punkten in der Raum-Zeit) können als konkrete[14] Einzeldinge angesehen werden, aus denen der Raum besteht (die letzten Bestandteile des Raums), oder alternativ als ‹bloße Grenzen›.[15] Der geometrische Diskurs kann von beiden Standpunkten aus adäquat formalisiert werden[16], und ebenso die ganze Physik. Ob formalisiert oder unformalisiert, beide Redeweisen sind für alle Zwecke der Geometrie und Physik vollkommen angemessen.

Goodman hält diese beiden Versionen der Raum-Zeit-Theorie für ‹unvereinbar›. Zugleich hält er beide für richtig. Und da unvereinbare Versionen nicht auf dieselbe Welt zutreffen können, schließt er, daß sie auf verschiedene Welten zutreffen, ‹wenn überhaupt auf irgendeine Welt›.

Ein bekannter Einwand gegen Ansichten wie die von Goodman ist von Donald Davidson[17] vorgebracht worden (und auch Quine ist vor kurzem konvertiert). Davidsons Argument ist ebenso schnell und einfach wie das von Goodman: Davidson akzeptiert ganz einfach Goodmans Ansicht, daß die beiden Versionen unvereinbar sind, weist darauf hin, daß zwei unvereinbare Aussagen nach der üblichen Logik nicht beide wahr sein können, und schließt, es ist unverständlich zu behaupten, beide Versionen seien wahr. Selbst wenn beide Versionen für praktische Zwecke gleich gut sind, kann ich Davidson zufolge nicht sagen, daß sie beide wahr sind. Quine meint[18], daß ich mal eine dieser Versionen nehmen kann (etwa montags, mittwochs und freitags?) und mal die andere, aber zu jedem Zeitpunkt sagen muß, daß die dann von mir verwendete Version wahr und die andere falsch ist, sonst droht mir Selbstwidersprüchlichkeit.

Wie wir gesehen haben, ist es Goodmans Ansicht, daß die Logik uns tatsächlich sagt, daß unvereinbare Aussagen nicht beide *in derselben Welt* wahr sein können. Aber seiner Auffassung nach zeigt die gleiche ‹Richtigkeit› dieser beiden unvereinbaren Versionen, daß sie *in verschiedenen Welten* wahr sind. Davidson behandelt diesen Schritt nicht explizit, aber Quine verwirft ihn aus dem Grund, daß die Aufspaltung der Wirklichkeit in eine Reihe von verschiedenen Welten eine Verletzung des Prinzips der Sparsamkeit darstellt. (Die Möglichkeit zu sagen, daß es überhaupt keine Welten gibt, das heißt keine außersprachliche Wirklichkeit, hält Quine anscheinend keiner Diskussion für würdig.)

Goodman und Davidson scheinen mir denselben Fehler zu begehen – auch wenn er sie in entgegengesetzte Lager bringt, wie es in der Philosophie häufig der Fall ist. Davidson und Goodman akzeptieren beide fraglos die Vorstellung, daß Aussagen, die ihrer Oberflächengrammatik nach unvereinbar erscheinen, tatsächlich unvereinbar sind; selbst in Fällen wie diesem: Wenn der Satz «Punkte sind bloße Grenzen» selbst dann ein Gegenteil von «Punkte sind keine Grenzen, sondern Teile des Raums» darstellt, wenn die beiden Sätze in je einem systematischen Schema zur Beschreibung der physikalischen Realität auftauchen, und zwar *obwohl beide Schemata in der Praxis vollkommen äquivalent sind*[19], dann befinden wir uns tatsächlich in Schwierigkeiten. Der ganze Witz daran zu sagen, daß die beiden Schemata in der Praxis vollkommen äquivalent sind, besteht aber darin, daß sie uns keineswegs zu unvereinbaren Voraussagen oder Handlungen bringen, sondern es macht für unsere Voraussagen oder Handlungen keinen Unterschied, welches der beiden Schemata wir verwenden. Ebensowenig sind die beiden Schemata nur in dem schwachen Sinn ‹äquivalent›, den man manchmal ‹empirische Äquivalenz› nennt (d. h., führt zu denselben Voraussagen). Vielmehr kann jeder Satz in einem von ihnen, etwa dem Schema, in dem Punkte konkrete Einzeldinge sind, auf effektive Weise mit einer ‹Übersetzung› in dem anderen Schema zur Entsprechung gebracht werden, und dann werden der Satz und seine Übersetzung zur Beschreibung desselben Sachverhalts verwendet.

Wenn ich sage, sie werden zur Beschreibung desselben Sachverhalts verwendet, führe ich damit keine transzendentale Ontologie von Sachverhalten ein. Mit ‹Sachverhalt› meine ich hier so etwas wie: daß sich ein Teilchen an einem Punkt befindet oder sich ein Ort *X* zwischen einem Ort *Y* und einem Ort *Z* befindet. Kurz, ich nehme an, eine bekannte Sprache ist bereits vorhanden. Ich sage nicht, daß die noumenale Wirklichkeit aus Sachverhalten besteht. (Ich hätte von ‹Situationen›, ‹physikalischen Ereignissen› oder auf ganz andere Art und Weise reden können. Auch das Verhältnis von Sprache zur Welt kann auf mehr als eine Weise beschrieben werden.) Ebensowenig setze ich eine Eins-zu-eins-Entsprechung zwischen Sätzen und Sachverhalten voraus und bevölkere so die Welt mit ‹satzförmigen Gegenständen›, um mit Richard Rorty zu sprechen. Alles, was ich gerade gesagt habe, ist, daß sehr *ver-*

schiedene Sätze ein und denselben Sachverhalt beschreiben können. Kurz, als ich sagte, daß ein Satz in einer Formalisierung der physikalischen Geometrie und seine ‹Übersetzung› in der alternativen Formalisierung zur Beschreibung desselben ‹Sachverhalts› verwendet werden, habe ich mit ‹Sachverhalt› bloß das gemeint, was jedermann mit diesem Ausdruck meinen würde, der ihm *keine* metaphysische Betonung gibt.

Vor langer Zeit hat Goodman selbst gezeigt, daß die Sätze in einem solchen praktisch verwendeten Schema mit den Sätzen eines anderen solchen Schemas zur Entsprechung gebracht werden können. Er hat die Natur solcher Entsprechungen untersucht (1951) und bezeichnete die vorliegende Art als ‹extensionalen Isomorphismus›. Sage ich also, daß die Sätze «Punkte sind bloße Grenzen» und «Punkte sind keine bloßen Grenzen sondern Teile des Raums» in Wirklichkeit dieselbe Bedeutung haben? Keineswegs. Innerhalb ihrer eigenen ‹Version› fungieren einige Sätze praktisch als Tautologien. Wenn wir Punkte *per definitionem* mit Grenzen identifizieren, dann wird «Punkte sind bloße Grenzen» in unserer Version eine konventionelle Wahrheit sein. Und wir übersetzen solche konventionellen Wahrheiten der einen Version im allgemeinen nicht in die andere Version (auch wenn wir es könnten; wir könnten z. B. jede quasi-logische Wahrheit der einen durch irgendeine festgelegte tautologische Wahrheit der anderen übersetzen). Die interessanteren, weniger konventionellen Wahrheiten in der einen Version jedoch – Lehrsätze der gewöhnlichen Euklidischen Geometrie etwa oder die Aussage, daß sich ein Teilchen einer gewissen Masse an einem Ort befindet – können von der einen in die andere ‹übersetzt› werden. Dies sind die Aussagen, für die wir Korrelate bereitstellen.

Sollten wir sagen, daß jede solche Aussage in der Version, in welcher Punkte als konkrete Einzeldinge behandelt werden – etwa die Aussage, daß es zwischen zwei Punkten auf einer Linie stets einen dritten Punkt gibt – genau dieselbe *Bedeutung* hat wie seine ‹Übersetzung› in die Version, in welcher Punkte mit Grenzen identifiziert werden (etwa mit konvergenten Mengen konzentrischer Sphären)? Ich würde sagen, im Kontext der Physik und Mathematik des ‹wirklichen Lebens› macht es keinen Unterschied, auf welche der beiden Arten und Weisen man redet und denkt. Was ich sagen will, ist, wenn ein Satz einer Version in der Version wahr ist, dann ist sein Korrelat aus der anderen Version in jener anderen Version wahr. Die Frage, ob diese beiden Sätze dieselbe Bedeutung haben, versucht aber, den alltäglichen Begriff der Bedeutung für eine Aufgabe heranzuziehen, für die er nie gedacht war.

Das Phänomen der begrifflichen Relativität ist äußerst verwirrend.

Mir scheint, wir sollten gerade nicht annehmen, daß Fragen wie «Haben S_1 und S_2 dieselbe oder eine verschiedene Bedeutung?» in *diesem* Fall irgendeinen Sinn haben. Der Satz «Zwischen zwei Punkten auf einer Linie gibt es stets einen dritten» und seine ‹Übersetzung› in die Version, in welcher Punkte mit Mengen konzentrischer Sphären identifiziert werden, haben in dem Sinn dieselben Wahrheitsbedingungen, daß sie mathematisch äquivalent sind. Die Antwort auf die Frage «Haben die beiden Sätze dieselbe Bedeutung?» lautet, daß der gewöhnliche Begriff der Bedeutung angesichts einer solchen Frage einfach zusammenbricht. Für *diese* Aufgabe war er nie gedacht.[20]

Nun zur Frage der ‹Unvereinbarkeit›, die Goodman und Davidson so beschäftigt: ‹Punkt›, ‹Linie›, ‹Grenze› und so weiter werden in den beiden Versionen auf verschiedene Weise verwendet. Es ist viel zu simpel zu sagen, daß der in der einen Version gebrauchte Satz «Punkte sind konvergente Mengen konzentrischer Kreise»[21] mit dem in der anderen Version gebrauchten Satz «Punkte sind keine Mengen, sondern Einzeldinge» unvereinbar sei. Anstatt mit Goodman zu schließen, daß es entweder überhaupt keine Welt gibt oder wir in mehr als einer Welt leben, oder mit Davidson zu schließen, daß das Phänomen äquivalenter Beschreibungen, was wir in den Wissenschaften seit dem 19. Jahrhundert erkennen, irgendwie einen logischen Widerspruch beinhaltet, sollten wir ganz einfach die Vorstellung aufgeben, daß die von uns diskutierten Sätze etwas bewahren, das ihre ‹Bedeutung› genannt wird, wenn wir von einer Version in eine andere übergehen.

Sage ich dann nicht, daß der Satz in den beiden Versionen eine *verschiedene* Bedeutung hat? (Wenn ein Satz seine Bedeutung nicht bewahrt, dann muß er sie ändern, nicht wahr?) Ich wiederhole, die Antwort lautet, daß der gewöhnliche Begriff von ‹Bedeutung› und die gewöhnlichen Praktiken von Übersetzung und Paraphrase, mit denen er verbunden ist, angesichts solcher Fälle zusammenbrechen. Wenn wir wollen, können wir sagen, daß die Worte ‹Punkt›, ‹Grenze› und so fort in den beiden Versionen verschiedene ‹Gebräuche› haben. Man sollte einen Satz in der einen Version nicht im Hinblick auf diesen Unterschied im Gebrauch so behandeln, als widerspräche er dem, was derselbe Physiker oder Mathematiker an einem anderen Tag sagen würde, wenn er die andere Version verwendet. Ob eine solche Änderung des Gebrauchs aber eine Änderung der Bedeutung ist oder nicht, stellt keine Frage dar, die eine Antwort haben muß.

Die Bedeutung begrifflicher Relativität

Die Bedeutung begrifflicher Relativität wird vielleicht deutlicher hervortreten, wenn wir einen etwas anders gelagerten Fall betrachten. In *The Many Faces of Realism* habe ich einen Fall detailliert geschildert, in dem dieselbe Situation – in einem ganz gewöhnlichen Sinn von ‹dieselbe Situation› – so beschrieben werden kann, daß sie eine ganz andere Anzahl und Art von Gegenständen beinhaltet (nur farbige ‹Atome› oder aber farbige Atome und ‹Aggregate› von Atomen). Wenn Sie eine Welt haben, in der es zwei schwarze ‹Atome› und ein rotes gibt, dann können Sie entweder sagen, daß es drei Gegenstände gibt (die Atome) oder daß es sieben Gegenstände gibt (die Atome und die diversen Aggregate von zwei oder mehr Atomen).[22] Wie viele Gegenstände gibt es ‹wirklich› in einer solchen Welt? Ich möchte vorschlagen, daß *beide Beschreibungsweisen gleichermaßen ‹wahr› sind*. Die Vorstellung, daß ‹Gegenstand› unabhängig davon einen Sinn hätte, wie wir Gegenstände zählen und was wir in einer gegebenen Situation als Gegenstand ansehen, ist eine Illusion. Ich meine damit nicht, daß es ‹wirklich› ‹Aggregate›, Mengen, Zahlen und so weiter gibt und ‹Gegenstand› nur *manchmal* nicht auf ‹alle Gegenstände› referiert. Ich meine, daß der metaphysische Begriff ‹alle Gegenstände› keinen Sinn hat.

In der Quantenmechanik können sich zwei Zustände eines Systems in ‹Überlagerung› befinden; das heißt, jeder bestimmte Zustand eines Systems, welches eine bestimmte Anzahl von Teilchen, eine bestimmte Energie oder einen bestimmten Impuls beinhaltet, kann durch eine Art von ‹Vektor› im abstrakten Raum und die Überlagerung von zwei solchen Zuständen durch eine Vektorsumme dargestellt werden. Diese Vektorsummen sind manchmal klassisch sehr schwer zu interpretieren: Wie verstehen wir einen Zustand, in dem die Antwort auf die Frage «Wie viele Elektronen sind in dem Kasten?» lautet: «Nun da ist eine Überlagerung von drei und von siebzehn Elektronen in dem Kasten»? Wir können solche unvorstellbaren Zustände aber mathematisch darstellen, und wir wissen, wie wir mit ihrer Hilfe Voraussagen ableiten und Erklärungen formulieren können. Dieses Prinzip der Überlagerung betrifft die Feldtheorie ebenso wie die Theorie der Elementarteilchen. Die ‹Feldzustände› des Quantenfeldtheoretikers sind nicht die Feldzustände des klassischen Feldtheoretikers; sie sind typischerweise *Überlagerungen* der Feldzustände der klassischen Theorie. Wir könnten dann sagen (und ich lasse hier die merkwürdige Rolle des Beobachters in der Quantenmechanik außen vor), daß die Welt in der Sicht der

Quantenmechanik aus Feldern in ‹merkwürdigen› Zuständen besteht. Es ist aber auch möglich – und das war die Entdeckung von Richard Feynman –, ganz anders zu denken. Wir können uns die Welt als aus Teilchen bestehend vorstellen (auch wenn wir die Anzahl der zu postulierenden Teilchen enorm vermehren müßten, um das durchzuführen), und wir können uns jede in der Feldtheorie beschriebene Situation als Überlagerung einer unendlichen Anzahl von verschiedenen Teilchen-Situationen denken. Kurz, es gibt in der Quantenfeldtheorie zwei verschiedene Denkweisen. Bei der einen Denkweise, in der sich der Physiker befindet, wenn er die üblichen Feldkalkulationen durchführt, ist das System eine Überlagerung von Feldzuständen. In der anderen Denkweise, in der er sich beim Zeichnen der ‹Feynman-Diagramme› befindet, ist das System eine Überlagerung von Teilchenzuständen. Kurz, man kann sich das System entweder als aus Feldern oder als aus Teilchen bestehend vorstellen – aber weder als aus klassischen Feldern noch als aus klassischen Teilchen bestehend.

Betrachten wir ein physikalisches System, in dem der Physiker zweimal darstellt, einmal in der Sprache der Felder und einmal in der Sprache der Teilchen (etwa indem er Feynman-Diagramme zeichnet). Was ich sage, ist, dies ist ein wirkliches System, und das sind zwei legitime Weisen, über dieses wirkliche System zu reden. Die Tatsache, daß das wirkliche System erlaubt, daß auf diese zwei sehr verschiedenen Weisen über es gesprochen wird, bedeutet weder, daß es kein wirkliches physikalisches System gibt, über das geredet wird, noch daß es zwei verschiedene physikalische Systeme in zwei verschiedenen Goodmanschen Welten gibt, über die geredet wird.

Der Punkt ist im Fall des ersten Beispiels sogar noch klarer, in dem ‹dieselbe Situation› so beschreiben wurde, daß sie eine vollkommen andere Anzahl und Art von Gegenständen beinhaltete. Es ist vollkommen klar, wie mir scheint, daß die beiden Beschreibungen *ein und dieselbe Welt* beschreiben und nicht zwei verschiedene Welten.

Ein Teil von Goodmans Herausforderung – und ebenso ein Teil der Herausforderung der deutschen Idealisten wie Hegel und Fichte Anfang des 19. Jahrhunderts – besteht darin zu sagen: «Nun, wenn du sagst, daß diese zwei Redeweisen beide Beschreibungen derselben Wirklichkeit sind, dann *beschreibe diese Wirklichkeit, so wie sie ist, unabhängig von diesen Redeweisen.*» Warum sollte man aber annehmen, daß die Wirklichkeit unabhängig von unseren Beschreibungen beschrieben werden kann? Und warum sollte die Tatsache, daß die Wirklichkeit unabhängig von unseren Beschreibungen nicht beschrieben werden kann, zu der Annahme führen, daß es nur die Beschreibungen gibt? Schließlich ist, unseren Beschreibungen selbst zufolge, das Wort ‹Neutrino› eine Sache und ein Neutrino eine ganz andere.

Dennoch hat das Phänomen der begrifflichen Relativität echte philosophische Bedeutung. Solange wir uns die Welt so vorstellen, daß sie aus Gegenständen und Eigenschaften in einem philosophisch bevorzugten Sinn von ‹Gegenstand› und ‹Eigenschaft› besteht – solange wir meinen, daß die mit genügend metaphysischer Ernsthaftigkeit betrachtete Wirklichkeit selbst für uns *bestimmen* wird, wie wir die Worte ‹Gegenstand› und ‹Eigenschaft› verwenden –, solange werden wir nicht verstehen, wie die Anzahl und Art der Gegenstände und ihrer Eigenschaften von einer richtigen Beschreibung zu einer anderen richtigen Beschreibung derselben Situation[23] variieren kann. Auch wenn unsere Sätze in dem Sinn ‹der Wirklichkeit entsprechen›, daß sie diese beschreiben, sind sie doch nicht einfach Kopien der Wirklichkeit. Um für einen Moment auf Bernard Williams' Buch[24] zurückzukommen: Die Vorstellung ist eine Chimäre, einige Beschreibungen wären ‹Beschreibungen der Wirklichkeit so, wie sie unabhängig von Perspektive ist›. Unsere Sprache kann nicht in zwei Teile aufgeteilt werden; einen Teil, der die Welt so beschreibt, ‹wie sie ohnehin ist›, und einen Teil, der unseren begrifflichen Beitrag beschreibt. Das heißt nicht, daß die Wirklichkeit verborgen oder noumenal ist; es heißt ganz einfach, daß man die Welt nicht beschreiben kann, ohne sie zu beschreiben.

Irrealismus und Dekonstruktion

Wir können nun beginnen, die oft gehörte Behauptung zu bewerten, daß «die Problematik der Repräsentation zusammengebrochen ist»[25]. Leute, die so reden, meinen, daß der Begriff der Referenz auf eine objektive Welt zusammengebrochen ist. Es ist eine Tugend von Goodmans Werk, für diese Position ein *Argument* vorzubringen, das viel klarer ist als alles, was sich aus dem Werk Derridas herausholen läßt. Goodmans Argument erledigt, wie ich behauptet habe, eine traditionelle Variante des ‹Realismus›, jene Variante, die ich gern als metaphysischen Realismus bezeichne.[26] Dieser Variante zufolge haben die Begriffe Gegenstand und Eigenschaft jeweils nur eine philosophisch relevante ‹Bedeutung›, und die Welt teilt sich auf eine einzige bestimmte Weise in Gegenstände und Eigenschaften auf. Das ist der Mythos der Fertigwelt. (Es ist auch eine Form dessen, was Derrida die ‹Metaphysik der Gegenwart› nennen würde.)

Der Mythos der Fertigwelt ist mit einer Reihe von anderen Vorstellungen verknüpft. Da wäre zum Beispiel die Erwartung, der wir schon begegnet sind, daß die Gegenstände und Eigenschaften, aus denen die Welt (‹an sich›) besteht, die Gegenstände und Eigenschaften der ‹vollendeten Wissenschaft› sind; und da wäre die Tendenz – in Wirklichkeit ist es viel mehr als eine Tendenz – zu vergessen, daß das Prinzip der Bivalenz aus der klassischen Logik einfach eine nützliche Idealisierung ist, der keine wirkliche Sprache gerecht wird und der keine wirkliche, von Menschen verwendbare Sprache (sei sie natürlich oder künstlich) vollkommen gerecht werden kann.

Der Zusammenbruch eines bestimmten Weltbildes und der mit ihm einhergehenden Auffassungen von Repräsentation und Wahrheit ist aber alles andere als ein Zusammenbruch der Begriffe Repräsentation und Wahrheit. Es ist ganz einfach töricht, den Zusammenbruch eines philosophischen Bildes der Repräsentation mit dem Zusammenbruch der Vorstellung gleichzusetzen, daß wir Dinge repräsentieren, deren Existenz nicht uns zuzuschreiben ist. Dekonstruktivisten haben recht mit ihrer Behauptung, daß eine bestimmte philosophische Tradition bankrott ist; diese Tradition aber mit unserem Leben und unserer Sprache zu identifizieren heißt, der Metaphysik eine vollkommen übertriebene Bedeutung zu geben. Für Dekonstruktivisten war Metaphysik die *Grundlage* unserer gesamten Kultur, der Sockel, auf dem alles ruhte. Wenn der Sockel zerbrochen ist, dann muß die gesamte Kultur in sich zusammengefallen sein – ja, unsere ganze Sprache muß in Trümmern liegen. Aber natürlich können wir der Vorstellung einer Wirklichkeit, die wir nicht gemacht haben, vernünftigen Sinn abgewinnen, auch wenn wir das bei der Vorstellung einer Wirklichkeit nicht können, die in dem metaphysischen Sinn ‹gegenwärtig› ist, daß sie ihre eigene einzige Beschreibung diktiert. Wie wir gesehen haben, können scheinbar unvereinbare Worte tatsächlich dieselbe Situation, dasselbe Ereignis oder dasselbe physikalische System beschreiben.

An diesem Punkt treffen wir auf eine weitere Quelle des gegenwärtigen philosophischen Skeptizismus. Diese Quelle ist die Lehre der Inkommensurabilität. Auch wenn sie in den letzten Jahren mit den Schriften von Thomas Kuhn[27] verbunden wurde, taucht sie bereits Jahrzehnte vor Kuhns Arbeit im französischen Denken auf. So etwa in Ferdinand de Saussures *Cours de linguistique générale* (1916), einem Werk, dessen Einfluß auf die strukturalistische wie poststrukturalistische französische Philosophie außer Zweifel steht. Saussures Weg zur Inkommensurabilität war der folgende: Gemeinsam mit anderen Linguisten seiner Zeit (etwa der Prager Schule) wurde ihm klar, daß die grundlegenden phonetischen Einheiten der Sprache, die Phoneme, nicht durch ihre physikalischen Merkmale identifiziert werden können. Man kann ein Phonem in einer Sprache nur im Kontrast zu anderen Phonemen der Sprache charakterisieren. Das ganze System von Kontrastierungen bestimmt, was die Phoneme einer bestimmten Sprache sind. Phoneme sind keine ‹Töne› im Sinne des Physikers. Man kann nicht sagen, daß das deutsche Phonem *p* ‹dasselbe› wäre wie das englische Phonem *p*; sie gehören ganz einfach zu verschiedenen Kontrastierungssystemen. Saussure nahm an, daß etwas ähnliches auf die semantischen Einheiten der Sprache zutreffen müsse; das heißt, er nahm an, daß die Bedeutungen, die in einer Sprache ausgedrückt werden können, nur dadurch charakterisierbar sind, wie sie mit anderen in derselben Sprache ausgedrückten Bedeutungen kontrastieren oder nicht kontrastieren. Die Idee der Beschreibung von Sprache als eines Systems von Unterschieden (eines Systems verfügbarer Kontraste) sollte von der Phonetik auf die Semantik ausgedehnt werden.

Unterschiedliche Sprachen bieten aber *de facto* nicht dieselben Kontraste. So hat zum Beispiel eine Sprache, die nur vier Grundfarben anerkennt, ein anderes Kontrastsystem als eine Sprache mit sieben Grundfarben. Der Gedankenstrang, auf den Saussure sich eingelassen hatte, führt recht schnell zu dem Schluß, daß Bedeutungen auf Sprachen beschränkt sind (und von da ist es nicht weit bis zu dem Gedanken, daß sie auf individuelle ‹Texte› beschränkt sein könnten). Keine zwei Sprachen können je dieselben Bedeutungen ausdrücken; keine Bedeutung kann je in mehr als einer Sprache ausgedrückt werden (oder auch nur in mehr als einem Text). Die ganze Vorstellung von der Bedeutung eines Zeichens als etwas von dem Zeichen selbst Trennbares bricht zusammen.

In einem Interview mit Kristeva[28] macht Derrida deutlich, daß er diesem Gedankenstrang von ganzem Herzen zustimmt; er kritisiert Saussure nur dafür, nicht noch weiter gegangen zu sein und die Rede von ‹Zeichen› nicht vollkommen aufgegeben zu haben – nun, da die Vorstellung eines vom System unabhängigen ‹Bezeichneten› zusammengebrochen ist:

«Um nur ein Beispiel zu nennen, könnte man zeigen, daß die Semiotik Saussureschen Typs eine zweifache Rolle spielt. *Einerseits* eine absolut entscheidende Rolle:

1. Sie hat entgegen der Tradition gezeigt, daß das Bezeichnete vom Bezeichnenden nicht zu trennen ist, daß Bezeichnetes und Bezeichnendes nur zwei Seiten ein und derselben Hervorbringung sind. Saussure hat sich sogar ausdrücklich geweigert, diesen Gegensatz oder diese ‹doppelseitige Einheit› dem Verhältnis zwischen Seele und Körper anzugleichen, wie man es stets getan hatte. ‹Diese doppelseitige Einheit ist oft mit der Einheit des Menschen verglichen worden, der aus Körper und Geist besteht. Diese Gegenüberstellung ist wenig befriedigend.› (Saussure 1916, 145)

2. Saussure hat wesentlich dazu beigetragen, den von der Metaphysik entliehenen Begriff des Zeichens gegen diese zu wenden, indem er die *funktionellen* und *differenzierenden* Charakteristika des semiotischen Funktionierens unterstreicht und zeigt, daß ‹es unmöglich ist, daß der Laut, ein materielles Element, selbst zur Sprache gehören sollte› und daß ‹es (das sprachlich Bezeichnende) in seinem Wesen keineswegs phonetisch ist› (S. 164); indem er zugleich den bezeichneten Inhalt und die ‹Substanz des Ausdrucks› destabilisiert – die also weder vornehmlich noch ausschließlich phonemisch ist – und so also auch die Linguistik zu einem Teil der allgemeinen Semiotik macht (S. 33).»[29]

Derrida bemerkt nicht, daß Saussures Denkweise ein utopisches Projekt zugrunde lag. Er hoffte auf eine streng wissenschaftliche Auffassung der Bedeutung, die den Strukturen der neu entstandenen Phonetik genau analog wäre. Nachdem diese Hoffnung zusammengebrochen ist (sie war von Anfang an wenig kohärent), sind wir nicht zu der bizarren Ansicht gezwungen, daß niemand irgendeine Sprache außer seinem oder ihrem eigenen Idiolekt verstehen kann. Auch Derrida geht so weit nicht; wie Quine[30] erkennt er die praktische Unverzichtbarkeit von Übersetzungen an, nachdem er den Begriff der bedeutungserhaltenden Übersetzung verworfen hat, wenn auch auf sehr vorsichtige Weise:

«Innerhalb der Grenzen, wo es möglich ist oder wenigstens möglich *erscheint*, praktiziert Übersetzung den Unterschied zwischen Bezeichnetem und Bezeichnenden.[31] Ist dieser Unterschied aber niemals rein, dann ist es der Begriff der Übersetzung ebensowenig, und wir müßten den Begriff der Übersetzung durch den der *Transformation* ersetzen: eine geordnete Transformation einer Sprache durch die andere, eines Textes durch einen anderen. Wir werden es hier niemals mit einem ‹Transport› reiner Bezeichneter von einer Sprache in eine andere oder innerhalb ein und derselben Sprache zu tun haben (und hatten es niemals damit zu tun), den das bezeichnende Mittel – oder ‹Vehikel› – jungfräulich und unberührt ließe.» (Derrida 1972, 31. Hervorhebung im Original)

Die Alternative zu Saussures Ansicht besteht darin, den Begriff der ‹Bedeutungsgleichheit› zu erhalten, während man anerkennt, daß er nicht als die Selbstidentität von Gegenständen interpretiert werden darf, die

‹Bedeutung› oder ‹Bezeichnetes› genannt werden. Es ist keine Frage irgendeiner sauberen mathematischen Relation der Äquivalenz oder Nicht-Äquivalenz zwischen zwei Kontrastsystemen, wann zwei Verwendungen eines Worts als ‹genauso› und wann sie als ‹nicht genauso› angesehen werden dürfen. Wenn sich Leute nach der Bedeutung von dem erkundigen, was jemand sagt, dann haben wir im allgemeinen irgendeine Vorstellung davon, warum sie fragen und was sie mit der Antwort anfangen wollen. Sind der Kontext und die Interessen der betreffenden Leute gegeben, dann gelingt uns meist eine ziemlich gute Antwort. Kann es denn sein, daß wir in Derridas Verwendung von Saussure einige der gleichen Fehler erkennen können, die amerikanische analytische Philosophen wie Jerry Fodor begehen? Fodor würde natürlich die in dem von mir erwähnten Argument implizite Vorstellung ablehnen, daß Bedeutungsgleichheit strenggenommen nur in dem unmöglichen Fall sinnvoll ist, in dem zwei Sprachen oder Texte *isomorph* sind. Die Tatsache aber, daß Derrida diese Vorstellung ernst nimmt, ohne überhaupt die Möglichkeit in Betracht zu ziehen, daß die von uns in Übersetzungen gesuchte Art von ‹Bedeutungsgleichheit› eine interessenrelative (aber dennoch ganz reale) Beziehung sein könnte, eine, die ein normatives Urteil darüber beinhaltet, was in jeweiligen Fall *vernünftig* ist – das erinnert mich an Fodors Szientismus.

Ich möchte nicht behaupten, daß die von mir behandelten beiden Faktoren – wie sich der metaphysische Realismus im 20. Jahrhundert in Schwierigkeiten gebracht hat und wie die Lehre von der Inkommensurabilität verschiedener Sprachen und sogar verschiedener Texte Derrida zwingend erscheinen konnte – die einzigen sind, welche Derridas dekonstruktivistischer Position schließlich ihre Form geben. Es gibt sicherlich viele weitere Einflüsse, unter anderem Heidegger, Marx, Freud und Nietzsche. Wenn man aber in und um Derridas Schriften nach *Argumenten* sucht, um die radikalen Behauptungen zu unterstützen, die er immer und immer wiederholt, dann findet man, daß sie einerseits mit Goodmans Irrealismus[33], andererseits mit Saussures Form der Lehre von der Inkommensurabilität verwandt sind. Während diese Lehren sehr wohl der Reflexion wert sind – sie haben vieles an sich, was von Interesse ist –, rechtfertigen sie doch nicht die extremen philosophischen Radikalitäten von Goodman oder Derrida.

Unterschiede zwischen Goodman und Derrida

Auch wenn Goodman und Derrida wohl beide als ‹Irrealisten› beschrieben werden können, ist die philosophische Moral, die sie aus ihren jeweiligen Irrealismen ableiten, recht verschieden. Auch wenn Goodman Schwierigkeiten mit dem Begriff der Wahrheit sieht, empfiehlt er doch nie, daß wir ihn aufgeben sollten. Statt dessen schlägt er vor, wir sollten den Bereich der philosophischen Diskussion erweitern. Anstatt ausschließlich oder vor allem über Sprache zu reden, über Versionen, die aus Aussagen bestehen, sollten wir auch andere ‹Versionen› der Welt wie Gemälde, musikalische Kompositionen und so weiter in Betracht ziehen. (Goodman zufolge funktionieren alle Kunstwerke semantisch und bilden Versionen/Welten.[34]) Wahrheit ist ein Prädikat, das wir nur auf Aussagen anwenden, und Aussagen tauchen nur in sprachlichen Versionen der Welt auf, aber auch nicht-sprachliche Versionen können zum Verstehen beitragen und richtig oder falsch sein. Goodman ist vollkommen klar, daß es gegenwärtig keine notwendigen oder hinreichenden Bedingungen für Richtigkeit oder Wahrheit gibt, die wir aufstellen könnten – jedenfalls gibt es weder für Richtigkeit noch für Wahrheit einen ‹Algorithmus›. Zudem ist er sich bewußt, daß selbst partielle oder vage Standards, die ein Philosoph vorschlagen könnte, stets umstritten sein werden. Weder das Fehlen eines Algorithmus noch das Umstrittensein der allgemeinen Aussagen, die wir machen können, sollte zur Verzweiflung Anlaß geben. Selbst wenn wir keine allgemeine Charakterisierung der Richtigkeit besitzen, haben wir doch partielle Charakterisierungen bestimmter Arten von Richtigkeit, wie Goodman betont. Für deduktive Gültigkeit haben wir seit langem eine partielle Charakterisierung. (Daß sie nur partiell ist, zeigt Gödels Unvollständigkeitssatz.[35]) Für induktive Gültigkeit hat Goodman selbst die Anfänge zu einer Theorie vorgeschlagen, auch wenn er sich durchaus im klaren ist, daß diese Theorie keine formale induktive Logik im Sinne von Rudolf Carnap darstellt.[36] Goodmans Haltung gegenüber dem Fehlen von ‹Standards› für Richtigkeit oder Wahrheit ist generell die, daß Philosophen versuchen müssen, Standards zu ersinnen, wenn nicht für Wahrheit *simpliciter* oder Richtigkeit *simpliciter*, dann für Richtigkeit und Wahrheit in diversen Bereichen. Wenn diese Standards keine Algorithmen sind, können sie wenigstens den Anfang zu einer Theorie bilden. Wenn wir in vielen Bereichen noch nicht einmal den Anfang zu einer Theorie besitzen, zeigt das, daß es für Philosophen eine ganze Menge Arbeit zu tun gibt. Goodman beschreibt sich selbst als einen ‹Konstruktionalisten›; er betont stets den Gedanken, daß das Fehlen von präexistenten Standards eine Herausforderung und keinen Grund zur Verzweiflung für Philosophen darstellt.

Wie sollten Philosophen an die Erstellung von Standards für verschiedene Arten der Richtigkeit herangehen? Sie sollten ansehen, was wir in diversen Fällen schon glauben, und versuchen, Standards zu formulieren, die mit diesen Überzeugungen übereinstimmen. Sie sollten aber nicht die Sklaven ihrer Überzeugungen sein. Während wir Standards zu entwickeln versuchen, stellt sich oft heraus, daß uns eben diese Aktivität der Formulierung von Prinzipien dazu bringt, unsere Ansicht zu bestimmten Fällen zu ändern. Wir müssen also auf eine ‹feinfühlige gegenseitige Anpassung› von Standards und Einzelfällen untereinander abzielen; in der Hoffnung auf so etwas wie ein Rawlssches ‹reflektives Äquilibrium› am Ende. Was aber, wenn unser reflektives Äquilibrium von anderen nicht als reflexives Äquilibrium betrachtet wird? Dann müssen wir, wie Goodman sagt, ganz einfach das zu ‹verkaufen› versuchen, was uns richtig erscheint. Das Kriterium der Richtigkeit (in der Philosophie oder irgendwo sonst) kann nicht universaler Konsens sein.[37] Goodman fürchtet sich nicht vor Unvollständigkeit und schreckt nicht vor normativen Aussagen zurück.

Derridas Haltungen sind sehr viel schwerer auszumachen. Auch wenn das zweifellos eine Fehlinterpretation darstellt[38], werden seine Angriffe auf den ‹Logozentrismus› der westlichen Kultur doch von einigen seiner linkeren Anhänger so interpretiert, als würden sie eine vollkommene Ablehnung der Vorstellung von vernünftiger Rechtfertigung gestatten. Der Interpretation dieser Anhänger zufolge lehrt Derrida, daß Logik und Standards der Richtigkeit selbst repressiv sind. Man meint, um uns vom Kapitalismus zu befreien, müßten wir uns von Vorstellungen wie Richtigkeit und Wahrheit befreien. Diese Leute würden Goodman als einen hoffnungslosen Reaktionär ansehen.

Man kann die Gründe für diese Interpretation durchaus verstehen. Traditionelle Überzeugungen schließen vieles ein, was repressiv ist (man denke an traditionelle Ansichten über diverse Rassen, über Frauen, Arbeiter oder Schwule). Unsere ‹Standards› brauchen nicht nur vernünftige Rekonstruktion, sondern auch Kritik. Kritik verlangt aber nach Argumenten, nicht nach der Aufgabe von Argumentation. Die Auffassung, die Linke habe bloß niederzureißen, was da ist, und nicht zu diskutieren, was es ersetzen mag, ist die gefährlichste Politik von allen sowie eine, die leicht von der extremen Rechten nachgeahmt werden könnte.

Derrida selbst ist dieser Denkweise nicht zu beschuldigen. Er hat auf den Vorwurf des Nihilismus eindringlich erwidert:

«Es ist leicht zu sehen, auf welcher Seite Obskurantismus und Nihilismus lauern, wenn große Professoren oder Vertreter hochangesehener Institutionen gelegentlich jedes Maß und alle Kontrolle verlieren; bei solchen Gelegenheiten vergessen sie die Grundsätze, die sie in ihren Werken zu verteidigen vorgeben, und fangen plötzlich an, Beleidigungen aufzuhäufen, zu sagen, was immer ihnen in den Kopf kommt, über Texte, die sie offensichtlich nie geöffnet oder die sie durch drittklassigen Journalismus kennengelernt haben, den sie unter anderen Umständen zu verspotten vorgeben würden.»[39]

Es bleibt aber die Tatsache, daß die Stoßrichtung von Derridas Werk so negativ ist, es ihm so sehr an einer Richtung mangelt, was und wie wir aufbauen sollten, politisch oder anderweitig, daß es schwer fällt, ihn von der Verantwortung für die Auswirkungen seiner Lehre vollkommen freizusprechen. Er selbst spricht Nietzsche nicht vollkommen frei:

«Ich möchte seinen Autor nicht ‹reinwaschen› und das neutralisieren oder entschärfen, was für demokratische Pädagogik oder ‹linke› Politik problematisch sein könnte oder den schlimmsten Schlachtrufen des Nationalsozialismus als ‹Sprache› diente. Im Gegenteil, an diesem Ort ist größte Unanständigkeit zwingend geboten. Man mag sich sogar fragen, warum es nicht reicht zu sagen: «Nietzsche hat das nicht gemeint», «Er hat das nicht gewollt», oder «Er hätte darauf gespuckt», daß es eine Widerlegung des Erbes und der interpretativen Mystifizierung gibt. Man könnte sich fragen, wie und warum das, was so naiv als Widerlegung bezeichnet wird, möglich war (man kann nicht einfach irgend etwas widerlegen), wie und warum die ‹gleichen› Worte und die ‹gleichen› Aussagen – wenn es wirklich die gleichen sind – mehrmals dazu gebraucht werden konnten, gewissen Bedeutungen und Zwecken zu dienen, von denen gesagt wird, sie seien andere oder sogar unvereinbar.»[40]

In einer Bemerkung zu dieser Passage schrieb Richard Bernstein:

«Ich möchte nicht andeuten, daß Derridas Texte zu ‹schlimmsten Schlachtrufen› Anlaß geben. Es fällt schwer, sich irgendwelche Texte vorzustellen, die stärker antiautoritär und für jeden (und alle) ‹wahren Gläubigen› subversiver wären. Ich frage aber, ob der Unterzeichner dieser Texte eine gewisse Verantwortung für ihre Aufnahme trägt. Wenn das Verlangen zu schreiben ‹das Verlangen ist, ein Programm oder eine Matrix zu perfektionieren, welche die größte potentielle Variationsbreite, Unendscheidbarkeit, Vielstimmigkeit etc. besitzt, so daß das, was herauskommt, jedesmal so anders ist wie nur möglich›, trägt dann der Unterzeichner nicht eine gewisse ‹Verantwortung› für die divergierenden und unvereinbaren Lesarten und Verständnisse der Texte? Man mag sich fragen, ‹wie und warum› die von J. D. unterzeichneten Texte als nihilistisch, obskurantistisch, selbstbeweihräuchernde Logorrhöe und (wie ich argumentiert habe) als leidenschaftlich, politisch, subversiv, der Öffnung der Räume von *Différance* und dem Respekt gegenüber dem, was unreduzierbar anders ist, verpflichtet gelesen werden können. Was an den Texten von Derrida ist es, das diese doppelte Lesart gestattet, ja dazu einlädt? Schließlich gilt, ‹man kann nicht einfach irgend etwas widerlegen›.»[41]

Mir scheint, daß sich Derrida in den Fesseln befindet, in die jene geraten werden, die nicht ‹unverantwortlich› sein, aber die Vorstellungen von Vernunft und Wahrheit selbst dadurch ‹problematisieren› wollen, daß sie uns lehren, diese seien zwar unverzichtbar, würden uns aber ‹im logozentrischen Zirkel halten›, seien ‹zusammengebrochen› und so fort.

Das Problem ist, daß die Stoßrichtung von Derridas Schriften, ungeachtet einiger Momente von Argumentation, lautet, die Begriffe von ‹Rechtfertigung›, ‹gutem Grund›, ‹Berechtigung› etc. sind primär repressive Gesten. Und *diese* Ansicht ist gefährlich, weil sie Extremisten (besonders Extremisten mit romantischer Tendenz) aller Arten, Rechten wie Linken, Hilfe und Tröstung gewährt. Das 20. Jahrhundert war Zeuge fürchterlicher Ereignisse, und die extreme Rechte wie die extreme Linke sind für ihre Schrecken verantwortlich. Heute, da wir dem 21. Jahrhundert gegenüberstehen, ist es unsere Aufgabe, die Fehler des 20. Jahrhunderts nicht zu wiederholen. Vernunft als einen bloß repressiven Begriff aufzufassen, wird uns dabei sicherlich nicht helfen.

Derrida ist kein Extremist, ich wiederhole es. Seine eigenen politischen Äußerungen sind meiner Ansicht nach im allgemeinen bewundernswürdig. Die philosophische Unverantwortlichkeit einer Generation kann aber zur echten politischen Tragödie einiger Jahrzehnte später werden. Und Dekonstruktion ohne Rekonstruktion ist Unverantwortlichkeit.

Anmerkungen

* ‹Irrealism and Deconstruction›, 6. *Gifford Lecture*, St. Andrews 1990. In: Hilary Putnam: *Renewing Philosophy (The Gifford Lectures)*, Harvard University Press, Cambridge, Mass. 1992, 108–133.

1 [Williams 1985.]

2 [Dies ist eine Zusammenfassung der vorhergehenden fünf Vorlesungen, in

denen die aktuellen Ausformungen dieser Ansichten besprochen werden (Künstliche Intelligenz, Fodor 1990, evolutionäre Ansätze, Millikan, Rorty, Williams etc.). Die wesentlichen Argumente gegen kausale und metaphysisch-realistische Referenztheorien finden sich in den Texten 4, ‹Modelle und Wirklichkeit›, und 5, ‹Referenz und Wahrheit›, und werden besonders in Text 7, ‹Warum es keine Fertigwelt gibt›, auf physikalistische Varianten (Materialismus) ausgeweitet. Zum Relativismus Text 8, ‹Wozu die Philosophen?›, und besonders den zweiten Teil von Text 9, ‹Realismus mit menschlichem Antlitz›.]

3 Richard Rorty 1982, 90–109. [Derrida 1967a und 1967b. S. u.]

4 Dies hat Saul Kripke 1972 betont.

5 Ich sollte betonen, daß Versionen für Goodman nicht formalisiert werden müssen, auch wenn die Unterschiede zwischen ihnen schärfer hervorzutreten pflegen, wenn wir sie zu einem gewissen Grad formalisieren.

6 «Es werden in allen Zweigen der Wissenschaft so viele rivalisierende Formulierungen vorgeschlagen, daß sich die Forscher an die Vorstellung gewöhnt haben, daß keine Theorie eine absolute Abschrift der Wirklichkeit darstellt. (...) Sie sind nur eine von Menschen gemachte Sprache, eine begriffliche Kurzschrift, wie man sie genannt hat, in der wir unsere Berichte über die Natur schreiben; und wie wohlbekannt ist, gestattet die Sprache viele Ausdrucksformen und Dialekte» (James 1907, 33).

7 Siehe ‹Werke, Worte, Welten›, das erste Kapitel in Goodman 1978.

8 Goodmans Erwiderung auf Vorträge von Scheffler und mir ist 1984 unter dem Titel ‹Starmaking› gedruckt worden. Leider läßt die gedruckte Fassung das Beispiel des Großen Wagens aus. Mein Vortrag ‹Reflections on Goodman's *Ways of Worldmaking*› [1979, II-102] ist in *Realism with a Human Face* [1990, I-12] abgedruckt. Schefflers Vortrag erschien in Synthese 45 (1980), 201–209, mit einer Erwiderung von Goodman, 211–215.

9 Diese Form des Einwandes stammt von Avishai Margalit (im Gespräch).

10 Wasser zum Beispiel ist in Wirklichkeit nicht bloß H_2O: Wasser enthält tatsächlich immer H_4O_2, H_6O_3... sowie D_2O, D_4O_2, D_6O_3... und Überlagerungen (im quantenmechanischen Sinn) von all dem Vorhergehenden. Angenommen, man hätte einen Eimer voll H_4O_2; wäre das ein Eimer Wasser?

11 Tatsächlich könnte es sein, daß Elementarteilchen noch nicht einmal *relativistisch invariant* sind. Dazu P. C. W. Davies 1984. [Vgl. Text 9, ‹Realismus mit menschlichem Antlitz›, Abschnitt ‹Realismus›.]

12 Anmerkung für Fans der Mögliche-Welten-Semantik: Wenn ich sage, unsere sprachlichen Praktiken haben ihn zu Joe Ullian gemacht, dann verwende ich ‹Joe Ullian› nicht-starr (um das anzudeuten, habe ich ‹Joe Ullian› im Text mit Anführungszeichen versehen). Der ‹starre› Gebrauch ist hier nicht relevant; in der Redeweise der starren Bezeichnung kann man noch nicht einmal sagen, daß unsere sprachlichen Praktiken den Großen Wagen

zum Großen Wagen gemacht haben. [Die Terminologie geht auf Kripke 1972 zurück.]

13 Siehe ‹Is There Still Anything to Say about Reality and Truth?› [1987, II-157] aus *The Many Faces of Realism* [1987, I-10], ‹A Defense of Internal Realism› [1990, II-171] und ‹Truth and Convention› [mit dem Untertitel: ‹On Davidson's Refutation of Conceptual Relativism›, 1987, II-161] in *Realism with a Human Face* [1990, I-12]. [Grundlegend hierzu Text 4, ‹Modelle und Wirklichkeit›; siehe auch Text 8, ‹Wozu die Philosophen?›, und Text 9, ‹Realismus mit menschlichem Antlitz›, Abschnitt ‹Kleiner und großer Realismus›.]

14 Ich sage ‹konkret›, weil jene, welche diese Ansicht vertreten, manchmal von Raum-Zeit als der ‹Materie› sprechen, aus der alles gemacht ist, und sich Raum-Zeit-Punkte als die letzten ‹Atome› vorstellen, aus denen diese Materie besteht.

15 Daß Punkte im Raum ‹bloße Grenzen› seien, war die Ansicht von Kant in der *Kritik der reinen Vernunft* (siehe die zweite Antinomie) [Kant 1781/87, B 462–271, bes. B 468].

16 Die Vorstellung, daß Punkte im Raum bloße Grenzen sind, kann dadurch formalisiert werden, daß man Punkte mit *Äquivalenzklassen konvergenter Reihen von Sphären* identifiziert. Eine Reihe von Sphären ist genau dann konvergent, wenn (1) jede Sphäre (die erste ausgenommen) in der vorhergehenden Sphäre enthalten ist; und sich (2) der Radius der *i*-ten Sphäre 0 annähert, während *i* ohne Grenze zunimmt. Zwei Reihen sind dann *äquivalent*, wenn jede Sphäre beider Reihen alle Sphären der anderen Reihe nach der *i*-ten enthält, für irgendein *i*. Dieser Weg zur Formalisierung von Kants intuitiver Vorstellung geht auf Whitehead zurück; in Whiteheads und Russells *Principia Mathematica* [1910–13].

17 Davidson 1974. Goodman wird dort nicht namentlich erwähnt, aber Quines Rezension (1978) von Goodmans *Weisen der Welterzeugung* geht in eine ähnliche Richtung. Siehe auch Quines Bezug auf Davidson bei seiner Ablehnung des begrifflichen Relativismus (den er als ‹die ökumenische Sichtweise› bezeichnet) in Quine 1986.

18 Quine 1981 b, besonders 21 f.

19 Für eine Analyse des betreffenden Begriffs der Äquivalenz siehe ‹Equivalence› [1980, II-105].

20 Die Tatsache, daß wir nicht sagen können, daß ein Satz in der einen Version dieselbe ‹Bedeutung› hat wie (1) seine ‹Übersetzung› in die andere Version oder (2) der Satz mit genau derselben Schreibweise in der anderen Version, heißt nicht, daß uns nur noch übrigbleibt zu sagen, die beiden Versionen seien *inkommensurabel*. Es heißt vielmehr, daß wir den Satz und seine ‹Übersetzung› *so behandeln*, als hätten sie dieselbe Bedeutung, auch wenn es uns gewöhnliche Übersetzungspraktiken nicht gestatten, das zu tun.

21 Punkte als Mengen *konzentrischer* Sphären zu betrachten ist ein weiterer

Weg zur Formalisierung der Vorstellung, daß Punkte ‹bloße Grenzen› sind. Wählt man diesen Weg, dann muß die ‹Identität› von Punkten als Äquivalenz in dem in Fußnote 16 vorgeschlagenen Sinn reinterpretiert werden.

22 [(1987, I-10), dort Teil I ‹Is There Still Anything to Say about Reality and Truth?› (1987, II-157) und Teil II ‹Realism and Reasonableness› (1987, II-158). ‹Aggregat› heißt hier ‹mereologische Summe›; es gibt außer den Atomen *a, b* und *c* noch die ‹Aggregate› *a*&*b*, *a*&*c*, *b*&*c* und *a*&*b*&*c*.]

23 So über ‹richtige Beschreibungen von Situationen› zu sprechen, zwingt mich nicht dazu, mir Situationen scharf begrenzt vorzustellen («er stand ungefähr da» kann eine einwandfreie Beschreibung einer Situation sein [vgl. Wittgenstein 1953, I, § 88]) oder Situationen als die letzten metaphysischen Realitäten anzusehen. Die Situtations-Sprache ist nur noch eine weitere Redeweise, deren Gebrauch manchmal bequem ist.

24 [Williams 1985.]

25 Derrida fährt fort: «das Wort ‹Bezeichnendes› führt uns wieder in den logozentrischen Zirkel oder hält uns dort... Ich habe Ihnen bereits gesagt, was ich vom Begriff des Bezeichnenden halte. Dasselbe gilt für die Begriffe *Repräsentation* und *Subjekt*» (Derrida 1972, 82f).

26 Siehe meinen Aufsatz ‹A Defense of Internal Realism› [1990, II-171]. [Oben Texte 4–9, besonders den Anfang von Text 6, ‹Wie man zugleich interner Realist und transzendentaler Idealist sein kann›. Zur Fertigwelt siehe Text 7, ‹Warum es keine Fertigwelt gibt›.]

27 [Besonders mit Kuhn 1962. Vgl. Texte 1–3, speziell Text 3, «Was ist ‹Realismus›?».]

28 In Derrida 1972, 27–50. [Interview aus dem Jahre 1968.]

29 [Derrida 1972, 28.]

30 [Quine 1960.]

31 Man beachte, daß das ‹Bezeichnete› *[signifié]* in der französischen Semiologie der Sinn oder die Intension des Bezeichnenden ist, nicht seine Extension. Derrida sagt, daß wir in der Übersetzung so reden, als ob es eine ‹Bedeutung› gebe, die zwei verschiedene Zeichen teilen.

32 [Vgl. etwa Fodor 1975 und 1990.]

33 Ich möchte hier natürlich keinerlei kausalen Einfluß andeuten. Derridas Position wurde ausgearbeitet, lange bevor Goodman ‹Irrealist› wurde.

34 [Vgl. Goodman 1968.]

35 [Gödel 1931.]

36 [Goodman 1955. Zu Carnaps Auffassung von induktiver Logik siehe exemplarisch Carnap 1950 und 1959.]

37 Goodman 1978, 139f.

38 Ein Grund dafür, daß dies eine Fehlinterpretation darstellt, ist die Tatsache, daß Derrida selbst betont, die logozentrische Zwangslage ist keine ‹Krankheit›, für die er uns eine Heilung bietet; sie ist vielmehr eine Zwangslage, in der wir uns schicksalshaft befinden. Siehe Derrida 1967a. Zugleich wird

allerdings davon gesprochen, daß Vorstellungen ‹zusammengebrochen› sind, die uns in der Zwangslage ‹halten›, wie wir oben gesehen haben.

39 Derrida 1983, 44.

40 Derrida 1985, 23 f.

41 Bernstein 1987, 111.

Bibliographie der Schriften von Hilary Putnam[1]

I Bücher

1964

1 Mit Paul Benacerraf (Hg.): *Philosophy of Mathematics. Selected Readings*, Prentice Hall, Englewood Cliffs, N. J., und Basil Blackwell, Oxford. 536 S. 2. Aufl. mit einer neuen Auswahl, Cambridge University Press, Cambridge/New York 1983. 608 S. [Enthält II-35, 45, 108, 137.]

1971

2 *Philosophy of Logic*, Harper & Row, New York. 76 S.

1975

3 *Mathematics, Matter and Method. Philosophical Papers, Volume I*, Cambridge University Press, Cambridge/New York. 328 S. [Enthält II-9, 12, 22, 24, 26, 28, 29, 31, 36, 37, 39, 45, 49, 50, 52, 49, 73, 78, 87, 88.]

4 *Mind, Language and Reality. Philosophical Papers, Volume II*, Cambridge University Press, Cambridge/New York. 457 S. [Enthält II-14, 18, 21, 23, 27, 34, 38, 46–48, 54, 57, 62, 74, 76, 77, 79, 80, 82–86.]

1978

5 *Meaning and the Moral Sciences*, Routledge & Kegan Paul, London/Henley/Boston. 145 S. [Enthält II-81, 89, 92, 93, 95.]

1981

6 *Reason, Truth and History*, Cambridge University Press, Cambridge/New York. 222 S. [Enthält II-107.] [III-6]

1 Nur veröffentlichte oder zur Veröffentlichung angenommene Schriften, keine Wiederabdrucke (auch wenn sie ‹besser zugänglich› wären) – jedoch Angabe der Stellen in den unter I aufgeführten Bänden, wo die Originalpublikationen nicht immer genannt sind. Rezensionen nur insoweit, als sie in den unter I aufgeführten Bänden aufgenommen wurden. Ist die Erstveröffentlichung eine Übersetzung, so wird zusätzlich die erste Publikation im Original aufgeführt. Alle Texte sind im Original englisch. Angaben ab 1992 teilweise unvollständig.

1983

7 *Realism and Reason. Philosophical Papers, Volume III*, Cambridge University Press, Cambridge/New York. 328 S. [Enthält II-90, 97, 99, 102, 108, 114–116, 124–127, 129, 133, 134, 136, 146.]

8 Mit Carl G. Hempel und Wilhelm K. Essler (Hg.): *Methodology, Epistemology and Philosophy of Science. Essays in Honor of Wolfgang Stegmüller of the Occasion of His 60th Birthday*, D. Reidel, Dordrecht. 424 S. Auch als Bd. 19 von *Erkenntnis* 1983 mit derselben Paginierung. [Enthält II-136.]

1985

9 Mit Wilhelm Karl Essler und Wolfgang Stegmüller (Hg.): *Epistemology, Methodology and Philosophy of Science. Essays in Honor of Carl G. Hempel on the Occasion of his 80th Birthday*, D. Reidel, Dordrecht. 484 S. Auch als Bd. 22 von *Erkenntnis* 1985 mit derselben Paginierung. [Enthält II-147.]

1987

10 *The Many Faces of Realism* (The Paul Carus Lectures, Washington 1985), Open Court, La Salle, Ill. 98 S. [Enthält II-156–159.]

1988

11 *Representation and Reality*, Massachusetts Institute of Technology Press, Cambridge, Mass./London. 136 S. [III-9.]

1990

12 *Realism With a Human Face*, hg. v. James Conant, Harvard University Press, Cambridge, Mass./London. 347 S. [Enthält II-104, 118, 120, 130, 131, 135, 139, 142, 145, 151, 160, 161, 166, 170, 171, 174, 176–179, 181.]

13 *The Meaning of the Concept of Probability in Application to Finite Sequences*, PhD Thesis, University of California, Los Angeles 1951. Mit ‹Introduction Some Years Later› [II-175]. Garland, New York/London. Typoskript, 128 S.

1992

14 *Renewing Philosophy* (The Gifford Lectures, St. Andrews 1990), Harvard University Press, Cambridge, Mass./London. 234 S. [Enthält *Text 10* und II-172, 189.]

15 Mit Ted Cohen und Paul Guyer (Hg.): *Pursuits of Reason: Essays Presented to Stanley Cavell*, Texas Technical University Press, Lubbock, Tex. 448 S. [Enthält II-173, 191.]

1994

16 *Words and Life*, hg. v. James Conant, Harvard University Press, Cambridge, Mass./London. [Wird u.a. enthalten II-183, 185, 191, 193, 195, 196, 198, 199.]

II Aufsätze, Vorträge und Vorlesungen

1954

1 ‹Synonymity and the Analysis of Belief Sentences›, in: *Analysis* 14, 114–122.

1956

2 ‹A Definition of Degree of Confirmation for Very Rich Languages›, in: *Philosophy of Science* 23, 58–62.

3 ‹Mathematics and the Existence of Abstract Entities›, in: *Philosophical Studies* 7, 81–88.

4 ‹Reds, Greens and Logical Analysis›, in: *Philosophical Review* 65, 206–217.

1957

5 ‹Arithmetic Models for Consistent Formulae of Quantification Theory›, in: *Journal of Symbolic Logic* 22, 110f.

6 ‹Decidability and Essential Undecidability›, in: *Journal of Symbolic Logic* 22, 39–54.

7 ‹Psychological Concepts, Explication and Ordinary Language›, in: *The Journal of Philosophy* 54, 94–99.

8 ‹Red and Green all Over Again: A Rejoinder to Arthur Pap›, in: *Philosophical Review* 66, 100–103.

9 ‹Three-Valued Logic›, in: *Philosophical Studies* 8, 73–80. [I-3, 166–173.]

1958

10 Mit Martin Davis: ‹Reductions of Hilbert's Tenth Problem›, in: *Journal of Symbolic Logic* 23, 183–187.

11 Mit Paul Oppenheim: ‹Unity of Science as a Working Hypothesis›, in: Herbert Feigl / Michael Scriven / Grover Maxwell (Hg.): *Concepts, Memories and the Mind-Body Problem, Minnesota Studies in the Philosophy of Science* II, University of Minnesota Press, Minneapolis, 3–36. [III-1]

1959

12 «Memo on ‹Conventionalism›», *Publication of the Minnesota Center for the Philosophy of Science*, 22.4.1959, University of Minnesota Press, Minneapolis. [I-3, 206–214.]

1960

13 ‹An Unsolvable Problem in Number Theory›, in: *Journal of Symbolic Logic* 25, 220–232.

14 ‹Minds and Machines›, in: Sidney Hook (Hg.): *Dimensions of Mind*, State University of New York Press, Albany, N. Y. [III-2. I-4, 362–385.]

15 Mit Martin Davis: ‹A Computing Procedure for Quantification Theory›, in: *Journal of the Association for Computing Machines* 7, 201–215.

16 Mit Raymond Smullyan: ‹Exact Separation of Recursively Enumerable Sets Within Theories›, in: *Proceedings of the American Mathematical Society* 11, 574–577.

1961

17 «Comments on the Paper of David Sharp, ‹The Einstein-Podolsky-Rosen Paradox Re-Examined›», in: *Philosophy of Science* 28, 234–239.

18 ‹Some Issues in the Theory of Grammar›, in: The American Mathematical Society, *Proceedings of Symposia in Applied Mathematics* 12, 25–42. [I-4, 85–106.]

19 ‹Uniqueness Ordinals in Higher Constructive Number Classes›, in: Yoshua Bar-Hillel (Hg): *Essays on the Foundations of Mathematics dedicated to A. A. Fraenkel on his 70th Anniversary*, Magnes, Jerusalem, 190–206.

20 Mit Martin Davis und Julia Robertson: ‹The Decision Problem for Exponential Diophantine Equations›, in: *Annals of Mathematics* 74, 425–436.

1962

21 «Dreaming and ‹Depth Grammar›», in: R. J. Butler (Hg.): *Analytical Philosophy. First Series*, Basil Blackwell, Oxford. [I-4, 304–324.]
22 ‹It Ain't Necessarily so›, in: *The Journal of Philosophy* 59, 658–670. [I-3, 237–249.]
23 ‹The Analytic and the Synthetic›, in: Herbert Feigl/Grover Maxwell (Hg.): *Scientific Explanation. Space and Time. Minnesota Studies in the Philosophy of Science* III, University of Minnesota Press, Minneapolis. [I-4, 33–69.]
24 ‹What Theories are Not›, in: Ernest Nagel/Patrick Suppes/Alfred Tarski (Hg.): *Logic, Methodology and Philosophy of Science*, Stanford University Press, Stanford, Cal. [I-3, 215–227.]

1963

25 ‹A Note on Constructible Sets of Integers›, in: *Notre Dame Journal of Formal Logic* 4, 270–273.
26 ‹An Examination of Grünbaum's Philosophy of Space and Time›, in: B. Baumrin (Hg.): *Philosophy of Science; The Delaware Seminar 2. 1962–1963*, Interscience, New York. [I-3, 93–129.]
27 ‹Brains and Behaviour›, in: R. J. Butler (Hg.): *Analytical Philosophy. Second Series*, Basil Blackwell, Oxford. [I-4, 325–341.]
28 «‹Degree of Confirmation› and Inductive Logic», in: Paul Arthur Schilpp (Hg.): *The Philosophy of Rudolf Carnap*, (The Library of Living Philosophers), Open Court, La Salle, Ill. [I-3, 270–292.]
29 ‹Probability and Confirmation›, in: *The Voice of America. Forum Philosophy of Science*, U. S. Information Agency. [I-3, 293–304.]
30 Mit Martin Davis: ‹Diophantine Sets Over Polynomial Rings›, in: *Illinois Journal of Mathematics* 7, 251–256.

1964

31 ‹Discussion: Comments on Comments on Comments: a Reply to Margenau and Wigner›, in: *Philosophy of Science* 31/1, 1–6. [I-3, 159–165.]
32 ‹On Families of Sets Represented in Theories›, in: *Archiv für mathematische Logik und Grundlagenforschung* 6, 66–70.
33 ‹On Hierarchies and Systems of Notations›, in: *Proceedings of the American Mathematical Society* 15, 44–50.
34 ‹Robots: Machines or Artificially Created Life?›, in: *The Journal of Philosophy* 61, 668–691. [I-4, 386–407.]
35 Mit Paul Benacerraf: ‹Introduction›, in: I-1 (1. Aufl.), 1–27.

1965

36 ‹A Philosopher Looks at Quantum Mechanics›, in: Robert G. Goldony (Hg.): *Beyond the Edge of Certainty: Essays in Contemporary Science and Philosophy*, Prentice Hall, Englewood Cliffs, N. J. [I-3, 130–158.]
37 ‹Craig's Theorem›, in: *The Journal of Philosophy* 62, 251–259. [I-3, 228–236.]
38 ‹How not to Talk About Meaning. Comments on J. J. C. Smart›, in: Robert S. Cohen/M. W. Wartowski (Hg.): *Boston Studies in the Philosophy of Science*, Bd. II (In Honor of Philipp Frank), Humanities Press, New York. [I-4, 117–131.]
39 ‹Philosophy of Physics›, in: Franklin H. Donnell (Hg.): *Aspects of Contemporary American Philosophy*, Physica Verlag, Würzburg. [I-3, 79–92.]
40 ‹Trial and Error Predicates and the Solution to a Problem of Mostowski›, in: *Journal of Symbolic Logic* 30, 49–57.
41 Mit Gustav Hensel: ‹On The Notational Independence of Various Hierarchies of Degrees of Unsolvability›, in: *Journal of Symbolic Logic* 30, 69–86.
42 Mit David Luckham: ‹On Minimal and Almost Minimal Systems of Notations›, in: *Transactions of the American Mathematical Society* 119, 86–100.
43 Mit Marian Boykan Pour-El: ‹Recursively Enumerable Classes and their Application to Recursive Sequences of Formal Theories›, in: *Archiv für mathematische Logik und Grundlagenforschung* 8, 104–121.
44 Mit Joseph S. Ullian: «More About ‹About›», in: *The Journal of Philosophy* 62, 305–310.

1967

45 ‹Mathematics Without Foundations›, in: *The Journal of Philosophy* 64, 5–22. [I-1, 295–311 und I-3, 43–59.]
46 ‹Psychological Predicates›, in: W. H. Captain/D. D. Merrill (Hg.): *Art, Mind and Religion. Oberlin Colloquium in Philosophy*, University of Pittsburgh Press, Pittsburgh, Pa. [Unter dem Titel: ‹The Nature of Mental States›, [I-4, 429–440.] [III–4.]
47 «The ‹Innateness Hypothesis› and Explanatory Models in Linguistics», in: *Synthese* 17, 12–22. [I-4, 107–116.]
48 ‹The Mental Life of Some Machines›, in: Henry Castaneda (Hg.): *Intentionality, Minds and Perception*, Wayne State University Press, Detroit, Mich. [I-4, 408–428.]
49 ‹The Thesis that Mathematics is Logic›, in: Robert Schoeman (Hg.): *Bertrand Russell. Philosopher of the Century*, Allen & Unwin, London. [I-3, 12–42.]

50 ‹Time and Physical Geometry›, in: *The Journal of Philosophy* 64, 240–247. [I-3, 198–205.]

51 Mit Burton Dreben: ‹The Craig Interpolation Lemma›, in: *Notre Dame Journal of Formal Logic* 8, 229–233.

1968

52 ‹Is Logic Empirical?›, in: Robert S. Cohen/M. W. Wartowski (Hg.): *Boston Studies in the Philosophy of Science*, Bd. V, D. Reidel, Dordrecht. [Überarbeitet und unter dem Titel: ‹The Logic of Quantum Mechanics› in: I-3, 174–197.]

53 Mit George Boolos: ‹Degrees of Unsolvability of Constructible Sets of Integers›, in: *Journal of Symbolic Logic* 33, 497–513.

1969

54 ‹Logical Positivism and the Philosophy of Mind›, in: Peter Achinstein/Samuel Barker (Hg.): *The Legacy of Logical Positivism*, John Hopkins Press, Baltimore. [I-4, 441–451.]

55 Mit Gustav Hensel: ‹Normal Models and the Field Sigma›, in: *Fundamenta Mathematicae* 64, 231–240.

56 Mit Gustav Hensel und Richard Boyd: ‹A Recursion-Theoretic Characterization of the Ramified Analytical Hierarchy›, in: *Transactions of the American Mathematical Society* 141, 37–62.

1970

57 ‹Is Semantics Possible?›, in: *Metaphilosophy* 1, 187–201. Zugleich in: Howard E. Kiefer/Milton K. Munitz (Hg.): *Languages, Belief and Metaphysics*, Bd. 1 von *Contemporary Philosophic Thought: The International Philosophy Year Conferences at Brockport*, State University of New York Press, Albany, N. Y. [I-4, 139–152.]

58 «Liberalism, Radicalism and Contemporary ‹Unrest›», in: *Metaphilosophy* 1, 71–74.

59 ‹On Properties›, in: Nicolas Rescher et al. (Hg.): *Essays in Honor of Carl Hempel. A Tribute on the Occasion of his 65th Birthday*, D. Reidel, Dordrecht. [I-3, 305–322.]

60 Mit H. B. Enderton: ‹A Note On The Hyperarithmetical Hierarchy›, in: *Journal of Symbolic Logic* 35, 429f.

1971

61 Mit Stephen Leeds: ‹An Intrinsic Characterization of the Hierarchy of Constructible Sets of Integers›, in: R. O. Gandy/C. E. M. Yates (Hg.): *Logic Colloquium '69*, North-Holland, Amsterdam, 311–350.

1973

62 ‹Explanation and Reference›, in: G. Pearce/P. Maynard (Hg.): *Conceptual Change*, D. Reidel, Dordrecht. [I-4, 196–214.] *Text 1*.
63 ‹Meaning and Reference›, in: *The Journal of Philosophy* 70, 699–711.
64 ‹Recursive Functions and Hierarchies›, in: *American Mathematical Monthly* 80/6, 68–86.
65 ‹Reductionism and the Nature of Psychology›, in: *Cognition* 2, 131–146.
66 Mit Stephen Leeds: ‹Solution to a Problem of Gandy's›, in: *Fundamenta Mathematicae* 81, 99–106.

1974

67 ‹Comment on Wilfried Sellars›, in: *Synthese* 27, 445–455.
68 ‹Discussion› (über ‹Scientific Explanation›, II-72, mit Suppes, Cohen, Achinstein, Braunberger, Shapere, Hempel, Kuhn, Causey und van Fraassen), in: Frederick Suppes (Hg.): *The Structure of Scientific Theories*, University of Illinois Press, Urbana, Ill., 434–458.
69 ‹How to Think Quantum-Logically›, in: *Synthese*, 29, 55–61.
70 ‹Philosophy of Language and Philosophy of Science›, in: Robert S. Cohen (Hg.): *Boston Studies in the Philosophy of Science*, Bd. 32, 603–610.
71 «Reply To Lugg's ‹Putnam On Reductionism›», in: *Cognition* 3, 295–298.
72 ‹Scientific Explanation› (Zusammenfassung von F. Suppe), in: Frederick Suppe (Hg.): *The Structure of Scientific Theories*, University of Illinois Press, Urbana, Ill., 428–433. [Frühere Fassung von «The ‹Corroboration› of Theories», 1974, II-73.]
73 «The ‹Corroboration› of Theories», in: Paul Arthur Schilpp (Hg.): *The Philosophy of Karl Popper*, Bd. 2, (The Library of Living Philosophers), Open Court, La Salle, Ill. [Überarbeitete Fassung von ‹Scientific Explanation›, 1974, II-72.] [I-3, 250–269.]
74 ‹The Refutation of Conventionalism›, in: *Noûs* 8, 25–40. [I-4, 153–191.]
75 Mit Joan Lukas: ‹Systems of Notations and the Ramified Analytical Hierarchy›, in: *Journal of Symbolic Logic* 39, 243–253.

1975

76 ‹Do True Assertions Correspond to Reality?›, in: I-4, 70–84.
77 ‹Introduction: Philosophy of Language and the Rest of Philosophy›, in: I-4, VII–XVII.
78 ‹Introduction: Science as Approximation to Truth›, in: I-3, VII–XIV.
79 ‹Language and Philosophy›, in: I-4, 1–32.
80 ‹Language and Reality›, in: I-4, 272–290. *Text 2*.
81 ‹Literature, Science and Reflection›, in: *New Literary History* 7. [I-5, 83–94.]
82 ‹Other Minds›, in: I-4, 342–361.
83 ‹Philosophy and Our Mental Life›, in: I-4, 291–303.
84 ‹Reply to Gerald Massey›, in: I-4, 192–195.
85 ‹Review of Alfred Ayer: *The Concept of a Person*›, in: I-4, 132–138.
86 «The Meaning of ‹Meaning›», in: Keith Gunderson (Hg.): *Language, Mind and Knowledge. Minnesota Studies in the Philosophy of Science*, Bd. VII, University of Minnesota Press, Mineanapolis. Zugleich in I-4, 215–271. [III-3.]
87 ‹Truth and Necessity in Mathematics›, in: I-3, 1–11.
88 ‹What is Mathematical Truth?›, in: *Historica Mathematica* 2, 529–543. Zugleich in: I-3, 60–78.
89 «What Is ‹Realism›?», in: *Proceedings of the Aristotelian Society* 76, 1975–76, 177–194. [Erweiterte Fassung in I-5, 18–38.] *Text 3*.

1976

90 ‹Two Dogmas Revisited›, in: Gilbert Ryle (Hg.): *Contemporary Aspects of Philosophy*, Oriel Press, London, 202–213. [I-7, 87–97.]

1977

91 «A Note on ‹Progress›», in: *Erkenntnis* 11, 1–4.
92 ‹Realism and Reason›, in: *Proceedings of the American Philosophical Association* 50, 483–498. [I-5, 123–140.]

1978

93 ‹Meaning and Knowledge› (The John Locke Lectures, Oxford 1976), in: I-5, 7–80.
94 ‹Meaning, Reference and Stereotypes›, in: F. Guenthner/M. Guenthner-Reutter (Hg.): *Meaning and Translation. Philosophical and Linguistic Approaches*, Duckworth, London.
95 ‹Reference and Understanding›, in: I-5, 97–119.

96 ‹The Philosophy of Science. An Interview›, in: Bryan Magee (Hg.): *Men of Ideas. Some Creators of Contemporary Philosophy*, British Broadcasting Corporation, London, 222–239.

97 «There Is at Least One ‹A Priori› Truth», in: *Erkenntnis* 13, 153–170. [I-7, 98–114.]

98 Mit Michael Friedman: ‹Quantum Logic, Conditional Probability and Interference›, in: *Dialectica* 32, 305–315.

1979

99 ‹Analyticity and Apriority: Beyond Wittgenstein and Quine›, in: Peter French (Hg.): *Midwest Studies in Philosophy* 4, 423–441. [I-7, 115–138.]

100 ‹Empirical Realism and Other Minds›, in: *Philosophical Investigations* 2, 71f.

101 ‹Philosophy of Mathematics: a Report›, in: Peter D. Asquith/Henry E. Kyburg (Hg.): *Current Research in Philosophy of Science*, Edwards, Ann Arbor, Mich., 386–398.

102 ‹Reflections on Goodman's *Ways of Worldmaking*›, in: *The Journal of Philosophy* 76, 603–618. [I-7, 155–169.]

103 ‹Reply to Dummett's Comments›, in: Avishai Margalit (Hg.): *Meaning and Use*, D. Reidel, Dordrecht, 226–228.

104 ‹The Place of Facts in a World of Values›, in: Douglas Huff/Omer Prewett (Hg.): *The Nature of the Physical Universe. 1976 Nobel Conference*, John Wiley, New York. [I-12, 142–162.]

1980

105 ‹Comment on Chomsky's and Fodor's Replies›, in: Massimo Piatelli-Palmarini (Hg.): *Language and Learning. The Debate between Jean Piaget and Noam Chomsky*, Methuen, London, 335–340.

106 ‹Equivalenza› in: *Enciclopedia Einaudi*, Bd. V, Giulio Einaudi, Turin, 547–564. [Englisch: 1983, II-127.]

107 ‹How to Be an Internal Realist and a Transcendental Idealist (at the Same Time)›, in: Rudolf Haller/Walter Grassl (Hg.): *Sprache, Logik und Philosophie. Akten des 4. Internationalen Wittgenstein-Symposiums 1979*, Hölder – Pichler – Tempski, Wien, 100–108. *Text 6.*

108 ‹Models and Reality›, in: *Journal of Symbolic Logic* XLV, 464–482. [I-1, 421–444 und I-7, 1–25. III-5.] *Text 4.*

109 ‹Possibilità/Necessità› in: *Enciclopedia Einaudi*, Bd. X, Giulio Einaudi, Turin, 976–995. [Englisch: 1983, II-133.]

110 ‹Referenza/Verità› in: *Enciclopedia Einaudi*, Bd. XI, Giulio Einaudi, Turin, 725–741. [Englisch: 1983, II-134.] *Text 5.*

111 «‹Si Dieu est mort, alors tout est permis›… (réflexions sur la philosophie

du langage)», übers. v. D. Bansard, in: *Critique* 36 (Les philosophes anglo-saxons par eux mêmes), 791–801.
112 ‹What is Innate and Why: Commention the Debate›, in: Massimo Piatelli-Palmarini (Hg.): *Language and Learning. The Debate between Jean Piaget and Noam Chomsky*, Methuen, London, 387–409.

1981

113 ‹Answer to a Question from Nancy Cartwright›, in: *Erkenntnis* 16, 407–410.
114 ‹Convention: A Theme in Philosophy›, in: *New Literary History* 13/1. [I-7, 170–183.]
115 ‹Philosophers and Human Understanding›, in: A. F. Heath (Hg.): *Scientific Explanation. Papers Based on Herbert Spencer Lectures Given in the University of Oxford*, Oxford University Press, Oxford. [I-7, 184–204.]
116 ‹Quantum Mechanics and the Observer›, in: *Erkenntnis* 16, 193–219. [I-7, 248–270.]
117 ‹The Impact of Science on Modern Conceptions of Rationality›, in: *Synthese* 46, 359–382.

1982

118 ‹Beyond the Fact/Value Dichotomy›, in: *Crítica* 14, 3–12. [I-12, 135–141.]
119 «Comment on J. A. Fodor's ‹Cognitive Science and the Twin Earth Problem›», in: *Notre Dame Journal of Formal Logic* 23, 98–118.
120 ‹Peirce the Logician›, in: *Historica Mathematica* 9, 290–301. [I-12, 252–260.]
121 ‹Reply to Two Realists›, in: *The Journal of Philosophy* 79 (A Symposium on *Reason, Truth and History* 1981, I-6), 575–577. [Abstract von ‹A Defense of Internal Realism› 1990, II-171.]
122 «Semantical Rules and Misinterpretations: Reply to R. M. Martin's ‹A Memo On Method›», in: *Philosophy and Phenomenological Research* 42, 604–609.
123 ‹Three Kinds of Scientific Realism›, in: *The Philosophical Quarterly* 32, 195–200.
124 ‹Why Reason Can't Be Naturalized›, in: *Synthese* 52, 3–24. [III-7. I-7, 229–247.]
125 ‹Why There Isn't a Ready-Made World›, in: *Synthese* 51, 141–168. [I-7, 205–228.] *Text 7.*

1983

126 ‹Beyond Historicism›, in: I-7, 287–303.
127 ‹Equivalence›, in: I-7, 26–45. [Italienisch: 1980, II-105.]
128 ‹Erklärung und Reduktion› (auf hebräisch), in: *Iyyun* 32, 123–137.
129 ‹Introduction: An Overview of the Problem›, in: I-7, VII–XVIII.
130 ‹Is there a Fact of the Matter about Fiction?›, in: *Poetics Today* 4, 77–81. [I-12, 209–213.]
131 ‹Nelson Goodman's *Fact Fiction and Forecast*›, Vorwort zur Neuausgabe von Nelson Goodman: *Fact, Fiction and Forecast*, 4. Aufl., Harvard University Press, Cambridge, Mass., VII–XVI. [I-12, 303–308.]
132 ‹On Truth›, in: Leigh S. Cauman et al. (Hg.): *How Many Questions. Essays in Honor of Sidney Morgenbesser*, Hackett, Indianapolis, 35–56.
133 ‹Possibility and Necessity›, in: I-7, 46–68. [1980, II-108.]
134 ‹Reference and Truth›, in: I-7, 69–86. [Italienisch: 1980, II-109.] *Text 5*.
135 ‹Taking Rules Seriously (A Response to M. Nussbaum)›, in: *New Literary History* 15, 77–81. [I-12, 193–200.]
136 ‹Vagueness and Alternative Logic›, in: I-8, 297–314 (Identisch mit *Erkenntnis* 19). Zugleich in: I-7, 271–286.
137 Mit Paul Benacerraf: ‹Introduction›, in: I-1 (2. Aufl.), 1–37.

1984

138 ‹After Ayer, After Empiricism (a Discussion of Ayer's *Philosophy in the Twentieth Century*)›, in: *Partisan Review* 5, 265–275. [Frühere Fassung von ‹After Empiricism›, 1985, II-145.]
139 ‹Is the Causal Structure of the Physical itself Something Physical?›, in: Peter A. French/ Theodore E. Uehling/Howard K. Wettstein (Hg.): *Midwest Studies in Philosophy* 9 (Causation and Causal Theories), 3–16. [I-12, 80–95.]
140 ‹Necessità (A. Ayer)›, in: Massimo Piatelli-Palmarini (Hg.): *Livelli da realità*, Feltrinelli, Mailand.
141 ‹Proof and Experience›, in: *Proceedings of the American Philosophical Society* 128, 31–34.
142 ‹The Craving for Objectivity›, in: *New Literary History* 15, 229–240. [I-12, 120–131.]

1985

143 ‹A Comparison of Something with Something Else›, in: *New Literary History* 17, 61–79.
144 ‹A Quick Read is a Wrong Wright›, in: *Analysis* 45, 203.
145 ‹After Empiricism›, in: John Rajchman/Cornel West (Hg.): *Post-Analy-*

tic Philosophy, Columbia University Press, New York, 20–30. [I-12, 43–53. Überarbeitete Fassung von ‹After Ayer, after Empiricism›, 1984, II-136.]

146 ‹Computational Psychology and Interpretation Theory›, in: Bruce Vermazen / Merryll Hintikka (Hg.): *Essays on Davidson: Actions and Events*, Oxford University Press, Oxford. [I-7, 139–154.]

147 ‹Reflexive Reflections›, in: I-9, 143–154 (identisch mit *Erkenntnis* 22).

1986

148 Gespräch mit Paul Churchland über Bedeutung, in: Zenon Phylyshyn / William Demopoulos (Hg.): *Meaning and Cognitive Structure. Issues in the Computational Theory of Mind*, Ablex, Norwood, N. J.

149 ‹Information and the Mental›, in: Ernest LePore / James Leplin (Hg.): *Truth and Interpretation. Perspectives on the Philosophy of Donald Davidson*, Basil Blackwell, Oxford.

150 ‹Meaning and Our Mental Life›, in: Edna Ullman-Margalit (Hg.): *The Kaleidoscope of Science*, D. Reidel, Dordrecht, 17–32.

151 ‹Meaning Holism›, in: Lewis Hahn / Paul Arthur Schilpp (Hg.): *The Philosophy of W. V. Quine*, (Library of Living Philosophers), Open Court, La Salle, Ill., 405–431. [I-12, 278–302.]

152 ‹Pourquoi les Philosophes?›, übers. v. Jacques Riche, in: André Jacob (Hg.): *L'Encyclopédie Philosophique Universelle*, Presses Universitaires de France, Paris. [Englisch: 1989, II-169. I-12, 105–119.] *Text 8.*

153 ‹Rationality in Decision Theory and in Ethics›, in: *Crítica* 18, 3–16.

154 ‹The Diversity of the Sciences›, in: Philipp Pettit (Hg.): *Metaphysics and Morality. Essays in Honour of J. C. C. Smart*, Basil Blackwell, Oxford, 137–153.

155 ‹The Realist Picture and the Idealist Picture›, in: Venant Cauchy (Hg.): *Philosophie et Culture. Actes du XVIIe Congrès Mondial de Philosophie, 12.–27.8.1983*, Edition Montmorency, Montréal, Bd. 1, 205–211.

1987

156 ‹Equality and Our Moral Image of the World›, in: I-10, 41–62.

157 ‹Is There Still Anything to Say about Reality and Truth?›, in: I-10, 3–22.

158 ‹Realism and Reasonableness›, in: I-10, 23–40 (nicht Teil der *Paul Carus Lectures*).

159 ‹Reasonableness as a Fact and as a Value›, in: I-10, 63–86.

160 ‹Scientific Liberty and Scientific License›, in: *Grazer Philosophische Studien* 13, 43–51. [I-12, 201–208.]

161 ‹Truth and Convention: On Davidson's Refutation of Conceptual Relativism›, in: *Dialectica* 41, 69–77. [I-12, 96–104.]

1988

162 ‹After Metaphysics, What?›, in: Dieter Henrich / Rolf-Peter Horstmann (Hg.): *Metaphysik nach Kant?* (Stuttgarter Hegel-Kongreß 1987, Veröffentlichungen der Internationalen Hegel-Vereinigung, Bd. 17), Klett-Cotta, Stuttgart, 457–466. [Teil II von ‹Realism with a Human Face›, 1990, II-179.] *Text 9*, Teil II.
163 ‹Foreword›, in: Norman Daniels: *Thomas Reid's ‹Inquiry›: The Geometry of Visibles and the Case for Realism*, Burt Franklin, New York.
164 ‹La objetividad y la distinción ciencia / ética›, in: *Dianoia*, 7–25. [Englisch 1990, II-178.]
165 ‹Much Ado about Not Very Much (Artificial Intelligence)›, in: *Daedalus* 117, 269–282.
166 ‹Misling›, Rezension von W. V. Quines *Quiddities* und C. Hookway, *Quine*, in: *The London Review of Books* 10/8, 11–13. [Unter dem Titel: ‹The Greatest Logical Positivist›, I-12, 268–277.]

1989

167 An Interview with Professor Hilary Putnam, in: *Cogito* 3, 85–91.
168 «Model Theory and the ‹Factuality› of Semantics», in: Alex George (Hg.): *Reflections on Chomsky*, Basil Blackwell, Oxford, 213–232.
169 ‹Why is a Philosopher?›, in: Arver Cohen / Marcello Dascal (Hg.): *The Institution of Philosophy. A Discipline in Crisis*, Open Court, La Salle, Ill., 61–76. [I-12, 105–119. Französisch 1986, II-152.] *Text 8*
170 Mit Ruth Anna Putnam: ‹William James's Ideas›, in: *Raritan* 8, 27–44. [I-12, 217–231.]

1990

171 ‹A Defense of Internal Realism›, in: I-12, 30–42. [Ausführliche Fassung von ‹Reply to Two Realists›, 1982, II-121.]
172 ‹A Reconsideration of Deweyan Democracy› (mit ‹Afterword›), in: *Southern California Law Review* 63, 1671–1697. [Entspricht I-14, 180–200 (Vorlesung 9). Frühere Fassung von ‹Hat Philosophie noch eine Zukunft?›, 1993, II-194 / III-10.]
173 ‹An Introduction to Cavell›, in: I-15.
174 ‹How Not to Solve Ethical Problems›, in: I-12, 179–192.
175 ‹Introduction Some Years Later›, in: I-13, I–XII.
176 ‹Is Water Necessarily H_2O?›, in: I-12, 54–79.
177 ‹James's Theory of Perception›, in: I-12, 232–251.
178 ‹Objectivity and the Science / Ethics Distinction›, in: I-12, 163–178. [Spanisch 1988, II-164.]

179 ‹Realism With a Human Face›, in: I-12, 3–29. [Teil I übers. III-8. Teil II als ‹After Metaphysics, What?›, 1988, II-162.] *Text 9.*

180 ‹The Idea of Science›, in: *Midwest Studies in Philosophy* 15 (The Philosophy of the Human Sciences), 57–64.

181 ‹The Way the World Is›, in: I-12, 261–267.

182 Mit Ruth Anna Putnam: ‹Dewey's Logic: Epistemology as Hypothesis›, in: *Transactions of the Charles S. Peirce Society* 26, 407–434.

1991

183 ‹Does the Disquotational Theory Really Solve All Philosophical Problems?›, in: *Metaphilosophy* 22, 1–13. [In I-16.]

184 ‹Introduction›, in: Hans Reichenbach: *The Direction of Time*, hg. v. Maria Reichenbach, Texas Technical University Press, Lubbock, Tex.

185 ‹Logical Positivism and Intentionality›, in: A. Philips Griffiths (Hg.): *A. J. Ayer Memorial Essays*, Cambridge University Press, Cambridge (A Supplement to *Philosophy* 30), 105–116. [In I-16.]

186 ‹Philosophical Reminiscences with Reflections on Firth's Work›, in: *Philosophy and Phenomenological Research* 51, 143–147.

187 ‹Reichenbach's Metaphysical Picture›, in: Wolfgang Spohn (Hg.): *Erkenntnis Orientated. A Centennial Volume for Rudolf Carnap and Hans Reichenbach*, Kluwer, Dordrecht, 61–75. Identisch mit *Erkenntnis*, Bd. 35.

188 ‹Replies and Comments› in: *Erkenntnis* 34 (Special Issue on Putnam's Philosophy), 401–424.

189 ‹Wittgenstein on Religious Belief›, in: Leroy Rouner (Hg.): *On Community*, University of Notre Dame Press, Notre Dame, Ind. [Entspricht I-14, 134–157 (Vorlesung 7).]

1992

190 ‹Can Ethics be Ahistorical? The French Revolution and the Holocaust›, in: Eliot Deutsch (Hg.): *Culture and Modernity: The Authority of the Past. East-West Philosophical Perspectices*, (Proceedings of the Sixth East-West Philosopher's Conference), University of Hawaii Press, Honolulu, Hawaii.

191 «Pope's Essay on Man and Those ‹Happy Pieties›», in: I-15. [In I-16.]

192 ‹Replies and Comments›, in: *Philosophical Topics* 20 (The Philosophy of Hilary Putnam).

1993

193 ‹Aristotle after Wittgenstein›, in: Robert W. Shaples (Hg.): *Modern Thinkers and Ancient Thinkers* (The Keeling Colloquia at University College London), UCL-Press, London. [In I-16.]
194 ‹Hat Philosophie noch eine Zukunft?›, übers. von Constantin Schölkopf, in: Herbert Schnädelbach/Geert Keil (Hg.): *Philosophie der Gegenwart – Gegenwart der Philosophie* (15. Deutscher Kongreß für Philosophie, Hamburg 1990), Junius, Hamburg, 21–39. [Überarbeitete und Ergänzte Fassung von ‹A Reconsideration of Deweyan Democracy›, 1990, II-172. III-10.]
195 ‹On the Solgan Epistemology Naturalized›, in: N. N. (Hg.) *On Quine* (Conference to the Honor of W. V. Quine, San Marino 1990), Cambridge University Press, Cambridge. [Unter dem Titel ‹Rethinking Mathematical Necessity› in I-16.]
196 ‹Realism Without Absolutes›, in: *The International Journal of Philosophical Studies* 1/2. [In I-16.]
197 ‹Introduction›, in: Charles S. Peirce: *Reasoning and the Logic of Things*, hg. v. Kenneth L. Ketner, Harvard University Press, Cambridge, Mass.

1994

198 ‹Pragmatism, Moral Objectivity and Development›, in: Jonathan Glover/Martha Nussbaum (Hg.): *Human Capabilities: Women, Men and Equality*, Oxford University Press, Oxford. [In I-16.]
199 ‹The Question of Realism›, in: I-16.

III Übersetzungen ins Deutsche

1970

1 Mit Paul Oppenheim: ‹Die Einheit der Wissenschaft als Arbeitshypothese›, übers. von Volkhard Scholten, in: Lorenz Krüger (Hg.): *Erkenntnisprobleme der Naturwissenschaft*, Kiepenheuer & Witsch, Köln, 339–371. [1958, II-11.]

1977

2 ‹Geist und Maschine›, übers. von Andreas Kemmerling, in: Ansgar Beckermann (Hg.): *Analytische Handlungstheorie*, Bd. II, *Handlungserklärungen*, Suhrkamp, Frankfurt/Main, 364–397. [1960, II-14.]

1979

3 «Die Bedeutung von ‹Bedeutung›», hg. und übers. von Wolfgang Spohn, Vittorio Klostermann, Frankfurt/Main. [1975, II-86.]

1981

4 ‹Die Natur mentaler Zustände›, übers von Richard Schantz, in: Peter Bieri (Hg.): *Analytische Philosophie des Geistes*, Hayn, Frankfurt/Main, 123–135. [1967, II-46.]

1982

5 ‹Modell und Wirklichkeit›, übers. von Rainer Born, in: *Conceptus* 38, 9–30. [1980, II-108. Text 4.]

6 *Vernunft, Wahrheit und Geschichte*, übers. von Joachim Schulte, Suhrkamp, Frankfurt/Main. [1981, I-6.]

1983

7 ‹Was ist Epistemologie?›, in: Dieter Henrich (Hg.): *Kant oder Hegel?* (Stuttgarter Hegel-Kongreß 1981, Schriften der Internationalen Hegel-Vereinigung, Bd. 12), Klett-Cotta, Stuttgart, 439–448. [Kürzere Fassung von 1982, II-124.]

1991

8 ‹Realismus›, übers. von Michael Franz, in: *Dialektik* 1, 65–86. [1990, II-179. Teil I von Text 8.]

9 *Realität und Representation*, übers. von Joachim Schulte, Suhrkamp, Frankfurt/Main. [1988, I-11.]

1993

10 ‹Hat Philosophie noch eine Zukunft?›, übers. von Constantin Schölkopf, in: Herbert Schnädelbach/Geert Keil (Hg.): *Philosophie der Gegenwart – Gegenwart der Philosophie* (15. Deutscher Kongreß für Philosophie, Hamburg 1990), Junius, Hamburg, 21–39. [Überarbeitete und ergänzte Fassung von ‹A Reconsideration of Deweyan Democracy›, 1990, II-172.]

Literatur[1]

Aristoteles: *De Anima*, hg. v. W. D. Ross, Oxford University Press, Oxford 1989. [Dt. von W. Theiler, *Über die Seele*, Bd. 14 von *Deutsche Aristoteles-Gesamtausgabe*, hg. v. H. Flashar, Akademie, Berlin, 1958.]*

– *Categoriae* und *Liber de interpretatione*, hg. v. L. Micio-Palvello, Oxford University Press, Oxford 1989. [Dt. von E. Rolfes, *Kategorien* und *Lehre vom Satz*, Meiner, Hamburg 1925.]*

– *Metaphysik*, Gr.-Dt., hg. v. H. Seidl, übers. v. H. Bonitz, Meiner, Hamburg, 2. verb. Aufl. 1982.*

Austin, John L.: (1962) *Sense and Sensibilia*, hg. v. G. J. Warnock, Oxford University Press, Oxford. [Dt. von E. Cassirer, *Sinn und Sinneserfahrung*, Reclam, Stuttgart 1975.]*

Ayer, Alfred: (1963) ‹Truth›, in ders.: *The Concept of a Person and Other Essays*, Gollantz, London, 162–197. [Dt. von H. Geddert, ‹Wahrheit›, in: G. Skirbekk (Hg.): *Wahrheitstheorien. Eine Auswahl aus den Diskussionen über Wahrheit im 20. Jahrhundert*, Suhrkamp, Frankfurt/Main 1977.]*

Barnach, S., siehe Tarski, Alfred.

Barwise, Jon: (1971) ‹Infinitary Methods in the Model Theory of Set Theory›, in: R. O. Gandy/C. E. M. Yates (Hg.): *Logic Colloquium '69*, North-Holland, Amsterdam, 53–66.

Berka, Karel/Kreiser, Lothar (Hg.): (1983) *Logik-Texte*, Wissenschaftliche Buchgesellschaft Darmstadt/Berlin.*

Berkeley, George: (1709) *A New Theory of Vision*, in ders.: *Philosophical Works*, hg. v. M. R. Ayers, Everyman, London, überarb. Aufl. 1992, 4–59. [Dt. und hg. v. W. Breidert, *Versuch über eine neue Theorie des Sehens oder der visuellen Wahrnehmung verteidigt und erläutert*, Meiner, Hamburg 1987.]*

– (1710) *A Treatise Concerning Human Knowledge, wherein the Chief Causes of Error and Difficulty in the Sciences with the Grounds for Scepticism, Atheism and Irreligion are Inquired into*, in ders.: *Philosophical Works*, hg. v. M. R. Ayers, Everyman, London, überarb. Aufl. 1992, 61–127. [Dt. von F.

1 Hier wird nur solche Literatur verzeichnet, auf die sich Putnam in den zehn Texten explizit bezieht oder wofür Bezüge hergestellt wurden. Ein Sternchen* am Ende eines Eintrags weist darauf hin, daß der Titel in Putnams eigenen Verweisen nicht auftaucht, hier also vom Hg. hinzugefügt worden ist. Bei Putnam sind alle Titel in englischsprachigen Ausgaben genannt, diese wurden stillschweigend durch eine Ausgabe im Original ersetzt und die Angaben stillschweigend ergänzt bzw. korrigiert. Die Jahreszahlen beziehen sich auf das Jahr der Erstveröffentlichung. Alle Verweise Putnams wurden auf die hier verwendete Form gebracht (Autorennachname, Jahreszahl, Seitenzahl) und auf die hier aufgeführten Ausgaben bezogen.

Überweg, *Eine Abhandlung über die Prinzipien der Erkenntnis*, hg. v. A. Klemmt, Meiner, Hamburg 1979.]*
– (1713) *Three Dialogues Between Hylas and Philonous*, in ders.: *Philosophical Works*, hg. v. M. R. Ayers, Everyman, London, überarb. Aufl. 1992, 129–208. [Dt. von R. Richter, *Drei Dialoge zwischen Hylas und Philonous*, hg. v. W. Breidert, Meiner, Hamburg 1991.]*
Bernstein, Richard: (1987) ‹Serious Play: The Ethical-Political Horizon of Jacques Derrida›, in: *The Journal of Speculative Philosophy* 1, 93–117.
Bohr, Niels: (1931) *Atomtheorie und Naturbeschreibung*, J. Springer, Berlin.*
– (1958/1966) *Atomphysik und menschliche Erkenntnis*, 2 Bde., Vieweg, Braunschweig.*
Boole, George. (1847) *The Mathematical Analysis of Logic*, in ders.: *Collected Logical Works*, Bd. I, hg. v. P. E. B. Jourdain, Chicago 1906.*
Boyd, Richard: (1973) ‹Realism and Scientific Epistemology›, unveröffentlichtes Typoskript.
– (1980) ‹Materialism without Reductionism: What Physicalism does not Entail›, in: N. Block (Hg.): *Readings in the Philosophy of Psychology*, Harvard University Press, Cambridge, Mass., Bd. 1, 67–106.
– (1981) ‹Scientific Realism and Naturalistic Epistemology›, in: P. D. Asquith/R. Giere (Hg.): *Proceedings of the Philosophy of Science Association* 1980, 80/2, Philosophy of Science Association, East Lansing, Min., 613–662.
– (1983) ‹On the Current Status of Scientific Realism›, in: *Erkenntnis* 19, 45–90. Überarbeitete Fassung in: R. Boyd/P. Gasper/J. D. Trout (Hg.): *The Philosophy of Science*, MIT-Press, Cambridge, Mass. 1991, 195–222.*
Brouwer, Luitzen E. J.: (1978) *Collected Works I (Philosophy and Foundations of Mathematics)*, hg. v. A. Heyting, North-Holland, Amsterdam.*
Cantor, Georg F.: (1874) ‹Über eine Eigenschaft des Inbegriffes aller reellen Zahlen›, in: *Journal für reine und angewandte Mathematik* 77, 258–262.*
– (1878) ‹Ein Beitrag zur Mannigfaltigkeitslehre›, in: *Journal für reine und angewandte Mathematik* 84, 242–258. Abgedruckt in: Cantor 1932, 119–133.*
– (1932) *Gesammelte Abhandlungen mathematischen und philosophischen Inhalts*, hg. v. E. Zermelo, J. Springer, Berlin. (Reprint Olms, Hildesheim 1962.)*
Carnap, Rudolf: (1928) *Der logische Aufbau der Welt*, Ullstein, Frankfurt/Main 1979.
– (1931) ‹Die Überwindung der Metaphysik durch logische Analyse der Sprache›, in: *Erkenntnis* 2, 219–241.*
– (1934) *Logische Syntax der Sprache*, J. Springer, Wien.
– (1939) *Foundations of Logic and Mathematics*, Chicago University Press, Chicago. [Dt. von W. Hoering, *Grundlagen der Logik und Mathematik*, Nymphenburger, München 1973.]

– (1947) *Meaning and Necessity. A Study in Semantics and Modal Logic*, Chicago University Press, Chicago. [Dt. von W. Bader, *Bedeutung und Notwendigkeit. Eine Studie zur Semantik und modalen Logik*, J. Springer, Berlin 1972.]
– (1950) *Logical Foundations of Probability*, Chicago University Press, Chicago.
– (1956) ‹The Methodological Character of Theoretical Concepts›, in: H. Feigl/M. Scriven (Hg.): *Minnesota Studies in the Philosophy of Science* I, Minnesota University Press, Minneapolis, 38–76.
– (1959) *Induktive Logik und Wahrscheinlichkeit*, bearb. v. W. Stegmüller, J. Springer, Wien.
– (1966) *An Introduction to the Philosophy of Science*, hg v. M. Gardner, Basic Books, New York. [Dt. von W. Hoering, *Einführung in die Philosophie der Naturwissenschaft*, Nymphenburger, München 1969.]*
Cavell, Stanley: (1979) *The Claim of Reason*, Oxford University Press, Oxford.
Chisholm, Roderick: (1955) ‹Sentences About Believing›, in: *Proceedings of the Aristotelian Society* 56, 1955/56, 125–148.*
– (1988) *The First Person – an Essay on Reference and Intentionality*, University of Minnesota Press, Mineanapolis. [Dt. von D. Münch, *Die erste Person. Eine Theorie der Referenz und der Intentionalität*, Suhrkamp, Frankfurt/Main 1992.]*
Church, Alonzo: (1950) ‹On Carnap's Analysis of Statements of Assertion and Belief›, in: *Analysis* 10, 98 f.*
– (1951) ‹Structure: A Formulation of the Logic of Sense and Denotation›, in: P. Henle/H. Kallen/S. Langer (Hg.): *Structure, Method and Meaning: Essays in Honor of Henry M. Sheffer*, Liberal Arts Press, New York.*
Cicero, Marcus Tullius: *De Republica*, Lat.-Dt., hg. und übers. v. K. Büchner, Artemis, München 1987.
Davidson, Donald: (1967) ‹Truth and Meaning›, in: Davidson 1984, 17–36.
– (1973) ‹Radical Interpretation›, in: Davidson 1984, 125–140.*
– (1974) ‹On the Very Idea of a Conceptual Scheme›, in: Davidson 1984, 183–198.
– (1984) *Inquiries into Truth and Interpretation*, Oxford University Press, Oxford. [Dt. von J. Schulte, *Wahrheit und Interpretation*, Suhrkamp, Frankfurt/Main 1986.]*
Davies, P. C. W.: (1984) ‹Elementary Particles Do Not Exist›, in: Steven M. Christensen (Hg.): *Quantum Theory of Gravitation*, Adam Helger, London.
Derrida, Jacques: (1967a) *De la grammatologie*, Minuit, Paris. [Dt. von H. Reinberger/H. Zischler, *Grammatologie*, Suhrkamp, Frankfurt/Main 1974.]
– (1967b) *L'écriture et la différence*, Seuil, Paris. [Dt. von R. Gasche, *Die Schrift und die Differenz*, Suhrkamp, Frankfurt/Main 1972.]*

– (1972) *Positions*, Minuit, Paris. [Dt. von P. Engelmann, *Positionen*, Böhlau, Graz 1985.]

– (1983) ‹The Principle of Reason: The University in the Eyes of Its Critics›, in: *Diacritics* 13.

– (1985) *The Ear of the Other*, übers. v. Christie V. McDonald, Schocken, New York.

Descartes, René: (1641) *Meditationes de prima philosophia*, Lat.-Dt., hg. und übers. v. A. Buchenau und L. Gäbe, Meiner, Hamburg, 3. durchges. Aufl. 1992.*

Dewey, John: (1929) *The Quest for Certainty. A Study of the Relation of Knowledge and Action*, G. Allan, New York.*

– (1938) *Logic. The Theory of Inquiry*, G. Allan, New York.*

Dummett, Michael: (1958) ‹Truth›, in: Dummett 1978, 1–15. [Dt. ‹Wahrheit›, in ders.: *Wahrheit. Fünf Philosophische Aufsätze*, hg. und übers. v. J. Schulte, Reclam, Stuttgart 1982.]*

– (1973) *Frege. Philosophy of Language*, Duckworth, London, 2. rev. Aufl. 1981.*

– (1975) ‹What is a Theory of Meaning?›, in: S. Guttenplan (Hg.): *Mind and Language*, Oxford University Press, Oxford, 97–138. [Dt. ‹Was ist eine Bedeutungstheorie?›, in ders.: *Wahrheit. Fünf Philosophische Aufsätze*, hg. und übers. v. J. Schulte, Reclam, Stuttgart 1982.]*

– (1976) ‹What is a Theory of Meaning? (II)›, in: G. Evans / J. McDowell (Hg.): *Truth and Meaning. Essays in Semantics*, Oxford University Press, Oxford, 67–137.

– (1978) *Truth and Other Enigmas*, Duckworth, London.*

– (1979) ‹What Does the Appeal to Use Do for the Theory of Meaning?›, in: Margalit 1979, 218–225.

– (1982) ‹Realism›, in: *Synthèse* 52, 55–112.*

– (1991) *The Logical Basis of Metaphysics* (Die *William James Lectures*, Harvard 1976), Duckworth, London.*

Engels, Friedrich: (1878) *Herrn Eugen Dührings Umwälzung der Wissenschaft*, in: *Marx-Engels Werke*, Bd. 20, hg. v. Institut für Marxismus-Leninismus beim ZK der SED, Dietz, Berlin 1971.

– (1895) Brief an Conrad Schmidt vom 12.3.1895, in: *Marx-Engels Werke*, Bd. 39, hg. v. Institut für Marxismus-Leninismus beim ZK der SED, Dietz, Berlin 1968, 430–434.

Evans, Gareth: (1973) ‹The Causal Theory of Names›, in: *Proceedings of the Aristotelian Society, Supplementary Volume*, XLVII, 187–208. Abgedruckt in: Schwartz 1977. [Sowie in G. Evans: *Collected Papers*, Oxford University Press, Oxford 1985.]

Everett, Hugh: (1973) ‹Relative State Formulation of Quantum Mechanics›, in: B. S. de Witt / N. Graham (Hg.): *The Many Worlds Interpretation of Quantum Mechanics*, Princeton University Press, Princeton, N. J.

Feyerabend, Paul: (1962) ‹Explanation, Reduction and Empiricism›, in: Feyerabend 1981a, 44–96. [1981b, 73–125.]
– (1965 a) ‹Problems of Empiricism›, in: Robert G. Goldony (Hg.): *Beyond the Edge of Certainty. Essays in Contemporary Science and Philosophy*, Englewood Cliffs, N. J., 145–260.*
– (1965 b) ‹Reply to Criticism. Comments on Smart, Sellars and Putnam›, in: Feyerabend 1981a, 104–131. [Dt. 1981b, 126–160.]*
– (1970) *Against Method*, New Left Books, London. [Dt. von H. Vetter, *Wider den Methodenzwang. Skizze einer anarchistischen Erkenntnistheorie*, vom Autor stark revidierte Fassung, Suhrkamp, Frankfurt/Main 1983.]
– (1981 a) *Realism, Rationalism and Scientific Method. Philosophical Papers I*, Cambridge University Press, Cambridge.*
– (1981 b) *Schriften*, dt. von P. F., Bd. II, *Probleme des Empirismus*, Vieweg, Braunschweig.
– (1991) *Three Dialogues on Knowledge*, Basil Blackwell, Oxford. [Dt. (Dialoge I und II) von I. Griem, *Über Erkenntnis. Zwei Dialoge*, Campus, Frankfurt/M. 1992.]*
Field, Hartry: (1972) ‹Tarski's Theory of Truth›, in: *The Journal of Philosophy* 69, 347–375. [Dt. von H. Vetter, ‹Tarskis Theorie der Wahrheit›, in: M. Sukale (Hg.): *Moderne Sprachphilosophie*, Hoffmann & Campe, Hamburg 1976.]
Fodor, Jerry: (1975) *The Language of Thought*, Harvard University Press, Cambridge, Mass.
– (1982) *RePresentations: Philosophical Essays on the Foundations of Cognitive Science*, MIT-Press, Cambridge, Mass.
– (1990) *A Theory of Content*, MIT-Press, Cambridge, Mass.
– s. a. Katz, Jerrold J.
Foucault, Michel: (1966) *Les mots et les choses. Une archéologie des sciences humaines*, Gallimard, Paris. [Dt. von U. Köppen, *Die Ordnung der Dinge. Eine Archäologie der Humanwissenschaften*, Suhrkamp, Frankfurt/Main 1971.]
Frege, Gottlob: (1879) *Begriffsschrift*, in: *Begriffsschrift und andere Aufsätze*, Hg. v. I. Angelelli, Wissenschaftliche Buchgesellschaft, Darmstadt 1977.*
– (1884) *Grundlagen der Arithmetik*, mit einem Nachwort hg. v. J. Schulte, Reclam, Stuttgart 1987.*
– (1892) ‹Über Sinn und Bedeutung›, in ders.: *Funktion, Begriff, Bedeutung*, hg. v. G. Patzig, Vandenhoek & Ruprecht, Göttingen 1962.*
– (1918) ‹Der Gedanke›, in ders.: *Logische Untersuchungen*, hg. v. G. Patzig, Vandenhoek & Ruprecht, Göttingen, 2. erg. Aufl. 1976.*
Fried, Charles: (1982) ‹Is Liberty Possible?›, in: *The Tanner Lectures on Human Value*, Bd. 3, Oxford University Press, Oxford, 89–135.
Gödel, Kurt: (1930) ‹Die Vollständigkeit des Axiome des logischen Funktionenkalküls›, in: *Monatshefte für Mathematik und Physik*, 37, 349–360.

(Nachdruck in Berka/Kreiser 1983, 305–315. Dt./Engl. in Gödel 1986/90, Bd. I, 102–123.)*
– (1931) ‹Über formal unentscheidbare Sätze der Principia Mathematica und verwandter Systeme I›, in: *Monatshefte für Mathematik und Physik* 38, 173–198. (Nachdruck in Berka/Kreiser 1983, 347–370. Dt./Engl. in Gödel 1986/90, Bd. I, 144–195.)*
– (1933) ‹Zur intuitionistischen Arithmetik und Zahlentheorie›, in: *Ergebnisse eines mathematischen Kolloquiums* 4, 34–38. [Gekürzter Nachdruck in: Berka/Kreiser 1983, 201 f. Dt./Engl. in Gödel 1986/90, Bd. I, 286–295.]
– (1938) ‹The Consistency of the Axiom of Choice and of the Generalized Continuum-Hypothesis›, in: *Proceedings of the National Academy of Science (USA)*, 24, 556–557. (Abgedruckt in Gödel 1986/90, Bd. II, 26f.)*
– (1939) ‹Consistency-Proof for the Generalized Continuum Hypothesis›, in: *Proceedings of the National Academy of Science (USA)*, 25. (Abgedruckt in Gödel 1986/90, Bd. II, 28–32.)*
– (1940) *The Consistency of the Axiom of Choice and of the Generalized Continuum-Hypothesis with the Axioms of Set Theory*, Princeton University Press, Princeton N. J.* (Abgedruckt in Gödel 1986/90, Bd. II, 28–32.)
– (1944) ‹Russell's Mathematical Logic›, in: P. A. Schilpp (Hg.): *The Philosophy of Bertrand Russell* (Library of Living Philosophers), Northwestern University Press, Evanston, Ill., 125–153. (Abgedruckt in Putnam/Benacerraf 1964, I-1, 2. Aufl., 447–469. Auch in Gödel 1986/90, Bd. II, 119–143.)*
– (1947) ‹What is Cantor's Continuum Problem?›, in: *The American Mathematical Monthly* 54, 515–525. (Überarbeitete Fassung mit ‹Supplement› in: Putnam/Benacerraf 1964, I-1, 2. Aufl., 470–485. Auch in Gödel 1986/90, Bd. II, 176–188.)*
– (1986/90) *Collected Works*, II Bde., hg v. S. Feferman et al., Oxford University Press, Oxford.*
Goodman, Nelson: (1947) ‹The Problem of Counterfactual Conditionals›, in: *The Journal of Philosophy* 44, 113–128.
– (1951) *The Structure of Appearance*, D. Reidel, Dordrecht 1977.
– (1955) *Fact, Fiction and Forecast*, Harvard University Press, Cambridge, Mass. [Dt. von H. Vetter, *Tatsache, Fiktion, Voraussage*, Suhrkamp, Frankfurt/Main 1974.]*
– (1968) *Languages of Art. An Approach to a Theory of Symbols*, Hackett, Indianapolis. [Dt. von J. Schlaeger, *Sprachen der Kunst. Ein Ansatz zu einer Symboltheorie*, Suhrkamp, Frankfurt/Main 1974.]*
– (1978) *Ways of Worldmaking*, Hackett, Indianapolis. [Dt. von M. Looser, *Weisen der Welterzeugung*, Suhrkamp, Frankfurt/Main 1984.]
– (1984) ‹Starmaking›, in ders.: *On Mind and other Matters*, Harvard University Press, Cambridge, Mass 1984.
Grice, Herbert Paul: (1957) ‹Meaning›, in: *Philosophical Review* 66, 377–388. Abgedruckt in Grice 1989, 213–223. [Dt. von G. Meggle, ‹Intendieren, Mei-

nen, Bedeuten›, in: G. Meggle (Hg.): *Handlung, Bedeutung, Kommunikation*, Suhrkamp, Frankfurt/Main 1979, 2–15.]
– (1968) ‹Utterer's Meaning, Sentence Meaning and Word Meaning›, in: *Foundations of Language* 4, 225–242. Abgedruckt in Grice 1989, 117–137. [Dt. von G. Meggle, ‹Sprecherbedeutung, Satzbedeutung, Wortbedeutung›, in: G. Meggle (Hg.): *Handlung, Bedeutung, Kommunikation*, Suhrkamp, Frankfurt/Main 1979, 85–111.]
– (1969) ‹Utterer's Meaning and Intentions›, in: *Philosophical Review* 77, 147–177. Abgedruckt in Grice 1989, 86–116. [Dt. von G. Meggle, ‹Sprecherbedeutung und Intentionen›, in: G. Meggle (Hg.): *Handlung, Bedeutung, Kommunikation,* Suhrkamp, Frankfurt/Main 1979, 16–51.]
– (1989) *Studies in the Ways of Words*, Harvard University Press, Cambridge, Mass.*
Grünbaum, Adolf: (1962) ‹Geometry, Chronometry and Empiricism›, in: H. Feigl/G. Maxwell (Hg.): *Scientific Explanation. Space and Time. Minnesota Studies in the Philosophy of Science* III, University of Minnesota Press, Minneapolis, 405–526.
– (1969) *Geometry and Chronology in Philosophical Perspective*, University of Minnesota Press, Minneapolis.*
– (1973 a) ‹Geometrodynamics and Ontology›, in: *The Journal of Philosophy* 21, 775–800.
– (1973 b) *Philosophy of Space and Time*, D. Reidel, Dordrecht.*
Hacking, Ian: (1963) ‹What is Strict Implication?›, in: *Journal of Symbolic Logic* 28, 51–71.*
– (1979) ‹What is Logic?›, in: *The Journal of Philosophy* 6, 285–319.*
Heijenoort, Jean van (Hg.): (1967) *From Frege to Gödel. A Source Book in Mathematical Logic. 1879–1931*, Harvard University Press, Cambridge, Mass.*
Hempel, Carl: (1965) ‹The Empiricist Criterion of Meaning›, in: A. Ayer (Hg.): *Logical Positivism*, Free Press, Glencoe, Ill. 1966, 108–129.
Henkin, L.: (1950) ‹Completeness in the Theory of Types›, in: *Journal of Symbolic Logic* 15, 81–91.*
Hertz, Heinrich: (1894) *Die Principien der Mechanik in neuem Zusammenhange*, in ders.: *Gesammelte Werke*, Bd. 3, hg. v. P. E. A. Lenhard, Leipzig 1895. (Reprint, Sändig 1984.)
Husserl, Edmund: (1929) *Cartesianische Meditationen und Pariser Vorträge*, hg. v. S. Strasser (Husserliana I), Den Haag, Nijhoff 1950.*
– (1936) *Die Krisis der europäischen Wissenschaften und die transzendentale Phänomenologie. Eine Einleitung in die phänomenologische Philosophie*, hg. v. W. Biemel (Husserliana VI), Den Haag, Nijhoff, 2. Aufl. 1962.*
– (1973) *Zur Phänomenologie der Intersubjektivität*, Texte aus dem Nachlaß, hg. v. I. Kern, 3 Bde. (Husserliana XIII–XV), Den Haag, Nijhoff.*
James, William: (1907) *Pragmatism. A New Name for some Old Ways of Thin-*

king. mit *The Meaning of Truth. A Sequel to ‹Pragmatism›*, hg. v. B. Kuklick und Einleitung von A. Ayer unter dem Titel: *Pragmatism and The Meaning of Truth*, Harvard University Press, Cambridge, Mass. 1978. [Dt. von W. Jerusalem, *Der Pragmatismus. Ein neuer Name für alte Denkmethoden*, Meiner, Hamburg 1977.]

Kant, Immanuel: (1781/87) *Kritik der reinen Vernunft*, mit Bibliographie und Register, hg. v. R. Schmidt, Meiner, Hamburg, 3. erw. Aufl. 1990.

– (1783) *Prolegomena zu einer jeden künftigen Metaphysik die als Wissenschaft wird auftreten können*, in ders: *Werke*, Bd. V, hg. v. W. Weischedel, Suhrkamp, Frankfurt/Main 1968.*

Katz, Jerrold J.: (1966) *Philosophy of Language*, Harper & Row, New York. [Dt. von R. Kruse, *Philosophie der Sprache*, Suhrkamp, Frankfurt/Main 1969.]*

Katz, Jerrold J./Fodor, Jerry: (1963) ‹The Structure of a Semantic Theory›, in: *Language* 39, 170–210. [Dt. in H. Steger (Hg.): *Vorschläge für eine strukturale Grammatik des Deutschen*, Wissenschaftliche Buchgesellschaft, Darmstadt 1970, 202–268.]*

Kreiser, Lothar: s. Berka, Karel

Kripke, Saul: (1971) ‹Identity and Necessity›, in: M. K. Munitz (Hg.): *Identity and Individuation*, University of New York Press, New York, 135–164. Abgedruckt in: Schwartz 1977. [Dt. von H. Vetter, ‹Identität und Notwendigkeit›, in: M. Sukale (Hg.): *Moderne Sprachphilosophie*, Hoffmann & Campe, Hamburg 1976.]

– (1972) *Naming and Necessity*, mit einer neuen Einleitung, Basil Blackwell, Oxford 1980. [Dt. von U. Wolf, *Name und Notwendigkeit*, Suhrkamp, Frankfurt/Main 1981.]

– (1975) ‹Outline of a Theory of Truth›, in: *The Journal of Philosophy* 72, 690–716.*

– (1979) ‹A Puzzle About Belief›, in: Margalit 1979, 239–283.*

– (1982) *Wittgenstein on Rules and Private Language*, Basil Blackwell, Oxford. [Dt. von J. Schulte, *Wittgenstein über Regeln und Privatsprache*, Suhrkamp, Frankfurt/Main 1985.]

Kuhn, Thomas: (1962) *The Structure of Scientific Revolutions*, 2. verb. Aufl., Chicago University Press, Chicago 1970. [Dt. von K. Simon/H. Vetter, mit einem Postscriptum von 1969, *Die Struktur wissenschaftlicher Revolutionen*, Suhrkamp, Frankfurt/Main, 1976.]

– (1974) ‹Second Thoughts on Paradigms›, in: F. Suppes (Hg.): *The Structure of Scientific Theories*, University of Illinois Press, Urbana, Ill., 459–482.

Lakatos, Imre/Musgrave, Alan (Hg.): (1970) *Criticism and the Growth of Knowledge*, Cambridge University Press, New York. [Dt. *Kritik und Erkenntnisfortschritt*, Vieweg, Braunschweig 1974.]*

Lee, Edward N.: (1973) ‹Hoist with His Own Petard›, in: E. N. Lee/A. P. D. Mourelatos/R. M. Rorty (Hg.): *Exegesis and Argument: Studies in*

Greek Philosophy Presented to Gregory Vlastos, Van Gorcum, Assen, 225–261.

Lewis, David: (1966) ‹An Argument for the Identity Theory›, in: *The Journal of Philosophy* 63, 17–25. (Abgedruckt in ders.: *Philosophical Papers*, Bd. I, Oxford University Press, Oxford 1986.) [Dt. von A. Kemmerling, ‹Eine Argumentation für die Identititätstheorie›, in: A. Beckermann (Hg.): *Analytische Handlungstheorie*, Bd. II, *Handlungserklärungen*, Suhrkamp, Frankfurt/Main 1977, 398–411.]*

– (1972) ‹Psychophysical and Theoretical Identifications›, in: *Australasian Journal of Philosophy* 50, 249–258. (Abgedruckt in ders.: *Philosophical Papers*, Bd. I, Oxford University Press, Oxford 1986.)

– (1973 a) *Counterfactuals*, Basil Blackwell, Oxford.

– (1973 b) ‹Causation›, in: *The Journal of Philosophy* 70. [Dt. von G. Posch, mit einem Nachwort von 1978, in: G. Posch (Hg.): *Kausalität. Neue Texte*, Reclam, Stuttgart 1981.]

– (1976) ‹Survival and Identity›, in: A. D. Rorty (Hg.): *The Identity of Persons*, University of California Press, Berkeley, 17–40.

Locke, John: (1689) *An Essay concerning Human Understanding*, hg. v. P. Nidditch, Oxford University Press, Oxford 1975. [Dt. von C. Winkler, *Ein Versuch über den menschlichen Verstand*, 2 Bde., Meiner, Hamburg, überarb. Aufl. 1981.]*

Mach, Ernst: (1886) *Die Analyse der Empfindungen und das Verhältnis des Physischen zum Psychischen*, 9. Aufl. 1922. (Neudruck, Wissenschaftliche Buchgesellschaft, Darmstadt 1991.)*

Mackie, John Leslie: (1974) *The Cement of the Universe. A Study of Causation*, Oxford University Press, Oxford.

Malcolm, Norman. (1954) ‹Wittgenstein's *Philosophical Investigations*›, in: *Philosophical Review* 63, 530–559.*

– (1959) *Dreaming*, Routledge & Kegan Paul, London.

Margalit, A. (Hg.): (1979) *Meaning and Use*, D. Reidel, Dordrecht.

Matson, Wallace: (1967) *The Existence of God*, Cornell University Press, Ithaca, N. Y.

Maxwell, Grover: (1962) ‹The Ontological Status of Theoretical Entities›, in: H. Feigl/G. Maxwell (Hg.): *Scientific Explanation. Space and Time*, University of Minnesota Press, Minneapolis.*

Mead, George Herbert: (1903) ‹The Definition of the Physical›, in: *Decennial Publications of the University of Chicago*, First Series III, Chicago University Press, Chicago, 77–112.*

Meehl, Paul/Sellars Wilfried: (1956) ‹The Concept of Emergence›, in H. Feigl/M. Scriven (Hg.): *Minnesota Studies in the Philosophy of Science* I, University of Minnesota Press, Minneapolis, 239–252.

Mill, John Steward: (1843) *A System of Logic, Ratiocinative and Inductive. Being a Connected View of the Principles of Evidence and the Methods of*

Scientific Investigation, in ders.: *Collected Works*, hg. v. J. M. Robson, Bde. VII–VIII, University of Toronto Press, Toronto 1974. [Dt. von T. Gomperz, *System der deduktiven und induktiven Logik* ‹, in: *Gesammelte Werke*, hg. v. T. Gomperz, Kiepenheuer, Leipzig 1873.]*

Moore, George Edward: (1903) *Principia Ethica*, Cambridge University Press, Cambridge. [Dt. von A. Pieper, *Principia Ethica*, Reclam, Stuttgart 1970.]*

– (1913) ‹The Status of Sense-Data›, in: *Proceedings of the Aristotelian Society* 14, 355–380.*

– (1924) ‹A Defence of Common Sense›, in: Moore 1959, 32–59.*

– (1939) ‹Proof of an External World›, in: Moore 1959, 273–300.*

– (1959) *Philosophical Papers*, Allen & Unwin, London. [Dt. z. T. von H. Delius, *Eine Verteidigung des Common Sense*, Suhrkamp, Frankfurt/Main 1969.]*

Mycielski, J.: (1963) ‹On the Axiom of Determinacy›, in: *Fundamenta Mathematicae* LIII, 11–24.

Nagel, Thomas: (1986) *The View From Nowhere*, Oxford University Press, Oxford. [Dt. von M. Gebauer, *Der Blick von Nirgendwo*, Suhrkamp, Frankfurt/Main 1992.]*

Neumann, Johann von: (1955) *Mathematical Foundations of Quantum Mechanics*, Cambridge University Press, Cambridge.

Nietzsche, Friedrich: (1872) *Die Geburt der Tragödie*, in ders.: *Sämtliche Werke. Kritische Studienausgabe*, hg. v. G. Colli/M. Montinari, Bd. 1, dtv/de Gruyter, Stuttgart/Berlin 1980.

– (1887) *Zur Genealogie der Moral*, in ders.: *Sämtliche Werke. Kritische Studienausgabe*, hg. v. G. Colli/M. Montinari, Bd. 5, dtv/de Gruyter, Stuttgart/Berlin 1980.

Parsons, Charles: (1987) ‹The Liar Paradox›, in ders.: *Philosophy in Mathematics*, Cornell University Press, Ithaca, N.Y.

Peirce, Charles Sanders: (1870) ‹Description of a Notation for the Logic of Relatives›, in: Peirce 1958a, Bd. III, 27–89.*

– (1877) ‹The Fixation of Belief›, in: Peirce 1958a, Bd V, 358–387. [Dt. von K.-O. Apel, ‹Die Festlegung einer Überzeugung›, in: *Schriften*, Bd. I, hg. v. K.-O. Apel, Suhrkamp, Frankfurt/Main 1967.]*

– (1878) ‹How to Make Our Ideas Clear›, in: Peirce 1958a, Bd. V, 384–410. [Dt. von K.-O. Apel, ‹Wie unsere Ideen zu klären sind›, in: *Schriften*, Bd. I, hg. v. K.-O. Apel, Suhrkamp, Frankfurt/Main 1967.]*

– (1880) ‹On the Algebra of Logic›, in: Peirce 1958a, Bd. III, 104–157.*

– (1958a) *Collected Papers of Charles Sanders Pierce*, hg. v. C. Hartshorne/P. Weiss/A. W. Burks, 6 Bde., Harvard University Press, Cambridge, Mass.

– (1958b) ‹Truth›, in: Peirce 1958a, Bd. V, 549–573.*

Perry, Ralph Barton: (1935) *The Thought and Character of William James as*

Revealed in Unpublished Correspondence and Notes together with His Published Writings, 2 Bde., Little & Brown, Boston.

Pitowski, Itamar: (1982) ‹N. N.›, in: *Physical Review Letters* 48, 1299.

Popper, Karl: (1963) *Conjectures and Refutations: The Growth of Scientific Knowledge*, London.*

– (1975) ‹The Rationality of Scientific Revolutions›, in: R. Harré (Hg.): *Problems of Scientific Revolutions*, Oxford University Press, Oxford.*

Quine, Willard van Orman: (1951) ‹Two Dogmas of Empiricism›, überarbeitete Fassung in ders.: *From a Logical Point of View*, Harvard University Press, Cambridge, Mass. 1953. [Dt. von P. Bosch, ‹Zwei Dogmen des Empirismus›, in ders.: *Von einem logischen Standpunkt*, Ullstein, Frankfurt/Main 1979.]

– (1960) *Word and Object*, MIT-Press, Cambridge, Mass. [Dt. von J. Schulte/ D. Birnbacher, *Wort und Gegenstand*, Reclam, Stuttgart 1980.]

– (1968) ‹Epistemology Naturalized›, in Quine 1969, 69–90.*

– (1969) *Ontological Relativity and Other Essays*, Columbia University Press, New York. [Dt. von W. Spohn, *Ontologische Relativität und andere Schriften*, Reclam, Stuttgart 1975.]

– (1970) *Philosophy of Logic*, Prentice Hall, Englewood Cliffs, N. J. [Dt. von H. Vetter, *Philosophie der Logik*, Kohlhammer, Stuttgart 1973].*

– (1974) *The Roots of Reference*, Open Court, La Salle, Ill. [Dt. von J. Schulte, *Die Wurzeln der Referenz*, Suhrkamp, Frankfurt/Main 1985.]*

– (1975) ‹On Empirically Equivalent Systems of the World›, in: *Erkenntnis* 9, 313–328.

– (1978) ‹Goodman's *Ways of Worldmaking*›, in: Quine 1981a, 96–99.

– (1981 a) *Theories and Things*, Harvard University Press, Cambridge, Mass. 1981. [Dt. von J. Schulte, *Theorien und Dinge*, Suhrkamp, Frankfurt/Main 1989.]

– (1981 b) ‹Things and Their Place in Theories›, in: Quine 1981a, 1–23.

– (1986) ‹Reply to Roger F. Gibson, Jr.›, in: L. Hahn/P. A. Schilpp (Hg.): *The Philosophy of W. v. Quine*, Open Court, La Salle, Ill., 155–157.

Ramsey, Frank P.: (1929) ‹Theories›, in ders.: *Foundations. Essays in Philosophy, Logic, Mathematics and Economics*, hg. v. D. H. Mellor, Routledge, London 1978. [Dt. von I. Dalferth, ‹Theorien›, in F. R.: *Grundlagen*, hg. v. D. H. Mellor, Frommann-Holzboog, Stuttgart 1980.]*

Reichenbach, Hans: (1938) *Experience and Prediction*, Chicago University Press, Chicago. [Dt. als Bd. 4, in ders. 1977ff.]*

– (1948) *Philosophical Foundations of Quantum Mechanics*, University of California Press, Berkeley. [Dt. in ders. 1977ff, Bd. 5, 1–196.]

– (1958) *Philosophy of Space and Time*, Dover, New York. [Dt. als Bd. 2, in ders. 1977ff.]

– (1977ff) *Schriften* in 9 Bdn. (geplant), hg. v. M. Reichenbach/A. Kamlah, übers. v. M. Reichenbach, Vieweg, Braunschweig.*

Rorty, Richard: (1979) *Philosophy and the Mirror of Nature*, Princeton University Press, Princeton, N. J. [Dt. von M. Gebauer, *Der Spiegel der Natur. Eine Kritik der Philosophie*, Suhrkamp, Frankfurt/Main 1987.]
– (1982) *Consequences of Pragmatism*, University of Minnesota Press, Minneapolis.
– (1991) *Objectivism, Relativism and Truth. Philosophical Papers I*, Cambridge University Press, Cambridge.*
Russell, Bertrand: (1903) *The Principles of Mathematics*, Cambridge University Press, Cambridge.*
– (1905) ‹On Denoting›, in: *Mind* 14, 479–493. [Dt. von H. Vetter, in: M. Sukale (Hg.): *Moderne Sprachphilosophie*, Hoffmann & Campe, Hamburg 1976.]*
– (1908) ‹Mathematical Logic as Based on the Theory of Types›, in ders.: *Logic and Knowledge*, hg. v. C. March, Allen & Unwin, London 1956, 59–102.
– (1912) *The Problems of Philosophy*, Oxford University Press, Oxford 1980 (mit Russells Vorwort zur deutschen Ausgabe). [Dt. von E. Bubser, *Probleme der Philosophie*, Suhrkamp, Frankfurt/Main 1967.]
– (1919) *Introduction to Mathematical Philosophy*, Allen & Unwin, London.*
– (1921) *The Analysis of Mind*, Allen & Unwin, London. [Dt. *Die Analyse des Geistes*, Meiner, Leipzig 1927.]*
– (1927) *The Analysis of Matter*, Allen & Unwin, London. [Dt. von K. Grelling, *Philosophie der Materie*, Teubner, Leipzig 1929.]*
– s. a. Whitehead, Alfred North
Sainsbury, Mark: (1988) *Paradoxes*, Cambridge University Press, Cambridge. [Dt. von V. C. Müller, *Paradoxien*, Reclam, Stuttgart 1993.]*
Saussure, Ferdinand de: (1916) *Cours de linguistique générale*, hg. v. C. Bally / A. Sechehaye, Lausanne/Paris. [Dt. von H. Lommel, *Grundfragen der allgemeinen Sprachwissenschaft*, de Gruyter, Berlin 1931.]
Scheffler, Israel: (1967) *Science and Subjectivity*, Hackett, Indianapolis.
– (1980) ‹The Wonderful Worlds of Goodman›, in: *Synthese* 45, 201–209.
Schwartz, Stephen P. (Hg.): (1977) *Naming, Necessity and Natural Kinds*, Cornell University Press, Ithaca, N. Y.
Shoenfield, Joseph R. (1967) *Mathematical Logic*, Addison-Wesley, Reading, Mass.*
Sellars, Wilfried: (1962) «Truth and ‹Correspondence›», in: *The Journal of Philosophy* 59, 29–50.
– (1963) ‹Abstract Entities›, in: *Review of Metaphysics* 16, 627–671.
– (1964a) *Science, Perception and Reality*, Routledge & Kegan Paul, London.*
– (1964b) ‹Notes on Intentionality›, in: *The Journal of Philosophy* 61, 655–665.
– (1967) ‹On Abstract Entities in Semantics›, in: P. A. Schilpp (Hg.): *The Philosophy of Rudolf Carnap*, (The Library of Living Philosophers), Open Court, La Salle, Ill.

– s. a. Meehl, Paul
Shapere, Dudley: (1969) ‹Towards a Post-Positivistic Interpretation of Science›, in: P. Achinstein/S. Barker (Hg.): *The Legacy of Logical Positivism*, John Hopkins Press, Baltimore, 115–160.
Skagestad, Peter: (1986) ‹Pragmaticism and the Closed Society: A Juxtaposition of Charles Peirce and George Orwell›, in: *Philosophy and Social Criticism* 2, 307–329.
Skinner, Burhues F.: (1976) *About Behaviourism*, Random House, New York. [Dt. von K. Laermann, *Was ist Behaviorismus?*, Rowohlt, Reinbek 1978.]*
Skolem, Thoralf: (1923) ‹Einige Bemerkungen zur axiomatischen Begründung der Mengenlehre›, Matematikerkongressen i Helsingfors, 4.–7. Juli 1922, in: *Den femte Skandinaviska matematikerkongressen Redogörelse*, Akademiska Bokhandeln, Helsinki 1923, 217–232. Neudruck in ders.: *Selected Works in Logic*, hg. v. J. E. Fenstad, Universitetsforlaget, Oslo 1970, 137–152.*
– (1929) *Über einige Grundlagenfragen der Mathematik*, H. J. Dybward, Oslo.*
Smart, J. C. C.: (1959) ‹Sensations and Brain Processes›, in: *Philosophical Review* 68, 141–156. 1962 revidierte Version in ders.: *Essays, Metaphysical and Moral*, Basil Blackwell, Oxford 1987, 189–202.*
Sneed, Joseph D.: (1971) *The Logical Structure of Mathematical Physics*, D. Reidel, Dordrecht.*
Stalnaker, Richard: (1968) ‹A Theory of Conditionals›, in: Nicholas Rescher (Hg.): *Studies in Logical Theory*, Oxford.
Tarski, Alfred: (1933) *Der Wahrheitsbegriff in den formalisierten Sprachen* (im Original Polnisch, Dt. 1935 von L. Blaustein und A. Tarski, mit neuem Nachwort), in: Berka/Kreiser 1983, 445–546 [zit. nach der Originalpaginierung, 1–145].
– (1944) ‹The Semantic Conception of Truth and the Foundations of Semantics›, in *Philosophy and Phenomenological Research* 4, 341–375. [Dt. von J. Sinnreich, in: G. Skirbekk (Hg.): *Wahrheitstheorien. Eine Auswahl aus den Diskussionen über Wahrheit im 20. Jahrhundert*, Suhrkamp, Frankfurt/Main 1977.]*
– (1969) ‹Truth and Proof›, in: *Scientific American* 194, 63–77.*
Tarski, Alfred/Barnach, S.: (1924) ‹Sur la décomposition des ensembles de points en parties respectivement congruents›, in: *Fundamenta Mathematicae* 6, 244–277.*
Thomas von Aquin: *Summa theologica*, Lat.-Dt., hg. v. Kath. Akademikerverband, 36 Bde., Styria, Graz 1934–85.
White, Morton: (1956) *Towards a Reunion in Philosophy*, Harvard University Press, Cambridge, Mass.
Whitehead, Alfred North/Russell, Bertrand: (1910–13) *Principia Mathema-*

tica, 3 Bde., Cambridge University Press, Cambridge. [Vorwort und Einleitungen, Dt. von H. Mokre, Suhrkamp, Frankfurt/Main 1986.]

Wiggins, David: (1976) ‹Truth, Invention and the Meaning of Life›, in: *Proceedings of the British Academy*, LXII, 331–378.

– (1980) *Substance and Sameness*, Basil Blackwell, Oxford.

Wilhelm von Ockham: *Summa Logicae*, hg. v. P. Boehner/G. Gál/S. Brown, Bd. I von *Guillelmi de Ockham Opera Philosophica*, Franciscan Institute, St. Bonaventure, N. Y. 1974. [Lat.-Dt. z. T. in ders.: *Texte zur Theorie der Erkenntnis und der Wissenschaft*, hg. und übers. v. Ruedi Imbach, Reclam, Stuttgart 1984.]*

Will, Frederick L.: (1974) *Induction and Justification*, Cornell University Press, Ithaca, N. Y.

Williams, Bernard: (1985) *Ethics and the Limits of Philosophy*, Harvard University Press, Cambridge, Mass.

Wilson, N. L.: (1959) ‹Substances without Substrata›, in: *Review of Metaphysics*, 12, 521–539.

Wittgenstein, Ludwig: (1921) *Tractatus logico-philosophicus*, in: *Schriften*, Bd. 1, Suhrkamp, Frankfurt/Main 1960.*

– (1953) *Philosophische Untersuchungen*, in: *Schriften*, Bd. 1, Suhrkamp, Frankfurt/Main 1960.

– (1971) *Wittgenstein's Lectures on Mathematics 1939*, hg. v. Cora Diamond, Basil Blackwell, Oxford.

Register

(Verweise auf Anmerkungen nur, wenn der Begriff/Name nicht schon im Text erwähnt ist.)

rowohlts enzyklopädie

Eine Auswahl

Kurt Bayertz
GenEthik
Probleme der Technisierung menschlicher Fortpflanzung (450)

Kurt Bayertz (Hg.)
Praktische Philosophie
Grundorientierungen angewandter Ethik (522)

Raymond Boudon
Ideologie
Geschichte und Kritik eines Begriffs (469)

Eberhard Braun / Felix Heine / Uwe Opolka
Politische Philosophie
Ein Lesebuch. Texte, Analysen, Kommentare (406)

Jonathan Culler
Dekonstruktion
Derrida und die poststrukturalistische Literaturtheorie (474)

Hans Ebeling
Martin Heidegger
Philosophie und Ideologie (520)
Das Subjekt in der Moderne
Rekonstruktion der Philosophie
im Zeitalter der Zerstörung (484)

Ferdinand Fellmann
Symbolischer Pragmatismus
Hermeneutik nach Dilthey (508)
Lebensphilosophie
Elemente einer Theorie der Selbsterfahrung (533)

Iring Fetscher/ Herfried Münkler (Hg.)
Politikwissenschaft
Begriffe – Analysen – Theorien. Ein Grundkurs (418)

James George Frazer
Der Goldene Zweig
Das Geheimnis von Glauben und Sitten der Völker
(kulturen und ideen 483)

12/93

Gebauer / Kamper / Lenzen / Mattenklott / Wulf / Wünsche
Historische Anthropologie
Zum Problem der Humanwissenschaften heute
oder Versuche einer Neubegründung (486)

Gunter Gebauer / Christoph Wulf
Mimesis
Kultur – Kunst – Gesellschaft (497)

Arnold Gehlen
Anthropologische und sozialpsychologische Untersuchungen (424)

Manfred Geier
Das Sprachspiel der Philosophen
Von Parmenides bis Wittgenstein (500)

Marianne Gronemeyer
Die Macht der Bedürfnisse
Reflexionen über ein Phantom
(kulturen und ideen 460)

Gerhard Hauck
Geschichte der soziologischen Theorie
Eine ideologiekritische Einführung (401)

Peter R. Hofstätter
Gruppendynamik
Kritik der Massenpsychologie (430)

Anton Hügli/Poul Lübcke (Hg.)
Philosophie im 20. Jahrhundert
Band 1: Phänomenologie,
Hermeneutik, Existenzphilosophie
und Kritische Theorie (455)
Band 2: Wissenschaftstheorie und
Analytische Philosophie (456)

Andreas Huyssen / Klaus R. Scherpe (Hg.)
Postmoderne
Zeichen eines kulturellen Wandels (427)

Toshihiko Izutsu
Philosophie des Zen-Buddhismus (428)

Fredric Jameson
Das politische Unbewußte
Literatur als Symbol sozialen Handelns (461)

12/93